铁路科技图书出版基金资助出版

机车与柴油机弹塑性接触分析

吴昌华 著

Elasto-Plastic Contact Analysis of Locomotive and Diesel Engine

Wu Changhua

中 国 铁 道 出 版 社
2007 年 · 北京

内容简介

本书根据参变量变分原理和由其导出的有限元参数二次规划法，采用多层多支的子结构技术，对柴油机的曲轴、连杆、活塞、气缸盖、机体、气缸套，增压器的压气机、涡轮机和机车的牵引齿轮、车体、轮轴以及轮轨关系等各种非线性结构分析问题进行了深入的探讨，并列举了大量的工程计算实例，详细阐述了对上述零部件计算时模型的建立、作用载荷的施加和边界条件的处理等计算分析的基本问题，对某些零部件还给出了结构的设计原则。

本书可供从事柴油机、机车车辆、轮轨关系、透平机械、空气压缩机、机械传动等领域产品设计和分析工作的科研工作者、工程技术人员以及高等院校相关专业师生学习参考。

图书在版编目(CIP)数据

机车与柴油机弹塑性接触分析/吴昌华著．—北京：中国铁道出版社，2007.5

ISBN 978-7-113-07948-2

Ⅰ．机…　Ⅱ．吴…　Ⅲ．①机车-弹塑性接触-分析 ②柴油机-弹塑性接触-分析　Ⅳ．U267　TK42

中国版本图书馆 CIP 数据核字(2007)第 074026 号

书　　名：机车与柴油机弹塑性接触分析
作　　者：吴昌华　著
出版发行：中国铁道出版社(100054，北京市宣武区右安门西街 8 号)
责任编辑：聂清立
封面设计：薛小卉
印　　刷：北京盛兰兄弟印装有限公司
开　　本：880×1230　1/32　印张：11.125　字数：328 千
版　　本：2007 年 6 月第 1 版　　2007 年 6 月第 1 次印刷
印　　数：1～2 000 册
书　　号：ISBN 978-7-113-07948-2/TB・90
定　　价：40.00 元

序

计算、实验、理论共同构成了当代科学的三大支柱。有限元法以及随后的计算机辅助工程(CAE)是 20 世纪应用力学的重大创造。在科学与工程计算多方面产生了深刻影响,在制造业方面也有重大影响,对交通、铁路也不例外。

机车设计,从蒸汽机车算起,已经有 180 多年的历史,就内燃机车和电力机车来说,也有半个多世纪了,机车设计是广义的机械设计,它包括柴油机、增压器、电机、传动系统、走行部分和车体结构等诸多部件的设计,走行部分设计还包括轮轨关系分析,牵涉的面极其广泛,完全突破了传统意义上的机械设计范围。

进行设计离不开力学分析,设计现代化大功率的机车更是如此。然而各种机车部件的结构、作用载荷和边界条件都极复杂,求解析解几乎没有可能,只能求助于数值分析。半个多世纪以前,由于计算手段的局限,机车各种部件的数值分析也只能采用各种假设以简化计算。例如,把计算对象简化为梁,用材料力学的方法进行分析。所以当时机车部件的力学计算,无一例外都极其粗糙,对设计基本上没有多少参考价值。那时设计新型机车和部件基本上都采用类比法,从结构形式到重要尺寸都参考前人的设计,局部做一些改动。对于改进的部件,则通过试验进行验证。如果试验结果不理想,则改进设计,重新投料、加工、组装,再一次进行试验,直到试验结果满意为止。所以那时新型机车的设计周期是很长的,成本也相当可观。

电子计算机问世以后,特别是 20 世纪 60 年代有限单元法出现以后,情况发生了根本性的变化。由于计算手段的革命性变革,工程设计中复杂结构的力学分析已经可以实现,计算精度也大为提高。这个情况也影响了机车设计领域,分析的模型开始逐渐接近图纸,计算方法愈来愈先进,精度愈来愈高。再往后,随着计算机科学的发展,计算力学理论和算法的进步愈来愈快,简直是突飞猛进,日新月异。到了 21 世纪,工程设计中的各种问题，不论是静力的还是动力的，线性的还是非线性的，单一物理问题的还是多种物理问题耦合的，都纷纷开始用数值分析方法进行模拟，以期在方案设计时就能发现问题，予以改进，以缩短试制周期，降低成本。这类分析工作基本上都获得了很好的结果。机车设计自然也不例外，对分析工作愈来愈重视，模型愈来愈逼真，计算愈来愈精细，从而新型机车的试制周期也愈来愈短。

本书作者是 20 世纪 60 年代初从大学毕业到工厂参加机车和柴油机设计、计算工作的，这正是有限单元法产生并开始在工程中逐步得到应用的时候。所以作者基本上是从电子计算机在我国开始应用起，就在机车和柴油机各部件力学分析数值计算的第一线工作，是我国从事计算力学工作的第一代。在长期的计算工作中，他自己编程序，做考题，建立模型，准备数据，上机计算，积累了丰富的用计算机算题解决实际问题的经验。这本书就是作者在机车和柴油机领域从事设计、计算工作 40 余年的总结。

从内容来看，这本书至少有 5 个特点。首先，书中对弹塑性接触问题非线性分析所用的理论完全不同于国外的同类分析，它采用参变量变分原理和由其导出的有限元参数二次规划法，而程序实现则采用多层多支的子结构技术。这二者都是我国学者自主创新提出并发展的。其次，书中有些内容，如轮轨关系的弹塑性接触分析等，是该领域的前沿问题，也是当前的热门课题，各国铁路工作者都在竞相进行研究。书中列举的大量有关工程计算实例表明，采用书中提出的计算模型和方法解算这些问题是切实可行的，计算收敛稳定，结果正确，这就为这些问题的求解开辟了一条新的途径。第三，当前国内外出版的关于计算力学和有限元计算的书籍很多，但这些书大多是关于计算力学理论和算法的，即便有一些论述某个领域工程问题的数值计算，也多半是教科书性质的，所举算例往往很简单，离工程实际距离较大。而这本书中所举的大量计算实例都是作者及其团队几十年来解决工程实际问题的经验总结，是极其宝贵的财富。第四，书中对半个世纪以来，机车和柴油机各种部件力学分析模型和计算方法的发展情况，都给出了详细的回顾，并指出了不同时期计算模型的优缺点，是对机车和柴油机各种部件计算模型和方法发展演变的综述。第五，书中在讨论机车和柴油机各种部件计算的模型和方法时，特别是在对柴油机曲轴、连杆、机体和机车车体进行力学分析时，阐述了作者从长期结构设计工作中总结出的设计原则和经验,这也是极为难能可贵的。

今年我国铁路要实行全面大提速,客车运行速度和货车牵引吨位都将有大幅度提高,今后在高速与重载方面还将进一步与国际接轨,这就对机车车辆的设计提出了更高的要求。机车车辆是机械工程的典型结构之一,希望这本书能在我国机车和柴油机设计,以至整个机械领域设计的现代化方面起到促进作用,推动我国铁路更快地向高速重载方向发展。

中国科学院院士 钟万勰

2007 年 3 月

前 言

随着我国铁路向高速、重载方向的发展，对机车设计的要求愈来愈高。首先，功率要大，发动机强化程度要高；其次，要确保强度和刚度；第三，动力学性能要好。这些都离不开对结构的精细分析。在半个世纪以前，由于计算手段落后，机车上各种零部件的应力分析计算方法都非常粗糙，要想真正解决强度问题只有通过试验。当时唯一的例外是车体，可以简化为高次超静定结构，用力法求解。但尽管做了各种各样的简化，计算一个车体方案仍至少需要十几个人月，完全不能满足设计的需要。有限单元法的出现使上述情形产生了根本的变化，计算速度大大加快，计算精度大幅度提高，为实现机车及其装置的结构精细分析提供了可能。

任何机器都是由零件装配而成，零部件之间摩擦的接触问题，属于边界非线性的力学范畴。这类问题极其复杂，通常用迭代法求解，但对于三维问题收敛速度有时得不到保证。

20 世纪 80 年代中期，钟万勰院士提出了求解接触问题的参变量变分原理，指出在满足不可穿透条件的前提下，接触问题可以转化成一个二次规划问题。这是一个线性互补问题，可以用成熟的兰姆克(Lemke)算法求解。这就绕过了迭代，从根本上保证了接触问题求解的平稳收敛，确保了计算的高效率。

当前，随着机车的强化程度日益提高，愈来愈多的车上设备有部分零部件产生塑性变形，轮轨关系更是典型的弹塑性接触问题，因此结构的弹塑性分析就提到日程上来。弹塑性问题属于材料非线性的力学范畴，用常规方法求解同样也离不开迭代。参变量变分原理采用与接触问题类似的方法来处理弹塑性问题的本构关系，于是把弹塑性问题的计算也归结为求解一个二次规划问题。这样，接触问题与弹塑性问题这两类在物理上性质完全不同的非线性问题，用一个理论、一套解法、一个计算程序统一了起来，而且用一套数据可以求解，对于弹塑性接触问题的计算更是便捷，极大地方便了工程上的应用。

本书的内容是作者及其团队在40多年时间里,从手工计算到后来用有限元法进行电算,特别是从20世纪90年代中期开始采用由参变量变分原理导出的有限元参数二次规划法,解决机车和柴油机设计中大量实际问题的经验总结。全书共分7章,由两部分组成。第一部分就是第1章,主要介绍钟万勰院士的参变量变分原理和该理论的有限元实现——有限元参数二次规划法以及求解大规模线性和非线性结构分析问题的多层多支子结构技术。第二部分介绍有限元参数二次规划法和子结构技术在机车和柴油机设计中的应用,包括从第2章到第7章的全部内容 ,其中第2、3两章论述柴油机主要运动件曲轴、连杆、活塞与连接螺栓(钉)和固定件气缸盖、机体、气缸套作为装配结构计算分析的模型与方法,以及随着计算理论与手段的进步传统计算模型与算法的演变与发展;第4章论述增压器转子压气机和涡轮的弹性和弹塑性接触分析;第5章论述机车牵引系统齿轮副和轮对的接触分析;第6章论述机车各种形式车体半个世纪以来计算模型与计算方法的发展,以及几种车体主要结构形式优缺点的比较;第7章主要论述轮轨弹性接触分析和弹塑性接触分析,比较两种计算的不同,并根据计算结果讨论不同踏面形状车轮的力学性能。

本书的研究成果是在铁道部科教司和国家自然科学基金委员会资助下完成的。本书在撰写过程中始终得到了大连理工大学钟万勰院士的支持与关心,得到了大连交通大学交通运输工程学院领导与同事的大力支持。大连交通大学原机械工程研究所的同事们以及作者指导的硕士研究生和博士研究生对本书的研究工作付出了辛勤的劳动,在此向他们致以诚挚的谢意。

本书的出版得到了铁路科技图书出版基金的资助。

由于水平所限,书中错误在所难免,敬请广大读者批评指正。

作　者

2007年2月

目　录

Contents

1 参变量变分原理

1.1 接触分析的参变量变分原理和有限元参数二次规划解

1882 年赫兹(Hertz)发表的论文《论弹性体的接触》是接触力学的第一篇文献，它宣告了接触力学的诞生。赫兹理论在铁路的轮轨关系、机械工程的齿轮、轴承等领域得到了广泛的应用。

但赫兹理论没有考虑接触体之间的摩擦，而且只适用于接触体之间的接触状态确定的条件。实际上两个物体接触总是有摩擦的，而且在大多数工程接触问题中两个接触体相互接触部分的接触状态通常并不确定。因此一个多世纪以来接触力学一直是力学的一个重要研究方向。但接触问题属于边界待定的非线性问题，分析极其复杂，在现代计算手段出现之前发展非常缓慢。

随着电子计算机的产生，特别是有限单元法的问世，接触问题的研究得到了飞速的发展。首先出现了从数学角度建立刚性体和弹性体单边接触问题的变分原理。接着，以有限元法为基础，接触问题的数值解法迅速发展起来。

迭代法是求解接触问题普遍采用的方法。这个方法是先对载荷作用下接触体的接触区估计初始接触状态，然后进行计算，再根据求得的接触区各节点的位移，修改初始接触状态，重新进行计算，这样一直进行下去，直到收敛。这就是所谓的“试验－误差－迭代”法。

迭代法往往伴随着很大的计算工作量。尽管现在电子计算机的运算速度有了极大的提高，但工作量大终究是个问题，特别是对大型、复杂、带有多个接触区的工程结构的分析，计算耗费是必须考虑的问题。另外，如果接触状态的线性增量不能适应结构变化时，迭代法还可能导致错误解，所以这也限制了迭代法增量的步长。

与发展用迭代法求解接触问题的同时，数学规划法在这方面的应用也得到迅速的发展。数学规划法是基于势能原理或余能原理推导出来的一种方法，因而在理论上是比较严格的。

数学规划法首先用于无摩擦弹性接触问题。它是基于无摩擦接触弹性体的互补条件和不可穿透条件,借助现代泛函分析的新概念建立起来的,成熟的数学规划算法保证了解的稳定收敛。随后在有摩擦接触问题领域数学规划法应用的研究也开展起来,并由平面逐渐推广到空间接触问题。

本节将简要介绍接触问题的参变量变分原理的概念及其处理办法以及有限元参数二次规划解法[1][2][3]。

1.1.1 平面弹性接触问题的描述

接触问题是边界待定问题,其接触边界在计算前不能真正确定,所以,以下涉及的接触边界都是指变形后可能发生接触的边界。

设接触体系由 $\Omega^{(1)}$ 和 $\Omega^{(2)}$ 两个物体组成,见图 1.1(a)。一般说,物体的边界可以分为给定外力边界 $S_P^{(\alpha)}$,给定位移边界 $S_u^{(\alpha)}$ 和可能发生接触的边界 $S_c^{(\alpha)}$。这里上标 $\alpha=1,2$,为两个接触物体的编号。

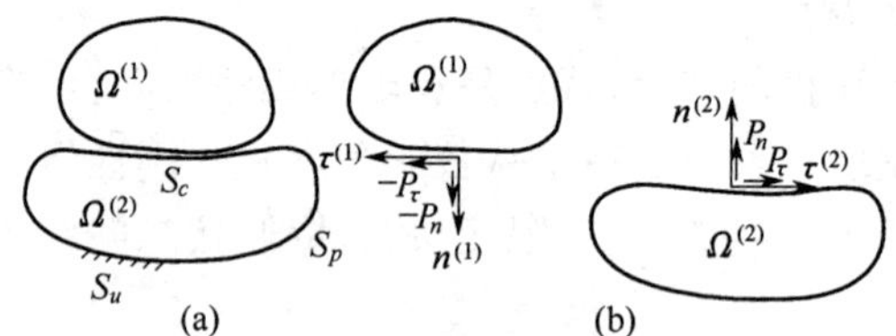

图 1.1 两个物体接触

假设所研究的问题满足如下条件:

(1)接触物体是弹性的,且位移和变形很小;

(2)接触表面连续;

(3)承认库伦(Coulomb)摩擦定律。

另外,两个物体的可能接触边界非常接近,所以可以用公用的 S_c 表征。S_c 的定义为:两个物体分别有可能接触边界 $S_c^{(1)}$ 和 $S_c^{(2)}$,$S_c^{(1)}$ 与 $S_c^{(2)}$ 上对应的可能接触点之间的连线为公法线,所有公法线中点的连线定义为 S_c,如图 1.2 所示。根据 S_c 与 $S_c^{(\alpha)}$ 上点的对应关系,可以沿 S_c 来定义 $S_c^{(\alpha)}$ 上点的位移。因此,体系的总边界 S 可以写成

$$S = S_P + S_u + S_c = S_c + \sum_{\alpha=1}^{2}(S_P^{(\alpha)} + S_u^{(\alpha)}) \tag{1.1}$$

并且接触边界两侧几乎处处满足

$$n^{(1)}=-n^{(2)},\tau^{(1)}=-\tau^{(2)} \tag{1.2}$$

式中 $n^{(\alpha)}$ 与 $\tau^{(\alpha)}$ 分别为两物体的外法向单位矢量和切向单位矢量。以下一律以 $n^{(2)}$ 与 $\tau^{(2)}$ 作为边界 S_c 上某一点的局部坐标系，并记为 n 与 τ，略去上标，如图 1.2 所示。

S_c 上某一点的接触力可分解为法向接触力 P_n 和切向接触力 P_τ，规定这两个接触力与局部坐标系同向为正，如图 1.1 所示。

设 S_c 上各点的接触力满足库仑摩擦定律，则

$$|P_\tau|\leqslant-\bar{\mu}P_n \tag{1.3}$$

式中 $\bar{\mu}$ 为两接触体间的摩擦系数。

两物体接触时，接触面间的法向力只能受压，不可能受拉，所以有

$$P_n\leqslant 0 \tag{1.4}$$

将(1.3)与(1.4)合在一起，可表示为

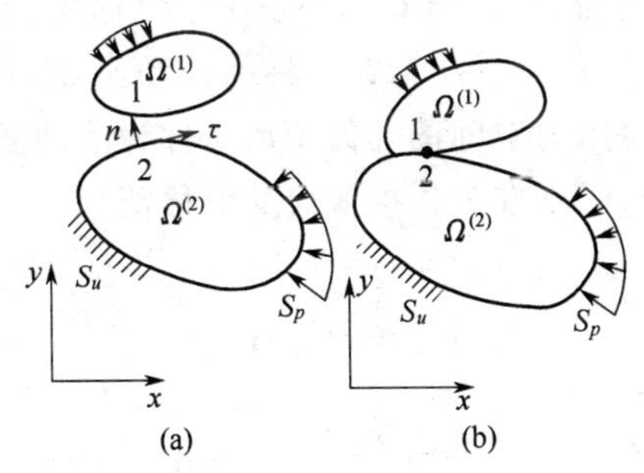

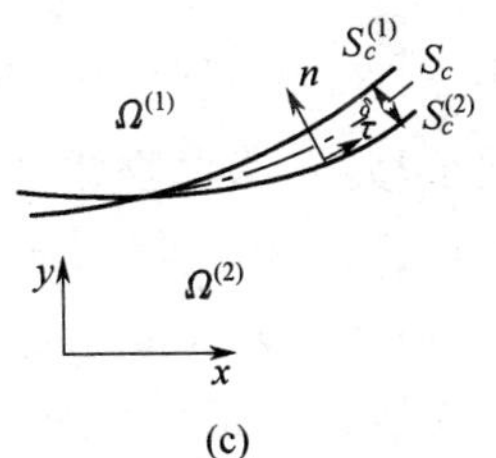

图 1.2　确定接触边界

$$\tilde{f}_1=P_\tau+\bar{\mu}P_n\leqslant 0 \tag{1.5}$$

$$\tilde{f}_2=-P_\tau+\bar{\mu}P_n\leqslant 0 \tag{1.6}$$

$$\tilde{f}_3=P_n\leqslant 0 \tag{1.7}$$

也可写成

$$\tilde{f}_k=\tilde{f}_k(P_\tau,P_n)\leqslant 0,k=1,2,3 \tag{1.8}$$

这里“～”用来标记接触物体的量。

$\tilde{f}_k$ 可以用解析几何方法画成如图 1.3 所示的接触力空间：

当 $\tilde{f}_1=0$ 时，由(1.5)式可知，$P_\tau+\bar{\mu}P_n=0$，这是一条直线，位于第Ⅱ象限；

当 $\tilde{f}_2=0$ 时，由(1.6)式可知，$-P_\tau+\bar{\mu}P_n=0$，这也是一条直线，但位于第Ⅲ象限；

当 $\tilde{f}_3=0$ 时，由(1.7)式可知，$P_n=0$，这是纵坐标轴。

当 $\tilde{f}_k<0$ 时$(k=1,2,3)$，接触力状态点位于 $\tilde{f}_k=0$ 三条直线所围区

域之内，发生了接触，但未滑动。当 $\widetilde{f}_k=0$ 时，接触力状态点位于区域边界上，接触物体发生相对滑动（$\widetilde{f}_1=0$ 或 $\widetilde{f}_2=0$）或脱开（$\widetilde{f}_3=0$）。在这里，$\widetilde{f}_3=0$ 时的脱开称作广义的滑动。式(1.5)～式(1.7)称为接触滑动条件，$\widetilde{f}_k(k=1,2,3)$称为滑动函数，$\widetilde{f}_k=0$ 在接触力空间的几何图形上称为滑动面。

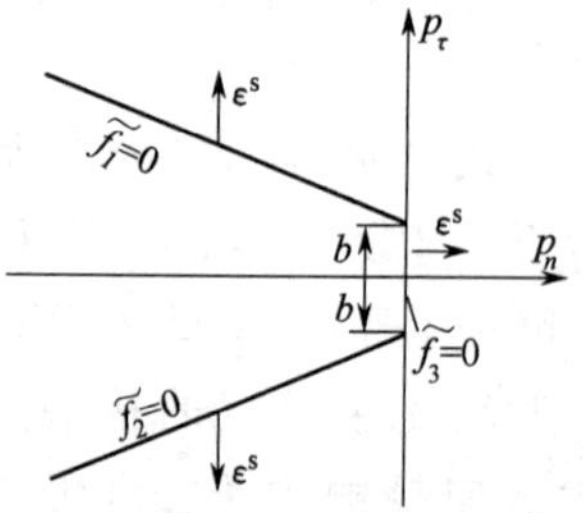

图 1.3　接触力空间

现在分析接触面的位移情况。

$$\text{当}|P_\tau|<-\bar{\mu}P_n\text{ 时}\qquad |u_\tau^{(1)}-u_\tau^{(2)}|=0 \tag{1.9}$$

$$\text{当}|P_\tau|=-\bar{\mu}P_n\text{ 时}\qquad |u_\tau^{(1)}-u_\tau^{(2)}|>0 \tag{1.10}$$

$$\left.\begin{array}{l} u_n^{(1)}-u_n^{(2)}+\delta^*\geqslant 0, P_n\leqslant 0 \\ (u_n^{(1)}-u_n^{(2)}+\delta^*)\cdot P_n=0 \end{array}\right\} \tag{1.11}$$

式中 $u_n^{(1)}, u_n^{(2)}, u_\tau^{(1)}, u_\tau^{(2)}$ 为物体 $\Omega^{(1)}, \Omega^{(2)}$ 相对接触点局部坐标系的法向与切向位移，δ^* 为两物体接触面之间的初始间隙。

广义地说，物体接触与加载的历史有关，因而其公式推导过程应采用增量形式，但为使公式推导简明易懂，在这里仍采用一步法进行讨论。

先引入接触单元的概念。接触单元定义为在接触面上由两个接触体分别各取一个节点的连线构成的单元，接触单元与二节点间的公法线重合，且占有接触平面内一个单位边界宽度。尽管接触单元只有两个节点，但假设它有法向和切向两根弹簧（见图 1.4），且具有刚度

$$\boldsymbol{D}_c=\begin{bmatrix} E_\tau & 0 \\ 0 & E_n \end{bmatrix} \tag{1.12}$$

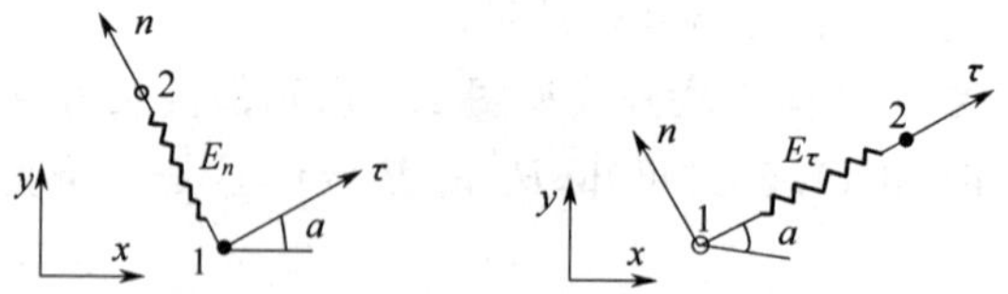

图 1.4　接触单元

局部坐标系下的接触点对相对位移用 ε_c 表示。

$$\boldsymbol{\varepsilon}_c=[\varepsilon_\tau, \varepsilon_n]^T \tag{1.13}$$

式中
$$\varepsilon_\tau = u_\tau^{(1)} - u_\tau^{(2)} = \Delta u_\tau \tag{1.14}$$
$$\varepsilon_n = u_n^{(1)} - u_n^{(2)} + \delta^* = \Delta u_n + \delta^* \tag{1.15}$$

由于讨论的是弹性接触问题，接触单元的本构关系为
$$\boldsymbol{P}_c = \boldsymbol{D}_c \cdot \boldsymbol{\varepsilon}_c^e \tag{1.16}$$
在这里，为了与后面的弹塑性分析相对比，把接触相对位移分解成两部分，一部分是弹性相对位移 $\boldsymbol{\varepsilon}_c^e$，即发生接触但未达到滑动时的相对位移，另一部分是滑动相对位移 $\boldsymbol{\varepsilon}_c^p$，即
$$\boldsymbol{\varepsilon}_c = \boldsymbol{\varepsilon}_c^e + \boldsymbol{\varepsilon}_c^p \tag{1.17}$$

代入(1.16)式，得
$$\boldsymbol{P}_c = \boldsymbol{D}_c(\boldsymbol{\varepsilon}_c - \boldsymbol{\varepsilon}_c^p) \tag{1.18}$$

由图 1.3 可见，当接触力状态点落到滑动面上时，接触力达到极限状态，这时将发生滑动相对位移。

当接触力状态点落在 $\tilde{f}_1=0$ 或 $\tilde{f}_2=0$ 上时，切向摩擦力达到临界值，接触体之间可能发生沿接触面切向的滑动，但不会脱开，即 $\varepsilon_n^p=0$。将对应 $\tilde{f}_1=0$ 面上的滑动量定义为 $\tilde{\lambda}_1$，对应 $\tilde{f}_2=0$ 面上的滑动量定义为 $-\tilde{\lambda}_2$，显然应有 $\tilde{\lambda}_1,\tilde{\lambda}_2\geqslant 0$。

当接触力状态点落在 $\tilde{f}_3=0$ 上时，$P_n=P_\tau=0$，接触点相互脱开，$\varepsilon_n^p\geqslant 0$，沿接触面切向的移动没有制约。将脱离量定义为 $\tilde{\lambda}_3$，显然 $\tilde{\lambda}_3\geqslant 0$。

如果与 $\tilde{f}_k$，$k=1,2,3$ 对应地定义滑动势函数
$$\tilde{g}_1 = P_\tau + C_0 \tag{1.19}$$
$$\tilde{g}_2 = -P_\tau + C_0 \tag{1.20}$$
$$\tilde{g}_3 = P_n \tag{1.21}$$

式中 C_0 为任意常数，则滑动相对位移可表示为
$$\boldsymbol{\varepsilon}_c^p = \left(\frac{\partial \tilde{\boldsymbol{g}}}{\partial \boldsymbol{P}_c}\right)^T \tilde{\lambda} \tag{1.22}$$

或
$$\boldsymbol{\varepsilon}_c^p = \sum_{k=1}^{3} \tilde{\lambda}_k \cdot \frac{\partial \tilde{g}_k}{\partial \boldsymbol{P}_c} \tag{1.22a}$$

式中
$$\tilde{\boldsymbol{g}} = [\tilde{g}_1, \tilde{g}_2, \tilde{g}_3]^T \tag{1.23}$$
$$\tilde{\boldsymbol{\lambda}} = [\tilde{\lambda}_1, \tilde{\lambda}_2, \tilde{\lambda}_3]^T \tag{1.24}$$
$$\boldsymbol{P}_c = [P_\tau, P_n]^T \tag{1.25}$$

将$\dfrac{\partial \tilde{\boldsymbol{g}}}{\partial \boldsymbol{P}_c}$展开，得

$$\frac{\partial \tilde{\boldsymbol{g}}}{\partial \boldsymbol{P}_c}=\begin{bmatrix}\dfrac{\partial \tilde{g}_1}{\partial P_\tau} & \dfrac{\partial \tilde{g}_1}{\partial P_n}\\[2ex] \dfrac{\partial \tilde{g}_2}{\partial P_\tau} & \dfrac{\partial \tilde{g}_2}{\partial P_n}\\[2ex] \dfrac{\partial \tilde{g}_3}{\partial P_\tau} & \dfrac{\partial \tilde{g}_3}{\partial P_n}\end{bmatrix} \tag{1.26}$$

在(1.22)式中，$\dfrac{\partial \tilde{\boldsymbol{g}}}{\partial \boldsymbol{P}_c}$表示滑动相对位移的方向，而$\tilde{\boldsymbol{\lambda}}$是滑动比例因子，也称为滑动参量，它代表了滑动量的大小。

$$\tilde{\lambda}_k=0 \quad 当\ \tilde{f}_k<0 \tag{1.27}$$

$$\tilde{\lambda}_k\geqslant 0 \quad 当\ \tilde{f}_k=0 \tag{1.28}$$

(1.22)式称为接触滑动法则。

将(1.22)与(1.18) 式代入 (1.5)～(1.7) 式，得

$$\tilde{f}_1=E_\tau\varepsilon_\tau+\bar{\mu}E_n\varepsilon_n-E_\tau\tilde{\lambda}_1\leqslant 0 \tag{1.29}$$

$$\tilde{f}_2=-E_\tau\varepsilon_\tau+\bar{\mu}E_n\varepsilon_n-E_\tau\tilde{\lambda}_2\leqslant 0 \tag{1.30}$$

$$\tilde{f}_3=E_n\varepsilon_n-E_n\tilde{\lambda}_3\leqslant 0 \tag{1.31}$$

需要注意，因$\tilde{\lambda}_1$与$\tilde{f}_1$对应，而$\tilde{\lambda}_2$与$\tilde{f}_2$对应，所以在$\tilde{f}_1$中导出的$\tilde{\lambda}_2$为零，而$\tilde{f}_2$中的$\tilde{\lambda}_1$为零。

将(1.29)～(1.31)式用位移增量表达

$$\tilde{f}_1=E_\tau\cdot\Delta u_\tau+\bar{\mu}E_n(\Delta u_n+\delta^*)-E_\tau\tilde{\lambda}_1\leqslant 0 \tag{1.32}$$

$$\tilde{f}_2=-E_\tau\cdot\Delta u_\tau+\bar{\mu}E_n(\Delta u_n+\delta^*)-E_\tau\tilde{\lambda}_2\leqslant 0 \tag{1.33}$$

$$\tilde{f}_3=E_n(\Delta u_n+\delta^*)-E_n\tilde{\lambda}_3\leqslant 0 \tag{1.34}$$

引入约束松弛变量$\tilde{v}_k$，令

$$\tilde{f}_k+\tilde{v}_k=0,\quad k=1,2,3 \tag{1.35}$$

因$\tilde{f}_k\leqslant 0$，故$\tilde{v}_k\geqslant 0$，也就是说，当$\tilde{v}_k>0$时，$\tilde{f}_k<0$，这时状态点落在接触力空间内，对应未滑动状态，因而$\tilde{\lambda}_k=0$；当$\tilde{v}_k=0$时，$\tilde{f}_k=0$，这时状态点落在接触力边界上，对应滑动状态，因而$\tilde{\lambda}_k\geqslant 0$。由此可得

$$\tilde{f}_k(\Delta u_\tau,\Delta u_n,\tilde{\lambda}_k)+\tilde{v}_k=0 \tag{1.36}$$

$$\tilde{\lambda}_k\cdot\tilde{v}_k=0,\quad \tilde{\lambda}_k,\tilde{v}_k\geqslant 0,\quad k=1,2,3 \tag{1.37}$$

(1.36)和(1.37) 式就是弹性接触问题的状态方程。

将 (1.36)和(1.37) 式写成矩阵形式

$$\tilde{\boldsymbol{f}}(\boldsymbol{u}_c,\tilde{\boldsymbol{\lambda}})+\tilde{\boldsymbol{v}}=0 \tag{1.38}$$

$$\tilde{\boldsymbol{v}}^T\cdot\tilde{\boldsymbol{\lambda}}=0,\quad \tilde{\boldsymbol{v}},\tilde{\boldsymbol{\lambda}}\geqslant 0 \tag{1.39}$$

式中

$$\left.\begin{aligned}\tilde{\boldsymbol{f}}&=[\tilde{f}_1,\tilde{f}_2,\tilde{f}_3]^T\\ \boldsymbol{u}_c&=[\Delta u_\tau,\Delta u_n]^T\\ \tilde{\boldsymbol{v}}&=[\tilde{v}_1,\tilde{v}_2,\tilde{v}_3]^T\\ \tilde{\boldsymbol{\lambda}}&=[\tilde{\lambda}_1,\lambda_2,\tilde{\lambda}_3]^T\end{aligned}\right\} \tag{1.40}$$

对于位移法,位移 $\boldsymbol{u}_c$ 是状态变量,$\boldsymbol{\lambda}$ 是控制参变量,由状态方程唯一求出。

1.1.2 平面弹性接触问题的参变量最小势能原理

平面弹性接触静力学边值问题在域 $\Omega=\Omega^{(1)}+\Omega^{(2)}$ 内应满足下列方程:

(1)平衡方程

$$\boldsymbol{A}^{(\nabla)}\boldsymbol{\sigma}+\boldsymbol{b}=0 \tag{1.41}$$

在 $\Omega^{(1)},\Omega^{(2)}$ 内,其展开形式为

$$\begin{aligned}&\frac{\partial\sigma_x}{\partial x}+\frac{\partial\tau_{xy}}{\partial y}+X=0\\ &\frac{\partial\tau_{yx}}{\partial x}+\frac{\partial\sigma_y}{\partial y}+Y=0\end{aligned} \tag{1.42}$$

$\boldsymbol{A}^{(\nabla)}$ 为对应于平衡方程的微分算子矩阵。

(2)应变—位移关系

$$\boldsymbol{\varepsilon}=\boldsymbol{L}^{(\nabla)}\boldsymbol{u} \tag{1.43}$$

在 $\Omega^{(1)},\Omega^{(2)}$ 内,其展开形式为

$$\begin{aligned}\varepsilon_x&=\frac{\partial u}{\partial x}\\ \varepsilon_y&=\frac{\partial v}{\partial y}\\ \gamma_{xy}&=\frac{\partial u}{\partial y}+\frac{\partial v}{\partial x}\end{aligned} \tag{1.44}$$

$\boldsymbol{L}^{(\nabla)}$ 为对应于应变—位移关系的微分算子矩阵。

(3)本构方程

$$\boldsymbol{\sigma}=\boldsymbol{D\varepsilon} \tag{1.45}$$

其展开形式为

$$\begin{aligned}\sigma_x&=\frac{E}{1-\mu^2}(\varepsilon_x+\mu\varepsilon_y)\\ \sigma_y&=\frac{E}{1-\mu^2}(\varepsilon_y+\mu\varepsilon_x)\\ \tau_{xy}&=G\gamma_{xy}\end{aligned} \tag{1.46}$$

(4)边界条件,在 $S=S_P+S_u+S_c$ 上分别满足

$$\boldsymbol{n}\cdot\boldsymbol{\sigma}=\overline{\boldsymbol{P}} \quad 在\ S_P\ 上 \tag{1.47}$$

$$\boldsymbol{u}=\overline{\boldsymbol{u}} \quad 在\ S_u\ 上 \tag{1.48}$$

$$\left.\begin{aligned}&\widetilde{\boldsymbol{f}}(\boldsymbol{u}_c,\widetilde{\boldsymbol{\lambda}})+\widetilde{\boldsymbol{v}}=0\\ &\widetilde{\boldsymbol{v}}^T\widetilde{\boldsymbol{\lambda}}=0,\widetilde{\boldsymbol{v}},\widetilde{\boldsymbol{\lambda}}\geqslant 0\end{aligned}\right\} \quad 在\ S_c\ 上 \tag{1.49}$$

平面弹性接触问题参变量最小势能原理可表述如下:在所有满足几何方程(1.43)和几何边界条件(1.48)的可能位移场中,真实解使总势能泛函

$$\prod[\widetilde{\boldsymbol{\lambda}}(\cdot)]=\int_\Omega\frac{1}{2}\boldsymbol{\varepsilon}^T\boldsymbol{D\varepsilon}\mathrm{d}\Omega-\left[\int_\Omega\boldsymbol{b}^T\boldsymbol{u}\mathrm{d}\Omega+\int_{S_p}\overline{\boldsymbol{P}}^T\boldsymbol{u}\mathrm{d}S\right]+\int_{S_c}\left(\frac{1}{2}\boldsymbol{\varepsilon}_c^T\boldsymbol{D}_c\boldsymbol{\varepsilon}_c-\widetilde{\lambda}^T\widetilde{\boldsymbol{R}}\boldsymbol{\varepsilon}_c\right)\mathrm{d}S \tag{1.50}$$

在接触系统状态方程(1.49)的控制下取总体最小值。

这里 $\Pi[\widetilde{\boldsymbol{\lambda}}(\cdot)]$表示 $\widetilde{\boldsymbol{\lambda}}$ 不参加 Π 的变分;

$$\widetilde{\boldsymbol{R}}=\left(\frac{\partial\widetilde{\boldsymbol{g}}}{\partial\boldsymbol{P}_c}\right)\boldsymbol{D}_c=\begin{bmatrix}\dfrac{\partial\widetilde{g}_1}{\partial P_\tau} & \dfrac{\partial\widetilde{g}_1}{\partial P_n}\\ \dfrac{\partial\widetilde{g}_2}{\partial P_\tau} & \dfrac{\partial\widetilde{g}_2}{\partial P_n}\\ \dfrac{\partial\widetilde{g}_3}{\partial P_\tau} & \dfrac{\partial\widetilde{g}_3}{\partial P_n}\end{bmatrix}\begin{bmatrix}E_\tau & 0\\ 0 & E_n\end{bmatrix}=\begin{bmatrix}E_\tau & 0\\ -E_\tau & 0\\ 0 & E_n\end{bmatrix} \tag{1.51}$$

这是常数矩阵,其物理意义是当发生单位滑动时的接触弹性松弛力;$\boldsymbol{u}$ 为自变量;$\widetilde{\boldsymbol{\lambda}}$ 为不直接参加变分的参变量,其物理意义是滑动比例因子。

关于 (1.50) 式的证明,在有关文献[3]中有详细的叙述和推导,这里

不再赘述。

1.1.3　平面弹性接触问题的参数二次规划解

现在用参数二次规划法对平面弹性接触体系 $\Omega=\Omega^{(1)}+\Omega^{(2)}$ 进行分析。先对其划分网格。设共划分单元 N_E 个，自由度总数 N_u。若每个单元所占区域为 Ω_e，则 $\Omega=\sum_{e=1}^{N_g}\Omega_e$。划分网格时，在接触边界 S_c 上用 N_c 个接触单元进行划分，于是有 $S_c=\sum_{e=1}^{N_c}S_c^e$。

离散后接触体系总势能(1.50)式可改写为

$$\prod[\tilde{\boldsymbol{\lambda}}(\cdot)]=\sum_{e=1}^{N_E}\left\{\int_{\Omega_e}\frac{1}{2}\boldsymbol{\varepsilon}^{e^T}\boldsymbol{D}^e\boldsymbol{\varepsilon}^e\mathrm{d}\Omega-\left[\int_{\Omega_e}\boldsymbol{b}^{e^T}\boldsymbol{u}^e\mathrm{d}\Omega+\int_{S_P^e}\bar{\boldsymbol{P}}^{e^T}\boldsymbol{u}^e\mathrm{d}S\right]\right\}+\sum_{e=1}^{N_C}\int_{S_c^e}\left(\frac{1}{2}\boldsymbol{\varepsilon}_c^{e^T}\boldsymbol{D}_c^e\boldsymbol{\varepsilon}_c^e-\tilde{\lambda}^{e^T}\tilde{\boldsymbol{R}}^e\boldsymbol{\varepsilon}_c^e\right)\mathrm{d}S \tag{1.52}$$

式中

$$\tilde{\boldsymbol{R}}^e=\left[\frac{\partial\tilde{\boldsymbol{g}}^e}{\partial\boldsymbol{P}_c}\right]\boldsymbol{D}_c^e=\begin{bmatrix}E_\tau & 0\\ -E_\tau & 0\\ 0 & E_n\end{bmatrix} \tag{1.53}$$

由有限元理论可知，单元位移向量 $\boldsymbol{u}^e$ 可表示如下

$$\boldsymbol{u}^e=\boldsymbol{N}^e\hat{\boldsymbol{u}}^e \tag{1.54}$$

式中 $\boldsymbol{N}^e$ 为单元形函数矩阵，对平面问题其展开形式为

$$\boldsymbol{N}^e=\begin{bmatrix}N_1 & 0 & N_2 & 0 & \cdots & N_n\\ 0 & N_1 & 0 & N_2 & \cdots & 0\end{bmatrix} \tag{1.55}$$

$\hat{\boldsymbol{u}}^e$ 为单元节点位移向量。

由有限元理论又可知，单元应变向量 ε^e 可用节点位移向量 $\hat{\boldsymbol{u}}^e$ 表示如下

$$\boldsymbol{\varepsilon}^e=\boldsymbol{B}^e\hat{\boldsymbol{u}}^e \tag{1.56}$$

式中矩阵 $\boldsymbol{B}^e$ 对平面问题可展开如下

$$\boldsymbol{B}^e=\begin{bmatrix}\frac{\partial N_1}{\partial x} & 0 & \frac{\partial N_2}{\partial x} & 0 & \cdots & \frac{\partial N_n}{\partial x}\\ 0 & \frac{\partial N_1}{\partial y} & 0 & \frac{\partial N_2}{\partial y} & \cdots & 0\\ \frac{\partial N_1}{\partial y} & \frac{\partial N_1}{\partial x} & \frac{\partial N_2}{\partial y} & \frac{\partial N_2}{\partial x} & \cdots & \frac{\partial N_n}{\partial x}\end{bmatrix} \tag{1.57}$$

对于接触单元，由(1.13)，(1.14)和(1.15)式可知

$$\boldsymbol{\varepsilon}_c^e=\boldsymbol{N}_c^e(\hat{\boldsymbol{u}}_c^e+\boldsymbol{\delta}_c^{*e}) \tag{1.58}$$

式中

$$\boldsymbol{\delta}_c^{*e}=[0,\delta^{*e}]^T \tag{1.59}$$

$$\boldsymbol{N}_c^e=\begin{bmatrix}1 & 0\\ 0 & 1\end{bmatrix} \tag{1.60}$$

$$\hat{\boldsymbol{u}}_c^e=[\Delta u_\tau,\Delta u_n]^T \tag{1.61}$$

将(1.54)，(1.56)和(1.58)式代入(1.52)式，得

$$\begin{aligned}\prod[\tilde{\boldsymbol{\lambda}}(\cdot)] = &\sum_{e=1}^{N_E}\Big\{\int_{\Omega_e}\frac{1}{2}(\boldsymbol{B}^e\hat{\boldsymbol{u}}^e)^T\boldsymbol{D}^e(\boldsymbol{B}^e\hat{\boldsymbol{u}}^e)\mathrm{d}\Omega-\\ &\Big[\int_{\Omega_e}\boldsymbol{b}^{e^T}(\boldsymbol{N}^e\hat{\boldsymbol{u}}^e)\mathrm{d}\Omega+\int_{S_P^e}\overline{\boldsymbol{P}}^{e^T}(\boldsymbol{N}^e\hat{\boldsymbol{u}}^e)\mathrm{d}S\Big]\Big\}+\\ &\sum_{e=1}^{N_c}\int_{S_c^e}\Big\{\frac{1}{2}[\boldsymbol{N}_c^e(\hat{\boldsymbol{u}}_c^e+\boldsymbol{\delta}_c^{*e})]^T\cdot\boldsymbol{D}_c^e[\boldsymbol{N}_c^e(\hat{\boldsymbol{u}}_c^e+\boldsymbol{\delta}_c^{*e})]-\\ &\tilde{\boldsymbol{\lambda}}^{e^T}\tilde{\boldsymbol{R}}^e\boldsymbol{N}_c^e(\hat{\boldsymbol{u}}_c^e+\boldsymbol{\delta}_c^{*e})\Big\}\mathrm{d}S\end{aligned} \tag{1.62}$$

引入单元出口位移向量到体系总体位移向量的转换矩阵 $\boldsymbol{T}_e^e$[4] 和接触单元出口位移向量到总体位移向量的转换矩阵 $\boldsymbol{T}_c^e$

$$\hat{\boldsymbol{u}}^e=\boldsymbol{T}_e^e\hat{\boldsymbol{u}},\ \hat{\boldsymbol{u}}_c^e=\boldsymbol{T}_c^e\hat{\boldsymbol{u}} \tag{1.63}$$

对于常规的有限元计算，$\hat{\boldsymbol{u}}$ 是由结构模型网格各节点的独立位移所组成的向量，而对于接触问题，除了独立位移外，还引进了接触点对的主位移 $\boldsymbol{u}^{(m)}$ 与相对位移 $\Delta\boldsymbol{u}$。接触点对的主位移 $\boldsymbol{u}^{(m)}$ 与节点的独立位移一起编排在总体位移向量 $\hat{\boldsymbol{u}}$ 中。接触点对的相对位移反映了接触的特性，它也是体系的未知量，也应编入总体位移向量之中，为了便于识别，将其编在总体位移向量的最前端。

将(1.63)式代入(1.62)式，得

$$\prod[\tilde{\boldsymbol{\lambda}}(\cdot)]=\frac{1}{2}\hat{\boldsymbol{u}}^{T}\boldsymbol{K}\hat{\boldsymbol{u}}-\hat{\boldsymbol{u}}^{T}(\boldsymbol{\Phi}\tilde{\boldsymbol{\lambda}}+\hat{\boldsymbol{P}}) \tag{1.64}$$

式中

$$\begin{aligned}\boldsymbol{K}&=\sum_{e=1}^{N_E}\int_{\Omega_e}\boldsymbol{T}_e^{e^T}\boldsymbol{B}^{e^T}\boldsymbol{D}^e\boldsymbol{B}^e\boldsymbol{T}_e^e\mathrm{d}\Omega+\sum_{e=1}^{N_c}\int_{S_c^e}\boldsymbol{T}_c^{e^T}\boldsymbol{N}_c^{e^T}\boldsymbol{D}_c^e\boldsymbol{N}_c^e\boldsymbol{T}_c^e\mathrm{d}S\\&=\sum_{e=1}^{N_E}\boldsymbol{T}_e^{e^T}\boldsymbol{K}_e\boldsymbol{T}_e^e+\sum_{e=1}^{N_c}\boldsymbol{T}_c^{e^T}\boldsymbol{K}_e^c\boldsymbol{T}_c^e\in R^{N_u\times N_u}\end{aligned} \tag{1.65}$$

此处，N_u 为自由度总数。

$$\boldsymbol{K}_e=\int_{\Omega_e}\boldsymbol{B}^{e^T}\boldsymbol{D}^e\boldsymbol{B}^e\mathrm{d}\Omega \tag{1.66}$$

$$\boldsymbol{K}_e^c=\int_{S_c^e}\boldsymbol{N}_c^{e^T}\boldsymbol{D}_c^e\boldsymbol{N}_c^e\mathrm{d}S \tag{1.67}$$

(1.64)式右端第 2 项中的 $\hat{\boldsymbol{P}}$ 的表达式如下：

$$\hat{\boldsymbol{P}}=\sum_{e=1}^{N_E}\left\{\int_{\Omega_e}\boldsymbol{T}_e^{e^T}\boldsymbol{N}^{e^T}\boldsymbol{b}^e\mathrm{d}\Omega+\int_{S_P^e}\boldsymbol{T}_e^{e^T}\boldsymbol{N}^{e^T}\overline{\boldsymbol{P}}^e\mathrm{d}S\right\}-\sum_{e=1}^{N_c}\int_{S_c^e}\boldsymbol{T}_c^{e^T}\boldsymbol{N}_c^{e^T}\boldsymbol{D}_c^e\boldsymbol{N}_c^e\boldsymbol{\delta}_c^{*e}\mathrm{d}S \tag{1.68}$$

在推导(1.68)式的过程中利用了 $\int_{\Omega_e}\boldsymbol{b}^{e^T}\boldsymbol{N}^e\hat{\boldsymbol{u}}^e\mathrm{d}\Omega$ 与 $\int_{\Omega_e}\hat{\boldsymbol{u}}^{T}\boldsymbol{T}_e^{e^T}\boldsymbol{N}^{e^T}\boldsymbol{b}^e\mathrm{d}\Omega$ 相等的特点，因为

$$\begin{aligned}\int_{\Omega_e}\boldsymbol{b}^{e^T}\boldsymbol{N}^e\hat{\boldsymbol{u}}^e\mathrm{d}\Omega&=\int_{\Omega_e}\boldsymbol{b}^{e^T}\boldsymbol{N}^e\boldsymbol{T}_e^e\hat{\boldsymbol{u}}\mathrm{d}\Omega=\int_{\Omega_e}(\boldsymbol{b}^{e^T}\boldsymbol{N}^e\boldsymbol{T}_e^e\hat{\boldsymbol{u}})^T\mathrm{d}\Omega\\&=\int_{\Omega_e}\hat{\boldsymbol{u}}^{T}\boldsymbol{T}_e^{e^T}\boldsymbol{N}^{e^T}\boldsymbol{b}^e\mathrm{d}\Omega\end{aligned}$$

同理，$\int_{S_P^e}\overline{\boldsymbol{P}}^{e^T}\boldsymbol{N}^e\hat{\boldsymbol{u}}^e\mathrm{d}S=\int_{S_P^e}\hat{\boldsymbol{u}}^{T}\boldsymbol{T}_e^{e^T}\boldsymbol{N}^{e^T}\overline{\boldsymbol{P}}^e\mathrm{d}S$，

$$\begin{aligned}\int_{S_c^e}(\boldsymbol{N}_c^e\hat{\boldsymbol{u}}_c^e)^T\boldsymbol{D}_c^e\boldsymbol{N}_c^e\boldsymbol{\delta}_c^{*e}\mathrm{d}S&=\int_{S_c^e}(\boldsymbol{N}_c^e\boldsymbol{\delta}_c^{*e})^T\boldsymbol{D}_c^e\boldsymbol{N}_c^e\hat{\boldsymbol{u}}_c^e\mathrm{d}S\\&=\int_{S_c^e}\hat{\boldsymbol{u}}^{T}\boldsymbol{T}_c^{e^T}\boldsymbol{N}_c^{e^T}\boldsymbol{D}_c^e\boldsymbol{N}_c^e\boldsymbol{\delta}_c^{*e}\mathrm{d}S\end{aligned}$$

令

$$\hat{\boldsymbol{P}}_0=\sum_{e=1}^{N_E}\left\{\int_{\Omega_e}\boldsymbol{T}_e^{e^T}\boldsymbol{N}^{e^T}\boldsymbol{b}^e\mathrm{d}\Omega+\int_{S_p^e}\boldsymbol{T}_e^{e^T}\boldsymbol{N}^{e^T}\overline{\boldsymbol{P}}^e\mathrm{d}S\right\} \tag{1.69}$$

于是

$$\hat{\boldsymbol{P}}=\hat{\boldsymbol{P}}_0-\sum_{e=1}^{N_c}\int_{S_c^e}\boldsymbol{T}_c^{e^T}\boldsymbol{N}_c^{e^T}\boldsymbol{D}_c^e\boldsymbol{N}_c^e\boldsymbol{\delta}_c^{*e}\mathrm{d}S$$

将(1.67)式代入,得

$$\hat{\boldsymbol{P}}=\hat{\boldsymbol{P}}_0-\sum_{e=1}^{N_c}\boldsymbol{T}_c^{e^T}\boldsymbol{K}_e^c\boldsymbol{\delta}_c^{*e}\in R^{N_u\times 1} \tag{1.70}$$

(1.64)式右端第 2 项中的 $\boldsymbol{\Phi}$ 的表达式如下:

$$\boldsymbol{\Phi}=\sum_{e=1}^{N_c}\int_{S_c^e}\boldsymbol{T}_c^{e^T}\boldsymbol{N}_c^{e^T}\widetilde{\boldsymbol{R}}^{e^T}\boldsymbol{T}_{\widetilde{\lambda}}^e\mathrm{d}S\in R^{N_u\times\widetilde{m}_f} \tag{1.71}$$

式中

$$\widetilde{\lambda}^e=\boldsymbol{T}_{\widetilde{\lambda}}^e\widetilde{\boldsymbol{\lambda}} \tag{1.72}$$

在推导(1.71)式的过程中利用了 $\int_{S_c^e}\widetilde{\boldsymbol{\lambda}}^{e^T}\widetilde{\boldsymbol{R}}^e\boldsymbol{N}_c^e\hat{\boldsymbol{u}}_c^e\mathrm{d}S$ 与 $\int_{S_c^e}\hat{\boldsymbol{u}}^T\boldsymbol{T}_c^{e^T}\boldsymbol{N}_c^{e^T}\widetilde{\boldsymbol{R}}^{e^T}\boldsymbol{T}_{\widetilde{\lambda}}^e\widetilde{\boldsymbol{\lambda}}\mathrm{d}S$ 相等的特点,因为

$$\begin{aligned}\int_{S_c^e}\widetilde{\lambda}^{e^T}\widetilde{\boldsymbol{R}}^e\boldsymbol{N}_c^e\hat{\boldsymbol{u}}_c^e\mathrm{d}S&=\int_{S_c^e}\widetilde{\lambda}^{e^T}\widetilde{\boldsymbol{R}}^e\boldsymbol{N}_c^e\boldsymbol{T}_c^e\hat{\boldsymbol{u}}\mathrm{d}S=\int_{S_c^e}(\widetilde{\lambda}^{e^T}\widetilde{\boldsymbol{R}}^e\boldsymbol{N}_c^e\boldsymbol{T}_c^e\hat{\boldsymbol{u}})^T\mathrm{d}S\\&=\int_{S_c^e}\hat{\boldsymbol{u}}^T\boldsymbol{T}_c^{e^T}\boldsymbol{N}_c^{e^T}\widetilde{\boldsymbol{R}}^{e^T}\widetilde{\lambda}^e\mathrm{d}S=\int_{S_c^e}\hat{\boldsymbol{u}}^T\boldsymbol{T}_c^{e^T}\boldsymbol{N}_c^{e^T}\widetilde{\boldsymbol{R}}^{e^T}\boldsymbol{T}_{\widetilde{\lambda}}^e\widetilde{\boldsymbol{\lambda}}\mathrm{d}S\end{aligned}$$

现将接触单元的单元间隙 $\boldsymbol{\delta}_c^{*e}$ 向接触间隙的全空间 $\boldsymbol{\delta}_c^*$ 扩展,得到

$$\boldsymbol{\delta}_c^{*e}=\boldsymbol{T}_\delta^e\boldsymbol{\delta}_c^* \tag{1.73}$$

令

$$\hat{\boldsymbol{P}}_\delta=\left[\sum_{e=1}^{N_c}\boldsymbol{T}_c^{e^T}\boldsymbol{K}_e^c\boldsymbol{T}_\delta^e\right]\boldsymbol{\delta}_c^* \tag{1.74}$$

(1.70)式可写成

$$\hat{\boldsymbol{P}}=\hat{\boldsymbol{P}}_0-\hat{\boldsymbol{P}}_\delta \tag{1.75}$$

下面来分析弹性接触问题的状态方程。引入松弛变量 $\tilde{v}$,(1.8)式可以写成如下形式

$$\widetilde{\boldsymbol{f}}(\boldsymbol{P}_c)+\tilde{\boldsymbol{v}}=0 \tag{1.76}$$

对滑动函数 $\widetilde{\boldsymbol{f}}$ 作一阶泰勒(Taylor)级数展开,利用(1.18)和(1.22)式得

$$\begin{aligned}\widetilde{f}_k&=\widetilde{f}_k^0+\left\{\frac{\partial\widetilde{f}_k}{\partial\boldsymbol{P}_c}\right\}^T\boldsymbol{P}_c=\widetilde{f}_k^0+\left\{\frac{\partial\widetilde{f}_k}{\partial\boldsymbol{P}_c}\right\}^T[\boldsymbol{D}_c(\boldsymbol{\varepsilon}_c-\boldsymbol{\varepsilon}_c^p)]\\&=\widetilde{f}_k^0+\left\{\frac{\partial\widetilde{f}_k}{\partial\boldsymbol{P}_c}\right\}^T\boldsymbol{D}_c\boldsymbol{\varepsilon}_c-\left\{\frac{\partial\widetilde{f}_k}{\partial\boldsymbol{P}_c}\right\}^T\boldsymbol{D}_c\left(\frac{\partial\widetilde{\boldsymbol{g}}}{\partial\boldsymbol{P}_c}\right)^T\widetilde{\lambda}\quad k=1,2,3\end{aligned} \tag{1.77}$$

由矩阵计算理论和(1.25)式可知

$$\frac{\partial \widetilde{f}_k}{\partial \boldsymbol{P}_c}=\begin{Bmatrix} \dfrac{\partial \widetilde{f}_k}{\partial P_\tau} \\ \dfrac{\partial \widetilde{f}_k}{\partial P_n} \end{Bmatrix} \tag{1.78}$$

代入(1.76)式,有 $\widetilde{f}_k^0+\widetilde{\boldsymbol{W}}_k\boldsymbol{\varepsilon}_c-\widetilde{\boldsymbol{m}}_k\widetilde{\boldsymbol{\lambda}}+\widetilde{\nu}_k=0$ (1.79)

$$\widetilde{\nu}_k\cdot\widetilde{\lambda}_k=0,\widetilde{\nu}_k,\widetilde{\lambda}_k\geqslant 0,k=1,2,3 \tag{1.80}$$

式中

$$\widetilde{\boldsymbol{W}}_k=\left\{\frac{\partial \widetilde{f}_k}{\partial \boldsymbol{P}_c}\right\}^T\boldsymbol{D}_c \tag{1.81}$$

$$\widetilde{\boldsymbol{m}}_k=\left\{\frac{\partial \widetilde{f}_k}{\partial \boldsymbol{P}_c}\right\}^T\boldsymbol{D}_c\left(\frac{\partial \widetilde{\boldsymbol{g}}}{\partial \boldsymbol{P}_c}\right)^T \tag{1.82}$$

(1.79)与(1.80)式是弹性接触问题的状态方程。

设第e单元的滑动条件为 $\widetilde{m}_{fe}$ 个($\widetilde{m}_{fe}\geqslant 1$),整个接触体系共有 $\widetilde{m}_f=\sum_{e=1}^{N_c}\widetilde{m}_{fe}$ 个状态方程。

将接触边界条件(1.49)式在单元上平均,得

$$\left.\begin{aligned} &\int_{S_c^e}(\widetilde{f}_i^{0e}+\widetilde{\boldsymbol{W}}_i^e\boldsymbol{\varepsilon}_c-\widetilde{\boldsymbol{m}}_i^e\widetilde{\boldsymbol{\lambda}}^e)\mathrm{d}S+\widetilde{\nu}_i^e=0 \\ &\widetilde{\nu}_i^e\cdot\widetilde{\lambda}_i^e=0,\widetilde{\nu}_i^e,\widetilde{\lambda}_i^e\geqslant 0 \\ &i=1,2,\cdots,\widetilde{m}_{fe},e=1,2,\cdots,N_c \end{aligned}\right\} \tag{1.83}$$

式中
$$\widetilde{\boldsymbol{W}}_i^e=\left\{\frac{\partial \widetilde{f}_i^e}{\partial \boldsymbol{P}_c}\right\}^T\boldsymbol{D}_c \tag{1.84}$$

$$\widetilde{m}_{ij}^e=\left\{\frac{\partial \widetilde{f}_i^e}{\partial \boldsymbol{P}_c}\right\}^T\boldsymbol{D}_c\left\{\frac{\partial \widetilde{g}_j^e}{\partial \boldsymbol{P}_c}\right\}\quad j=1,2,\cdots,\widetilde{m}_{fe} \tag{1.85}$$

$$\widetilde{\boldsymbol{m}}_i^e=[\widetilde{m}_{i1}^e,\widetilde{m}_{i2}^e,\cdots,\widetilde{m}_{i\widetilde{m}_{fe}}^e] \tag{1.86}$$

$$\left.\begin{aligned} &\widetilde{\boldsymbol{\nu}}^e=[\widetilde{\nu}_1^e,\widetilde{\nu}_2^e,\cdots,\widetilde{\nu}_{\widetilde{m}_{fe}}^e]^T \\ &\widetilde{\boldsymbol{\lambda}}^e=[\widetilde{\lambda}_1^e,\widetilde{\lambda}_2^e,\cdots,\widetilde{\lambda}_{\widetilde{m}_{fe}}^e]^T \end{aligned}\right\} \tag{1.87}$$

将(1.83)式写成矩阵形式

$$\left.\begin{aligned}&\int_{S_c^e}(\tilde{\boldsymbol{f}}^{0e}+\widetilde{\boldsymbol{W}}^e\boldsymbol{\varepsilon}_c-\tilde{\boldsymbol{m}}^e\tilde{\boldsymbol{\lambda}}^e)\mathrm{d}S+\tilde{\boldsymbol{v}}^e=0\\&\tilde{\boldsymbol{v}}^{e^T}\cdot\tilde{\boldsymbol{\lambda}}^e=0,\tilde{\boldsymbol{v}}^e,\tilde{\boldsymbol{\lambda}}^e\geqslant 0\\&\tilde{\boldsymbol{v}}^e=[\tilde{v}_1^e,\tilde{v}_2^e,\cdots,\tilde{v}_{\tilde{m}_{fe}}^e]^T\\&\tilde{\boldsymbol{\lambda}}^e=[\tilde{\lambda}_1^e,\tilde{\lambda}_2^e,\cdots,\tilde{\lambda}_{\tilde{m}_{fe}}^e]^T\end{aligned}\right\}\tag{1.88}$$

式中

$$\tilde{\boldsymbol{f}}^{0e}=[\tilde{f}_1^{0e},\tilde{f}_2^{0e},\cdots\tilde{f}_{\tilde{m}_{fe}}^{0e}]^T\in R^{\tilde{m}_{fe}\times 1}\tag{1.89}$$

$$\widetilde{\boldsymbol{W}}^e=[\widetilde{\boldsymbol{W}}_1^{e^T},\widetilde{\boldsymbol{W}}_2^{e^T},\cdots,\widetilde{\boldsymbol{W}}_{\tilde{m}_{fe}}^{e^T}]^T\in R^{\tilde{m}_{fe}\times N_{\varepsilon c}}\tag{1.90}$$

$$\tilde{\boldsymbol{m}}^e=[\tilde{\boldsymbol{m}}_1^{e^T},\tilde{\boldsymbol{m}}_2^{e^T},\cdots,\tilde{\boldsymbol{m}}_{\tilde{m}_{fe}}^{e^T}]^T\in R^{\tilde{m}_{fe}\times\tilde{m}_{fe}}\tag{1.91}$$

这里 $N_{\varepsilon c}$ 为 ε_c 的维数。

将(1.88)式中第1式左端积分号下各项左乘 $\boldsymbol{T}_{\tilde{\lambda}}^{e^T}\in R^{\tilde{m}_f\times\tilde{m}_{fe}}$，然后进行 S_c^e 上求和，有

$$\sum_{e=1}^{N_c}\left\{\int_{S_c^e}\boldsymbol{T}_{\tilde{\lambda}}^{e^T}\tilde{\boldsymbol{f}}^{0e}\mathrm{d}S+\int_{S_c^e}\boldsymbol{T}_{\tilde{\lambda}}^{e^T}\widetilde{\boldsymbol{W}}^e\boldsymbol{\varepsilon}_c\mathrm{d}S-\int_{S_c^e}\boldsymbol{T}_{\tilde{\lambda}}^{e^T}\tilde{\boldsymbol{m}}^e\boldsymbol{T}_{\tilde{\lambda}}^e\tilde{\boldsymbol{\lambda}}\mathrm{d}S\right\}+\tilde{\boldsymbol{v}}=0\tag{1.92}$$

将(1.58)，(1.59)，(1.63)和(1.73)式代入上式，得

$$\boldsymbol{C}\hat{\boldsymbol{u}}-\boldsymbol{U}\tilde{\boldsymbol{\lambda}}-\boldsymbol{d}+\tilde{\boldsymbol{v}}=0\tag{1.93}$$

$$\tilde{\boldsymbol{v}}^T\cdot\tilde{\boldsymbol{\lambda}}=0,\tilde{\boldsymbol{v}},\tilde{\lambda}\geqslant 0\tag{1.94}$$

式中

$$\boldsymbol{C}=\sum_{e=1}^{N_c}\int_{S_c^e}\boldsymbol{T}_{\tilde{\lambda}}^{e^T}\widetilde{\boldsymbol{W}}^e\boldsymbol{N}_c^e\boldsymbol{T}_c^e\mathrm{d}S\in R^{\tilde{m}_f\times N_u}\tag{1.95}$$

$$\boldsymbol{U}=\sum_{e=1}^{N_c}\int_{S_c^e}\boldsymbol{T}_{\tilde{\lambda}}^{e^T}\tilde{\boldsymbol{m}}^e\boldsymbol{T}_{\tilde{\lambda}}^e\mathrm{d}S\in R^{\tilde{m}_f\times\tilde{m}_f}\tag{1.96}$$

$$\boldsymbol{d}=\boldsymbol{d}_0+\boldsymbol{d}_\delta\in R^{\tilde{m}_f\times 1}\tag{1.97}$$

$$\boldsymbol{d}_0=-\sum_{e=1}^{N_c}\int_{S_c^e}\boldsymbol{T}_{\tilde{\lambda}}^{e^T}\tilde{\boldsymbol{f}}^{0e}\mathrm{d}S\tag{1.98}$$

$$\boldsymbol{d}_\delta=-\sum_{e=1}^{N_c}\int_{S_c^e}\boldsymbol{T}_{\tilde{\lambda}}^{e^T}\widetilde{\boldsymbol{W}}^e\boldsymbol{N}_c^e\boldsymbol{T}_\delta^e\mathrm{d}S\cdot\boldsymbol{\delta}_c^*\tag{1.99}$$

$$\left.\begin{aligned}&\tilde{\boldsymbol{v}}=[\tilde{\boldsymbol{v}}^{1T},\tilde{\boldsymbol{v}}^{2T},\cdots,\tilde{\boldsymbol{v}}^{N_cT}]^T\\&\tilde{\boldsymbol{v}}^e=[\tilde{v}_1^e,\tilde{v}_2^e,\cdots,\tilde{v}_{\tilde{m}_{fe}}^e]^T\end{aligned}\right\}\tag{1.100}$$

$$\left.\begin{aligned}\tilde{\boldsymbol{\lambda}}&=[\tilde{\boldsymbol{\lambda}}^{1T},\tilde{\boldsymbol{\lambda}}^{2T},\cdots,\tilde{\boldsymbol{\lambda}}^{N_cT}]^T\\ \tilde{\boldsymbol{\lambda}}^e&=[\tilde{\lambda}_1^e,\tilde{\lambda}_2^e,\cdots,\tilde{\lambda}_{\tilde{m}_{fe}}^e]^T\end{aligned}\right\} \tag{1.101}$$

综上所述，平面弹性接触问题计算的有限元二次规划求解方程可归纳如下

$$\left.\begin{aligned}&\min.\ \prod[\tilde{\boldsymbol{\lambda}}(\cdot)]\\ &s.t.\quad \boldsymbol{C}\hat{\boldsymbol{u}}-\boldsymbol{U}\tilde{\boldsymbol{\lambda}}-\boldsymbol{d}+\tilde{\boldsymbol{v}}=0\\ &\qquad\quad \tilde{\boldsymbol{v}}^T\cdot\tilde{\boldsymbol{\lambda}}=0,\quad \tilde{\boldsymbol{v}},\tilde{\boldsymbol{\lambda}}\geqslant 0\end{aligned}\right\} \tag{1.102}$$

或写出对(1.64)式的泛函求极值的具体公式，得

$$\left.\begin{aligned}&\boldsymbol{K}\hat{\boldsymbol{u}}-(\boldsymbol{\Phi}\tilde{\boldsymbol{\lambda}}+\hat{\boldsymbol{P}})=0\\ &\boldsymbol{C}\hat{\boldsymbol{u}}-\boldsymbol{U}\tilde{\boldsymbol{\lambda}}-\boldsymbol{d}+\tilde{\boldsymbol{v}}=0\\ &\tilde{\boldsymbol{v}}^T\cdot\tilde{\boldsymbol{\lambda}}=0,\quad \tilde{\boldsymbol{v}},\tilde{\boldsymbol{\lambda}}\geqslant 0\end{aligned}\right\} \tag{1.103}$$

(1.103)式可以转化成求解下列线性互补问题

$$\begin{Bmatrix}\tilde{\boldsymbol{v}}\\0\end{Bmatrix}+\begin{bmatrix}-\boldsymbol{U} & \boldsymbol{C}\\ -\boldsymbol{\Phi} & \boldsymbol{K}\end{bmatrix}\begin{Bmatrix}\tilde{\boldsymbol{\lambda}}\\ \hat{\boldsymbol{u}}\end{Bmatrix}=\begin{Bmatrix}\boldsymbol{d}\\ \hat{\boldsymbol{P}}\end{Bmatrix} \tag{1.104}$$

$$\tilde{\boldsymbol{v}}^T\cdot\tilde{\boldsymbol{\lambda}}=0,\tilde{\boldsymbol{v}},\tilde{\boldsymbol{\lambda}}\geqslant 0 \tag{1.105}$$

线性互补问题(1.104)与(1.105)式可以用求自由设计变量的二次规划算法求解。

令

$$\boldsymbol{\Phi}_1=\boldsymbol{K}^{-1}\boldsymbol{\Phi}\in R^{N_u\times\tilde{m}_f} \tag{1.106}$$

$$\boldsymbol{U}_1=\boldsymbol{C}\boldsymbol{\Phi}_1-\boldsymbol{U}\in \boldsymbol{R}^{\tilde{m}_f\times\tilde{m}_f} \tag{1.107}$$

$$\boldsymbol{d}_1=\boldsymbol{d}-\boldsymbol{C}\hat{\boldsymbol{P}}_1\in R^{\tilde{m}_f\times 1} \tag{1.108}$$

$$\hat{\boldsymbol{P}}_1=\boldsymbol{K}^{-1}\hat{\boldsymbol{P}}_1\in R^{N_u\times 1} \tag{1.109}$$

单位阵

$$\boldsymbol{I}\in R^{N_u\times N_u} \tag{1.110}$$

将(1.106)～(1.110)式代入(1.104)式，经过变换，得

$$\left.\begin{aligned}&\begin{Bmatrix}\tilde{\boldsymbol{v}}\\0\end{Bmatrix}+\begin{bmatrix}\boldsymbol{U}_1 & 0\\ -\boldsymbol{\Phi}_1 & \boldsymbol{I}\end{bmatrix}\begin{Bmatrix}\tilde{\boldsymbol{\lambda}}\\ \hat{\boldsymbol{u}}\end{Bmatrix}=\begin{Bmatrix}\boldsymbol{d}_1\\ \hat{\boldsymbol{P}}_1\end{Bmatrix}\\ &\tilde{\boldsymbol{v}}^T\cdot\tilde{\boldsymbol{\lambda}}=0,\quad \tilde{\boldsymbol{v}},\tilde{\boldsymbol{\lambda}}\geqslant 0\end{aligned}\right\} \tag{1.111}$$

(1.111)式的计算工作量主要在于求 $\boldsymbol{\Phi}_1$ 和 $\hat{\boldsymbol{P}}_1$，这实际上是矩阵 $\boldsymbol{K}$ 求逆的问题。矩阵 $\boldsymbol{K}$ 具有正定对称的特性，可以利用 LDL^T 三角化分解的

办法简化计算。具体做法是,先对等式乘以 $\boldsymbol{K}$,例如,对(1.106)式就得到

$$\boldsymbol{K\Phi}_1=\boldsymbol{\Phi} \tag{1.112}$$

利用 $\mathrm{LDL}^{\mathrm{T}}$ 法回代求解 $\widehat{m}_f$ 次,可求得 $\boldsymbol{\Phi}_1$。用同样办法也可求得 $\hat{\boldsymbol{P}}_1$。有了 $\boldsymbol{\Phi}_1$ 和 $\hat{\boldsymbol{P}}_1$,很容易就可求出 $\boldsymbol{U}_1$ 和 $\boldsymbol{d}_1$。然后在 $\tilde{\boldsymbol{v}}$ 和 $\tilde{\boldsymbol{\lambda}}$ 之间选取基底变量作互补基底交换运算,就可进行(1.111)式的线性互补问题计算。

1.1.4 关于平面接触单元

接触单元的位移是相对位移,与其他单元的位移不同,因而需要建立二者的转换矩阵。定义图 1.2 中的 $\Omega^{(1)}$ 为目标接触体,$\Omega^{(2)}$ 为被接触体,$\Omega^{(1)}$ 中的可能接触点为从接触点,$\Omega^{(2)}$ 中的可能接触点为主接触点。接触体系的总体位移向量 $\hat{\boldsymbol{u}}$ 包括两部分:普通位移向量 $\hat{\boldsymbol{u}}_s$ 和从接触点的相对位移向量 $\hat{\boldsymbol{u}}_r$,前者包括主接触点的全部位移和从接触点的角位移以及其他非接触点的节点位移。

$$\hat{\boldsymbol{u}}=[\hat{\boldsymbol{u}}_s^T,\hat{\boldsymbol{u}}_r^T]^T \tag{1.113}$$

这样,从接触点的线位移不在接触体系的总位移向量中出现,进入总位移向量的是接触相对位移。接触单元刚度矩阵对应的出口位移是接触相对位移,与主接触点位移无关。如果某个单元与接触单元无公共点,或者含有主接触点,都不需要进行关于位移的变换;只有当单元中含有从接触点,才需要对该单元进行接触变换。

假设 4 节点等参膜元的第 4 个节点是从接触点,4 点等参膜元的局部坐标系是右手系,则可以证明在该单元局部坐标系下有

$$\begin{Bmatrix} u_1\\ v_1\\ u_2\\ v_2\\ u_3\\ v_3\\ u_4\\ v_4 \end{Bmatrix}=\begin{bmatrix} 1 & & & & & & & \\ & 1 & & & & & \multicolumn{2}{c}{0} \\ & & 1 & & & & & \\ & & & 1 & & & & \\ & & & & 1 & & & \\ & & & & & 1 & & \\ & & & & & & C_0 & -S_0 \\ & 0 & & & & & S_0 & C_0 \end{bmatrix}\begin{Bmatrix} u_1\\ v_1\\ u_2\\ v_2\\ u_3\\ v_3\\ u_\tau\\ u_n \end{Bmatrix} \tag{1.114}$$

式中
$$C_0=\cos\theta_0,S_0=\sin\theta_0 \tag{1.115}$$
θ_0 为 4 点等参膜元的局部坐标系 x 轴与接触单元 τ 轴之间的夹角。

$[u_\tau,u_n]^T$ 是在接触单元局部坐标系下的位移分量,不在总独立位移向量 $\hat{\boldsymbol{u}}$ 中出现。$[u_\tau,u_n]^T$ 可以用主接触点的位移 $[u_\tau^{(m)},u_n^{(m)}]^T$ 和接触单元的相对位移 $[\Delta u_\tau,\Delta u_n]^T$ 来表示
$$\Delta u_\tau=u_\tau-u_\tau^{(m)},\Delta u_n=u_n-u_n^{(m)} \tag{1.116}$$
于是,有
$$\begin{Bmatrix}u_\tau\\u_n\end{Bmatrix}=\begin{bmatrix}1&0&1&0\\0&1&0&1\end{bmatrix}\begin{Bmatrix}u_\tau^{(m)}\\u_n^{(m)}\\\Delta u_\tau\\\Delta u_n\end{Bmatrix} \tag{1.117}$$
将(1.117)式代入(1.114)式,得
$$[u_1,v_1,u_2,v_2,u_3,v_3,u_4,v_4]^T=$$
$$\boldsymbol{H}\cdot[u_1,v_1,u_2,v_2,u_3,v_3,u_\tau^{(m)},u_n^{(m)},\Delta u_\tau,\Delta u_n]^T \tag{1.118}$$
式中
$$\boldsymbol{H}=\begin{bmatrix}1&&&&&&&&&\\&1&&&&&&\mathbf{0}&&\\&&1&&&&&&&\\&&&1&&&&&&\\&&&&1&&&&&\\&&&&&1&&&&\\&&&&&&C_0&-S_0&C_0&-S_0\\&&\mathbf{0}&&&&S_0&C_0&S_0&C_0\end{bmatrix} \tag{1.119}$$
将 $\Omega^{(1)}$ 上 4 点膜元单元局部坐标系下的节点位移转换成总位移向量 $\hat{\boldsymbol{u}}$
$$[u_1,v_1,u_2,v_2,u_3,v_3,u_4,v_4]^T=\boldsymbol{T}_e^e\hat{\boldsymbol{u}}=\boldsymbol{H}\boldsymbol{T}_e^{e'}\hat{\boldsymbol{u}} \tag{1.120}$$
$$\boldsymbol{T}_e^e=\boldsymbol{H}\boldsymbol{T}_e^{e'} \tag{1.121}$$
这样,就得到了有从接触点的单元节点位移控制矩阵 $\boldsymbol{T}_e^e$,以后的单元刚度矩阵变换与整个接触体系总刚度矩阵的拼装可采用常规有限元计算的做法进行。

下面推导接触单元的有关矩阵。

由(1.60),(1.12)和(1.67)式有

$$\boldsymbol{K}_e^c = \boldsymbol{N}_c^{e^T} \boldsymbol{D}_c^e \boldsymbol{N}_c^e = \begin{bmatrix} E_\tau & 0 \\ 0 & E_n \end{bmatrix} \tag{1.122}$$

$\boldsymbol{K}_e^c$ 的物理意义是接触单元的刚度矩阵。根据 $\boldsymbol{K}_e^c$ 由（1.74）式可求得间隙 $\boldsymbol{\delta}_c^*$ 引起的载荷向量 $\hat{\boldsymbol{P}}_\delta$。

由(1.71)式可知，$\boldsymbol{\Phi}$ 的核心部分为

$$\boldsymbol{\Phi}_e^c = \boldsymbol{N}_c^{e^T} \widetilde{\boldsymbol{R}}^{e^T} \tag{1.123}$$

由(1.51)式有

$$\widetilde{\boldsymbol{R}}^e = \begin{bmatrix} E_\tau & 0 \\ -E_\tau & 0 \\ 0 & E_n \end{bmatrix}$$

故
$$\boldsymbol{\Phi}_e^c = \begin{bmatrix} E_\tau & -E_\tau & 0 \\ 0 & 0 & E_n \end{bmatrix} \tag{1.124}$$

由(1.95)式可知，$\boldsymbol{C}$ 的核心部分为

$$\boldsymbol{C}_e^c = \widetilde{\boldsymbol{W}}^e \cdot \boldsymbol{N}_c^e \tag{1.125}$$

由(1.84)和(1.5)～(1.7)式有

$$\widetilde{\boldsymbol{W}}^e = \begin{bmatrix} \dfrac{\partial \widetilde{f}_1^e}{\partial P_\tau} & \dfrac{\partial \widetilde{f}_1^e}{\partial P_n} \\ \dfrac{\partial \widetilde{f}_2^e}{\partial P_\tau} & \dfrac{\partial \widetilde{f}_2^e}{\partial P_n} \\ \dfrac{\partial \widetilde{f}_3^e}{\partial P_\tau} & \dfrac{\partial \widetilde{f}_3^e}{\partial P_n} \end{bmatrix} \boldsymbol{D}_c = \begin{bmatrix} 1 & \bar{\mu} \\ -1 & \bar{\mu} \\ 0 & 1 \end{bmatrix} \boldsymbol{D}_c \tag{1.126}$$

故

$$\boldsymbol{C}_e^c = \begin{bmatrix} E_\tau & \bar{\mu} E_n \\ -E_\tau & \bar{\mu} E_n \\ 0 & E_n \end{bmatrix} \tag{1.127}$$

由(1.96)式可知，$\boldsymbol{U}$ 的核心部分为

$$\boldsymbol{U}_e^c = \widetilde{\boldsymbol{m}}^e$$

由(1.86)和(1.91)式有

$$\widetilde{\boldsymbol{m}}^e = \begin{bmatrix} \widetilde{m}_{11}^e & \widetilde{m}_{12}^e & \widetilde{m}_{13}^e \\ \widetilde{m}_{21}^e & \widetilde{m}_{22}^e & \widetilde{m}_{23}^e \\ \widetilde{m}_{31}^e & \widetilde{m}_{32}^e & \widetilde{m}_{33}^e \end{bmatrix} \tag{1.128}$$

将(1.85)式代入(1.128)式,得

$$\tilde{\boldsymbol{m}}^e=\boldsymbol{U}_e^c=\begin{bmatrix} E_\tau & -E_\tau & \bar{\mu}E_n \\ -E_\tau & E_\tau & \bar{\mu}E_n \\ 0 & 0 & E_n \end{bmatrix} \tag{1.129}$$

向量 $\boldsymbol{d}$ 可利用(1.126)式由(1.97)～(1.99)式直接求得。

1.1.5 空间弹性接触问题的描述

用参变量变分原理求解接触问题,重要的是确立滑动函数 $\tilde{\boldsymbol{f}}$ 和滑动势函数 $\tilde{\boldsymbol{g}}$。$\tilde{\boldsymbol{f}}$ 的作用是使可能接触边界 S_c 上节点的力或位移满足不可穿透条件和库伦摩擦定律。参变量 $\tilde{\boldsymbol{\lambda}}$ 是表示接触边界上节点接触状态的滑动参量,而 $\tilde{\boldsymbol{g}}$ 对接触力的梯度则提供了 $\tilde{\boldsymbol{\lambda}}$ 的滑动方向。

设一个接触单元有参变量 $\tilde{\boldsymbol{\lambda}}_e$

$$\tilde{\boldsymbol{\lambda}}_e=[\tilde{\lambda}_e^1,\tilde{\lambda}_e^2,\tilde{\lambda}_e^3]^T \tag{1.130}$$

式中 $\tilde{\lambda}_e^1$ 与 $\tilde{\lambda}_e^2$ 分别表示正、负切向滑动参数,$\tilde{\lambda}_e^3$ 表示法向接触参数。

$$\tilde{\lambda}_e^1\cdot\tilde{\lambda}_e^2=0,\begin{cases}\tilde{\lambda}_e^1=0,\tilde{\lambda}_e^2>0,\text{往负切向滑动}\\ \tilde{\lambda}_e^1>0,\tilde{\lambda}_e^2=0,\text{往正切向滑动}\\ \tilde{\lambda}_e^1=0,\tilde{\lambda}_e^2=0,\text{不发生滑动}\end{cases} \tag{1.131}$$

$$\tilde{\lambda}_e^3\begin{cases}>0 & \text{接触点对脱开}\\ =0 & \text{接触点对接触}\end{cases} \tag{1.132}$$

空间接触体系中可能接触面 $S_c^{(\alpha)}$ $(\alpha=1,2)$ 上任一点的力可由法向力 P_n 和切向力 P_τ 确定,切向力 P_τ 有 2 个独立分量 $P_{\tau1}$ 和 $P_{\tau2}$。定义切向力的模函数 $Mod(P_{\tau1},P_{\tau2})$

$$Mod(P_{\tau1},P_{\tau2})=\bar{\mu}P_n \tag{1.133}$$

在切向力点 0 处模等于零;在任一条自 0 点出发的射线上,模单调增加,且与距 0 点距离成正比。由(1.133)式确定的域应当是不凹的(图 1.5)。切向力作用的区域为可取域,可取域的范围由垂直压力 P_n 确定:

$$Mod(P_{\tau1},P_{\tau2})\leqslant\bar{\mu}P_n \tag{1.134}$$

在可取域内,滑动不会发生,滑动只可能产生在可取域边界上,滑动的方向垂直于边界内法线 n。如果边界有尖点,滑动将在尖点附近两侧

的切线的内法线所构成的扇形内发生(见图 1.5)。对于各向同性的滑动,可取边界线为一个圆。

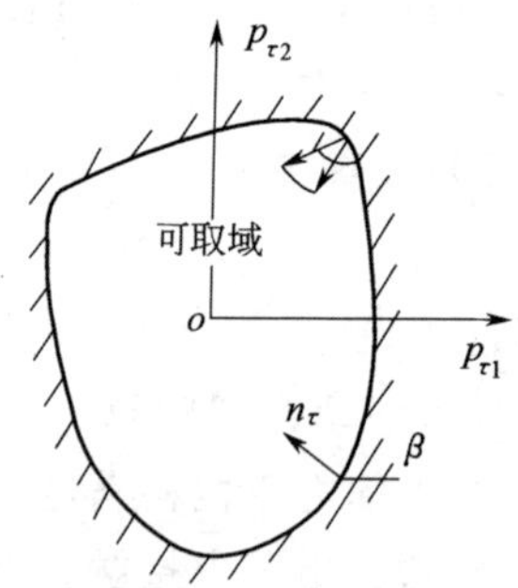

图 1.5　切向力的可取域

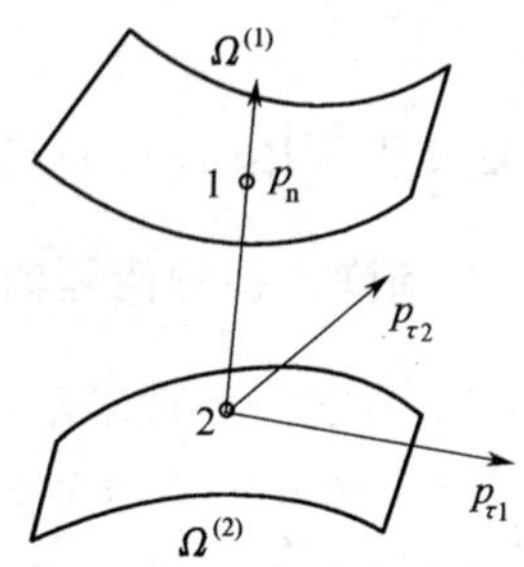

图 1.6　目标接触体与被接触体

关于滑动的方向:对目标接触体 $\Omega^{(1)}$,滑动的方向与切向力相反;对被接触体 $\Omega^{(2)}$,滑动的方向与接触力相同。见图 1.6。

与平面接触问题类似,根据库伦定律,空间接触问题的滑动函数 f 可以表述如下

$$f=|P_\tau|+\bar{\mu}P_n\leqslant 0 \tag{1.135}$$

$$P_\tau=P_{\tau1}i+P_{\tau2}j \tag{1.136}$$

这里,P_τ 可以是在垂直于 P_n 平面内的任意一个模,因而 P_τ 的可取域的范围是以 $P_\tau=0$ 处为圆心的一个圆,也就是说,(1.135)与(1.136)式在几何上所表达的是一个无限长的无底圆锥体。而圆总是可以用正多边形逼近,这时等于对库伦定律逐次线性化,于是无限长的无底圆锥体就变成一个无限长的无底 N 边棱锥体,这是一个近似的库伦定律。库伦定律的两种几何表示分别见图 1.7(a)与(b)。

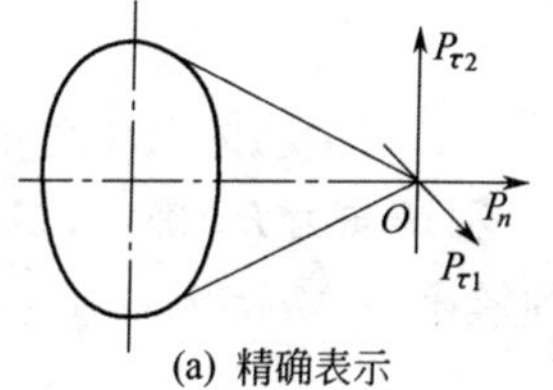

(a) 精确表示

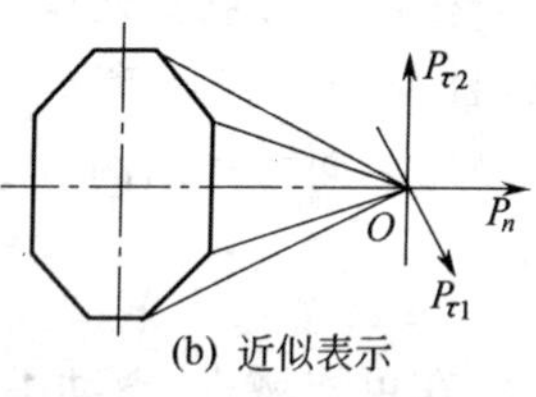

(b) 近似表示

图 1.7　库伦定律的几何表示

根据近似的库伦定律,(1.135)式变为

$$f_i=[\cos\alpha_i,\sin\alpha_i,\bar{\mu}]\begin{Bmatrix}P_{\tau1}\\P_{\tau2}\\P_n\end{Bmatrix}\leqslant 0 \tag{1.137}$$

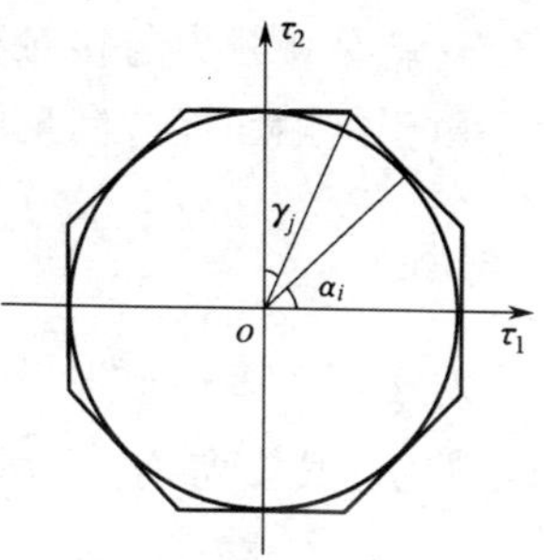

图 1.8　近似库伦定律几何表示的底

式中 α_i 为在 N 正多边形中切向力模与坐标轴 τ_1 的夹角(见图 1.8)

$$\alpha_i=\frac{360}{N}i,\quad i=1,2,\cdots,N \tag{1.138}$$

这时，在可能接触面 S_c 上的力 $\boldsymbol{P}_c=[P_{\tau1},P_{\tau2},P_n]^T$ 与位移的关系表达式，同平面接触问题中(1.9)～(1.11)式完全类似，只是在这里 P_τ 与 u_τ 用的是它们的模的概念。

$$\text{当}|P_\tau|<-\bar{\mu}P_n\text{ 时}\qquad |u_\tau^{(1)}-u_\tau^{(2)}|=0 \tag{1.9}$$

$$\text{当}|P_\tau|=-\bar{\mu}P_n\text{ 时}\qquad |u_\tau^{(1)}-u_\tau^{(2)}|>0 \tag{1.10}$$

$$\left.\begin{array}{l} u_n^{(1)}-u_n^{(2)}+\delta^*\geqslant 0\quad P_n\leqslant 0 \\ (u_n^{(1)}-u_n^{(2)}+\delta^*)\cdot P_n=0 \end{array}\right\} \tag{1.11}$$

现在来定义空间接触模型中的接触相对位移 $\boldsymbol{\varepsilon}_c$

$$\boldsymbol{\varepsilon}_c=[\varepsilon_{\tau1},\varepsilon_{\tau2},\varepsilon_n]^T \tag{1.139}$$

式中

$$\varepsilon_{\tau1}=u_{\tau1}^{(1)}-u_{\tau1}^{(2)}=\Delta u_{\tau1} \tag{1.140}$$

$$\varepsilon_{\tau2}=u_{\tau2}^{(1)}-u_{\tau2}^{(2)}=\Delta u_{\tau2} \tag{1.141}$$

$$\varepsilon_n=u_n^{(1)}-u_n^{(2)}+\delta^*=\Delta u_n+\delta^* \tag{1.142}$$

将接触相对位移 $\boldsymbol{\varepsilon}_c$ 分成两部分，一部分是发生了接触但尚未发生滑动时的位移，即弹性相对位移 $\boldsymbol{\varepsilon}_c^e$，另一部分是滑动相对位移 $\boldsymbol{\varepsilon}_c^p$，即

$$\boldsymbol{\varepsilon}_c=\boldsymbol{\varepsilon}_c^e+\boldsymbol{\varepsilon}_c^p \tag{1.143}$$

接触力 $\boldsymbol{P}_c=[P_{\tau1},P_{\tau2},P_n]^T$ 与弹性相对位移之间满足虎克定律

$$\boldsymbol{P}_c=\boldsymbol{D}_c\boldsymbol{\varepsilon}_c^e \tag{1.144}$$

式中 $\boldsymbol{D}_c$ 为接触单元的弹性矩阵

$$\boldsymbol{D}_c=\begin{bmatrix} E_\tau & 0 & 0 \\ 0 & E_\tau & 0 \\ 0 & 0 & E_n \end{bmatrix} \tag{1.145}$$

将(1.143)式代入(1.144)式，得

$$\boldsymbol{P}_c=\boldsymbol{D}_c(\boldsymbol{\varepsilon}_c-\boldsymbol{\varepsilon}_c^p) \tag{1.146}$$

这就是接触力与接触相对位移的关系式。

由于接触面上应满足库伦定律和不可穿透条件，滑动函数可表示为

$$\tilde{f}_1 = P_{\tau1}^2 + P_{\tau2}^2 - \bar{\mu}^2 P_n^2 \leqslant 0 \tag{1.147}$$

$$\tilde{f}_2 = P_n \leqslant 0 \tag{1.148}$$

对于用正多边形逼近圆得到的近似的库伦定律，则共有 N_f+1 个滑动函数 $\tilde{f}_i$，其中前 N_f 个滑动函数的一般形式为

$$\tilde{f}_i = P_{\tau1}\cos\alpha_i + P_{\tau2}\sin\alpha_i + \bar{\mu}P_n \leqslant 0, \quad i=1,2,\cdots,N_f \tag{1.149}$$

第 N_f+1 个滑动函数的形式为

$$\tilde{f}_{N_f+1} = P_n \leqslant 0 \tag{1.150}$$

当 $\tilde{f}_i<0$ 时，$i=1,2,\cdots,N_f+1$，接触力状态点位于无底的 N 边棱锥体内，这时发生了接触，但没有滑动；当 $\tilde{f}_i=0$ 时，接触力状态点位于 N 边棱锥体表面，接触物体发生相对滑动（$i=1,2,\cdots,N_f$）或脱开（$i=N_f+1$）。

与滑动函数 $\tilde{\boldsymbol{f}}$ 相对应，接触面上的滑动势函数 $\tilde{\boldsymbol{g}}$ 可表示为

$$\tilde{g}_1 = P_{\tau1}^2 + P_{\tau2}^2 \tag{1.151}$$

$$\tilde{g}_2 = P_n \tag{1.152}$$

同样，对于逐次线性化所得的近似的库伦定律，共有 N_f+1 个滑动势函数 $\tilde{g}_i$，其中前 N_f 个滑动势函数的一般形式为

$$\tilde{g}_i = P_{\tau1}\cos\alpha_i + P_{\tau2}\sin\alpha_i, \quad i=1,2,\cdots,N_f \tag{1.153}$$

第 N_f+1 个滑动势函数的形式为

$$\tilde{g}_{N_f+1} = P_n \tag{1.154}$$

滑动相对位移由滑动参量与其滑动方向构成，$\tilde{\boldsymbol{\lambda}}$ 为滑动参量，滑动势函数 $\tilde{\boldsymbol{g}}$ 对接触力 $\boldsymbol{P}_c$ 的偏导数为滑动方向，所以

$$\boldsymbol{\varepsilon}_c^p = \left(\frac{\partial\tilde{\boldsymbol{g}}}{\partial\boldsymbol{P}_c}\right)^T\tilde{\boldsymbol{\lambda}} \tag{1.155}$$

或

$$\boldsymbol{\varepsilon}_c^p = \sum_{k=1}^{N_f+1}\tilde{\boldsymbol{\lambda}}_k \cdot \frac{\partial\tilde{g}_k}{\partial\boldsymbol{P}_c} \tag{1.156}$$

式中

$$\tilde{\boldsymbol{g}} = [\tilde{g}_1, \tilde{g}_2, \cdots, \tilde{g}_{N_f+1}]^T \tag{1.157}$$

$$\tilde{\boldsymbol{\lambda}} = [\tilde{\lambda}_1, \tilde{\lambda}_2, \cdots, \tilde{\lambda}_{N_f+1}]^T \tag{1.158}$$

$$\frac{\partial \tilde{\boldsymbol{g}}}{\partial \boldsymbol{P}_c} = \begin{bmatrix} \dfrac{\partial \tilde{g}_1}{\partial P_{\tau 1}} & \dfrac{\partial \tilde{g}_1}{\partial P_{\tau 2}} & \dfrac{\partial \tilde{g}_1}{\partial P_n} \\ \dfrac{\partial \tilde{g}_2}{\partial P_{\tau 1}} & \dfrac{\partial \tilde{g}_2}{\partial P_{\tau 2}} & \dfrac{\partial \tilde{g}_2}{\partial P_n} \\ \vdots & \vdots & \vdots \\ \dfrac{\partial \tilde{g}_{N_f+1}}{\partial P_{\tau 1}} & \dfrac{\partial \tilde{g}_{N_f+1}}{\partial P_{\tau 2}} & \dfrac{\partial \tilde{g}_{N_f+1}}{\partial P_n} \end{bmatrix} \tag{1.159}$$

空间接触问题的状态方程的形式与平面接触问题完全一样,所不同的只是方程、滑动参量与约束松弛变量的取值范围 k,对于平面接触问题 $k=1,2,3$,而对空间接触问题 $k=1,2,\cdots,N_f+1$。

由(1.149)与(1.150)式可知,对滑动函数引入约束松弛变量就得到状态方程,即

$$\tilde{f}_k(\varepsilon_{\tau 1},\varepsilon_{\tau 2},\varepsilon_n,\tilde{\lambda}_k)+\tilde{\nu}_k=0 \tag{1.160}$$

$$\tilde{\lambda}_k \cdot \tilde{\nu}_k=0, \quad \tilde{\lambda}_k,\tilde{\nu}_k \geqslant 0, \quad k=1,2,\cdots,N_f+1 \tag{1.161}$$

现在分析(1.160)和(1.161)式。当 $\tilde{f}_k<0$ 时,$\tilde{\nu}_k>0$,这时接触力状态点落在 N 边棱锥体内,发生了接触但没有滑动,因而滑动参量 $\tilde{\lambda}_k=0$;当 $\tilde{f}_k=0$ 时,$\tilde{\nu}_k=0$,这时接触力状态点落在 N 边棱锥体表面,对应滑动状态,$\tilde{\lambda}_k \geqslant 0$。

将(1.160)和(1.161)式写成矩阵形式

$$\tilde{f}(\boldsymbol{\varepsilon}_c,\tilde{\boldsymbol{\lambda}})+\tilde{\boldsymbol{\nu}}=0 \tag{1.162}$$

$$\tilde{\boldsymbol{\nu}}^T \cdot \tilde{\boldsymbol{\lambda}}=0, \quad \tilde{\boldsymbol{\nu}},\tilde{\boldsymbol{\lambda}} \geqslant 0 \tag{1.163}$$

由(1.162)和(1.163)式比照平面弹性接触问题,可以写出空间弹性接触问题状态方程的另一种形式。

$$\tilde{f}_k^0+\tilde{\boldsymbol{W}}_k\boldsymbol{\varepsilon}_c-\tilde{\boldsymbol{m}}_k\tilde{\boldsymbol{\lambda}}+\tilde{\boldsymbol{\nu}}_k=0 \tag{1.164}$$

$$\tilde{\nu}_k \cdot \tilde{\lambda}_k=0, \quad \tilde{\nu}_k,\tilde{\lambda}_k \geqslant 0 \tag{1.165}$$

$$\tilde{\boldsymbol{W}}_k=\left\{\frac{\partial \tilde{f}_k}{\partial \boldsymbol{P}_c}\right\}^T \boldsymbol{D}_c \tag{1.166}$$

$$\tilde{\boldsymbol{m}}_k=\left\{\frac{\partial \tilde{f}_k}{\partial \boldsymbol{P}_c}\right\}^T \boldsymbol{D}_c\left(\frac{\partial \tilde{\boldsymbol{g}}}{\partial \boldsymbol{P}_c}\right)^T \quad k=1,2,\cdots,N_f+1 \tag{1.167}$$

式中 $\tilde{f}_k^0$ 为起始时 $\tilde{f}_k$ 的值。

1.1.6 空间弹性接触问题的参数二次规划解

参照平面弹性接触问题理论,可以写出与其类似的空间弹性接触问

题的基本方程:平衡方程,应变 — 位移关系,本构方程,边界条件和参变量最小势能原理。由于上述前三种方程在一般弹性力学教科书中都能找到,边界条件的矩阵形式对于空间接触问题和平面接触问题完全相同,这里都不再赘述。下面给出空间弹性接触问题的参变量最小势能原理:

在所有满足几何方程和几何边界条件的可能位移场中,真实解使总势能泛函

$$\prod[\tilde{\boldsymbol{\lambda}}(\cdot)] = \int_{\Omega} \frac{1}{2}\boldsymbol{\varepsilon}^T \boldsymbol{D}\boldsymbol{\varepsilon}\,\mathrm{d}\Omega - \left[\int_{\Omega} \boldsymbol{b}^T\boldsymbol{u}\,\mathrm{d}\Omega + \int_{S_p} \overline{\boldsymbol{P}}^T\boldsymbol{u}\,\mathrm{d}S\right] + \int_{S_c}\left(\frac{1}{2}\boldsymbol{\varepsilon}_c^T\boldsymbol{D}_c\boldsymbol{\varepsilon}_c - \tilde{\boldsymbol{\lambda}}^T\widetilde{\boldsymbol{R}}\boldsymbol{\varepsilon}_c\right)\mathrm{d}S \tag{1.168}$$

在接触系统状态方程的控制下取总体最小值。

式中

$$\widetilde{\boldsymbol{R}} = \left(\frac{\partial \tilde{\boldsymbol{g}}}{\partial \boldsymbol{P}_c}\right)\boldsymbol{D} \tag{1.169}$$

空间弹性接触问题的参变量最小势能原理的证明,参见文献[3] 中第四章,此处不再赘述。

对空间接触体系划分网格,进行离散,可以得到空间弹性接触问题离散形式的总势能泛函

$$\prod[\tilde{\boldsymbol{\lambda}}(\cdot)] = \frac{1}{2}\hat{\boldsymbol{u}}^T\boldsymbol{K}\hat{\boldsymbol{u}} - \hat{\boldsymbol{u}}^T(\boldsymbol{\Phi}\tilde{\boldsymbol{\lambda}} + \hat{\boldsymbol{P}}) \tag{1.170}$$

式中 $\boldsymbol{K}$,$\boldsymbol{\Phi}$ 和 $\hat{\boldsymbol{P}}$ 的意义与推导,与平面弹性接触问题完全相同,这里不再重复。下面列出有关参数的表达式

$$\boldsymbol{K} = \sum_{e=1}^{N_E}\boldsymbol{T}_e^{e^T}\boldsymbol{K}_e\boldsymbol{T}_e^e + \sum_{e=1}^{N_c}\boldsymbol{T}_c^{e^T}\boldsymbol{K}_e^c\boldsymbol{T}_c^e \in R^{N_u\times N_u} \tag{1.171}$$

$$\boldsymbol{K}_e = \int_{\Omega_e}\boldsymbol{B}^{e^T}\boldsymbol{D}^e\boldsymbol{B}^e\,\mathrm{d}\Omega \tag{1.172}$$

$$\boldsymbol{K}_e^c = \int_{S_c^e}\boldsymbol{N}_c^{e^T}\boldsymbol{D}_c^e\boldsymbol{N}_c^e\,\mathrm{d}S \tag{1.173}$$

$$\hat{\boldsymbol{P}} = \hat{\boldsymbol{P}}_0 - \hat{\boldsymbol{P}}_\delta \in \boldsymbol{R}^{N_u\times 1} \tag{1.174}$$

$$\hat{\boldsymbol{P}}_0 = \sum_{e=1}^{N_E}\left\{\int_{\Omega_e}\boldsymbol{T}_e^{e^T}\boldsymbol{N}^{e^T}\boldsymbol{b}^e\,\mathrm{d}\Omega + \int_{S_p^e}\boldsymbol{T}_e^{e^T}\boldsymbol{N}^{e^T}\overline{\boldsymbol{P}}^e\,\mathrm{d}S\right\} \tag{1.175}$$

$$\hat{\boldsymbol{P}}_\delta = \left[\sum_{e=1}^{N_c}\boldsymbol{T}_c^{e^T}\boldsymbol{K}_e^c\boldsymbol{T}_\delta^e\right]\boldsymbol{\delta}_c^* \tag{1.176}$$

$$\boldsymbol{\Phi}=\sum_{e=1}^{N_c}\int_{S_c^e}\boldsymbol{T}_c^{e^T}\boldsymbol{N}_c^{e^T}\widetilde{\boldsymbol{R}}^{e^T}\boldsymbol{T}_{\tilde{\lambda}}^e\mathrm{d}S\in R^{N_u\times\widetilde{m}_f}\tag{1.177}$$

离散后状态方程的形式为

$$\boldsymbol{C}\hat{\boldsymbol{u}}-\boldsymbol{U}\tilde{\boldsymbol{\lambda}}-\boldsymbol{d}+\tilde{\boldsymbol{v}}=0\tag{1.178}$$

$$\tilde{\boldsymbol{v}}^T\cdot\tilde{\boldsymbol{\lambda}}=0,\quad\tilde{\boldsymbol{v}},\tilde{\boldsymbol{\lambda}}\geqslant0\tag{1.179}$$

式中

$$\boldsymbol{C}=\sum_{e=1}^{N_c}\int_{S_c^e}\boldsymbol{T}_{\tilde{\lambda}}^{e^T}\widetilde{\boldsymbol{W}}^e\boldsymbol{N}_c^e\boldsymbol{T}_c^e\mathrm{d}S\in R^{\widetilde{m}_f\times N_u}\tag{1.180}$$

$$U=\sum_{e=1}^{N_c}\int_{S_c^e}\boldsymbol{T}_{\tilde{\lambda}}^{e^T}\widetilde{\boldsymbol{m}}^e\boldsymbol{T}_{\tilde{\lambda}}^e\mathrm{d}S\in R^{\widetilde{m}_f\times\widetilde{m}_f}\tag{1.181}$$

$$\boldsymbol{d}=\boldsymbol{d}_0+\boldsymbol{d}_\delta\in R^{\widetilde{m}_f\times1}\tag{1.182}$$

$$\boldsymbol{d}_0=-\sum_{e=1}^{N_c}\int_{S_c^e}\boldsymbol{T}_{\tilde{\lambda}}^{e^T}\tilde{\boldsymbol{f}}^{0e}\mathrm{d}S\tag{1.183}$$

$$\boldsymbol{d}_\delta=-\sum_{e=1}^{N_c}\int_{S_c^e}\boldsymbol{T}_{\tilde{\lambda}}^{e^T}\widetilde{\boldsymbol{W}}^e\boldsymbol{N}_c^e\boldsymbol{T}_\delta^e\mathrm{d}S\cdot\boldsymbol{\delta}_c^*\tag{1.184}$$

$$\left.\begin{aligned}\tilde{\boldsymbol{\lambda}}&=[\tilde{\boldsymbol{\lambda}}^{1T},\tilde{\boldsymbol{\lambda}}^{2T},\cdots,\tilde{\boldsymbol{\lambda}}^{N_cT}]^T\\\tilde{\boldsymbol{\lambda}}^e&=[\tilde{\lambda}_1^e,\tilde{\lambda}_2^e,\cdots,\tilde{\lambda}_{\widetilde{m}_{fe}}^e]^T\end{aligned}\right\}\tag{1.185}$$

$$\left.\begin{aligned}\tilde{\boldsymbol{v}}&=[\tilde{\boldsymbol{v}}^{1T},\tilde{\boldsymbol{v}}^{2T},\cdots,\tilde{\boldsymbol{v}}^{N_cT}]^T\\\tilde{\boldsymbol{v}}^e&=[\tilde{v}_1^e,\tilde{v}_2^e,\cdots,\tilde{v}_{\widetilde{m}_{fe}}^e]^T\end{aligned}\right\}\tag{1.186}$$

对于空间接触问题$\widetilde{m}_{fe}$一般等于N_f+1,对于平面接触问题$\widetilde{m}_{fe}=3$。这是这两类问题在公式表达上的主要区别。

将(1.170)式的总势能泛函取极值,再考虑状态方程(1.178)和(1.179),可得到空间弹性接触问题计算的有限元二次规划问题表达式

$$\left.\begin{aligned}&\min_{\hat{u}}.\ \prod[\tilde{\boldsymbol{\lambda}}(\cdot)]=\frac{1}{2}\hat{\boldsymbol{u}}^T\boldsymbol{K}\hat{\boldsymbol{u}}-\hat{\boldsymbol{u}}^T(\boldsymbol{\Phi}\tilde{\boldsymbol{\lambda}}+\hat{\boldsymbol{P}})\\&s.t.\qquad\boldsymbol{C}\hat{\boldsymbol{u}}-\boldsymbol{U}\tilde{\boldsymbol{\lambda}}-\boldsymbol{d}+\tilde{\boldsymbol{v}}=0\\&\qquad\qquad\tilde{\boldsymbol{v}}^T\cdot\tilde{\boldsymbol{\lambda}}=0,\quad\tilde{\boldsymbol{v}},\tilde{\boldsymbol{\lambda}}\geqslant0\end{aligned}\right\}\tag{1.187}$$

这是一个凸规划问题,利用库恩-塔克(Kuhn-Tucker)条件(1.187)式可变为下列互补问题

$$\tilde{\boldsymbol{v}} - (\boldsymbol{U} - \boldsymbol{C}\boldsymbol{K}^{-1}\boldsymbol{\Phi})\tilde{\boldsymbol{\lambda}} = -\boldsymbol{C}\boldsymbol{K}^{-1}\hat{\boldsymbol{P}} + \boldsymbol{d} \tag{1.188}$$

$$\tilde{\boldsymbol{v}}^T \cdot \tilde{\boldsymbol{\lambda}} = 0, \quad \tilde{\boldsymbol{v}}, \tilde{\boldsymbol{\lambda}} \geqslant 0 \tag{1.189}$$

这就是空间弹性接触问题用二次规划法求解的基本方程，与平面弹性接触问题的(1.104)和(1.105)式在形式上完全相同，只是 $\tilde{\boldsymbol{v}}$ 与 $\tilde{\boldsymbol{\lambda}}$ 的含意略有不同。

1.1.7 关于空间接触单元

空间接触单元的形函数矩阵 $\boldsymbol{N}_c^e$ 为

$$\boldsymbol{N}_c^e = \begin{bmatrix} 1 & 0 & 0 \\ 0 & 1 & 0 \\ 0 & 0 & 1 \end{bmatrix} \tag{1.190}$$

将(1.190)式代入(1.173)式，得

$$\boldsymbol{K}_e^c = \boldsymbol{N}_c^{e^T} \boldsymbol{D}_c^e \boldsymbol{N}_c^e = \begin{bmatrix} E_\tau & 0 & 0 \\ 0 & E_\tau & 0 \\ 0 & 0 & E_n \end{bmatrix} \tag{1.191}$$

由(1.177)式可知，$\boldsymbol{\Phi}_e^c$ 矩阵的核心是

$$\boldsymbol{\Phi}_e^c = \boldsymbol{N}_c^{e^T} \widetilde{\boldsymbol{R}}^{e^T} = (\widetilde{\boldsymbol{R}}^e \boldsymbol{N}_c^e)^T \tag{1.192}$$

由(1.169)、(1.151)与(1.152)式得

$$\widetilde{\boldsymbol{R}}^e = \left(\frac{\partial \widetilde{\boldsymbol{g}}^e}{\partial \boldsymbol{P}_c}\right) \boldsymbol{D}_c^e = \begin{bmatrix} 2P_{\tau1} & 2P_{\tau2} & 0 \\ 0 & 0 & 1 \end{bmatrix} \begin{bmatrix} E_\tau & 0 & 0 \\ 0 & E_\tau & 0 \\ 0 & 0 & E_n \end{bmatrix}$$

$$= \begin{bmatrix} 2E_\tau P_{\tau1} & 2E_\tau P_{\tau2} & 0 \\ 0 & 0 & E_n \end{bmatrix}$$

所以

$$\boldsymbol{\Phi}_e^c = \begin{bmatrix} 2E_\tau P_{\tau1} & 0 \\ 2E_\tau P_{\tau2} & 0 \\ 0 & E_n \end{bmatrix} \tag{1.193}$$

由(1.169)，(1.153)和(1.154)式可推导得到将库伦定律逐次线性化后的 $\boldsymbol{\Phi}_e^c$

$$\widetilde{\boldsymbol{R}}^e=\left(\frac{\partial\widetilde{\boldsymbol{g}}^e}{\partial\boldsymbol{P}_c}\right)\boldsymbol{D}_c^e=\begin{bmatrix}\frac{\partial\widetilde{g}_1^e}{\partial P_{\tau1}} & \frac{\partial\widetilde{g}_1^e}{\partial P_{\tau2}} & \frac{\partial\widetilde{g}_1^e}{\partial P_n}\\ \frac{\partial\widetilde{g}_2^e}{\partial P_{\tau1}} & \frac{\partial\widetilde{g}_2^e}{\partial P_{\tau2}} & \frac{\partial\widetilde{g}_2^e}{\partial P_n}\\ \vdots & \vdots & \vdots\\ \frac{\partial\widetilde{g}_{N_f+1}^e}{\partial P_{\tau1}} & \frac{\partial\widetilde{g}_{N_f+1}^e}{\partial P_{\tau2}} & \frac{\partial\widetilde{g}_{N_f+1}^e}{\partial P_n}\end{bmatrix}\begin{bmatrix}E_\tau & 0 & 0\\ 0 & E_\tau & 0\\ 0 & 0 & E_n\end{bmatrix}$$

所以

$$\boldsymbol{\Phi}_e^c=\begin{bmatrix}E_\tau\cos\alpha_1 & E_\tau\sin\alpha_1 & 0\\ E_\tau\cos\alpha_2 & E_\tau\sin\alpha_2 & 0\\ \vdots & \vdots & \vdots\\ E_\tau\cos\alpha_{N_f} & E_\tau\sin\alpha_{N_f} & 0\\ 0 & 0 & E_n\end{bmatrix}^T \tag{1.194}$$

由(1.180)式可知 $\boldsymbol{C}$ 的核心是

$$\boldsymbol{C}_e^c=\widetilde{\boldsymbol{W}}^e\boldsymbol{N}_c^e$$

式中

$$\widetilde{\boldsymbol{W}}^e=\left(\frac{\partial\widetilde{\boldsymbol{f}}^e}{\partial\boldsymbol{P}_c}\right)\boldsymbol{D}_c^e=\begin{bmatrix}\frac{\partial\widetilde{f}_1^e}{\partial P_{\tau1}} & \frac{\partial\widetilde{f}_1^e}{\partial P_{\tau2}} & \frac{\partial\widetilde{f}_1^e}{\partial P_n}\\ \frac{\partial\widetilde{f}_2^e}{\partial P_{\tau1}} & \frac{\partial\widetilde{f}_2^e}{\partial P_{\tau2}} & \frac{\partial\widetilde{f}_2^e}{\partial P_n}\end{bmatrix}\begin{bmatrix}E_\tau & 0 & 0\\ 0 & E_\tau & 0\\ 0 & 0 & E_n\end{bmatrix}$$

所以

$$\boldsymbol{C}_e^c=\begin{bmatrix}2E_\tau P_{\tau1} & 2E_\tau P_{\tau2} & -2E_n\bar{\mu}^2P_n\\ 0 & 0 & E_n\end{bmatrix} \tag{1.195}$$

对于线性化的库伦定律，由(1.149)和(1.150)式可得

$$\boldsymbol{C}_e^c=\begin{bmatrix}E_\tau\cos\alpha_1 & E_\tau\sin\alpha_1 & \bar{\mu}E_n\\ E_\tau\cos\alpha_2 & E_\tau\sin\alpha_2 & \bar{\mu}E_n\\ \vdots & \vdots & \vdots\\ E_\tau\cos\alpha_{N_f} & E_\tau\sin\alpha_{N_f} & \bar{\mu}E_n\\ 0 & 0 & E_n\end{bmatrix} \tag{1.196}$$

由(1.181)式可知

$$\boldsymbol{U}_e^c=\widetilde{\boldsymbol{m}}^e \tag{1.197}$$

与(1.147)、(1.148)、(1.151)和(1.152)式相对应，有

$$\widetilde{\boldsymbol{m}}^e=\begin{bmatrix}\widetilde{m}_{11}^e & \widetilde{m}_{12}^e\\ \widetilde{m}_{21}^e & \widetilde{m}_{22}^e\end{bmatrix} \tag{1.198}$$

式中

$$\widetilde{m}_{ij}^e=\left\{\frac{\partial \widetilde{f}_i^e}{\partial \boldsymbol{P}_c}\right\}^{\mathrm{T}}\boldsymbol{D}_c\left\{\frac{\partial \widetilde{g}_j^e}{\partial \boldsymbol{P}_c}\right\} \tag{1.199}$$

将(1.147),(1.148),(1.151)和(1.152)式代入(1.198)和(1.199)式,得

$$\widetilde{\boldsymbol{m}}^e=\boldsymbol{U}_e^c=\begin{bmatrix}4E_\tau(P_{\tau1}^2+P_{\tau2}^2) & -2E_n\bar{\mu}^2P_n\\ 0 & E_n\end{bmatrix} \tag{1.200}$$

将(1.149)、(1.150)、(1.153)和(1.154)式代入(1.198)和(1.199)式,得

$$\widetilde{\boldsymbol{m}}^e=\boldsymbol{U}_e^c=\begin{bmatrix}\widetilde{m}_{11}^e & \widetilde{m}_{12}^e & \cdots & \widetilde{m}_{1N_f}^e & \widetilde{m}_{1N_f+1}^e\\ \widetilde{m}_{21}^e & \widetilde{m}_{22}^e & \cdots & \widetilde{m}_{2N_f}^e & \widetilde{m}_{2N_f+1}^e\\ \vdots & \vdots & & \vdots & \vdots\\ \widetilde{m}_{N_f1}^e & \widetilde{m}_{N_f2}^e & \cdots & \widetilde{m}_{N_fN_f}^e & \widetilde{m}_{N_fN_f+1}^e\\ \widetilde{m}_{N_f+11}^e & \widetilde{m}_{N_f+12}^e & \cdots & \widetilde{m}_{N_f+1N_f}^e & \widetilde{m}_{N_f+1N_f+1}^e\end{bmatrix} \tag{1.201}$$

式中

$$\left.\begin{aligned}&\widetilde{m}_{ii}^e=E_\tau,i=1,2,\cdots,N_f\\ &\widetilde{m}_{ij}^e=E_\tau(\cos\alpha_i\cos\alpha_j+\sin\alpha_i\sin\alpha_j)\\ &i=1,2,\cdots,N_f\quad j=1,2,\cdots,N_f\\ &\widetilde{m}_{iN_f+1}^e=\bar{\mu}E_n\quad i=1,2,\cdots,N_f\\ &\widetilde{m}_{N_f+1i}^e=0\quad i=1,2,\cdots,N_f\\ &\widetilde{m}_{N_f+1N_f+1}^e=E_n\end{aligned}\right\} \tag{1.202}$$

到目前为止,弹性接触问题(不论是平面的还是空间的)用有限元参数二次规划法求解的计算公式已全部推导完毕。然而由于公式中存在着惩罚因子,如果处理不当容易引起方程的病态。

令　$$E_n=E_\tau=E\to\infty$$

则利用公式推导中的一些技巧可以消去惩罚因子。关于这个问题在有关文献[3]中有详细的阐述,这里不再赘述。

1.2 弹塑性分析的参变量变分原理和有限元参数二次规划解

尽管库伦在1773年就提出了塑性固体(土壤)的屈服条件,但多数人却倾向于把91年后的1864年屈雷斯卡(Tresca)发表的关于金属冲压实验的报告当作是塑性力学的开始。屈雷斯卡在归纳他的实验结果时提出,金属在最大剪应力达到某一临界值时将发生塑性屈服。这就是著名的屈雷斯卡屈服条件,它得到了后来许多实验的证实。

在屈雷斯卡屈服条件提出后的将近70年中,出现了形形色色的屈服条件,其中最重要的是米塞斯(Mises)于1913年提出的最大弹性形变能屈服条件。大量实验表明,米塞斯屈服条件对实验结果的吻合程度比屈雷斯卡条件更好。

塑性力学有形变理论和流动理论两种理论。形变理论又称全量理论,是以变形的全量作为分析的基础的,因此它分析问题的方法与弹性力学是一致的,物理关系比较简单。流动理论又称增量理论,其特点是从应力与应变增量之间的关系入手来研究材料在塑性状态时的力学行为,因而不受加载途径的限制,这是它的一个重要优点,但也因此计算时需要按加载过程中的变形路径进行积分,增加了分析的复杂性。

在比例加载条件下,全量理论与增量理论的计算结果是一致的,但复杂加载时二者的差别就比较大了,而从理论上看,显然,增量理论更加合理。

本书讨论的是机车设计中的问题,分析的对象是金属。不同的金属有不同的本构关系,有的有明显的屈服极限,有的没有明显的屈服极限,低碳钢、铸钢、某些合金钢属于前者,而中碳钢、某些高强度的合金钢、铝合金等属于后者。为了计算方便,有明显屈服极限的材料可以近似地看成理想弹塑性材料,没有明显屈服极限的材料则看成理想弹塑性线性强化材料(图1.9)。对这两类不同本构关系材料的弹塑性分析,显然,用增量理论统一进行是最合适的。而随着计算机容量和运算速度的提高,对屈服点以后的本构关系用多折线逼近,基本上按真实的应力一应变曲线进行计算,现在也已经完全实现了。

按增量理论对结构进行弹塑性分析,通常采用初应力法或混合法。这两种算法都离不开迭代,但在用初应力法时载荷一步到位,计算过程是

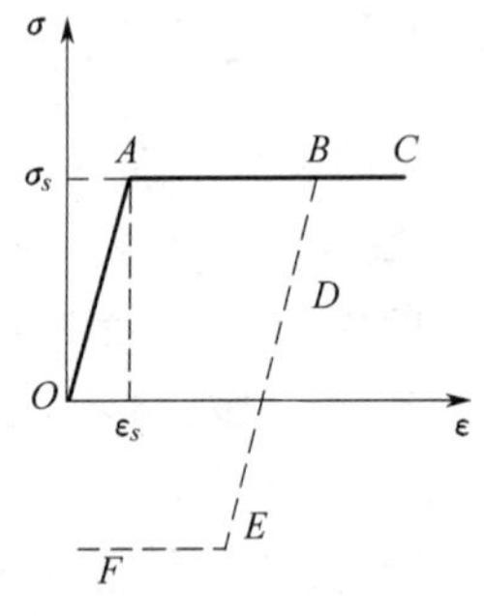

(a) 理想弹塑性材料

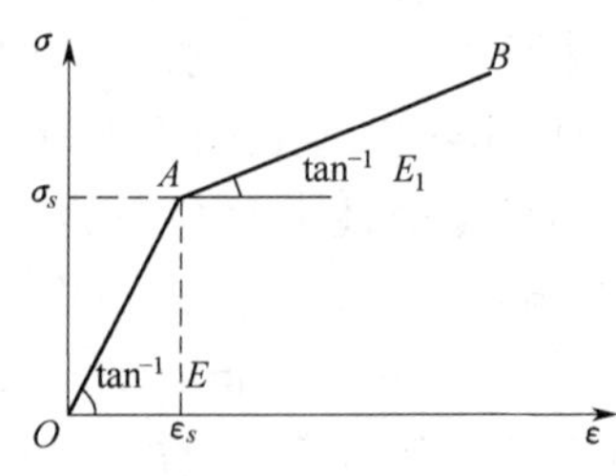

(b) 理想弹塑性线性强化材料

图 1.9　理想弹塑性材料和理想弹塑性线性强化材料

对位移增量的迭代,因此计算工作量相对较小,精度也稍差;而在混合法中,载荷分成几个增量施加,对每一载荷增量分别进行迭代计算,计算工作量大但精度高。本节用参变量变分原理,用二次规划法按增量理论来求解弹塑性问题[3]。由于把弹塑性本构关系表达成应力增量和应变增量之间的线性关系,采用积分累计的办法,可以跟踪给定的加载历史,确定物体内应力和位移的相应变化过程,求出整个加载过程中各个瞬时的应力场和位移场,因而这是对弹塑性非线性本构关系真正的增量法求解,只要计算模型中本构关系模拟的精度高,计算结果的精度也将是相当高的。

1.2.1　塑性力学增量理论的基本概念

1. 适用前提

(1)物体是各向同性的。

(2)材料的塑性行为与时间无关。

(3)材料的塑性行为是在常温下产生的。

(4)材料具有无限的韧性,不考虑脆性断裂的可能。

(5)在不考虑材料的弹塑性耦合性质条件下,物体产生塑性变形时总应变增量 $\mathrm{d}\varepsilon$ 可由弹性应变增量 $\mathrm{d}\varepsilon^e$ 和塑性应变增量 $\mathrm{d}\varepsilon^p$ 两部分组成,即

$$\mathrm{d}\boldsymbol{\varepsilon}=\mathrm{d}\boldsymbol{\varepsilon}^e+\mathrm{d}\boldsymbol{\varepsilon}^p \tag{1.203}$$

根据应力增量与应变增量的对应关系,有

$$\mathrm{d}\boldsymbol{\sigma}=\boldsymbol{D}\mathrm{d}\boldsymbol{\varepsilon}^e=\boldsymbol{D}(\mathrm{d}\boldsymbol{\varepsilon}-\mathrm{d}\boldsymbol{\varepsilon}^p) \tag{1.204}$$

(6)静水压力不影响屈服条件和加载条件。

2. 屈服条件

一般说来,受载物体内某一质点的应力状态需要由六个应力分量才能确定,为此引入应力空间的概念,以便判断材料是否进入塑性状态。在应力空间中每一点都代表一个应力状态。应力的变化在应力空间中形成一条曲线,这条曲线称为应力路径。物体内不同质点的应力状态不同,达到屈服状态的应力路径也各不相同。在应力空间中由各屈服应力点形成的、开始进入塑性状态的面称为屈服面,描述屈服面的数学表达式称为屈服函数或屈服条件。

屈服条件有许多种,但以屈雷斯卡屈服条件和米塞斯屈服条件用得最多,下面作一简单介绍。

屈雷斯卡屈服条件是,当最大剪应力 τ_{max} 达到某个极限值时材料即进入塑性状态。因此屈雷斯卡屈服条件也称最大剪应力屈服条件,它的几何表示是一个垂直于 $\sigma_1+\sigma_2+\sigma_3=0$ 平面的正六角棱柱体面,它在 $\sigma_1+\sigma_2+\sigma_3=0$ 平面上的轨迹是一个正六边形。

屈雷斯卡屈服条件中六边形的六个顶点是由实验得到的,因此最大剪应力假设与实验符合得较好。

米塞斯屈服条件是在屈雷斯卡屈服条件基础上发展而成的,它保留了屈雷斯卡条件中正六边形的六个顶点,但用圆将这六个顶点连起来,因而它的几何表示是一个垂直于 $\sigma_1+\sigma_2+\sigma_3=0$ 平面的圆柱面,在 $\sigma_1+\sigma_2+\sigma_3=0$ 平面上的轨迹则是一个外接于屈雷斯卡正六边形的圆。如果用

$$(\sigma_1-\sigma_2)^2+(\sigma_2-\sigma_3)^2+(\sigma_3-\sigma_1)^2=6B^2 \tag{1.205}$$

表示米塞斯屈服条件,则当 $(\sigma_1-\sigma_2)^2+(\sigma_2-\sigma_3)^2+(\sigma_3-\sigma_1)^2<6B^2$ 时,材料为弹性状态;当 $(\sigma_1-\sigma_2)^2+(\sigma_2-\sigma_3)^2+(\sigma_3-\sigma_1)^2=6B^2$ 时,材料开始屈服,进入塑性。米塞斯屈服条件在物理上的解释是,当弹性形变能量达到某个定值时材料就开始屈服。可以证明,在(1.205)式中 B^2 除以 $2G$ 就是弹性形变能。

屈雷斯卡屈服条件在 $\sigma_1+\sigma_2+\sigma_3=0$ 平面上正六边形的六个顶点处与米塞斯屈服条件是重合的,其应力状态自然是一样的。但在其他地方应力状态就不同了,差别最大的是纯剪状态下的屈服应力。这时根据米

塞斯条件所得到的屈服应力是屈雷斯卡条件求得的$\frac{2}{\sqrt{3}}$倍。对金属材料的实验证明，米塞斯条件的屈服应力比屈雷斯卡条件更符合测试结果。

3. 屈服面和加载面理论

屈服面和加载面都是用来表示物体在受载条件下的应力状态的，屈服面用于从受载前的自然状态到开始屈服，加载面则用于从一种塑性状态到另一种塑性状态，因此它们用同一个数学表达式 f 来表示。f 称为加载函数。

在应力空间中一点的应力状态应当满足

$$f(\boldsymbol{\sigma},\boldsymbol{\varepsilon}^{p},\boldsymbol{k})\leqslant 0 \tag{1.206}$$

(1.206)式称为屈服约束条件，式中 k 是表现本构关系特征、反映变形历史的强化参数，也称内变量。当 $f<0$ 时，研究的质点处于弹性状态；当$f=0$ 时，质点处于塑性状态。不存在 $f>0$ 的状态。加载定义为质点从一种塑性状态变化到另一种塑性状态，同时产生新的塑性变形的过程。如果在这个过程中不产生新的塑性变形而只有弹性变形的变化，则称为中性变载。卸载定义为质点从某一塑性状态变化到另一弹性状态，同时并不产生新的塑性变形的过程。由上述定义可知，当质点处于塑性状态时，如产生增量，加载和中性变载后仍为塑性状态，故 $\mathrm{d}f=0$，卸载时则有$\mathrm{d}f<0$。

4. 流动法则

流动法则是确定塑性应变增量方向的规则。假定经过应力空间任何一点必有一塑性势面 $g(\boldsymbol{\sigma},\varepsilon^{p},k)\in C$ 且经过该点的塑性应变增量与塑性势面之间满足下列关系

$$\mathrm{d}\boldsymbol{\varepsilon}^{p}=\lambda\frac{\partial g}{\partial\boldsymbol{\sigma}} \tag{1.207}$$

这就是流动法则。式中 λ 是待定的塑性流动比例因子，称为流动参数。流动参数满足下列非负条件

$$\left.\begin{aligned}\lambda\geqslant 0,\text{当 } f(\boldsymbol{\sigma},\boldsymbol{\varepsilon}^{p},k)=0\text{ 时}\\ \lambda=0,\text{当 } f(\boldsymbol{\sigma},\boldsymbol{\varepsilon}^{p},k)<0\text{ 时}\end{aligned}\right\} \tag{1.208}$$

也就是说，λ 的取值完全由加载函数 f 确定，当研究的质点处于弹性状态时，$f<0,\lambda=0$；当质点处于塑性状态时，$f=0,\lambda\geqslant 0$。

流动法则有相关联流动法则和非关联流动法则两种。前者又称法向流动法则，这时塑性势面与加载面重合，即 $g=f$；后者又称非法向流动法则，这时塑性势面与加载面不重合，即 $g\neq f$，也就是说，这时的流动方向不沿屈服面法向进行。法向流动法则对机车制造中用到的金属基本上都适用。

对于由 m_f 个光滑塑性势面构成的非正则塑性势面，流动法则变成

$$d\boldsymbol{\varepsilon}^p = \sum_{i=1}^{m_f}\lambda_i \frac{\partial g_i}{\partial \boldsymbol{\sigma}} \tag{1.209}$$

$$\left.\begin{aligned} &\lambda_i\geqslant 0,\text{当 } f_i=0 \text{ 时}\\ &\lambda_i=0,\text{当 } f_i<0 \text{ 时}\\ &i=1,2,\cdots,m_f \end{aligned}\right\} \tag{1.210}$$

(1.209)与(1.210)式表明，在不同塑性势面的相交处，塑性应变增量是有关各面上的塑性应变增量的线性组合(图 1.10)。

若

$$\left.\begin{aligned} \boldsymbol{\lambda}&=[\lambda_1,\lambda_2,\cdots,\lambda_{m_f}]^T\\ \boldsymbol{g}&=[g_1,g_2,\cdots,g_{m_f}]^T \end{aligned}\right\} \tag{1.211}$$

代入(1.209)式，得

$$d\boldsymbol{\varepsilon}^p=\left(\frac{\partial \boldsymbol{g}}{\partial \boldsymbol{\sigma}}\right)^T\boldsymbol{\lambda} \tag{1.212}$$

与塑性势面相应的加载函数可表达成

$$\boldsymbol{f}=[f_1,f_2,\cdots,f_{m_f}]^T \tag{1.213}$$

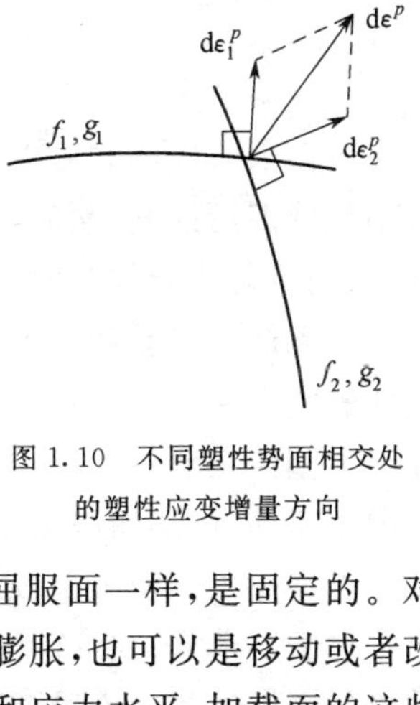

图 1.10 不同塑性势面相交处的塑性应变增量方向

5. 强化规律

理想弹塑性材料处于加载状态下的加载面的形状、大小和在应力空间中的位置都与其屈服面一样，是固定的。对于强化材料，加载会使加载面发生变化，可以是膨胀，也可以是移动或者改变形状。这些变化取决于材料产生变形的历史和应力水平，加载面的这些变化叫做强化(也叫硬化)。变形强化规律有很多种，而且很复杂。为了便于应用，采用了一些假设以进行简化。工程上常用的有 3 种强化模型。

(1)等向强化模型

这种模型描述的是在塑性变形过程中加载面只是大小发生变化，形状不变的情况。其示意图见图 1.11(a)。

(2)随动强化模型

这种模型描述的是在塑性变形过程中加载面的大小和形状都不发生改变,只是在应力空间中作刚性平移。其示意图见图 1.11(b)。

(3)混合强化模型

这是将等向强化模型与随动强化模型结合在一起的模型,在这种模型中认为加载面的大小、形状和位置一起随着塑性变形的发展而变化。其示意图见图 1.11(c)。

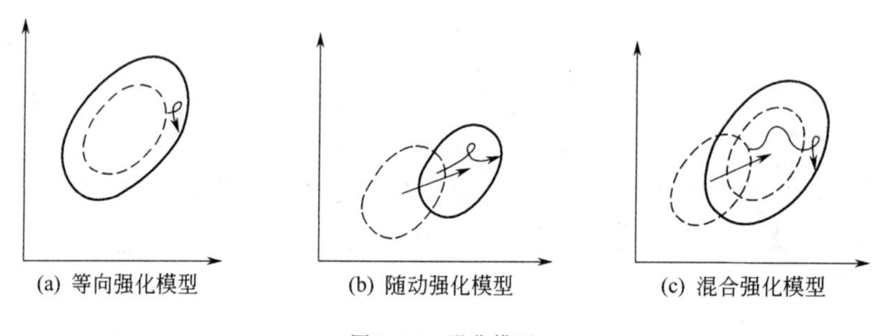

图 1.11　强化模型

下面引入后继屈服点的概念。由单向拉伸实验可以发现,当材料进入塑性状态后卸载,然后再重新加载时,拉伸应力与应变的关系仍然是线性的,而且与初始加载时的直线平行,应力—应变的线性关系一直保持到应力达到卸载前曾经达到的最高应力点,以后材料再次进入塑性状态,产生新的塑性变形,应力—应变关系也变成曲线。这个应力点就是材料在经历了塑性变形后的新的屈服点,称为后继屈服点或硬化点。由于材料的硬化特性,后继屈服点比初始屈服点高。与初始屈服点不同的是,后继屈服点在应力—应变曲线上的位置是不固定的,它依赖于塑性变形的历史。对于复杂应力状态问题,与初始加载时屈服面对应屈服点一样,对应后继屈服点也有一个后继屈服面,它是由不同应力状态组合达到的后继屈服点集合而成。

1.2.2　弹塑性问题的参变量最小势能原理

弹塑性力学边值问题在按增量理论分析时可叙述如下:在某个给定时刻,假定处于平衡状态的物体 Ω 上各点的状态和变形历史都已知,在

Ω 内给定体力增量 $\mathrm{d}\boldsymbol{b}$，在边界 S_P 上给定面力增量 $\mathrm{d}\overline{\boldsymbol{P}}$，在边界 S_u 上给定位移增量 $\mathrm{d}\overline{\boldsymbol{u}}$（在这里 $S=S_P+S_u$ 为总边界），求满足下列条件的应力增量 $\mathrm{d}\boldsymbol{\sigma}$ 和位移增量 $\mathrm{d}\boldsymbol{u}$（或应变增量 $\mathrm{d}\boldsymbol{\varepsilon}$）。

(1)平衡方程

$$\boldsymbol{A}^{(\nabla)}\mathrm{d}\boldsymbol{\sigma}+\mathrm{d}\boldsymbol{b}=0 \tag{1.214}$$

(2)应变—位移关系

$$\mathrm{d}\boldsymbol{\varepsilon}=\mathrm{L}^{(\nabla)}\mathrm{d}\boldsymbol{u} \tag{1.215}$$

(3)边界条件

$$\boldsymbol{n}\mathrm{d}\boldsymbol{\sigma}=\mathrm{d}\overline{\boldsymbol{P}}\qquad 在\ S_P\ 上 \tag{1.216}$$

$$\mathrm{d}\boldsymbol{u}=\mathrm{d}\overline{\boldsymbol{u}}\qquad 在\ S_u\ 上 \tag{1.217}$$

(4)本构关系

$$\mathrm{d}\boldsymbol{\sigma}=\boldsymbol{D}(\mathrm{d}\boldsymbol{\varepsilon}-\mathrm{d}\boldsymbol{\varepsilon}^p) \tag{1.218}$$

$$f(\boldsymbol{\sigma},\boldsymbol{\varepsilon}^p,k)\leqslant 0 \tag{1.219}$$

$$\mathrm{d}\boldsymbol{\varepsilon}^p=\left\{\frac{\partial g}{\partial \boldsymbol{\sigma}}\right\}\lambda \tag{1.220}$$

$$\left.\begin{array}{l}\lambda\geqslant 0,当\ f=0\ 时\\ \lambda=0,当\ f<0\ 时\end{array}\right\} \tag{1.221}$$

分析上述方程可以发现，(1.214)～(1.217)式与弹性力学边值问题类似，所不同的只是在这里用的是增量表达式，而本构关系则有很大的不同。下面通过加载函数把弹塑性力学的本构关系表达为应力增量与应变增量的简单线性关系。

设问题只有 1 个屈服条件，即 $m_f=1$（对 $m_f\neq 1$ 的情况，推导是类似的），对加载函数 $f(\boldsymbol{\sigma},\boldsymbol{\varepsilon}^p,k)$ 作一阶泰勒级数展开

$$f=f_0+\left\{\frac{\partial f}{\partial \boldsymbol{\sigma}}\right\}^T\mathrm{d}\boldsymbol{\sigma}+\left\{\frac{\partial f}{\partial \boldsymbol{\varepsilon}^p}\right\}^T\mathrm{d}\varepsilon^p+\frac{\partial f}{\partial k}\mathrm{d}k+0^2(\mathrm{d}\boldsymbol{\sigma},\mathrm{d}\boldsymbol{\varepsilon}^p,\mathrm{d}k) \tag{1.222}$$

式中 f_0 是增量步之前的加载函数。若当前为加载状态，则 $f=f_0$；忽略高次无限小项 0^2，由(1.222)式得

$$\left\{\frac{\partial f}{\partial \boldsymbol{\sigma}}\right\}^T\mathrm{d}\boldsymbol{\sigma}+\left\{\frac{\partial f}{\partial \boldsymbol{\varepsilon}^p}\right\}^T\mathrm{d}\boldsymbol{\varepsilon}^p+\frac{\partial f}{\partial k}\mathrm{d}k=0 \tag{1.223}$$

可以认为强化参数 k 的微分为

$$\mathrm{d}k=h\lambda \tag{1.224}$$

对于当前状态 h 一般是常数。

将(1.218)、(1.220)与(1.224)式代入(1.223)式,得

$$\lambda\left[\left\{\frac{\partial f}{\partial \boldsymbol{\sigma}}\right\}^T \boldsymbol{D}\left\{\frac{\partial g}{\partial \boldsymbol{\sigma}}\right\}-\left\{\frac{\partial f}{\partial \boldsymbol{\varepsilon}^p}\right\}^T\left\{\frac{\partial g}{\partial \boldsymbol{\sigma}}\right\}-h\frac{\partial f}{\partial k}\right]=\left\{\frac{\partial f}{\partial \boldsymbol{\sigma}}\right\}^T \boldsymbol{D}\mathrm{d}\boldsymbol{\varepsilon} \tag{1.225}$$

由(1.225)式有

$$\lambda=\beta\left\{\frac{\partial f}{\partial \boldsymbol{\sigma}}\right\}^T \boldsymbol{D}\mathrm{d}\boldsymbol{\varepsilon} \tag{1.226}$$

式中

$$\left.\begin{aligned}&\beta=0 \qquad \text{当变形为弹性状态和卸载时}\\ &\beta=\frac{1}{\left\{\frac{\partial f}{\partial \boldsymbol{\sigma}}\right\}^T \boldsymbol{D}\left\{\frac{\partial g}{\partial \boldsymbol{\sigma}}\right\}-\left\{\frac{\partial f}{\partial \boldsymbol{\varepsilon}^p}\right\}^T\left\{\frac{\partial g}{\partial \boldsymbol{\sigma}}\right\}-h\frac{\partial f}{\partial k}} \text{加载状态}\end{aligned}\right\} \tag{1.227}$$

将(1.220)与(1.226)式代入(1.218)式,得

$$\mathrm{d}\boldsymbol{\sigma}=\boldsymbol{D}_{ep}\mathrm{d}\boldsymbol{\varepsilon} \tag{1.228}$$

式中 $\boldsymbol{D}_{ep}$ 为弹塑性矩阵,其表达式为

$$\boldsymbol{D}_{ep}=\boldsymbol{D}-\beta\boldsymbol{D}\left\{\frac{\partial g}{\partial \boldsymbol{\sigma}}\right\}\left\{\frac{\partial f}{\partial \boldsymbol{\sigma}}\right\}^T \boldsymbol{D} \tag{1.229}$$

(1.228)式为弹塑性力学中表示应力增量和应变增量之间关系的增量本构关系。(1.228)式形式很简单,但 β 在加载和卸载以及弹性变形时数值不同,而计算时通常无法事先判定结构上某一点的变形状态是弹性还是塑性,是加载还是卸载,需要通过迭代才能确定这一点的状态,从而决定 β 的取值,所以问题的求解比较复杂。

需要指出,经典变分原理具有一定的局限性,其使用受到了某些限制[3]。

第一,对于弹塑性力学中非关联流动问题和有摩擦接触问题以及弹塑性接触问题,经典变分原理不成立。

第二,推导(1.228)式时将加载函数 $f(\boldsymbol{\sigma},\boldsymbol{\varepsilon}^p,k)$ 线性化了,而且只考虑了单一的屈服条件,如果对加载函数取二阶以上的泰勒展开或者考虑屈服面和塑性势面是由多个光滑面组成的情形,推导类似于(1.228)式的表示应力增量和应变增量关系的表达式将极其困难,甚至是不可能的。

第三,判断(1.226)式中的比例系数 β 需要进行迭代运算,收敛性没

有保证。这些问题在参变量变分原理中都可以得到解决。

下面来讨论 $m_f \neq 1$，即屈服面由 m_f 个曲面相交所构成的情形。将(1.219)式的加载函数作一阶泰勒展开，并忽略高阶项，得

$$f_i = f_i^0 + \left\{\frac{\partial f_i}{\partial \boldsymbol{\sigma}}\right\}^T \mathrm{d}\boldsymbol{\sigma} + \left\{\frac{\partial f_i}{\partial \boldsymbol{\varepsilon}^p}\right\}^T \mathrm{d}\boldsymbol{\varepsilon}^p + \frac{\partial f_i}{\partial k}\mathrm{d}k \qquad (i=1,2,\cdots,m_f) \tag{1.230}$$

将流动法则(1.220)式和本构关系(1.218)式代入(1.230)式，得

$$f_i = f_i^0 + \left\{\frac{\partial f_i}{\partial \boldsymbol{\sigma}}\right\}^T \boldsymbol{D}\mathrm{d}\boldsymbol{\varepsilon} - \left[\left\{\frac{\partial f_i}{\partial \boldsymbol{\sigma}}\right\}^T \boldsymbol{D}\left(\frac{\partial \boldsymbol{g}}{\partial \boldsymbol{\sigma}}\right)^T - \left\{\frac{\partial f_i}{\partial \boldsymbol{\varepsilon}^p}\right\}^T \left(\frac{\partial \boldsymbol{g}}{\partial \boldsymbol{\sigma}}\right)^T - \frac{\partial f_i}{\partial k}\boldsymbol{h}^T\right]\boldsymbol{\lambda} \qquad (i=1,2,\cdots,m_f) \tag{1.231}$$

式中 $\boldsymbol{\lambda}$ 是 m_f 维向量，并用到了强化参数 k 增量的表达式

$$\mathrm{d}k = \boldsymbol{h}^T\boldsymbol{\lambda} \tag{1.232}$$

将(1.231)式写成矩阵表达式，有

$$f_i = f_i^0 + \boldsymbol{W}_i\mathrm{d}\boldsymbol{\varepsilon} - \boldsymbol{m}_i\boldsymbol{\lambda} \leqslant 0 \quad (i=1,2,\cdots,m_f) \tag{1.233}$$

式中

$$\boldsymbol{W}_i = \left\{\frac{\partial f_i}{\partial \boldsymbol{\sigma}}\right\}^T \boldsymbol{D} \tag{1.234}$$

$$\boldsymbol{m}_i = \left\{\frac{\partial f_i}{\partial \boldsymbol{\sigma}}\right\}^T \boldsymbol{D}\left(\frac{\partial \boldsymbol{g}}{\partial \boldsymbol{\sigma}}\right)^T - \left\{\frac{\partial f_i}{\partial \boldsymbol{\varepsilon}^p}\right\}^T \left(\frac{\partial \boldsymbol{g}}{\partial \boldsymbol{\sigma}}\right)^T - \frac{\partial f_i}{\partial k}\boldsymbol{h}^T \tag{1.235}$$

$$\boldsymbol{\lambda} = [\lambda_1, \lambda_2, \cdots \lambda_{m_f}]^T \tag{1.236}$$

将 m_f 个屈服面综合考虑，(1.233)式可写成

$$\boldsymbol{f} = \boldsymbol{f}^0 + \boldsymbol{W}\mathrm{d}\boldsymbol{\varepsilon} - \boldsymbol{M}\boldsymbol{\lambda} \leqslant 0 \tag{1.237}$$

式中

$$\boldsymbol{f} = [f_1, f_2, \cdots, f_{m_f}]^T \tag{1.238}$$

$$\boldsymbol{f}^0 = [f_1^0, f_2^0, \cdots, f_{m_f}^0]^T \tag{1.239}$$

$$\boldsymbol{W} = [\boldsymbol{W}_1^T, \boldsymbol{W}_2^T, \cdots, \boldsymbol{W}_{m_f}^T]^T \tag{1.240}$$

$$\boldsymbol{M} = [\boldsymbol{m}_1^T, \boldsymbol{m}_2^T, \cdots, \boldsymbol{m}_{m_f}^T]^T \in R^{m_f \times m_f} \tag{1.241}$$

在(1.237)式中 $\boldsymbol{f}<0$ 对应弹性变形，$\boldsymbol{f}=0$ 对应塑性变形。在 $\boldsymbol{M}$ 矩阵中对角线元素不等于零，非对角线元素多数为零，并且只有当应力状态点落在两屈服面的交点上时非对角线元素才起作用。

根据上面的推导结果，(1.218)～(1.221)式的本构关系可以用(1.237)式表示，或写成

$$\boldsymbol{f}(\mathrm{d}\boldsymbol{\varepsilon}, \boldsymbol{\lambda}) \leqslant 0 \tag{1.242}$$

引入松弛变量 $\boldsymbol{v}$,得

$$\left.\begin{aligned}&\boldsymbol{f}(\mathrm{d}\boldsymbol{\varepsilon},\boldsymbol{\lambda})+\boldsymbol{v}=0\\&\boldsymbol{v}^T\cdot\boldsymbol{\lambda}=0,\boldsymbol{v},\boldsymbol{\lambda}\geqslant 0\end{aligned}\right\}\tag{1.243}$$

$\boldsymbol{v}$ 与流动参数 $\boldsymbol{\lambda}$ 互补。当 $\lambda_i=0$ 时,$\nu_i>0$,于是 $f_i<0$,这是弹性变形或卸载时的情形;当 $\lambda_i\geqslant 0$ 时,$\nu_i=0$,于是 $f_i=0$,这是加载的情形。所以互补条件 $\boldsymbol{v}^T\cdot\boldsymbol{\lambda}=0$ 表示结构上一点只能发生弹性变形、卸载或加载状态之一。

弹塑性问题的参变量最小势能原理:在所有满足应变—位移关系(1.215)式和几何边界条件(1.217)式的可能位移增量场中,真实解使泛函

$$\prod[\boldsymbol{\lambda}(\cdot)]=\int_\Omega\left[\frac{1}{2}\mathrm{d}\boldsymbol{\varepsilon}^T\boldsymbol{D}\mathrm{d}\boldsymbol{\varepsilon}-\boldsymbol{\lambda}^T\boldsymbol{R}\mathrm{d}\boldsymbol{\varepsilon}\right]\mathrm{d}\Omega-\int_\Omega\mathrm{d}\boldsymbol{b}^T\mathrm{d}\boldsymbol{u}\mathrm{d}\Omega-\int_{S_P}\mathrm{d}\overline{\boldsymbol{P}}^T\mathrm{d}\boldsymbol{u}\mathrm{d}S\tag{1.244}$$

在状态方程(1.243)式或(1.245)式的控制下取总体最小值。

式中
$$\boldsymbol{R}=\left(\frac{\partial\boldsymbol{g}}{\partial\boldsymbol{\sigma}}\right)\boldsymbol{D}$$

$\boldsymbol{\lambda}$ 是参变量,即流动参数。

由于泛函(1.244)式是以 d$\boldsymbol{u}$ 作为自变函数的,故将本构关系(1.243)式写成对位移增量 d$\boldsymbol{u}$ 和控制变量 $\boldsymbol{\lambda}$ 的形式

$$\left.\begin{aligned}&\boldsymbol{f}(\mathrm{d}\boldsymbol{u},\boldsymbol{\lambda})+\boldsymbol{v}=0\\&\boldsymbol{v}^T\cdot\boldsymbol{\lambda}=0,\boldsymbol{v},\boldsymbol{\lambda}\geqslant 0\end{aligned}\right\}\tag{1.245}$$

弹塑性问题的参变量最小势能原理的数学表示为

$$\left.\begin{aligned}&\text{min.}\quad &&\Pi[\boldsymbol{\lambda}(\cdot)]\\&s.t.\quad &&\boldsymbol{f}(\mathrm{d}\boldsymbol{u},\boldsymbol{\lambda})+\boldsymbol{v}=0\\& &&\boldsymbol{v}^T\cdot\boldsymbol{\lambda}=0,\boldsymbol{v},\boldsymbol{\lambda}\geqslant 0\end{aligned}\right\}\tag{1.246}$$

弹塑性问题的参变量最小势能原理的证明详见文献[3],这里不再赘述。

1.2.3 弹塑性问题的参数二次规划解

对物体 Ω 进行离散。设 N_E 为离散后的单元总数,N_u 为自由度总

数,Ω_e 为每个单元所占的区域,则 $\Omega=\sum\limits_{e=1}^{N_E}\Omega_e$。设 N_P 为可能产生塑性变形的弹塑性单元总数。令全部单元中 e=1,2,…,N_P 号单元为弹塑性单元,$\Omega_P=\sum\limits_{e=1}^{N_P}\Omega_e$。设一个单元只有一种弹塑性变形状态,只服从一个屈服准则,而且每个单元的屈服准则都由 m_{fe} 个光滑的屈服面组成,则整个系统共有 $m_f=\sum\limits_{e=1}^{N_P}m_{fe}$ 个状态方程。由(1.233)式与(1.243)式可得

$$\left.\begin{aligned}&\int_{\Omega_e}(f_i^{0e}+\boldsymbol{W}_i^e\cdot\mathrm{d}\boldsymbol{\varepsilon}-\boldsymbol{m}_i^e\boldsymbol{\lambda}^e)\mathrm{d}\Omega+v_i^e=0\\&\nu_i^e\lambda_i^e=0,\nu_i^e\geqslant 0,\lambda_i^e\geqslant 0\\&i=1,2,\cdots,m_{fe},e=1,2,\cdots,N_P\end{aligned}\right\}\tag{1.247}$$

式中

$$\boldsymbol{W}_i^e=\left\{\frac{\partial f_i^e}{\partial\boldsymbol{\sigma}}\right\}^T\boldsymbol{D}\tag{1.248}$$

$$\boldsymbol{m}_i^e=[m_{i1}^e,m_{i2}^e,\cdots,m_{im_{fe}}^e]\in R^{1\times m_{fe}}\tag{1.249}$$

$$m_{ij}^e=\left\{\frac{\partial f_i^e}{\partial\boldsymbol{\sigma}}\right\}^T\boldsymbol{D}\left\{\frac{\partial g_j^e}{\partial\boldsymbol{\sigma}}\right\}-\left\{\frac{\partial f_i^e}{\partial\boldsymbol{\varepsilon}^p}\right\}^T\left\{\frac{\partial g_j^e}{\partial\boldsymbol{\sigma}}\right\}-\frac{\partial f_i^e}{\partial k}h_j^e\tag{1.250}$$

$$\boldsymbol{\lambda}^e=[\lambda_1^e,\lambda_2^e,\cdots,\lambda_{m_{fe}}^e]^T,m_f=\sum_{e=1}^{N_P}m_{fe}\tag{1.251}$$

由(1.247)式看似乎状态方程有 m_{fe} 个,数量很多,但大多数单元都只有 1 个屈服条件,即 $m_{fe}=1$,而对于那些可以判断不会屈服进入塑性状态的单元 $m_{fe}=0$。

离散化后整个物体的总势能泛函为

$$\begin{aligned}\prod[\boldsymbol{\lambda}(\cdot)]=&\sum_{e=1}^{N_E}\left\{\int_{\Omega_e}\frac{1}{2}\mathrm{d}\boldsymbol{\varepsilon}^T\boldsymbol{D}\mathrm{d}\boldsymbol{\varepsilon}\mathrm{d}\Omega-\left[\int_{\Omega_e}\mathrm{d}\boldsymbol{b}^T\mathrm{d}\boldsymbol{u}\mathrm{d}\Omega+\int_{S_P^e}\mathrm{d}\overline{\boldsymbol{P}}^T\mathrm{d}\boldsymbol{u}\mathrm{d}S\right]\right\}\\&-\sum_{e=1}^{N_P}\int_{\Omega_e}\boldsymbol{\lambda}^{e^T}\boldsymbol{R}^e\mathrm{d}\boldsymbol{\varepsilon}\mathrm{d}\Omega\end{aligned}\tag{1.252}$$

式中

$$\boldsymbol{R}^e=\left(\frac{\partial\boldsymbol{g}^e}{\partial\boldsymbol{\sigma}}\right)\boldsymbol{D}\tag{1.253}$$

这里对应变增量和位移增量省去了上标 e。

令 $\mathrm{d}\hat{\boldsymbol{u}}$ 为物体总位移增量向量,$\mathrm{d}\hat{\boldsymbol{u}}^e$ 为单元节点位移增量向量,$\boldsymbol{T}_e^e$ 为

$\mathrm{d}\hat{\boldsymbol{u}}$ 与 $\mathrm{d}\hat{\boldsymbol{u}}^e$ 之间的转换矩阵，则

$$\mathrm{d}\hat{\boldsymbol{u}}^e=\boldsymbol{T}_e^e\mathrm{d}\hat{\boldsymbol{u}} \tag{1.254}$$

令 $\mathrm{d}\boldsymbol{u}^e$ 为单元中的位移增量向量，N^e 为具有 k 个节点的单元形函数矩阵，则由有限元理论可知

$$\mathrm{d}\boldsymbol{u}^e=\boldsymbol{N}^e\mathrm{d}\hat{\boldsymbol{u}}^e \tag{1.255}$$

$$\boldsymbol{N}^e=\begin{bmatrix} N_1^e & 0 & 0 & N_2^e & 0 & 0 & \cdots & N_k^e & 0 & 0 \\ 0 & N_1^e & 0 & 0 & N_2^e & 0 & \cdots & 0 & N_k^e & 0 \\ 0 & 0 & N_1^e & 0 & 0 & N_2^e & \cdots & 0 & 0 & N_k^e \end{bmatrix} \tag{1.256}$$

$$\mathrm{d}\boldsymbol{u}^e=[\mathrm{d}u_1^e,\mathrm{d}u_2^e,\mathrm{d}u_3^e]^T \tag{1.257}$$

由有限元理论又可知

$$\mathrm{d}\boldsymbol{\varepsilon}^e=\boldsymbol{B}^e\mathrm{d}\hat{\boldsymbol{u}}^e \tag{1.258}$$

式中 $\boldsymbol{B}^e$ 为单元应变增量向量与单元节点位移增量向量的转换矩阵，其行数与列数以及各元素的计算公式取决于单元的类型和节点数。

将(1.255)与(1.258)式代入(1.252)式，有

$$\begin{aligned}\prod[\boldsymbol{\lambda}(\cdot)] = & \sum_{e=1}^{N_E}\left\{\int_{\Omega_e}\frac{1}{2}\mathrm{d}\hat{\boldsymbol{u}}^{e^T}\boldsymbol{B}^{e^T}\boldsymbol{D}^e\boldsymbol{B}^e\mathrm{d}\hat{\boldsymbol{u}}^e\mathrm{d}\Omega\right.\\ & \left.-\left[\int_{\Omega_e}\mathrm{d}\boldsymbol{b}^T\boldsymbol{N}^e\mathrm{d}\hat{\boldsymbol{u}}^e\mathrm{d}\Omega+\int_{S_P^e}\mathrm{d}\overline{\boldsymbol{P}}^T\boldsymbol{N}^e\mathrm{d}\hat{\boldsymbol{u}}^e dS\right]\right\}\\ & -\sum_{e=1}^{N_P}\int_{\Omega_e}\boldsymbol{\lambda}^{e^T}\boldsymbol{R}^e\boldsymbol{B}^e\mathrm{d}\hat{\boldsymbol{u}}^e\mathrm{d}\Omega\end{aligned} \tag{1.259}$$

将(1.254)式代入(1.259)式，有

$$\Pi[\boldsymbol{\lambda}(\cdot)]=\frac{1}{2}\mathrm{d}\hat{\boldsymbol{u}}^T\boldsymbol{K}\mathrm{d}\hat{\boldsymbol{u}}-\mathrm{d}\hat{\boldsymbol{u}}^T(\boldsymbol{\Phi\lambda}+\mathrm{d}\hat{\boldsymbol{P}}) \tag{1.260}$$

式中

$$\boldsymbol{K}=\sum_{e=1}^{N_E}\int_{\Omega_e}\boldsymbol{T}_e^{e^T}\boldsymbol{B}^{e^T}\boldsymbol{D}^e\boldsymbol{B}^e\boldsymbol{T}_e^e\mathrm{d}\Omega=\sum_{e=1}^{N_E}\boldsymbol{T}_e^{e^T}\boldsymbol{K}_e\boldsymbol{T}_e^e\in R^{N_u\times N_u} \tag{1.261}$$

$$\boldsymbol{K}_e=\int_{\Omega_e}\boldsymbol{B}^{e^T}\boldsymbol{D}^e\boldsymbol{B}^e\mathrm{d}\Omega\in R^{N_u^e\times N_u^e} \tag{1.262}$$

$$d\hat{\boldsymbol{P}}=\sum_{e=1}^{N_E}\left\{\int_{\Omega_e}\boldsymbol{T}_e^{e^T}\boldsymbol{N}^{e^T}\mathrm{d}\boldsymbol{b}\mathrm{d}\Omega+\int_{S_P^e}\boldsymbol{T}_e^{e^T}\boldsymbol{N}^{e^T}\mathrm{d}\overline{\boldsymbol{P}}\mathrm{d}S\right\}\in R^{N_u\times 1} \tag{1.263}$$

$$\boldsymbol{\Phi}=\sum_{e=1}^{N_P}\int_{\Omega_e}\boldsymbol{T}_e^{e^T}\boldsymbol{B}^{e^T}\boldsymbol{R}^{e^T}\boldsymbol{T}_\lambda^e\mathrm{d}\Omega=\sum_{e=1}^{N_P}\boldsymbol{T}_e^{e^T}\boldsymbol{\Phi}_e\boldsymbol{T}_\lambda^e\in R^{N_u\times m_f}\tag{1.264}$$

$$\boldsymbol{\Phi}_e=\int_{\Omega_e}\boldsymbol{B}^{e^T}\boldsymbol{R}^{e^T}\mathrm{d}\Omega\in R^{N_u^e\times m_{fe}}\tag{1.265}$$

在这里，N_u^e 是单元节点的自由度总数，而 $\boldsymbol{T}_e^e\in R^{N_u^e\times N_u}$。另外，$\boldsymbol{\lambda}^e$ 为单元 e 的流动参数向量

$$\boldsymbol{\lambda}^e=[\lambda_1^e,\lambda_2^e,\cdots,\lambda_{m_{fe}}^e]^T\in R^{m_{fe}\times 1}\tag{1.266}$$

$$\boldsymbol{\lambda}^e=\boldsymbol{T}_\lambda^e\boldsymbol{\lambda},\boldsymbol{T}_\lambda^e\in R^{m_{fe}\times m_f}\tag{1.267}$$

$$\boldsymbol{\lambda}=[\boldsymbol{\lambda}^{1^T},\boldsymbol{\lambda}^{2^T},\cdots,\boldsymbol{\lambda}^{N_P^T}]^T\in R^{m_f\times 1}\tag{1.268}$$

将(1.247)式写成矩阵形式，有

$$\left.\begin{aligned}&\int_{\Omega_e}(\boldsymbol{f}^{0e}+\boldsymbol{W}^e d\boldsymbol{\varepsilon}-\boldsymbol{m}^e\boldsymbol{\lambda}^e)\mathrm{d}\Omega+\boldsymbol{v}^e=0\\&\boldsymbol{v}^{e^T}\cdot\boldsymbol{\lambda}^e=0,\boldsymbol{v}^e,\boldsymbol{\lambda}^e\geqslant 0\\&\boldsymbol{v}^e=[\nu_1^e,\nu_2^e,\cdots,\nu_{m_{fe}}^e]^T\\&\boldsymbol{\lambda}^e=[\lambda_1^e,\lambda_2^e,\cdots,\lambda_{m_{fe}}^e]^T\end{aligned}\right\}\tag{1.269}$$

式中

$$\boldsymbol{f}^{0e}=[f_1^{0e},f_2^{0e},\cdots,f_{m_{fe}}^{0e}]^T\in R^{m_{fe}\times 1}\tag{1.270}$$

$$\boldsymbol{W}^e=[\boldsymbol{W}_1^{e^T},\boldsymbol{W}_2^{e^T},\cdots,\boldsymbol{W}_{m_{fe}}^{e^T}]^T\in R^{m_{fe}\times N_\varepsilon}\tag{1.271}$$

$$\boldsymbol{m}^e=[\boldsymbol{m}_1^{e^T},\boldsymbol{m}_2^{e^T},\cdots,\boldsymbol{m}_{m_{fe}}^{e^T}]^T\in R^{m_{fe}\times m_{fe}}\tag{1.272}$$

这里 N_ε 为 $\mathrm{d}\varepsilon$ 的维数。

将(1.269)中第1式左端乘 $\boldsymbol{T}_\lambda^{e^T}$，然后进行域上求和，得

$$\sum_{e=1}^{N_P}\left\{\int_{\Omega_e}\boldsymbol{T}_\lambda^{e^T}\boldsymbol{f}^{0e}\mathrm{d}\Omega+\int_{\Omega_e}\boldsymbol{T}_\lambda^{e^T}\boldsymbol{W}^e\mathrm{d}\boldsymbol{\varepsilon}\mathrm{d}\Omega-\int_{\Omega_e}\boldsymbol{T}_\lambda^{e^T}\boldsymbol{m}^e\boldsymbol{T}_\lambda^e\boldsymbol{\lambda}\mathrm{d}\Omega\right\}+\boldsymbol{v}=0\tag{1.273}$$

令

$$\boldsymbol{C}=\sum_{e=1}^{N_P}\int_{\Omega_e}\boldsymbol{T}_\lambda^{e^T}\boldsymbol{W}^e\boldsymbol{B}^e\boldsymbol{T}_e^e\mathrm{d}\Omega\in R^{m_f\times N_u}\tag{1.274}$$

$$\boldsymbol{U}=\sum_{e=1}^{N_P}\int_{\Omega_e}\boldsymbol{T}_\lambda^{e^T}\boldsymbol{m}^e\boldsymbol{T}_\lambda^e\mathrm{d}\Omega\in R^{m_f\times m_f}\tag{1.275}$$

$$\boldsymbol{d}=-\sum_{e=1}^{N_P}\int_{\Omega_e}\boldsymbol{T}_\lambda^{e^T}\boldsymbol{f}^{0e}\mathrm{d}\Omega\in R^{m_f\times 1}\tag{1.276}$$

$$\boldsymbol{v}^e=[\nu_1^e,\nu_2^e,\cdots,\nu_{m_{fe}}^e]^T \tag{1.277}$$

$$\boldsymbol{v}=[\boldsymbol{v}^{1^T},\boldsymbol{v}^{2^T},\cdots,\boldsymbol{v}^{N_P^T}]^T \tag{1.278}$$

则

$$\boldsymbol{C}\mathrm{d}\hat{\boldsymbol{u}}-\boldsymbol{U}\boldsymbol{\lambda}-\boldsymbol{d}+\boldsymbol{v}=0 \tag{1.279}$$

$$\boldsymbol{v}^T\cdot\boldsymbol{\lambda}=0,\boldsymbol{v},\boldsymbol{\lambda}\geqslant 0 \tag{1.280}$$

现对(1.261)～(1.280)式的物理意义作一些说明。

(1.261)式的矩阵 $\boldsymbol{K}$ 和(1.262)式的矩阵 $\boldsymbol{K}_e$ 分别是常规有限元计算中的总刚度矩阵和单元刚度矩阵，它们由结构决定，不随增量步的变化而变化。(1.261)式中的 $\boldsymbol{T}_e^{e^T}$ 和 $\boldsymbol{T}_e^e$ 体现了单元刚度矩阵向总刚度矩阵对号入座的拼装关系。

(1.263)式的 $\mathrm{d}\hat{\boldsymbol{P}}$ 是载荷增量向量，包括体积力增量和作用在力的边界 S_P 上的载荷增量。

(1.264)式的矩阵 $\boldsymbol{\Phi}$ 是整个系统的塑性势能，称为总塑势矩阵，(1.265)式的矩阵 $\boldsymbol{\Phi}_e$ 是弹塑性单元的塑性势能，称为单元塑势矩阵。由(1.265)式可知，为计算 $\boldsymbol{\Phi}_e$ 需先求得 $\boldsymbol{B}^e$ 和 $\boldsymbol{R}^e$。$\boldsymbol{B}^e$ 是单元应变增量向量与单元节点位移增量向量的转换矩阵，对不同类型的单元，矩阵 $\boldsymbol{B}^e$ 的行数、列数以及各元素的计算公式都是不同的，这部分内容属于有限元基本理论的范畴，读者在任何一本关于有限元的教科书中都能找到相关内容，这里不再赘述。矩阵 $\boldsymbol{R}^e$ 可由(1.253)式求得，将其展开，则有

$$\boldsymbol{R}^e=\begin{bmatrix} r_{11}^e & r_{12}^e & \cdots & r_{1N_\varepsilon^e}^e \\ r_{21}^e & r_{22}^e & \cdots & r_{2N_\varepsilon^e}^e \\ \vdots & \vdots & \vdots & \vdots \\ r_{m_{fe}1}^e & r_{m_{fe}2}^e & \cdots & r_{m_{fe}N_\varepsilon^e}^e \end{bmatrix}\in R^{m_{fe}\times N_\varepsilon^e} \tag{1.281}$$

对平面问题 $N_\varepsilon^e=3$，对三维问题 $N_\varepsilon^e=6$。

$$r_{ik}^e=\sum_{j=1}^{N_\varepsilon^e}\frac{\partial g_i^e}{\partial\sigma_j}D_{jk}\quad i=1,2,\cdots,m_{fe}\quad k=1,2,\cdots,N_\varepsilon^e \tag{1.282}$$

$\boldsymbol{T}_e^{e^T}$ 和 $\boldsymbol{T}_\lambda^e$ 体现了单元塑势矩阵向总塑势矩阵对号入座的拼装关系。

(1.274)式的矩阵 $\boldsymbol{C}$ 称为总约束矩阵，它在(1.279)中体现了屈服约束的状况。与(1.264)、(1.265)式类似，(1.274)式也可表示为

$$\boldsymbol{C}=\sum_{e=1}^{N_P}\boldsymbol{T}_\lambda^{e^T}\boldsymbol{C}_e\boldsymbol{T}_e^e\in R^{m_f\times N_u} \tag{1.283}$$

$$\boldsymbol{C}_e = \int_{\Omega_e} \boldsymbol{W}^e \boldsymbol{B}^e \mathrm{d}\Omega \in R^{m_{fe} \times N_u^e} \tag{1.284}$$

式中 $\boldsymbol{C}_e$ 称为单元约束矩阵。为计算 $\boldsymbol{C}_e$ 需先求得矩阵 $\boldsymbol{W}^e$ 和 $\boldsymbol{B}^e$。关于 $\boldsymbol{B}^e$ 的计算,前述已有说明,这里不再重复。现讨论 $\boldsymbol{W}^e$ 的计算。

将(1.271)式展开,可得

$$\boldsymbol{W}^e = \begin{bmatrix} W_{11}^e & W_{12}^e & \cdots & W_{1N_\varepsilon^e}^e \\ W_{21}^e & W_{22}^e & \cdots & W_{2N_\varepsilon^e}^e \\ \vdots & \vdots & \vdots & \vdots \\ W_{m_{fe}1}^e & W_{m_{fe}2}^e & \cdots & W_{m_{fe}N_\varepsilon^e}^e \end{bmatrix} \in R^{m_{fe} \times N_\varepsilon^e} \tag{1.285}$$

对平面问题 $N_\varepsilon^e = 3$,对三维问题 $N_\varepsilon^e = 6$。

$$W_{ik}^e = \sum_{j=1}^{N_\varepsilon^e} \frac{\partial f_i^e}{\partial \sigma_j} D_{jk} \qquad i = 1,2,\cdots,m_{fe} \quad k = 1,2,\cdots,N_\varepsilon^e \tag{1.286}$$

$\boldsymbol{T}_\lambda^{e^T}$ 与 $\boldsymbol{T}_e^e$ 体现了单元约束矩阵向总约束矩阵对号入座的拼装关系。

如果材料的流动法则是相关联流动(例如大多数金属),则其应力空间任一点的塑性势面与加载面重合,即 $\boldsymbol{g} = \boldsymbol{f}$。由(1.248)与(1.253)式可知,这时 $\boldsymbol{W}^e = \boldsymbol{R}^e$。于是,比较(1.265)式与(1.284)式,得

$$\boldsymbol{\Phi}_e^T = \boldsymbol{C}_e \tag{1.287}$$

再比较(1.264)式与(1.283)式并利用(1.287)式,得

$$\boldsymbol{\Phi}^T = \boldsymbol{C} \tag{1.288}$$

(1.275)式的矩阵 $\boldsymbol{U}$ 称为总强化矩阵,它在(1.279)式中体现了材料的强化性态。与矩阵 $\boldsymbol{\Phi}$ 和矩阵 $\boldsymbol{C}$ 类似,矩阵 $\boldsymbol{U}$ 也可以表示为

$$\boldsymbol{U} = \sum_{e=1}^{N_P} \boldsymbol{T}_\lambda^{e^T} \boldsymbol{U}_e \boldsymbol{T}_\lambda^e \in R^{m_f \times m_f} \tag{1.289}$$

$$\boldsymbol{U}_e = \int_{\Omega_e} \boldsymbol{m}^e \mathrm{d}\Omega \in R^{m_{fe} \times m_{fe}} \tag{1.290}$$

式中 $\boldsymbol{U}_e$ 称为单元强化矩阵。

写出(1.272)与(1.249)式的展开形式,有

$$\boldsymbol{m}^e = \begin{bmatrix} m_{11}^e & m_{12}^e & \cdots & m_{1m_{fe}}^e \\ m_{21}^e & m_{22}^e & \cdots & m_{2m_{fe}}^e \\ \vdots & \vdots & \vdots & \vdots \\ m_{m_{fe}1}^e & m_{m_{fe}2}^e & \cdots & m_{m_{fe}m_{fe}}^e \end{bmatrix} \in R^{m_{fe} \times m_{fe}} \tag{1.291}$$

$\boldsymbol{m}^e$ 矩阵的各个元素可通过屈服条件梯度的计算由(1.250)式求得，再代入(1.290)式便可求得单元强化矩阵 $\boldsymbol{U}_e$。

$\boldsymbol{T}_\lambda^{e^T}$ 和 $\boldsymbol{T}_\lambda^e$ 体现了单元强化矩阵向总强化矩阵对号入座的拼装关系。考虑到 $\boldsymbol{T}_\lambda^e$ 除了单元 e 处的子块为非零外，其余元素均为零的特点，矩阵 $\boldsymbol{U}$ 将是一个分块的对角阵，其形式为

$$\boldsymbol{U}=diag(\boldsymbol{U}_1,\boldsymbol{U}_2,\cdots,\boldsymbol{U}_{N_P})\in R^{m_f\times m_f} \tag{1.292}$$

(1.276)式中的向量 $\boldsymbol{d}$ 称为总约束向量。与矩阵 $\boldsymbol{\Phi}$、$\boldsymbol{C}$、$\boldsymbol{U}$ 类似，向量 $\boldsymbol{d}$ 也可以用单元约束向量 $\boldsymbol{d}_e$ 来表示。

$$\boldsymbol{d}=-\sum_{e=1}^{N_P}\boldsymbol{T}_\lambda^{e^T}\boldsymbol{d}_e\in R^{m_f\times 1} \tag{1.293}$$

$$\boldsymbol{d}_e=\int_{\Omega_e}\boldsymbol{f}^{0^e}\,\mathrm{d}\Omega\in R^{m_{fe}\times 1} \tag{1.294}$$

式中 $\boldsymbol{f}^{0^e}$ 为增量步之前的加载函数。

(1.260)、(1.279)与(1.280)式就是有限元离散化后的整个系统弹塑性总势能泛函与状态方程

$$\Pi[\boldsymbol{\lambda}(\cdot)]=\frac{1}{2}\mathrm{d}\hat{\boldsymbol{u}}^T\boldsymbol{K}\mathrm{d}\hat{\boldsymbol{u}}-\mathrm{d}\hat{\boldsymbol{u}}^T(\boldsymbol{\Phi}\boldsymbol{\lambda}+\mathrm{d}\hat{\boldsymbol{P}}) \tag{1.260}$$

$$\boldsymbol{C}\mathrm{d}\hat{\boldsymbol{u}}-\boldsymbol{U}\boldsymbol{\lambda}-\boldsymbol{d}+\boldsymbol{v}=0 \tag{1.279}$$

$$\boldsymbol{v}^T\cdot\boldsymbol{\lambda}=0,\boldsymbol{v},\boldsymbol{\lambda}\geqslant 0 \tag{1.280}$$

将(1.260)式的泛函求极值，并与(1.279)式联立，就得到下列线性互补问题表达式

$$\begin{Bmatrix}\boldsymbol{v}\\0\end{Bmatrix}+\begin{bmatrix}-\boldsymbol{U} & \boldsymbol{C}\\-\boldsymbol{\Phi} & \boldsymbol{K}\end{bmatrix}\begin{Bmatrix}\boldsymbol{\lambda}\\\mathrm{d}\hat{\boldsymbol{u}}\end{Bmatrix}=\begin{Bmatrix}\boldsymbol{d}\\\mathrm{d}\hat{\boldsymbol{P}}\end{Bmatrix} \tag{1.295}$$

$$\boldsymbol{v}^T\cdot\boldsymbol{\lambda}=0,\boldsymbol{v},\boldsymbol{\lambda}\geqslant 0 \tag{1.296}$$

将(1.295)和(1.296)式与本章 1.1.3 中关于平面弹性接触问题的(1.104)式相比较，可以发现除了位移向量 $\hat{\boldsymbol{u}}$ 改为位移增量向量 $\mathrm{d}\hat{\boldsymbol{u}}$，载荷向量 $\hat{\boldsymbol{P}}$ 改为载荷增量向量 $\mathrm{d}\hat{\boldsymbol{P}}$ 外，其余完全相同，所以其求解与平面弹性接触问题的解法(即(1.104)～(1.112)式)完全类似，这里不再赘述。

然而要真正求解由(1.295)和(1.296)式构成的弹塑性问题，还必须要先分别求得加载函数和塑性势面对应力的偏导数$\dfrac{\partial f_i^e}{\partial\boldsymbol{\sigma}}$和$\dfrac{\partial g_i^e}{\partial\boldsymbol{\sigma}}$。这两个量

对不同的屈服条件是不同的。下面以米塞斯屈服条件为例,说明这两个偏导数的计算。

米塞斯屈服条件又称为形状改变比能屈服条件,它相当于材料力学中的第 4 强度理论。根据这一理论,对物体上某一点有

$$\sqrt{\sigma_1^2+\sigma_2^2+\sigma_3^2-\sigma_1\sigma_2-\sigma_2\sigma_3-\sigma_3\sigma_1}\leqslant k \tag{1.297}$$

式中 k 为物体材料的屈服应力。由(1.297)式有

$$f=\sqrt{\sigma_1^2+\sigma_2^2+\sigma_3^2-\sigma_1\sigma_2-\sigma_2\sigma_3-\sigma_3\sigma_1}-k\leqslant 0 \tag{1.298}$$

这就是米塞斯屈服条件。当 $f<0$ 时,物体处于弹性状态;当 $f=0$ 时,开始进入塑性。

米塞斯屈服条件也可用应力偏量不变量表示。令 J_1,J_2,J_3 分别为应力偏量的一次,二次和三次不变量。根据塑性力学基本理论

$$J_2=\frac{1}{3}(\sigma_1^2+\sigma_2^2+\sigma_3^2-\sigma_1\sigma_2-\sigma_2\sigma_3-\sigma_3\sigma_1) \tag{1.299}$$

所以

$$f=J_2-\frac{1}{3}k^2\leqslant 0 \tag{1.300}$$

对于纯拉伸情况,只有 σ_1 存在,$\sigma_2=\sigma_3=0$,因而

$$k=\sigma_S \tag{1.301}$$

对于纯剪切情况,$\sigma_1=-\sigma_2,\sigma_3=0$,因而

$$k=\sqrt{3}\tau_S \tag{1.302}$$

对于平面应力问题,应力偏量的二次不变量 J_2 可写成

$$J_2=\frac{1}{6}[(\sigma_x-\sigma_y)^2+(\sigma_y-\sigma_z)^2+(\sigma_z-\sigma_x)^2+6(\tau_{xy}^2+\tau_{yz}^2+\tau_{zx}^2)] \tag{1.303}$$

将(1.303)式代入(1.300)式,并考虑 $\sigma_z=\tau_{yz}=\tau_{zx}=0$,则有

$$f=\sigma_x^2+\sigma_y^2-\sigma_x\sigma_y+3\tau_{xy}^2-k^2\leqslant 0 \tag{1.304}$$

求加载函数 f 对应力 σ 的偏导数

$$\left.\begin{aligned}\frac{\partial f}{\partial\sigma_x}&=2\sigma_x-\sigma_y\\ \frac{\partial f}{\partial\sigma_y}&=2\sigma_y-\sigma_x\\ \frac{\partial f}{\partial\tau_{xy}}&=6\tau_{xy}\end{aligned}\right\} \tag{1.305}$$

对于相关联流动，$g=f$。所以这时塑性势面对应力的偏导数具有与(1.305)同样的形式。对于平面应力问题，根据(1.305)式就可以计算 $\boldsymbol{\Phi}_e$ 和 $\boldsymbol{C}_e$ 以及 $\boldsymbol{\Phi}$ 和 $\boldsymbol{C}$，进而求解(1.295)与(1.296)式构成的线性互补问题。

1.2.4 弹塑性接触问题的参变量最小势能原理和参数二次规划解

从前面的叙述可以看出，对弹塑性问题和接触问题都可以在参变量控制下通过对势能泛函求极值，把问题转化为参数二次规划问题。二者所不同的是，在弹塑性问题中公式描述采用增量理论，以便考虑加载历史，而在接触分析中没有这个问题。在弹塑性接触问题中接触理论的公式也采用增量的形式描述：在可能的接触边界 S_c 上，在载荷增量施加之后，相应的法向接触力和切向接触力以及它们对应的位移分别为 $P_n+\mathrm{d}P_n$，$P_\tau+\mathrm{d}P_\tau$，$u_n^{(\alpha)}+\mathrm{d}u_n^{(\alpha)}$，$u_\tau^{(\alpha)}+\mathrm{d}u_\tau^{(\alpha)}$ $(\alpha=1,2)$。这些接触力与位移应满足下列关系式

$$\mathrm{d}u_n^{(1)}-\mathrm{d}u_n^{(2)}+\delta^*\geqslant 0 \tag{1.306}$$

$$P_n+\mathrm{d}P_n\leqslant 0 \tag{1.307}$$

式中 δ^* 为当前状态下的接触缝隙。

由于平面接触问题与空间接触问题的参变量变分原理方程完全相似，只是接触单元本构关系模型略有不同，为了公式推导方便起见，下面以平面弹塑性接触问题为例进行分析，对于空间弹塑性接触问题公式的推导可以依此类推。

令

$$\mathrm{d}\boldsymbol{\varepsilon}_c=[\mathrm{d}\varepsilon_\tau,\mathrm{d}\varepsilon_n]^T \tag{1.308}$$

式中

$$\mathrm{d}\varepsilon_\tau=\mathrm{d}u_\tau^{(1)}-\mathrm{d}u_\tau^{(2)}=\mathrm{d}\Delta u_\tau \tag{1.309}$$

$$\mathrm{d}\varepsilon_n=\mathrm{d}u_n^{(1)}-\mathrm{d}u_n^{(2)}+\delta^*=\mathrm{d}\Delta u_n+\delta^* \tag{1.310}$$

接触相对位移增量 $\mathrm{d}\boldsymbol{\varepsilon}_c$ 可以分解成两部分：弹性相对位移增量 $\mathrm{d}\boldsymbol{\varepsilon}_c^e$ 和滑动相对位移增量 $\mathrm{d}\boldsymbol{\varepsilon}_c^p$，即

$$\mathrm{d}\boldsymbol{\varepsilon}_c=\mathrm{d}\boldsymbol{\varepsilon}_c^e+\mathrm{d}\boldsymbol{\varepsilon}_c^p \tag{1.311}$$

接触力增量 $\mathrm{d}\boldsymbol{P}_c$ 与弹性相对位移增量服从虎克定律

$$\mathrm{d}\boldsymbol{P}_c=\boldsymbol{D}_c\mathrm{d}\boldsymbol{\varepsilon}_c^e \tag{1.312}$$

式中

$$\mathrm{d}\boldsymbol{P}_c=[\mathrm{d}P_\tau,\mathrm{d}P_n]^T \tag{1.313}$$

$$\boldsymbol{D}_c=\begin{bmatrix}E_\tau & 0\\ 0 & E_n\end{bmatrix}=\begin{bmatrix}E & 0\\ 0 & E\end{bmatrix} \tag{1.314}$$

这里 $E_\tau=E_n=E\to\infty$ 为惩罚因子。

与(1.5)～(1.7)式类似，接触面间的滑动条件可表示为

$$\tilde{f}_1=(P_\tau+\mathrm{d}P_\tau)+\bar{\mu}(P_n+\mathrm{d}P_n)\leqslant 0 \tag{1.315}$$

$$\tilde{f}_2=-(P_\tau+\mathrm{d}P_\tau)+\bar{\mu}(P_n+\mathrm{d}P_n)\leqslant 0 \tag{1.316}$$

$$\tilde{f}_3=P_n+\mathrm{d}P_n\leqslant 0 \tag{1.317}$$

$\tilde{f}_k(k=1,2,3)$称为滑动函数。当 $\tilde{f}_k<0$ 时$(k=1,2,3)$，发生了接触，但未滑动；当 $\tilde{f}_k=0$ 时，接触物体发生了相对滑动($\tilde{f}_1,\tilde{f}_2=0$)或脱开($\tilde{f}_3=0$)。

与 $\tilde{f}_k(k=1,2,3)$对应定义滑动势函数：

$$\left.\begin{aligned}\tilde{g}_1&=P_\tau+C\\ \tilde{g}_2&=-P_\tau+C\\ \tilde{g}_3&=P_n\end{aligned}\right\} \tag{1.318}$$

式中 C 为任意常数。滑动相对位移可表示为

$$\mathrm{d}\boldsymbol{\varepsilon}_c^p=\left(\frac{\partial\tilde{\boldsymbol{g}}}{\partial\boldsymbol{P}_c}\right)^T\tilde{\boldsymbol{\lambda}} \tag{1.319}$$

式中

$$\tilde{\boldsymbol{g}}=[\tilde{g}_1,\tilde{g}_2,\tilde{g}_3]^T \tag{1.320}$$

$$\tilde{\boldsymbol{\lambda}}=[\tilde{\lambda}_1,\tilde{\lambda}_2,\tilde{\lambda}_3]^T \tag{1.321}$$

(1.319)式也可写成

$$\mathrm{d}\boldsymbol{\varepsilon}_c^p=\sum_{k=1}^{3}\tilde{\lambda}_k\cdot\frac{\partial\tilde{g}_k}{\partial\boldsymbol{P}_c} \tag{1.322}$$

在(1.319)式中$\dfrac{\partial\tilde{\boldsymbol{g}}}{\partial\boldsymbol{P}_c}$表示滑动相对位移的方向，$\tilde{\boldsymbol{\lambda}}$ 是滑动参量，表示滑动量的大小。

$$\left.\begin{aligned}&\tilde{\lambda}_k=0,\text{当 }\tilde{f}_k<0\text{ 时}\\ &\tilde{\lambda}_k\geqslant 0,\text{当 }\tilde{f}_k=0\text{ 时}\end{aligned}\right\} \tag{1.323}$$

将(1.312)、(1.311)与(1.322)式代入(1.315)～(1.317)式，可得

$$\tilde{f}_1=\tilde{f}_1^0+E_\tau\mathrm{d}\Delta u_\tau+\bar{\mu}E_n(\mathrm{d}\Delta u_n+\delta^*)-E_\tau\tilde{\lambda}_1\leqslant 0 \tag{1.324}$$

$$\tilde{f}_2=\tilde{f}_2^0-E_\tau \mathrm{d}\Delta u_\tau+\bar{\mu}E_n(\mathrm{d}\Delta u_n+\delta^*)-E_\tau\tilde{\lambda}_2\leqslant 0 \tag{1.325}$$

$$\tilde{f}_3=\tilde{f}_3^0+E_n(\mathrm{d}\Delta u_n+\delta^*)-E_n\tilde{\lambda}_3\leqslant 0 \tag{1.326}$$

这是增量形式的接触问题条件。引入约束松弛变量 $\tilde{\nu}_k$，则可得到弹塑性接触问题的状态方程

$$\left.\begin{array}{l}\tilde{f}_k(\mathrm{d}\Delta u_\tau,\mathrm{d}\Delta u_n,\tilde{\lambda}_k)+\tilde{\nu}_k=0\\ \tilde{\nu}_k\cdot\tilde{\lambda}_k=0,\tilde{\nu}_k,\tilde{\lambda}_k\geqslant 0\\ (k=1,2,3)\end{array}\right\} \tag{1.327}$$

或

$$\left.\begin{array}{l}\tilde{\boldsymbol{f}}(\mathrm{d}\boldsymbol{u}_c,\tilde{\boldsymbol{\lambda}})+\tilde{\boldsymbol{\nu}}=0\\ \tilde{\boldsymbol{\nu}}^T\cdot\tilde{\boldsymbol{\lambda}}=0,\tilde{\boldsymbol{\nu}},\tilde{\boldsymbol{\lambda}}\geqslant 0\end{array}\right\} \tag{1.328}$$

式中

$$\left.\begin{array}{l}\tilde{\boldsymbol{f}}=[\tilde{f}_1,\tilde{f}_2,\tilde{f}_3]^T\\ \mathrm{d}\boldsymbol{u}_c=[\mathrm{d}\Delta u_\tau,\mathrm{d}\Delta u_n]^T\\ \tilde{\boldsymbol{\nu}}=[\tilde{\nu}_1,\tilde{\nu}_2,\tilde{\nu}_3]^T\\ \tilde{\boldsymbol{\lambda}}=[\tilde{\lambda}_1,\tilde{\lambda}_2,\tilde{\lambda}_3]^T\end{array}\right\} \tag{1.329}$$

与(1.79)～(1.82)式相对应，弹塑性接触问题的状态方程(1.327)～(1.329)式也可以写成下列形式

$$\tilde{f}_k^0+\widetilde{\boldsymbol{W}}_k\mathrm{d}\boldsymbol{\varepsilon}_c-\widetilde{\boldsymbol{m}}_k\tilde{\boldsymbol{\lambda}}+\tilde{\nu}_k=0 \tag{1.330}$$

$$\tilde{\nu}_k\cdot\tilde{\lambda}_k=0,\tilde{\nu}_k,\tilde{\lambda}_k\geqslant 0\quad(k=1,2,3) \tag{1.331}$$

式中 $\tilde{f}_k^0$ 为增量步刚开始时的 $\tilde{f}_k$ 值，$\widetilde{\boldsymbol{W}}_k$ 与 $\widetilde{\boldsymbol{m}}_k$ 均为只与增量步开始前力学量有关的矩阵。

$$\widetilde{\boldsymbol{W}}_k=\left\{\frac{\partial\tilde{f}_k}{\partial\boldsymbol{P}_c}\right\}^T\boldsymbol{D}_c \tag{1.332}$$

$$\widetilde{\boldsymbol{m}}_k=\left\{\frac{\partial\tilde{f}_k}{\partial\boldsymbol{P}_c}\right\}^T\boldsymbol{D}_c\left(\frac{\partial\tilde{\boldsymbol{g}}}{\partial\boldsymbol{P}_c}\right)^T \tag{1.333}$$

弹塑性接触问题的基本方程与单纯的弹塑性问题和单纯的弹性接触问题的基本方程都很相似，但都略有不同。下面列出平面弹塑性接触问题的基本方程

(1)平衡方程

$$\boldsymbol{A}^{(\nabla)}\mathrm{d}\boldsymbol{\sigma}+\mathrm{d}\boldsymbol{b}=0 \tag{1.334}$$

(2)应变—位移关系

$$\mathrm{d}\boldsymbol{\varepsilon}=\boldsymbol{L}^{(\nabla)}\mathrm{d}\boldsymbol{u} \tag{1.335}$$

(3)边界条件

$$\boldsymbol{n}\mathrm{d}\boldsymbol{\sigma}=\mathrm{d}\overline{\boldsymbol{P}} \quad 在\ S_P\ 上 \tag{1.336}$$

$$\mathrm{d}\boldsymbol{u}=\mathrm{d}\overline{\boldsymbol{u}} \quad 在\ S_u\ 上 \tag{1.337}$$

$$\left.\begin{aligned}&\tilde{\boldsymbol{f}}(\mathrm{d}\boldsymbol{u}_c,\tilde{\boldsymbol{\lambda}})+\tilde{\boldsymbol{v}}=0\\&\tilde{\boldsymbol{v}}^T\cdot\tilde{\boldsymbol{\lambda}}=0,\tilde{\boldsymbol{v}},\tilde{\boldsymbol{\lambda}}\geqslant 0\end{aligned}\right\} \quad 在\ S_c\ 上 \tag{1.338}$$

(4)本构关系

$$\mathrm{d}\boldsymbol{\sigma}=\boldsymbol{D}(\mathrm{d}\boldsymbol{\varepsilon}-\mathrm{d}\boldsymbol{\varepsilon}^p) \tag{1.339}$$

$$\boldsymbol{f}(\boldsymbol{\sigma},\boldsymbol{\varepsilon}^p,k)\leqslant 0 \tag{1.340}$$

$$\mathrm{d}\boldsymbol{\varepsilon}^p=\left(\frac{\partial \boldsymbol{g}}{\partial \boldsymbol{\sigma}}\right)^T\boldsymbol{\lambda} \tag{1.341}$$

$$\left.\begin{aligned}&\lambda\geqslant 0,当\ f=0\ 时\\&\lambda=0,当\ f<0\ 时\end{aligned}\right\} \tag{1.342}$$

(1.339)～(1.342)式可合并成

$$\left.\begin{aligned}&\boldsymbol{f}(\mathrm{d}\boldsymbol{\varepsilon},\boldsymbol{\lambda})+\boldsymbol{v}=0\\&\boldsymbol{v}^T\cdot\boldsymbol{\lambda}=0,\boldsymbol{v},\boldsymbol{\lambda}\geqslant 0\end{aligned}\right\} \tag{1.343}$$

参照弹塑性问题的参变量最小势能原理和弹性接触问题的参变量最小势能原理,写出弹塑性接触问题的参变量最小势能原理如下。

在所有满足应变—位移关系(1.335)式和几何边界条件(1.337)式的可能位移增量场中,真实解使弹塑性接触系统的总势能泛函

$$\begin{aligned}\prod[\boldsymbol{\lambda}(\cdot),\tilde{\boldsymbol{\lambda}}(\cdot)]=&\int_\Omega\left[\frac{1}{2}\mathrm{d}\boldsymbol{\varepsilon}^T\boldsymbol{D}\mathrm{d}\boldsymbol{\varepsilon}-\boldsymbol{\lambda}^T\boldsymbol{R}\mathrm{d}\boldsymbol{\varepsilon}-\mathrm{d}\boldsymbol{b}^T\mathrm{d}\boldsymbol{u}\right]\mathrm{d}\Omega\\&+\int_{S_c}\left(\frac{1}{2}\mathrm{d}\boldsymbol{\varepsilon}_c^T\boldsymbol{D}_c\mathrm{d}\boldsymbol{\varepsilon}_c-\tilde{\boldsymbol{\lambda}}^T\tilde{\boldsymbol{R}}\mathrm{d}\boldsymbol{\varepsilon}_c\right)\mathrm{d}S-\int_{S_P}\mathrm{d}\overline{\boldsymbol{P}}^T\mathrm{d}\boldsymbol{u}\mathrm{d}S\end{aligned} \tag{1.344}$$

在状态方程(1.338)和(1.343)的控制下取总体最小值。式中

$$\boldsymbol{R}=\frac{\partial \boldsymbol{g}}{\partial \boldsymbol{\sigma}}\boldsymbol{D} \tag{1.345}$$

$$\widetilde{\boldsymbol{R}}=\frac{\partial\widetilde{\boldsymbol{g}}}{\partial\boldsymbol{P}_c}\boldsymbol{D}_c \tag{1.346}$$

$\boldsymbol{\lambda}$ 与 $\widetilde{\boldsymbol{\lambda}}$ 为不参加变分的参变量，它们的物理意义在前面阐述弹塑性问题和接触问题基本理论时都已分别介绍过：$\boldsymbol{\lambda}$ 为弹塑性问题中的流动参数，$\widetilde{\boldsymbol{\lambda}}$ 为接触问题中的滑动参数。

弹塑性接触问题势能泛函的离散形式为

$$\Pi[\boldsymbol{\lambda}'(\cdot)]=\frac{1}{2}\mathrm{d}\hat{\boldsymbol{u}}^T\boldsymbol{K}\mathrm{d}\hat{\boldsymbol{u}}-\mathrm{d}\hat{\boldsymbol{u}}^T(\boldsymbol{\Phi}\boldsymbol{\lambda}'+\mathrm{d}\hat{\boldsymbol{P}}) \tag{1.347}$$

式中

$$\boldsymbol{K}=\sum_{e=1}^{N_E}\boldsymbol{T}_e^{e^T}\boldsymbol{K}_e\boldsymbol{T}_e^e+\sum_{e=1}^{N_c}\boldsymbol{T}_c^{e^T}\boldsymbol{K}_e^c\boldsymbol{T}_c^e\in R^{N_u\times N_u} \tag{1.348}$$

$$\boldsymbol{K}_e=\int_{\Omega_e}\boldsymbol{B}^{e^T}\boldsymbol{D}^e\boldsymbol{B}^e\mathrm{d}\Omega \tag{1.349}$$

$$\boldsymbol{K}_e^c=\int_{S_c^e}\boldsymbol{N}_c^{e^T}\boldsymbol{D}_c^e\boldsymbol{N}_c^e\mathrm{d}S \tag{1.350}$$

$$\mathrm{d}\hat{\boldsymbol{P}}=\hat{\boldsymbol{P}}_0-\hat{\boldsymbol{P}}_\delta\in R^{N_u\times 1} \tag{1.351}$$

$$\hat{\boldsymbol{P}}_0=\sum_{e=1}^{N_E}\left\{\int_{\Omega_e}\boldsymbol{T}_e^{e^T}\boldsymbol{N}^{e^T}\mathrm{d}\boldsymbol{b}^e\mathrm{d}\Omega+\int_{S_P^e}\boldsymbol{T}_e^{e^T}\boldsymbol{N}^{e^T}\mathrm{d}\overline{\boldsymbol{P}}^e\mathrm{d}S\right\} \tag{1.352}$$

$$\hat{\boldsymbol{P}}_\delta=\left(\sum_{e=1}^{N_c}\boldsymbol{T}_c^{e^T}\boldsymbol{K}_e^c\boldsymbol{T}_\delta^e\right)\boldsymbol{\delta}_c^* \tag{1.353}$$

$$\boldsymbol{\Phi}=\sum_{e=1}^{N_P}\int_{\Omega_e}\boldsymbol{T}_e^{e^T}\boldsymbol{B}^{e^T}\boldsymbol{R}^{e^T}\boldsymbol{T}_\lambda^e\mathrm{d}\Omega+\sum_{e=1}^{N_c}\int_{S_c^e}\boldsymbol{T}_c^{e^T}\boldsymbol{N}_c^{e^T}\widetilde{\boldsymbol{R}}^{e^T}\boldsymbol{T}_{\widetilde{\lambda}}^e\mathrm{d}S\in R^{N_u\times m_f'} \tag{1.354}$$

$$\boldsymbol{\lambda}'=[\boldsymbol{\lambda}^T,\widetilde{\boldsymbol{\lambda}}^T]^T\in R^{m_f'\times 1} \tag{1.355}$$

$$m_f'=m_f+\widetilde{m}_f \tag{1.356}$$

引入矩阵 $\boldsymbol{T}_\lambda^e$ 和 $\boldsymbol{T}_{\widetilde{\lambda}}^e$，它们的形式与弹塑性计算中的(1.267)式和弹性接触计算中的(1.72)式类似，但意义不同，在这里它们分别是从总体参变量 $\boldsymbol{\lambda}'$ 中提取单元的 $\boldsymbol{\lambda}^e$ 和 $\widetilde{\boldsymbol{\lambda}}^e$ 的转换矩阵。

$$\boldsymbol{\lambda}^e=\boldsymbol{T}_\lambda^e\boldsymbol{\lambda}' \tag{1.357}$$

$$\widetilde{\boldsymbol{\lambda}}^e=\boldsymbol{T}_{\widetilde{\lambda}}^e\boldsymbol{\lambda}' \tag{1.358}$$

与弹塑性问题和弹性接触问题中的推导过程类似，对弹塑性接触问题也可从其状态方程(1.338)和(1.343)推出离散化形式的状态方程[可参看(1.279)和(1.93)式的推导]

$$\boldsymbol{C}\mathrm{d}\hat{\boldsymbol{u}}-\boldsymbol{U}\boldsymbol{\lambda}'-\boldsymbol{d}+\boldsymbol{v}'=0 \tag{1.359}$$

$$\boldsymbol{v}'^{T}\cdot\boldsymbol{\lambda}'=0,\boldsymbol{v}'\boldsymbol{\lambda}'\geqslant 0 \tag{1.360}$$

式中

$$\boldsymbol{C}=\sum_{e=1}^{N_P}\int_{\Omega_e}\boldsymbol{T}_{\lambda}^{e^T}\boldsymbol{W}^{e}\boldsymbol{B}^{e}\boldsymbol{T}_{c}^{e}\mathrm{d}\Omega+\sum_{e=1}^{N_c}\int_{S_c^e}\boldsymbol{T}_{\tilde{\lambda}}^{e^T}\widetilde{\boldsymbol{W}}^{e}\boldsymbol{N}_{c}^{e}\boldsymbol{T}_{c}^{e}\mathrm{d}S\in R^{m_f'\times N_u} \tag{1.361}$$

$$\boldsymbol{U}=\sum_{e=1}^{N_P}\int_{\Omega_e}\boldsymbol{T}_{\lambda}^{e^T}\boldsymbol{m}^{e}\boldsymbol{T}_{\lambda}^{e}\mathrm{d}\Omega+\sum_{e=1}^{N_c}\int_{S_c^e}\boldsymbol{T}_{\tilde{\lambda}}^{e^T}\widetilde{\boldsymbol{m}}^{e}\boldsymbol{T}_{\tilde{\lambda}}^{e}\mathrm{d}S\in R^{m_f'\times m_f'} \tag{1.362}$$

$$\boldsymbol{d}=\boldsymbol{d}_0+\boldsymbol{d}_\delta\in R^{m_f'\times 1} \tag{1.363}$$

$$\boldsymbol{d}_0=-\sum_{e=1}^{N_P}\int_{\Omega_e}\boldsymbol{T}_{\lambda}^{e^T}\boldsymbol{f}^{0^e}\mathrm{d}\Omega-\sum_{e=1}^{N_c}\int_{S_c^e}\boldsymbol{T}_{\tilde{\lambda}}^{e^T}\tilde{\boldsymbol{f}}^{0^e}\mathrm{d}S \tag{1.364}$$

$$\boldsymbol{d}_\delta=-\sum_{e=1}^{N_c}\int_{S_c^e}\boldsymbol{T}_{\tilde{\lambda}}^{e^T}\widetilde{\boldsymbol{W}}^{e}\boldsymbol{N}_{c}^{e}\boldsymbol{T}_{\delta}^{e}\mathrm{d}S\cdot\delta_c^* \tag{1.365}$$

$$\boldsymbol{\lambda}'=[\boldsymbol{\lambda}^{1^T},\boldsymbol{\lambda}^{2^T},\cdots,\boldsymbol{\lambda}^{N_P^T},\tilde{\boldsymbol{\lambda}}^{1^T},\tilde{\boldsymbol{\lambda}}^{2^T},\cdots,\tilde{\boldsymbol{\lambda}}^{N_C^T}]^T \tag{1.366}$$

$$\boldsymbol{\lambda}^e=[\lambda_1^e,\lambda_2^e,\cdots,\lambda_{m_{fe}}^e]^T \tag{1.367}$$

$$\tilde{\boldsymbol{\lambda}}^e=[\tilde{\lambda}_1^e,\tilde{\lambda}_2^e,\cdots,\tilde{\lambda}_{\tilde{m}_{fe}}^e]^T \tag{1.368}$$

$$\boldsymbol{v}'=[\boldsymbol{v}^{1^T},\boldsymbol{v}^{2^T},\cdots,\boldsymbol{v}^{N_p^T},\tilde{\boldsymbol{v}}^{1^T},\tilde{\boldsymbol{v}}^{2^T},\cdots,\tilde{\boldsymbol{v}}^{N_c^T}]^T \tag{1.369}$$

$$\boldsymbol{v}^e=[\nu_1^e,\nu_2^e,\cdots,\nu_{m_{fe}}^e]^T \tag{1.370}$$

$$\tilde{\boldsymbol{v}}^e=[\tilde{\nu}_1^e,\tilde{\nu}_2^e,\cdots,\tilde{\nu}_{\tilde{m}_{fe}}^e]^T \tag{1.371}$$

将弹塑性接触问题势能泛函取最小值，即令(1.347)式的极值为零

$$\boldsymbol{K}\mathrm{d}\hat{\boldsymbol{u}}-(\boldsymbol{\Phi}\boldsymbol{\lambda}'+\mathrm{d}\hat{\boldsymbol{P}})=0 \tag{1.372}$$

将(1.372)、(1.359)与(1.360)式联立起来，就得到下列线性互补问题表达式

$$\begin{Bmatrix}\boldsymbol{v}'\\0\end{Bmatrix}+\begin{bmatrix}-\boldsymbol{U} & \boldsymbol{C}\\-\boldsymbol{\Phi} & \boldsymbol{K}\end{bmatrix}\begin{Bmatrix}\boldsymbol{\lambda}'\\\mathrm{d}\hat{\boldsymbol{u}}\end{Bmatrix}=\begin{Bmatrix}\boldsymbol{d}\\\mathrm{d}\hat{\boldsymbol{P}}\end{Bmatrix} \tag{1.373}$$

$$\boldsymbol{v}'^{T}\cdot\boldsymbol{\lambda}'=0,\boldsymbol{v}',\boldsymbol{\lambda}'\geqslant 0 \tag{1.374}$$

对(1.372)式各项均乘以 $\boldsymbol{K}^{-1}$，再代入(1.359)式，并利用(1.351)和(1.363)式，可得

$$\boldsymbol{v}'-(\boldsymbol{U}-\boldsymbol{C}\boldsymbol{K}^{-1}\boldsymbol{\Phi})\boldsymbol{\lambda}'=-\boldsymbol{C}\boldsymbol{K}^{-1}\hat{\boldsymbol{P}}_0+\boldsymbol{d}_0+(\boldsymbol{d}_\delta+\boldsymbol{C}\boldsymbol{K}^{-1}\hat{\boldsymbol{P}}_\delta) \tag{1.375}$$

1.3 多层多支子结构分析方法[12][13]

一般的结构分析都是先用各种单元(杆、梁、膜、板、壳、块等)来模拟需要分析的结构，建立离散化的计算模型，然后在对各个单元生成单元刚度矩阵的基础上，拼装出总刚度矩阵，针对各个载荷工况，求出各节点的位移和应力。这种办法对于大型、复杂结构是不大适宜的，因为这些结构的精细力学分析往往要划分数十万甚至上百万个节点，尽管现在我国商用软件已经比较普及，高速运算的计算机也广泛得到使用，但对如此大规模问题建立计算模型和划分网格以及进行计算，其耗费仍然是相当可观的。

对于大规模有限元分析，一个非常有效的方法是多层多支子结构分析方法，它的基本思想是采用多级离散的办法实现结构的有限元模型化，这可以大大方便建模和网格生成，也可以在很大程度上减少计算工作量。下面举例简要说明子结构分析的思想。

图 1.12 所示为某柴油机曲轴，该曲轴有 8 个单拐，各单拐在结构上完全相同。现在采用多层多支子结构方法对其进行分析。

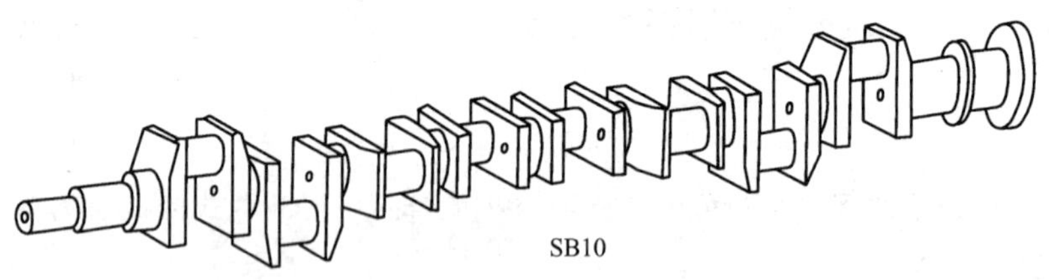

图 1.12 某柴油机曲轴示意图

第一步，把整个曲轴离散化为若干个子结构，例如，可把曲轴看成如图 1.13(a)所示的 2 个由 4 个单拐构成的半曲轴以及自由端和输出端轴组成的结构，因而曲轴可离散成为 4 个子结构。

第二步，对以上各子结构作进一步的离散。例如，由 4 个单拐构成的

半曲轴仍嫌太大，可以将其离散化成 4 个单拐[图 1.13(b)]。

第三步，单拐仍可进一步离散化，将其分成 2 个半单拐[图 1.13(c)]。

第四步，半单拐还可再离散成 3 个子结构[图 1.13(d)，(e)，(f)]。

这样，整个曲轴分 4 级实现了有限元建模工作，而必须划分网格的子结构只有 5 个，即 SB1、SB2、SB3、SB4、SB5。事实上，如果有必要的话，还可以进一步将 SB1、SB2、SB3、SB4、SB5 分为更小的子结构。由此可

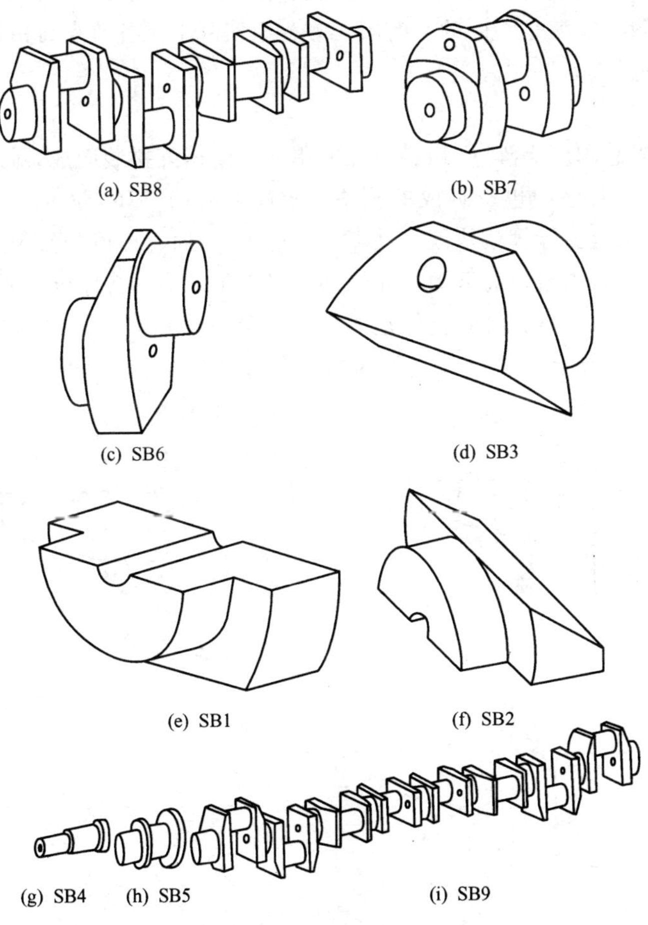

图 1.13　曲轴用子结构方法逐级离散示意图

见，多层多支子结构分析可以减少不必要的重复描述，这对曲轴、机体、齿轮、涡轮、叶轮等具有多个相同部分的结构是非常有利的，除了简化建模和划分网格的工作之外，相同的子结构可用同一个子结构模式来描述，子结构模式的刚度矩阵只需生成一次，其内部节点自由度的刚度矩阵只要做一次三角化，可以大大节省计算机运行时间。

1.3.1　多层多支子结构分析的基本原理

如上所述，结构可以分级离散实现有限元模型化，这与将结构直接离散成有限元模型是不同的。有限元方程组实际上是各节点自由度方向的平衡方程组，其形式为

$$[\boldsymbol{k}]\{\boldsymbol{u}\}=\{\boldsymbol{P}\} \tag{1.376}$$

式中总刚度矩阵$[\boldsymbol{k}]$由各单元的单元刚度矩阵拼装而成，对载荷向量$\{\boldsymbol{P}\}$的生成程序中也有现成的模块。求解方程(1.376)即可求得节点位移，再调用应力计算模块就可计算单元应力，并通过插值和修匀进一步求得节点应力，画出应力云图。而用多层多支子结构方法作分析时，结构是由若干个子结构构成的，显然这些子结构的刚度矩阵以及载荷向量的生成方法与常规有限元计算是不同的。下面以图 1.14 所示的结构为例来

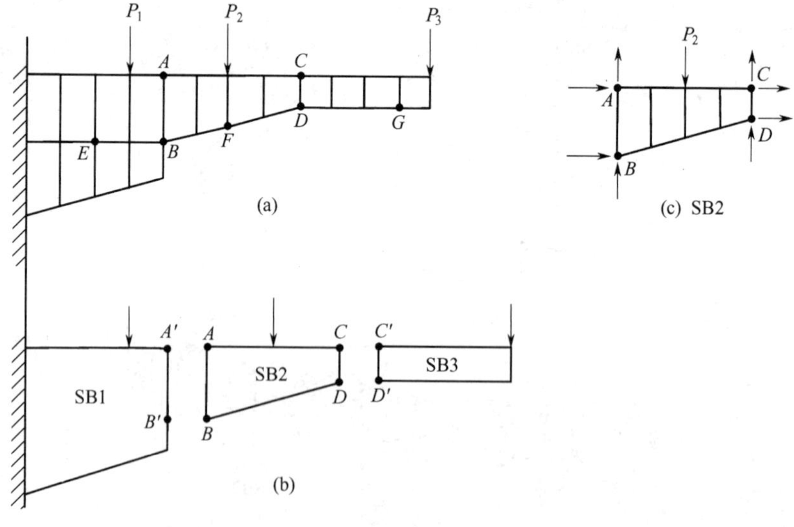

图 1.14　子结构的划分与作用载荷

说明这个问题。

图 1.14(a)是用常规有限元方法计算时的有限元网格图，图 1.14(b)则是用子结构方法计算时同一结构的计算模型，该计算模型由 SB1、SB2 与 SB3 三个子结构组成。假定在 SB1、SB2 与 SB3 的内部，有限元网格同直接离散时完全相同，假定它们在组成整个结构时相互联接的点为 A、B、C、D，那么对 SB2[图 1.14(c)]A、B、C、D 是其出口点，对 SB1 与 SB3[图 1.14(b)]A'、B'与C'、D'分别是其出口点。在一个子结构内，出口点之外的节点都是内部点。

考虑 SB1 与 SB3 对 SB2 的作用力[图 1.14(c)]，可对 SB2 列出平衡方程

$$[\boldsymbol{k}]\{\boldsymbol{u}\}=\{\boldsymbol{P}\} \tag{1.376a}$$

它与(1.376)式的区别是，后者是整个结构的平衡方程，而前者是子结构的平衡方程。在(1.376a)式中$[\boldsymbol{k}]$是已知的，$\{\boldsymbol{P}\}$中由于含有 SB1 与 SB3 的作用力，因而是未知的。所以不能由(1.376a)式直接求解子结构的位移$\{\boldsymbol{u}\}$。(1.376a)式可以按出口节点自由度 $\boldsymbol{u}_o$ 与内部节点自由度 $\boldsymbol{u}_i$ 写成分块的形式

$$\begin{bmatrix}\boldsymbol{k}_{oo} & \boldsymbol{k}_{oi}\\ \boldsymbol{k}_{io} & \boldsymbol{k}_{ii}\end{bmatrix}\begin{Bmatrix}\boldsymbol{u}_o\\ \boldsymbol{u}_i\end{Bmatrix}=\begin{Bmatrix}\boldsymbol{P}_o\\ \boldsymbol{P}_i\end{Bmatrix} \tag{1.376b}$$

式中$[\boldsymbol{k}_{oo}]$称为出口节点自由度刚度矩阵，$[\boldsymbol{k}_{ii}]$称为内部节点自由度刚度矩阵，$[\boldsymbol{k}_{oi}]$与$[\boldsymbol{k}_{io}]$称为内外节点自由度交互刚度矩阵，它们分别简称为出口刚度矩阵、内部刚度矩阵和交互刚度矩阵。$\{\boldsymbol{P}_o\}$为 SB1、SB3 对 SB2 的作用力，是未知的，而$\{\boldsymbol{P}_i\}$是已知的作用力，例如在图 1.14(c)中的 P_2 就是$\{\boldsymbol{P}_i\}$的一个组成力。

将(1.376b)式展开，得到

$$[\boldsymbol{k}_{oo}]\{\boldsymbol{u}_o\}+[\boldsymbol{k}_{oi}]\{\boldsymbol{u}_i\}=\{\boldsymbol{P}_o\} \tag{1.377}$$

$$[\boldsymbol{k}_{io}]\{\boldsymbol{u}_o\}+[\boldsymbol{k}_{ii}]\{\boldsymbol{u}_i\}=\{\boldsymbol{P}_i\} \tag{1.378}$$

由(1.378)式可得

$$\{\boldsymbol{u}_i\}=[\boldsymbol{k}_{ii}]^{-1}(\{\boldsymbol{P}_i\}-[\boldsymbol{k}_{io}]\{\boldsymbol{u}_o\}) \tag{1.379}$$

(1.379)式表明，内部节点自由度$\{\boldsymbol{u}_i\}$可用出口节点自由度$\{\boldsymbol{u}_o\}$表示。将(1.379)式代入(1.377)式得

$$([\boldsymbol{k}_{oo}]-[\boldsymbol{k}_{oi}][\boldsymbol{k}_{ii}]^{-1}[\boldsymbol{k}_{io}])\{\boldsymbol{u}_o\}=\{\boldsymbol{P}_o\}-[\boldsymbol{k}_{oi}][\boldsymbol{k}_{ii}]^{-1}\{\boldsymbol{P}_i\} \tag{1.380}$$

令

$$[\boldsymbol{k}_o'] = [\boldsymbol{k}_{oo}] - [\boldsymbol{k}_{oi}][\boldsymbol{k}_{ii}]^{-1}[\boldsymbol{k}_{io}] \tag{1.381}$$

$$\{\boldsymbol{P}_o'\} = \{\boldsymbol{P}_o\} - [\boldsymbol{k}_{oi}][\boldsymbol{k}_{ii}]^{-1}\{\boldsymbol{P}_i\} \tag{1.382}$$

则(1.380)式可写成

$$[\boldsymbol{k}_o']\{\boldsymbol{u}_o\} = \{\boldsymbol{P}_o'\} \tag{1.383}$$

这样，在消掉了子结构内部节点自由度$\{\boldsymbol{u}_i\}$之后，对应于子结构出口节点自由度$\{\boldsymbol{u}_o\}$的刚度矩阵$[\boldsymbol{k}_o']$与载荷向量$\{\boldsymbol{P}_o'\}$都生成了，(1.381)式与(1.382)式分别称为子结构凝聚后的出口刚度矩阵和出口载荷向量，可以用它们组成总刚度矩阵和总载荷向量。可以看出，$[\boldsymbol{k}_o']$是已知的，而$\{\boldsymbol{P}_o'\}$由于含有$\{\boldsymbol{P}_o\}$因而是未知的，但 SB1、SB3 对 SB2 的作用力$\{\boldsymbol{P}_o\}$作用在 SB2 的出口点上，而与$\{\boldsymbol{P}_o\}$大小相等、方向相反的作用力分别作用在 SB1 与 SB3 的出口点上，在载荷组装时这些力将自动消失，因此实际上可不考虑这些力。

由子结构拼装后得到的结构刚度矩阵的阶次，将比常规有限元法大为降低，例如在本例题中，只有 A、B、C、D 4 个节点的位移是未知数，其他未知数已作为子结构的内部节点位移，在子结构出口刚度矩阵凝聚时被消掉了。然而在求出 A、B、C、D 各点的位移后，还要对各子结构分别利用(1.379)式求出它们内部节点的位移。因此，子结构分析方法可以理解为分阶段消元，分阶段求解。

常规的子结构分析方法只划分二级子结构，也就是说，把整个计算结构划分成许多子结构，这些子结构可以是相同的，也可以是不同的，它们都是平级的，相互间不存在隶属关系。计算时通过对每个子结构逐个凝聚，拼装成这些子结构的上一级子结构的刚度矩阵，然后求解。这种子结构分析方法称为多支的子结构分析方法，虽然也能提高建模和计算的效率，但还不能充分发挥子结构技术的优势。

多层多支子结构分析方法是把计算结构分成多个层次，每个层次再分成多个子结构进行消元与求解，因此计算效率比单层的子结构分析方法要提高许多。

多层多支子结构分析方法的求解思路与单层子结构方法十分类似，只是它利用了子结构模式的概念。所谓子结构模式是相应于这个子结构的一种结构模型，类似于有限单元的一种大的结构模型。子结构模式可以像有限单元一样调来组成结构。如果调用某些子结构模式组成新的子结构模式，这就是多层子结构。例如图 1.13 的曲轴，调用 SB1、SB2、SB3 三个子结构模式各一次，可以生成半单拐；调用半单拐两次，可以生成单拐；调用单拐四次，可以生成半根曲轴；再调用半曲轴两次和 SB4、SB5 各一次，就最终生成了整个曲轴。所以整个结构可以看成是最高一级的子结构模式。一个大型结构的分析问题可以化成一系列不同层次上的子结构模式分析。

1.3.2 子结构模式和超级单元

为了叙述清楚起见，有必要给出子结构模式的定义。子结构模式是具有确定的几何形状、确定的结构拓扑以及确定的出口条件（出口节点及其自由度情况），而刚度可按任意比例（甚至负比例）变化的结构模型。确定的几何形状系指它的形状和大小是确定的，不像有限元法中的单元那样，只要具备某种单元的基本特征，形状与大小可以是任意的，例如不同长度、不同断面形状的梁都属于同一种单元类型，不同形状、不同大小的平面三角形单元也属于同一种单元类型。确定的结构拓扑，指它的内部单元划分、联接方式以及相互位置等必须是确定不变的。确定的出口条件，指它的出口节点及其自由度的数目和位置都是确定不变的。刚度可按任意比例变化，主要是为了增加子结构模式被调用的机会，例如两个形状、大小都相同，划分成相同网格的、由膜构成的结构模型，如果出口条件相同，但厚度不同，可以用同一个子结构模式来描述。当然，这里所说的做法只适用于对子结构模式中所有刚度都具有相同比例因子的情况，如一个包含梁单元的子结构模式就不能利用按某个比例因子改变刚度的办法去模拟另一个包含梁单元的结构模型，因为梁的轴向刚度 EF、抗弯刚度 EJ_y 和 EJ_z 以及抗扭刚度 GJ_d 等，随着断面几何形状的变化而产生的变化并不相同。

当一个子结构模式被调用来组成新的子结构模式，则称被调用的子结构模式为一个超级单元。例如，图 1.13 中单拐是一个子结构模式，单拐被调用了四次形成半根曲轴，就是四个超级单元参加了半根曲轴的拼装。这四个超级单元都有同一个子结构模式编号，但具有不同的超级单元号，就如同四个梁单元一样。由此看来，定义一个子结构模式，就类似于增加一个单元类型，对子结构模式调用一次相当于增加一个超级单元。之所以称作超级单元，是因为代表它的子结构模式是根据需要人为定义出来的，不同于梁、杆、膜、板、块等单元已事先存在程序的单元库里。与超级单元的称谓相对应，常规有限元法中的单元在子结构分析中被称为基本单元。

一个结构(最高级子结构模式)可以由若干个超级单元和基本单元构成，而代表超级单元的子结构模式，也可以由若干个由较低级子结构模式代表的超级单元和基本单元构成，而最低一级的子结构模式则只能由基本单元构成。只由基本单元构成的子结构模式称为基本子结构模式。下面的图表可以表示多层子结构的调用关系。

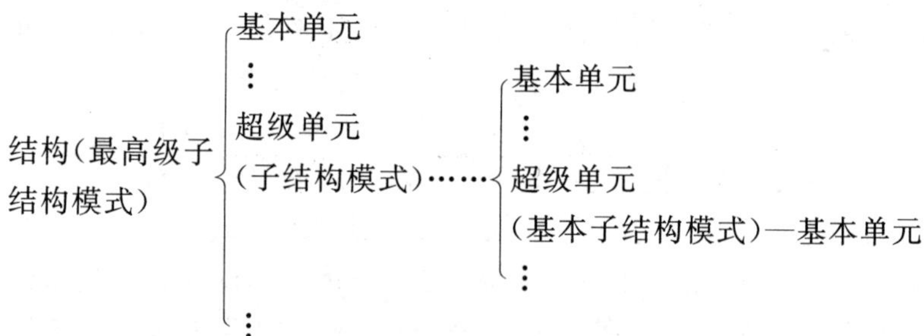

每一层次可以同时具有基本单元和超级单元，也可以只有某一种。

1.3.3　结构构成树

前面已经提到，一个子结构模式可以多次被调用，于是若干个超级单元将有同样的子结构模式编号。为了将它们区别开来，要把这些超级单元予以编号，就像给基本单元编号一样。然而，对超级单元的调用可以是多层的，在不同层次对超级单元都要编号，这些超级单元所在的子结构模式可以是不同的，它们在空间的位置也不同，为了正确而方便地对超级单元进行管理，这里引入结构构成树的概念。仍以图 1.13 中的曲轴为例。SB1、SB2、SB3 都是基本子结构模式，两个端部轴段 SB4 和 SB5 也都是基本子结构模式；由 SB1、SB2 和 SB3 构成的半单拐，定义为 SB6，不是基本子结构模式；由两个半单拐构成的单拐，定义为 SB7，自然也不是基本子结构模式，它调用两次 SB6，分别放在不同的位置，也就是说，单拐调用两个由 SB6 定义的超级单元而生成;半根曲轴定义为 SB8,调用四次由 SB7 定义的超级单元就可生成;再调用两次由 SB8 定义的超级单元,就生成 SB9;整个曲轴就是最高级子结构模式 SB10,它调用 SB4、SB5 与 SB9 各一次便可生成。

上述调用关系可用图 1.15 中所示的结构构成树来表示。SB10 调用 SB4、SB5 和 SB9 各一次,SB9 又调用 SB8 两次,SB8 调用 SB7 四次,SB7 又调用 SB6 两次,SB6 调用 SB1、SB2 和 SB3 各一次,这样,构成整个结构的所有超级单元都可以在结构树里找到自己的位置。

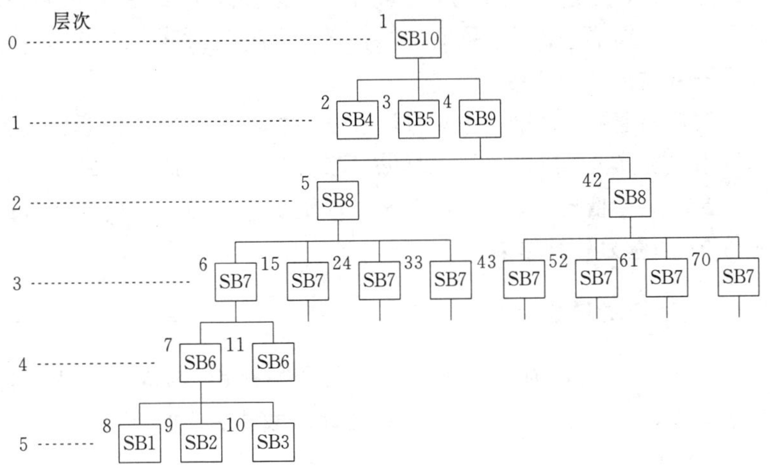

图 1.15　结构构成树

结构构成树包括两部分要素:节点和连线。图中每个框表示一个节点,也就是一个超级单元,称之为成员。所有成员需按一定的规则编号,即成员号,在图 1.15 中成员号标志在方框外面。各方框之间的连线表示成员间的调用关系。连线是有方向的,这方向就是调用关系,即只允许上级成员调用下级成员,不允许反向调用。

结构树是分层的。结构整体(SB10)处在最高一层,没有别的成员调用它,这个节点定义为树根节点,它处在第 0 层。SB10 有 3 条连线,按自左至右的次序分别指向 SB4、SB5 和 SB9 三个节点,这 3 个节点处在 SB10 的下一层,称为第 1 层。同理,SB9 向下有两条连线分别指向两个 SB8，这两个 SB8 的节点称为第 2 层。每个 SB8 向下都有四条连线分别指向四个 SB7，这八个 SB7 的节点称为第 3 层。每个 SB7 向下都有两条连线分别指向两个 SB6，这 16 个 SB6 的节点称为第 4 层。最后，每个 SB6 向下都有三条连线分别指向 SB1、SB2 和 SB3，这代表 SB1、SB2 和 SB3 的 48 个节点称为第 5 层。向下没有连线的节点称为树梢节点，树梢成员一定是由基本子结构模式定义的超级单元。

结构构成树成员的编号规则如下。树根是 1 号成员；从树根往下按分枝(即连线)逐个给成员编号，先编第 1 分枝各成员号，一直编到树梢，然后再编第 2 分枝各成员，依此类推，一直到最后。图 1.13 所示的曲轴各成员编号详见图 1.15。

结构树对直观了解结构的构成，各子结构相互之间的关系以及查阅计算结果是非常有用的，例如，如果想了解图 1.12 中所示曲轴第 6 个单拐右半拐的应力情况，首先要查出这个成员的编号是 57，然后就可以查看成员 57 的应力计算结果。

1.3.4 载荷模式和载荷工况

一个结构在工作时要受到各种外载荷的作用，结构分析往往要找出几个典型载荷进行分析，以确定结构的承载能力。以图 1.16 所示的

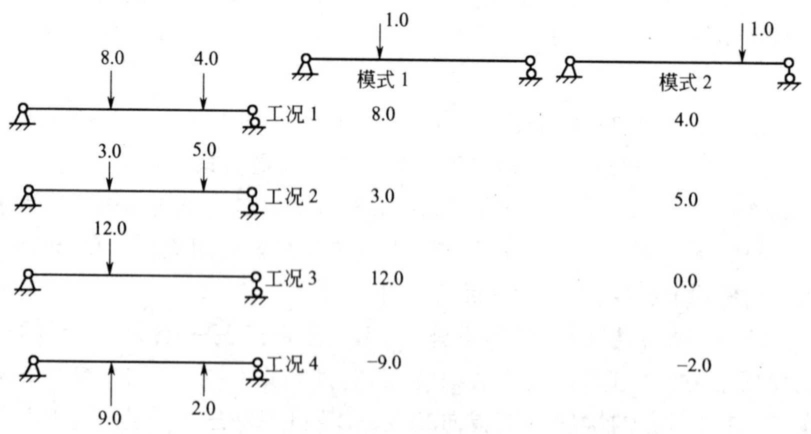

图 1.16 载荷模式和载荷工况

梁为例，假设要计算该梁在图中左侧所示的4种载荷作用下的应力。经过分析可以发现，这4种载荷可以由2种更基本的载荷线性组合来表示，例如右图2种载荷。现在引入载荷模式的概念。所谓载荷模式指的是一种载荷模型，它只有在被调用时才成为真正的载荷，才能施加到结构上去。图1.16中的简支梁要计算左侧图中所示的4种情况，即4种载荷工况，这4种载荷工况可由右侧图中所示的模式1和模式2两个载荷模式的不同的线性组合来表示。这就是载荷模式和载荷工况的基本概念。

在多层子结构分析中，结构是由子结构模式表示的，每定义一个子结构模式，就相应地在这个子结构模式上定义了载荷。在这里仍然应用载荷模式和载荷工况的概念，但不同的是载荷模式和载荷工况是在子结构模式上定义的，只有对最高级子结构模式(即结构本身)，其载荷工况是真实的结构载荷工况，而其他各级子结构模式的载荷工况对更高级的子结构模式而言，只是被调用的载荷模式。

由于一个子结构模式可以由一部分基本单元和一部分超级单元组成，因此它的载荷也由两部分构成，一部分是基本单元带进来的，另一部分则是超级单元带进来的。基本单元带进来的载荷可组成LDMDL个载荷基模式。假设要讨论的子结构模式号是ISB，而ISB号子结构模式调用的超级单元所对应的子结构模式号是ISU，在定义ISB的载荷模式时，ISU已被定义过，也就是说，ISU是较ISB级别为低的子结构模式，ISU号子结构模式的ICASE(ISU)个工况(载荷模式)已经形成。ISB子结构模式的工况数(载荷模式数)为ICASE(ISB)，它可以分别调用基本单元带进来的LDMDL个载荷基模式以及ISU子结构模式的ICASE(ISU)个工况(载荷模式)一起组成ISB的载荷模式。

与结构构成树相类似，多层子结构分析的载荷构成也可写成类似的调用关系：

```
            ┌载荷基模式
  结构工况 ─┤超元所在子结构 ┌载荷基模式
            └模式的载荷工况─┤超元所在子结构
                            └模式的载荷工况……载荷基模式
```

1.3.5 关于超级单元的调用

利用结构多层次的拼装建立整个结构的计算模型，是多层子结构分析的主要特点，因此，除了最高级子结构模式外，任何一个子结构模式都可能作为超级单元被相对较高级的子结构模式调用。超级单元调用有几何调用、刚度调用和载荷调用三种，下面分别叙述之。

为了叙述方便起见，以下一律以 ISU 表示层次较低的子结构模式号，以 ISB 表示层次较高的子结构模式号，也就是说，ISU＜ISB，ISU 号子结构模式可以作为超级单元被 ISB 号子结构模式调用。

1. 超级单元的几何调用

超级单元在第 ISB 号子结构模式中的几何位置，可以根据超级单元的坐标系 $o'x'y'z'$（即其相应子结构模式的全局坐标系）与 ISB 号子结构模式的全局坐标系 $oxyz$ 的相对关系确定。从 $oxyz$ 坐标系开始，一般说，经过旋转和平移两个独立的坐标变换，总可以得到 $o'x'y'z'$ 坐标系。

坐标旋转可以用全局坐标系的三个欧拉(Euler)角——进动角 ψ、章动角 θ 和自旋角 φ 来实现，坐标平移可以用坐标系 $o'x'y'z'$ 的原点 o' 在坐标系 $oxyz$ 中的三个坐标值 u_0、v_0、w_0 来描述，也就是说，坐标变换时子结构模式的全局坐标系 $oxyz$ 是不动的，被调用超元对应的 ISU 号子结构模式的坐标系 $o'x'y'z'$ 从 $oxyz$ 坐标系的位置出发，经过旋转和平移，达到该超级单元在 ISB 号子结构模式中的位置。因此，用 u_0、v_0、w_0、ψ、θ、φ 六个量就可以实现对超级单元的几何调用。

现以图 1.17 中所示的结构为例，说明怎样通过旋转变换，实现对超级单元的几何调用。

图 1.17(b)所示的结构具有 xoz 与 yoz 两个对称面。该结构位于第一象限的部分定义为子结构模式 SB1，如图 1.17(a)所示，且 $x=0.0$ 与 $y=0.0$ 两个坐标平面内的节点被说明为出口节点。图 1.17(b)所示结构本身定义为子结构模式 SB2，SB2 可由调用 SB1 四次得到的四个超级单元拼装而成。对各超级单元的几何调用数据见表 1.1，旋转变换后各超级单元坐标系 $o'x'y'z'$ 与子结构模式 SB2 全局坐标系 $oxyz$ 的关系示于图 1.17(c)。

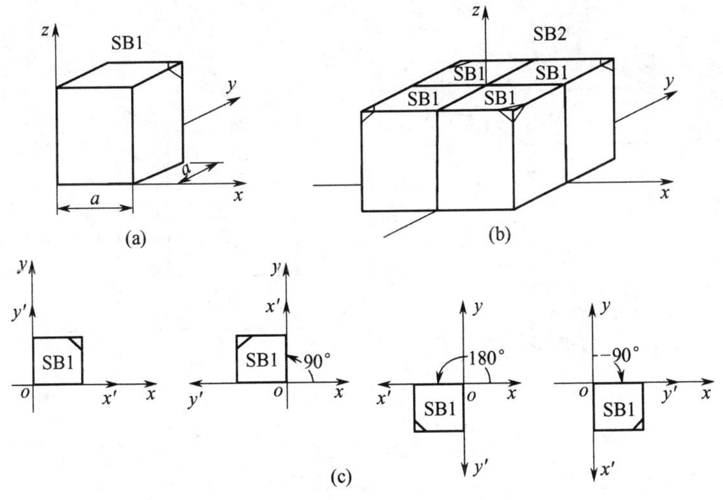

图 1.17 超级单元的旋转变换

表 1.1 图 1.17 所示结构的几何调用数据

ISU	u_0	v_0	w_0	ψ	θ	φ
1	0.0	0.0	0.0	0.0	0.0	0.0
1	0.0	0.0	0.0	90.0	0.0	0.0
1	0.0	0.0	0.0	180.0	0.0	0.0
1	0.0	0.0	0.0	−90.0	0.0	0.0

下面以图 1.18 中所示结构为例,说明如何通过坐标平移实现超级单元几何调用的方法。

在图 1.18 所示的四层结构中,下面两层相同,都定义为 SB1,如图 1.18(a)所示,且 $z=0.0$ 与 $z=3.8$ 两个水平面内的节点应被说明为出口节点。上面两层相同的结构定义为子结构模式 SB2,如图 1.18(b)所示,且 $z=0.0$ 与 $z=2.8$ 两个水平面内的节点应被说明为出口节点。图 1.18(c)所示结构定义为子结构模式 SB3,它分别调用 SB1 和 SB2 各两次,得到四个超级单元后再装配而成。对各超级单元的几何调用数据见表 1.2。平移变换后各超级单元坐标系 $o'x'y'z'$ 与子结构模式 SB3 全局坐标系 $oxyz$ 的关系见图 1.18(d)。

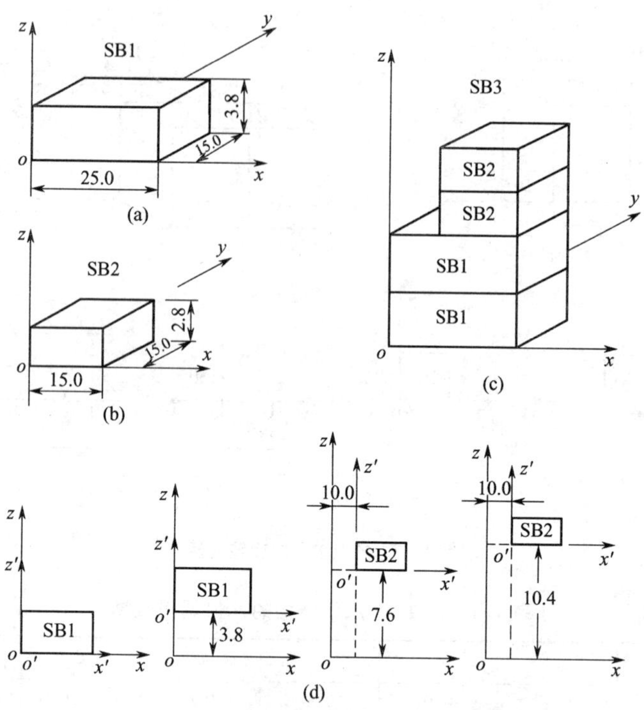

图 1.18　超级单元的平移变换

表 1.2　图 1.18 所示结构的几何调用数据

ISU	u_0	v_0	w_0	ψ	θ	φ
1	0.0	0.0	0.0	0.0	0.0	0.0
1	0.0	0.0	3.8	0.0	0.0	0.0
2	10.0	0.0	7.6	0.0	0.0	0.0
2	10.0	0.0	10.4	0.0	0.0	0.0

调用同一个子结构模式，通过坐标的旋转和平移，一般说能得到处于任意位置和方向的一个超级单元，但镜面对称除外，也就是说，无论采取什么样的几何调用办法也无法得到与被调用子结构模式镜面对称的超级单元。因此，为了实现子结构模式的任意的几何调用，除了旋转和平移外，计算程序还必须具有第三种功能，即允许被调用的超级单元相对第ISB号子结构模式的全局坐标系某一坐标平面（例如 yoz 平面）作镜射变

换。这一变换实际上是把镜射变换后的超级单元坐标系换成左手系(图 1.19 中的 $o''x''y''z''$)。

为了不增加实现超级单元几何调用的数据，镜射变换可以通过对旋转与平移 6 个几何调用数据中的某一个的特殊规定来实现，例如，令旋转变换的 3 个欧拉角中的自旋角 φ 改为 φ'，且有

$$\varphi' = \begin{cases} \varphi + 360.0n & (\varphi \geqslant 0 \text{ 时}), \\ \varphi - 360.0n & (\varphi < 0 \text{ 时}), \end{cases} \quad n = 0 \text{ 或 } 1 \tag{1.384}$$

当 $n=0$ 时，$|\varphi'|<360°$，表示超级单元调用时没有镜射变换；当 $n=1$ 时，$|\varphi'|\geqslant 360°$，表示超级单元调用时有镜射变换。

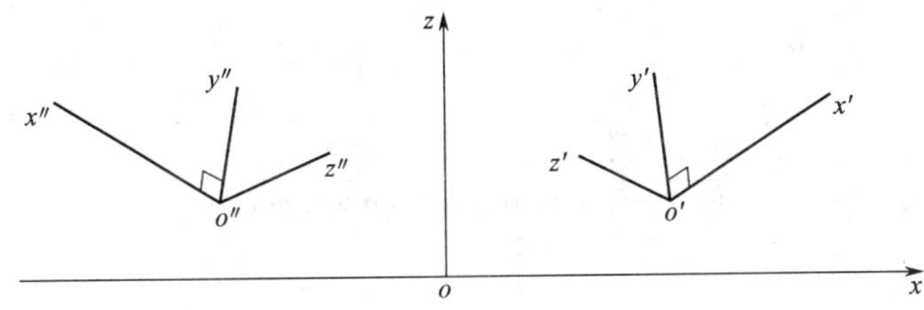

图 1.19 超级单元的镜射变换

当联合使用旋转、镜射和平移三种变换以实现对超级单元的几何调用时，三种变换执行的次序不同，可能使同样的几何调用数据产生不同的超级单元拼装结果，也就是说，可能得到不同的超级单元空间位置。下面以图 1.20 所示的子结构模式为例说明这个问题。

设图 1.20 中的子结构模式要做旋转和平移两种变换以实现超级单元的几何调用，其几何调用数据为：$u_0=4.0$，$v_0=5.0$，$w_0=0.0$，$\psi=180.0$，$\theta=0.0$，$\varphi'=0.0$。变换前超级单元位于位置①，图 1.20(a)为先平移后旋转的情况，位置②是平移后的临时位置，最后位置③位于第三象限。图 1.20(b)为先旋转后平移的情况，位置②是旋转后的临时位置，最后位置③位于第一象限。可见两种变换执行次序不同，就得到两种完全不同的结果。

为了保证超级单元几何调用结果的唯一性，计算程序必须对 3 种变换执行的次序有明确的规定。例如，JIGFEX 程序规定的执行次序是

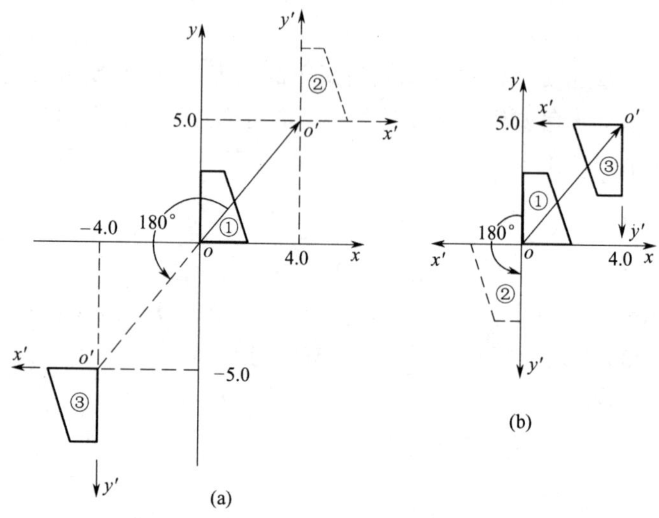

图 1.20　子结构模式变换次序不同的情况

(1)旋转变换;

(2)镜射变换;

(3)平移变换。

按照这种变换次序,图 1.20(b)所示的变换情况与所给的几何调用数据是一致的。而与图 1.20(a)所示情况相对应的几何调用数据为:$u_0=-4.0$,$v_0=-5.0$,$w_0=0.0$,$\psi=180.0$,$\theta=0.0$,$\varphi'=0.0$。

下面再举一个多种变换联合使用的例子。图 1.21 所示为一正方形箱形结构立柱,取其一个侧面部分定义为子结构模式 SB1,如图 1.21(a)所示。为了说明超级单元可以通过不同的几何调用数据获得,这里有意不作最有利的选择,并且假设在 SB1 中,位于 $y=0.0$ 与 $y=4.0$ 两个平面内的节点均已被说明为出口点。图 1.21(b)所示结构定义为子结构模式 SB2,它可由调用 SB1 四次得到的 4 个超级单元组成。在这个例子中,对每一个超级单元的几何调用都包括了旋转和平移两种变换。对各超级单元几何调用的数据列于表 1.3。在对第 3 和第 4 两个超级单元的几何调用中,超级单元在 SB2 号子结构模式的全局坐标系中作空间运动的过程,见图 1.21(c)与图 1.21(d)。

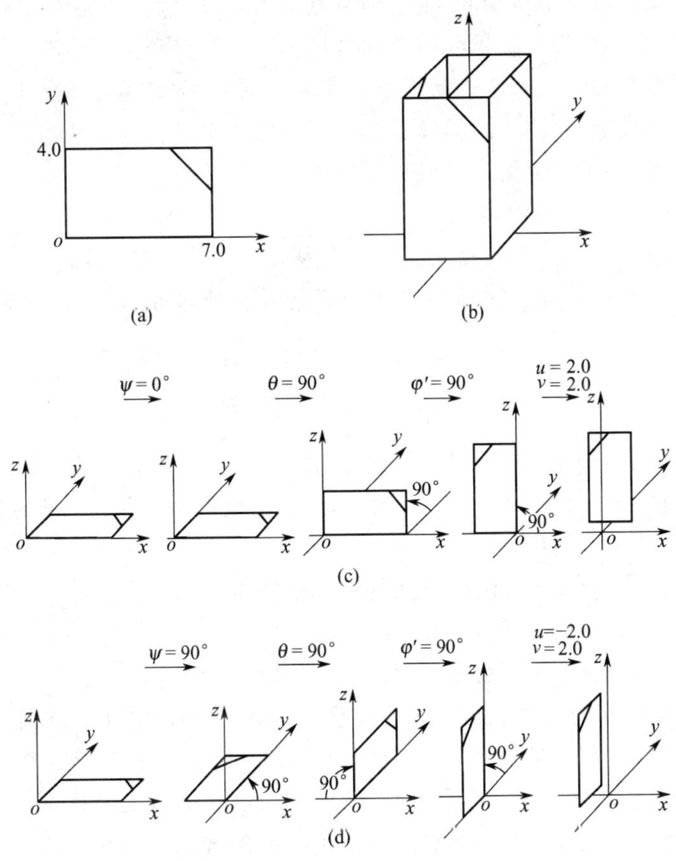

图 1.21　结构由超级单元拼装的过程

表 1.3　图 1.21 所示结构的几何调用数据

ISU	u_0	v_0	w_0	ψ	θ	φ
1	−2.0	−2.0	0.0	180.0	90.0	90.0
1	2.0	−2.0	0.0	−90.0	90.0	90.0
1	2.0	2.0	0.0	0.0	90.0	90.0
1	−2.0	2.0	0.0	90.0	90.0	90.0

需要指出，一个子结构模式，一般说，可包含基本单元和超级单元。基本单元的节点称为自身节点。这就是说，一个子结构模式可能具有自身节点和超级单元带入的节点。如果超级单元带入节点的三个坐标与子

结构模式的自身节点相同，则这个节点称为重复节点，其编号与相应的自身节点相同；如果超级单元节点的坐标与所有的自身节点均不相同，则该节点称为新增节点。所有新增节点都要另外编号，然后在减小带宽的节点优序基础上，将该子结构模式的内部节点和出口节点分开，分别生成刚度矩阵，这些工作都由计算机自动完成。

2. 超级单元的刚度调用

子结构模式总可由基本单元和超级单元拼装而成，因此子结构模式的总刚度矩阵也可由这两种组成单元的单元刚度矩阵对号入座拼装组成，即

$$[R]=[R_0]+\sum_{i=1}^{ISON}PROP_i[R_i] \tag{1.385}$$

式中　$[R]$——子结构模式的总刚度矩阵；

$[R_o]$——由全部基本单元的单元刚度矩阵拼装而成的总刚度矩阵；

$[R_i]$——第 i 号超级单元的单元刚度矩阵；

$ISON$——超级单元个数；

$PROP_i$　第 i 号超级单元的刚度系数。

超级单元的刚度调用，就是指确定被调用的超级单元的刚度系数 $PROP$ 的大小。在绝大多数情况下 $PROP=1$，这时刚度调用没有意义。但有时几个超级单元虽然出口刚度矩阵不同，可是彼此之间只差一个常系数(例如，弹性模量 E 不同，或者，由膜元组成的超级单元厚度不同)。这时可以把这几个超级单元看成是由同一个子结构模式构成的，而在超级单元调用时，分别选择各自不同的刚度调用系数 $PROP$，这样可以减少重复计算的工作量。

此外，利用超级单元的刚度调用，可以增加子结构模式作为超级单元拼装结构的灵活性，方便结构建模。例如，利用子结构"相加"的概念，可以为一块开孔的板"补孔"，如图 1.22(a)所示；同时，利用子结构"相减"的概念，可以为一块无孔的板"开孔"，如图 1.22(b)所示。当然，无论是"补孔"还是"开孔"，实质上都是超级单元的调用拼装，拼装节点都应是出口节点。只是"补孔"时，两个超级单元的刚度调用系数 $PROP$ 均应是正值；而"开孔"时，两个超级单元的刚度调用系数 $PROP$ 绝对值相等，符号

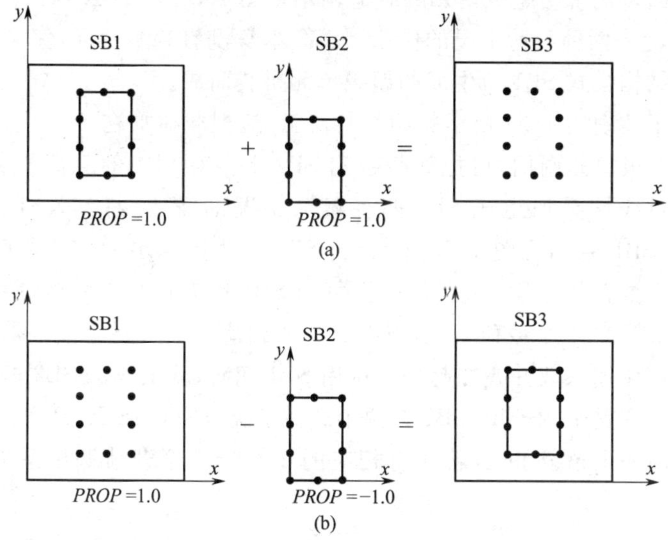

图 1.22 子结构的“相加”和“相减”

相反，而且描述“孔”的超级单元的刚度调用系数应是负值。

3. 超级单元的载荷调用

设在第 ISB 号子结构模式中，将第 ISU 号子结构模式作为超级单元进行调用(当然，ISU<ISB)。第 ISU 号子结构模式有 ICASE(ISU)种载荷工况，当它作为超级单元被调用时，这 ICASE(ISU)种载荷工况就是 ISB 号子结构模式中 ICASE(ISU)种载荷模式。在 ISU 号子结构模式作超级单元几何调用的同时，作用在其上的 ICASE(ISU)种载荷模式，也将随之作相应的旋转、镜射和平移变换。超级单元的 ICASE(ISU)种载荷模式需要这样设计，使得在各个超级单元与基本单元一起在结构上拼装第 ISB 号子结构模式的同时，这些超级单元的各种载荷模式乘上它们被调用时相应的载荷调用系数、线性叠加后，得到 ISB 号子结构模式中的 ICASE(ISB)种载荷工况。因此，每个超级单元在被调用时都要有载荷调用系数矩阵[α_{ISU}]。[α_{ISU}]矩阵的行数等于 ISB 号子结构模式的载荷工况数 ICASE(ISB)，列数等于这超级单元的载荷模式数 ICASE(ISU)。把[α_{ISU}]矩阵中的全部元素按行排列起来，就组成了第 ISB 号子结构模式对该超级单元的载荷调用数据。

下面举例说明超级单元的载荷调用。图 1.23(a)表示一个子结构模式 SB2 受有两种载荷工况的作用。SB2 本身没有基本单元，完全由四次调用子结构模式 SB1 所生成的超级单元拼装而成。

为了实现图 1.23 所示的两种载荷工况，把载荷加在 SB1 上，通过对 SB1 的超级单元调用，再把载荷带到 SB2 上。对 SB1 的载荷工况个数，根据经过线性叠加组成 SB2 两种载荷工况的需要，将其设计为 3，即 ICASE(SB1)＝3，见图 1.23(b)。当 SB1 作为超级单元被调用时，其载荷模式个数自然也是 3，也就是说，每当 SB1 作为超级单元被调用 1 次，相应于 SB2 的 1 个载荷工况，SB1 的 3 个载荷模式就要分别各乘 1 个相应的载荷调用系数并叠加起来。调用 SB1 四次，就生成了 SB2 的一个载荷工况。在这个例子里，SB2 有两个载荷工况，即 ICASE(SB2)＝2，因而 SB1 作为一个超级单元，就要有相应的 2×3＝6 个载荷调用系数。SB1

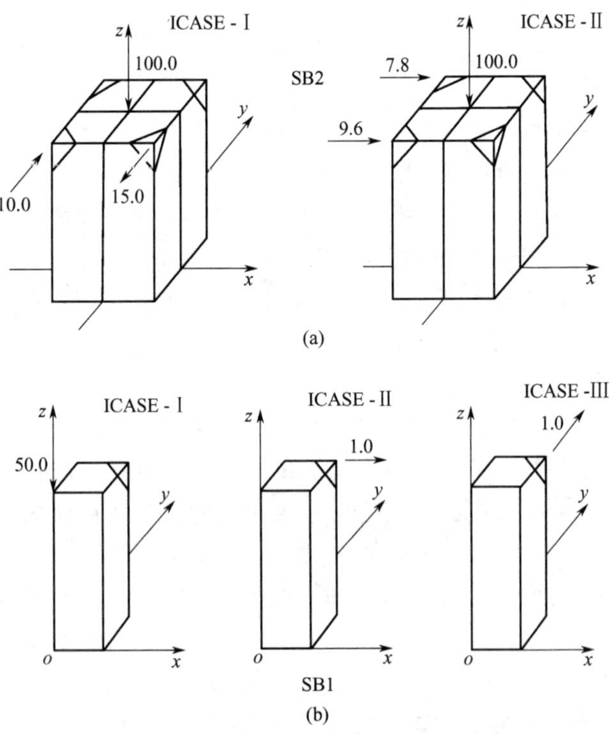

图 1.23　超级单元的载荷调用

作为超级单元将被调用 4 次，相应地就要有 4 组载荷调用数据(每组均为 6 个)。

图 1.24 为图 1.23 所示结构由四个超级单元拼装时的全部几何调用、刚度调用和载荷调用数据。

	超级单元 1	超级单元 2	超级单元 3	超级单元 4
工况一	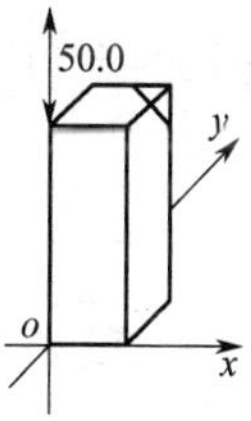 50.0	50.0	10.0	15.0
工况二	25.0	7.8 25.0	9.6 25.0	25.0
几何调用数据	0.0 0.0 0.0 0.0 0.0 0.0	0.0 0.0 0.0 90.0 0.0 0.0	0.0 0.0 0.0 180.0 0.0 0.0	0.0 0.0 0.0 −90.0 0.0 0.0
刚度调用数据	1.0	1.0	1.0	1.0
载何调用数据	1.0 0.0 0.0 0.5 0.0 0.0	1.0 0.0 0.0 0.5 0.0 −7.8	0.0 0.0 −10.0 0.5 −9.6 0.0	0.0 15.0 0.0 0.5 0.0 0.0

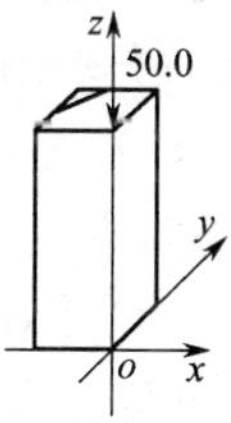

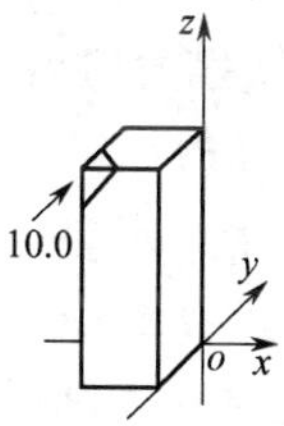

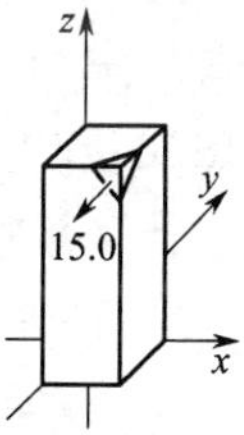

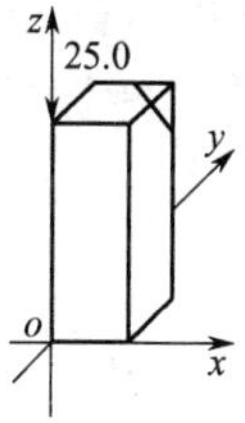

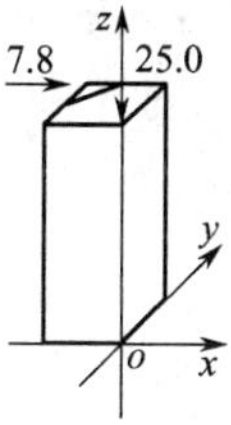

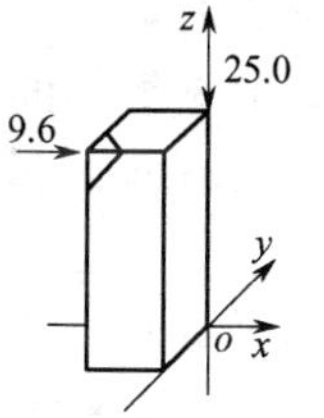

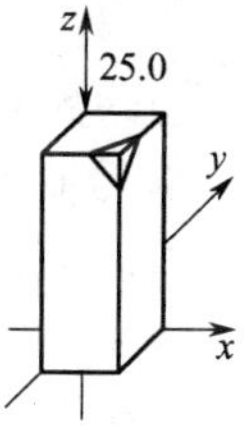

图 1.24 超级单元的几何、刚度与载荷调用

需要指出，在超级单元的描述数据之前，必须输入两个引导数据，以便使计算机识别随后的数据。这两个引导数据是这一子结构模式调用的超级单元个数 ISON 和这一子结构模式的载荷工况数 ICASE(ICASE 是两用的，对超级单元和基本单元同样有效)。在 ISON 和 ICASE 之后是各超级单元的描述数据——几何调用数据、刚度调用数据和载荷调用数据，再以后则是这个子结构模式的自身节点和基本单元的描述数据。

4. 超级单元出口节点的拼接问题

一般的子结构模式中有两类节点，一类是自身节点，另一类是超级单元带入的节点，它们的位移特性分别由这个子结构模式和与被调用超级单元相对应的子结构模式中有关位移特性的数据描述。这是节点序列形成前的情况。

在节点序列形成的过程中，与该子结构模式有关的所有节点，按照自身节点、第 1 个超级单元的出口节点、第 2 个超级单元的出口节点、……第 ISON 个超级单元的出口节点的先后次序，逐个进入节点序列。这时每一个节点都有一个已知的位移特性数据，而由各超级单元出口节点带入的位移特性数据所参照的坐标系，已经随着对超级单元的几何调用相应地做了旋转和镜射变换(平移变换对坐标系没有影响)。

在节点序列形成后，由超级单元带入的节点可分成两类:新增节点和与子结构模式自身节点重复的节点。对于前者，其位移特性可以沿用由超级单元带入的位移特性数据来描述;而对于后者的位移特性如何确定，将在下面详细讨论。

节点序列中的重复节点，实际上就是各超级单元与第 ISB 号子结构模式的拼装节点。当一个节点进入节点序列，作为序列的后入节点与对应的序列中那个已有节点拼接之前，实际上是两个节点，它们各自带入一个已知的位移特性数据。并且，在一般的情况下，这两个节点的位移特性数据是不同的，它们所参照的坐标系也可能是不同的。但是当这个后入节点与已有节点拼接成为一个节点后，作为序列中的这个重复节点，在逻辑上只能有一个位移特性数据，参照一个坐标系。将这个拼接节点的两个位移特性数据协调成为一个特性数据的原则，就是节点拼接时位移特性的相容性要求。

由于一个节点的位移特性数据包括了两种信息，即该节点位移描述所参照的坐标系序号和六个位移方向上的位移特性，所以处理拼接节点位移特性的相容关系也分两步进行。

一般说，一个子结构模式可能具有一个以上的坐标系，因为除了全局坐标系之外，对有些节点，为了描述其位移特性方便起见，采用不同的坐标系，即相对坐标系。因此协调两个拼接节点位移特性数据工作的第一步，是将拼接的两个节点的位移特性数据参照同一个坐标系描述，并且将这个坐标系作为拼接后该节点位移特性数据的参照坐标系。

节点的位移按其特性共有五种：独立位移，几何可动位移（对应变能没有贡献的位移），相关位移，零位移，指定位移。这五种位移又可分为约束位移和非约束位移两类，相关位移、零位移和指定位移属于约束位移，独立位移和几何可动位移属于非约束位移。含有约束位移的节点位移特性数据所参照的坐标系是不能变的，因为约束位移只有在特定的方向上才能说明清楚，而只含有非约束位移的节点位移特性数据，不难参照不同的坐标系进行描述。因此，对拼接节点位移特性数据所参照的坐标系，应按下列原则确定：

(1)若已有节点和后入节点的位移特性数据中均不含有约束位移，则以已有节点的坐标系作为拼接后节点的坐标系；

(2)若已有节点和后入节点的两个位移特性数据中，一个含有约束位移，另一个不含有约束位移，则以含有约束位移的那个位移特性数据所参照的坐标系作为拼接后节点的坐标系；

(3)若已有节点和后入节点的两个位移特性数据中，均含有约束位移，但它们所参照的坐标系指向相同，这实际上就是一个坐标系，不存在选择拼接后节点的坐标系的问题；

(4)若已有节点和后入节点的两个位移特性数据中均含有约束位移，并且它们参照的两个坐标系指向又不相同，这是一种特殊情况，应该设法避免。

第二步，将拼接的两个节点的位移特性数据放在一起，参照同一个坐标系，按照 6 个位移方向，逐个考察两个在同一方向上位移特性的相容性。

各种位移特性之间的相容关系有如下规律：

(1)两个相同类型位移的结合是相容的，结合后的位移类型不变；

(2)约束位移和非约束位移的结合是相容的，结合后是约束位移；

(3)在非约束位移中，独立位移与几何可动位移的结合是相容的，结合后是独立位移；

(4)在约束位移中，相关位移、零位移与指定位移的相互结合都是不相容的，应该避免；

(5)相关位移与相关位移结合时，相容的条件是同时还要求它们服从同一个主节点；

(6)指定位移与指定位移结合时，相容的条件是同时还要求相应的指定位移值在大小和方向上都相同。

令 0 表示几何可动位移，1 表示独立位移，2 表示相关位移，3 表示零位移，4 表示指定位移。各种类型位移特性之间的相容性参见表 1.4。

表 1.4　各种类型位移特性之间的相容性

<table>
<tr><th colspan="2" rowspan="2">后入节点
位移特性的相容性
已有节点</th><th colspan="2">非约束位移</th><th colspan="3">约束位移</th></tr>
<tr><th>0</th><th>1</th><th>2</th><th>3</th><th>4</th></tr>
<tr><td rowspan="2">非约束位移</td><td>0</td><td>0</td><td>1</td><td>2</td><td>3</td><td>4</td></tr>
<tr><td>1</td><td>1</td><td>1</td><td>2</td><td>3</td><td>4</td></tr>
<tr><td rowspan="3">约束位移</td><td>2</td><td>2</td><td>2</td><td>2*</td><td>不相容</td><td>不相容</td></tr>
<tr><td>3</td><td>3</td><td>3</td><td>不相容</td><td>3</td><td>不相容</td></tr>
<tr><td>4</td><td>4</td><td>4</td><td>不相容</td><td>不相容</td><td>4**</td></tr>
</table>

* 要求已有节点和后入节点均服从同一个主节点。

** 要求已有节点和后入节点相应的指定位移值大小和方向都相同。

2　柴油机运动件的分析[18][19][20][21]

柴油机运动件通常指的是曲轴、连杆和活塞，是柴油机的主要受力构件。

2.1　曲轴的分析

曲轴作为柴油机的脊梁骨，其重要性是毋庸置疑的。首先，活塞的往复运动通过连杆转变为曲轴的旋转运动，从而输出柴油机的功率。另外，曲轴还直接或间接地驱动配气机构、燃油泵、润滑油泵和水泵等部件，带动柴油机上大多数零部件的工作，因此曲轴的强度对柴油机来说是至关重要的。柴油机的长期运用实践表明，曲轴上经常产生的强度问题有两类：第一类是扭转振动引起的主轴颈强度问题，第二类是连杆轴颈和主轴颈的圆角部位以及曲轴上的润滑油孔（主要是连杆颈上的）附近的应力集中造成的局部应力过高的问题。这是造成曲轴破坏的主要原因，设计时必须予以充分的关注。

由于人们对曲轴扭转振动已经做了比较深入的研究，分析理论、方法和计算程序都已成熟，近年来扭振计算模型更得到了进一步发展，把凸轮轴也包括了进去，形成了整个柴油机轴系的扭振计算体系。对此，这里不再多说。此处只讨论由应力集中引起的第二类曲轴强度问题。

2.1.1　曲轴计算的简支梁模型

在 20 世纪 60 年代以前，由于计算手段的限制，曲轴的强度计算是按简支梁模型进行的，也就是说，用单拐的计算代替整根曲轴的计算。单拐是两端简支的，由作为梁的两个主轴颈、两个曲柄和一个连杆轴颈构成的五梁空间刚架（图 2.1）。作用载荷取自柴油机单缸动力学计算，每隔一定的角度算一次（通常每隔 5°或 10°算一次）。当外载荷不作用在单拐本身平面内时，需将外载荷分解为两个力，一个作用在单拐平面内，另一个与其垂直，分别进行计算，最后将计算结果相叠加。尽管由于重叠度的存在,曲柄的断面系数无法确定,但由于单拐结构是静定的,根据弯矩图仍然可以求出主轴颈和连杆轴颈圆角部位的应力。将求出的应力乘以应力集中系数就得到最后的计算应力。

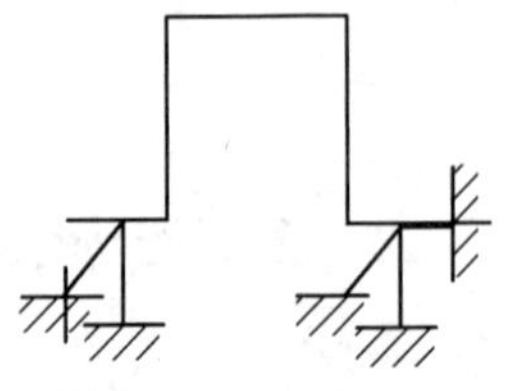

图 2.1 曲轴计算的简支梁模型

曲轴计算的简支梁模型是极其粗糙的。首先,它没有考虑曲轴其他各单拐(特别是相邻单拐)受力后变形的影响;其次,它没有考虑支承的弹性,而曲轴实际上是穿在机体内的;第三,在简支梁模型中主轴颈和连杆轴颈都是用梁模拟的,但它们的跨高比都远远小于 5,特别是主轴颈,跨高比有时甚至小于 0.3,它们的弯曲应力沿梁高根本不按线性规律分布;第四,由于圆角部位的几何形状突变,求最后应力时要乘应力集中系数,这个系数在一般机械设计手册上是查不到的。因此用简支梁模型计算曲轴强度基本上没有什么实用价值。

2.1.2 曲轴计算的连续梁模型和空间刚架模型

随着电子计算机的出现,人们的计算能力有了大幅度的提高。于是在 20 世纪 60、70 年代出现了曲轴计算的连续梁模型,随后又出现了空间刚架模型。这两种模型与简支梁模型相比,主要优点都是考虑了曲轴上其他单拐在外载荷作用下变形的影响,但也有其他的不足之处。

连续梁模型是把整根曲轴简化成一根阶梯直梁来计算,其中连杆轴颈用与其长度相同、刚度相当的一段直梁模拟。尽管连续梁模型能考虑各单拐在外载荷作用下的相互影响,但由于连杆轴颈的当量刚度无法从理论上求得,计算时只好先把要计算的曲轴制造出来,用实测的方法确定其刚度,最后再换算成当量刚度。显然,由于在人力、物力和时间上耗费太多,这个计算方法在工程上没有什么实际意义。

空间刚架模型是多个简支梁模型的组合,也就是把整根曲轴的所有单拐都按简支梁建立模型,并根据实际空间位置将它们连接起来形成空间刚架(图 2.2)。因此这个模型比较接近曲轴的真实结构,计算精度比较高。用空间刚架模型对 16V240ZJ 机车柴油机曲轴的计算结果表明,沿曲轴长度,各连杆轴颈圆角部位的应力分布规律呈 W 形,这与实测结果完全吻合。但这是定性方面。从定量角度看,还有很大误差。

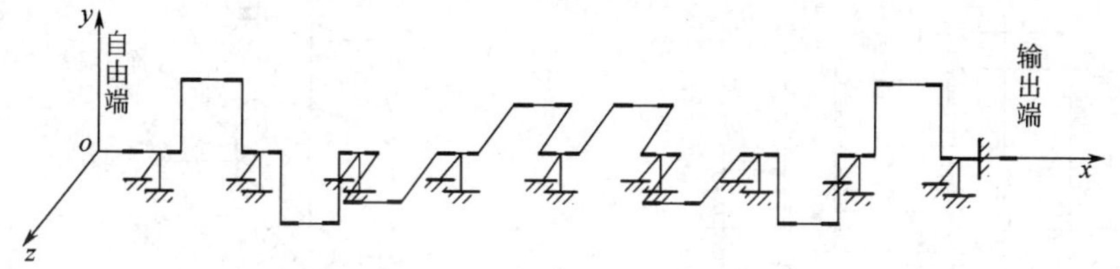

图 2.2 16V240ZJ 柴油机曲轴计算的空间刚架模型

与连续梁模型一样，空间刚架模型也能考虑各单拐的相互影响，但简支梁模型的后三个缺点仍然存在，这只能分别予以解决。下面首先来讨论应力集中系数问题。

2.1.3 曲轴圆角部位应力集中系数的计算[14][15]

前面已经谈到，曲轴的主轴颈和连杆轴颈圆角部位应力梯度很大，是曲轴上最危险的地方之一，在工作中极易产生裂纹。而曲轴的连续梁模型和空间刚架模型都只能求这些圆角部位的名义应力，对那里的应力分布无法算出。在 20 世纪 70、80 年代，计算机的存储量和运行速度还不允许对整根曲轴按三维连续体模型进行分析，于是对单拐按连续体建模作分析，研究圆角部位的应力集中，就成为很自然的事。

考虑到柴油机的爆发压力是使曲轴圆角产生最大应力的主要载荷，为了减小计算工作量，单拐计算首先用的是变厚度二维模型，载荷作用在单拐平面内。计算单元采用 4 节点等参膜元，单元厚度取其 4 个节点厚度的平均值。作用载荷用集中力模拟。

曲轴圆角部位的应力分布，不但在单拐平面内，沿长度方向（由于应力集中）有很大的变化，在横向也有明显的不同。二维单拐模型对这一特点根本反映不出来，因此研究曲轴圆角部位的应力集中必须采用三维模型。

下面以 16V240ZJ 柴油机曲轴为例（图 2.3，图 2.4），叙述如何按三维模型对单拐进行分析。

单拐结构具有两个对称面。计算载荷按单拐试验情况模拟为单拐两端受大小相等、方向相反的两个纯弯矩作用，即作用力沿主轴颈轴向线性分布，周向按 120°夹角的余弦规律分布（图 2.5）。计算载荷也具有两个

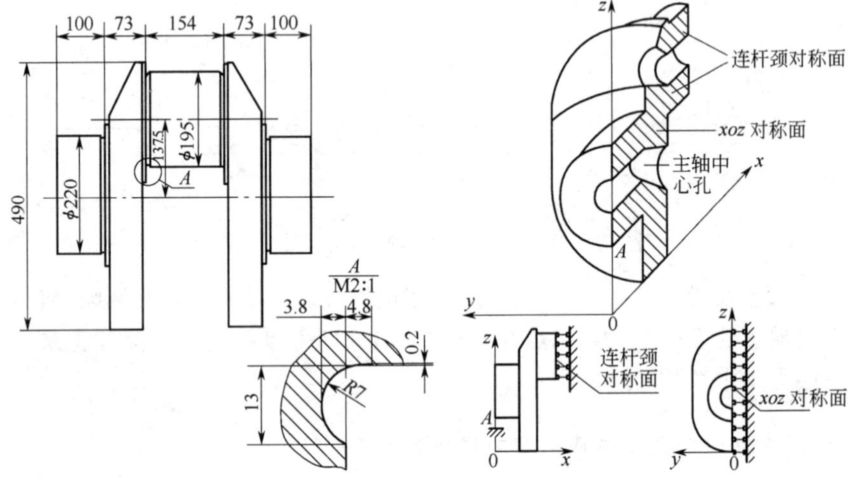

图 2.3　16V240ZJ 柴油机曲轴单拐　　　图 2.4　单拐计算的边界条件示意图

对称面。因此单拐计算可以只对其 1/4 进行,这时对位于对称平面内的节点施加对称约束。

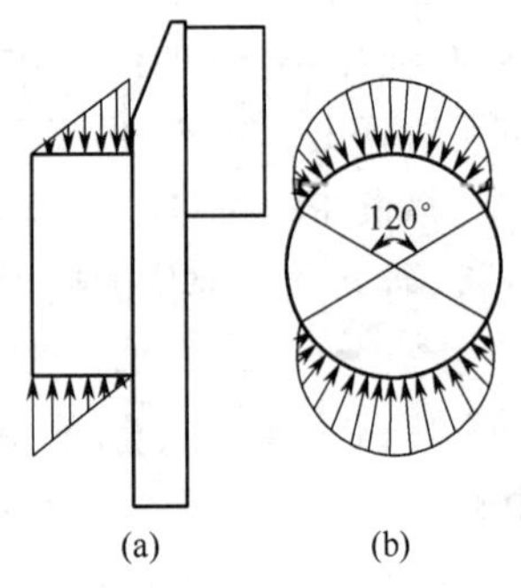

图 2.5　单拐计算载荷分布图

16V240ZJ 柴油机曲轴的连杆轴颈圆角部位,是由 $R_1=6$ mm 和 $R_2=10$ mm 两个圆弧构成的内圆弧。为了研究圆弧几何形状变化对其应力集中的影响,在对实际尺寸圆角的单拐计算的同时,又计算了具有单独一种圆弧($R=7$ mm)、三种圆弧($R_1=6$ mm,$R_2=12$ mm,$R_3=6$ mm)和外圆弧($R=12$ mm)圆角结构形式的单拐。这四种单拐计算模型的网格仅在圆角部位有所不同,远处都是一样的。在应力梯度最大处划分网格的原则,是以圆角圆弧原点为中心,单元呈放射状排列,且基本上为正六面体。圆角圆弧边界上单元边长一般仅 3 mm,可以比较准确地描述圆角圆弧的几何形状。

图 2.6 绘出了 4 种不同形式圆角结构的应力集中系数分布曲线(这里应力集中系数定义为有限元计算求出的应力与按材料力学中梁理论求出的连杆轴颈相应部位应力之比)。

如果在单拐弯曲试验台上做静弯电测试验,则可估计单拐三维有限

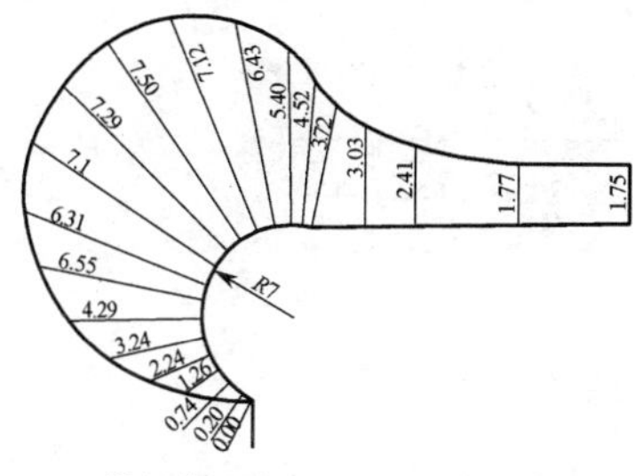

(a) 带有单圆弧(R=7mm)的内圆弧圆角

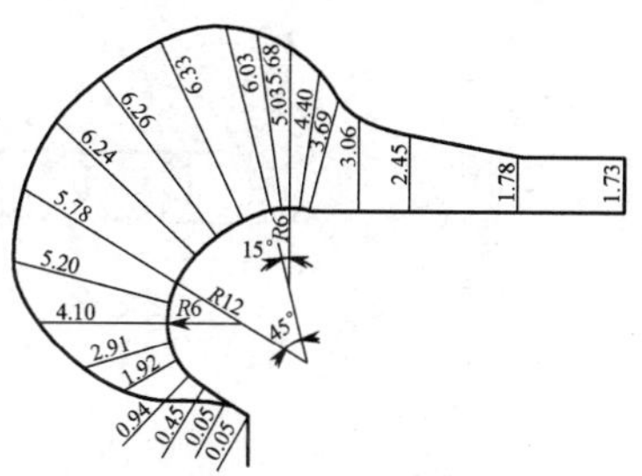

(c) 带有三圆弧(R_1=6mm,R_2=12mm,R_3=6mm)的内圆弧圆角

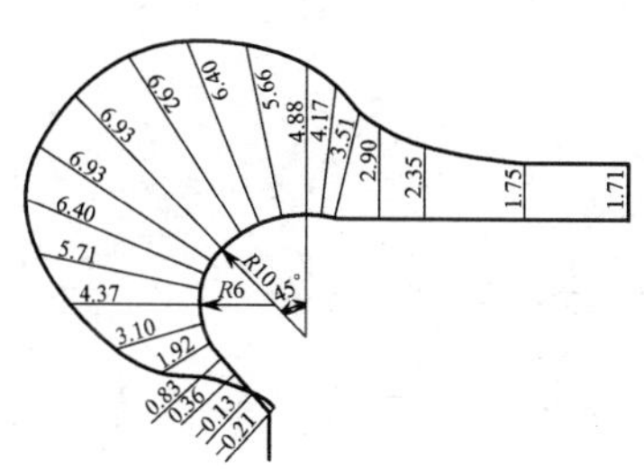

(b) 带有双圆弧(R_1=6mm,R_2=10mm)的内圆弧圆角

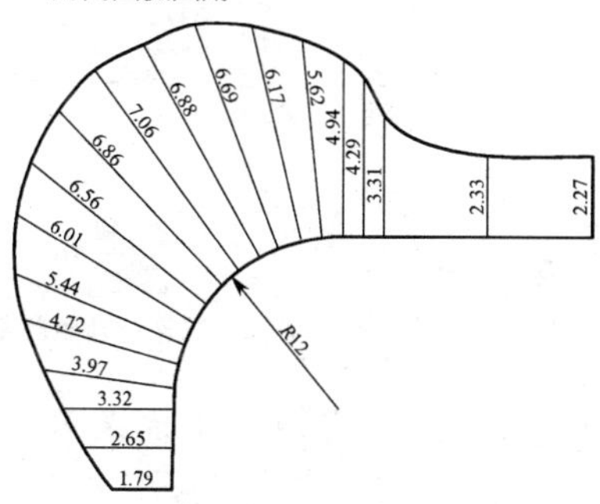

(d) 带有外圆弧(R=12mm)的圆角

图 2.6　曲轴圆角部位应力集中系数分布曲线

元计算的精度。计算结果与测试的对比示于图 2.7。由图 2.7 可知，计算求得的最大应力与实测相比，误差 4.8%，在远离圆角的部位精度则更高。

分析不同结构单拐的计算结果，可以得出单拐结构影响其应力分布的一些规律：

(1)对于主轴颈为实心的曲轴，连杆轴颈圆角部位的应力集中比较厉害，其最大应力通常产生在单拐平面内(即中间对称平面)，在对称面两侧，应力值逐渐下降。为了缓和应力集中，同时也为了减重，很多曲轴的主轴颈设计成空心的，中心孔一直延伸到曲柄里而与连杆轴颈圆角很接近。这使圆角最大应力值下降，而且偏离单拐平面，形成两边大、中间小的蝴蝶形分布。

(2)对于某些曲轴，即其主轴颈中心孔在通过曲柄区域时按一定角度向下偏离主轴颈轴线的这种结构，其对连杆轴颈圆角应力状态的影响将

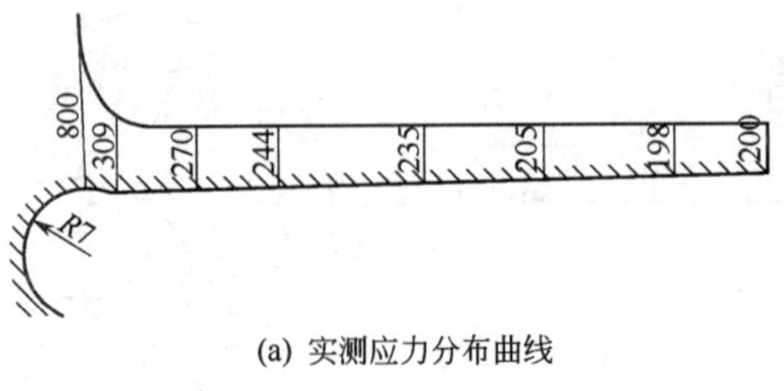

(a) 实测应力分布曲线

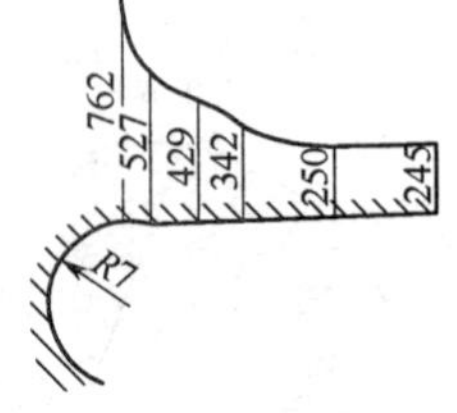

(b) 计算应力分布曲线

图 2.7　连杆轴颈圆角部位计算应力与实测的对比

比直通孔小，在单拐平面两侧的一定范围内最大应力几乎保持不变。16V240ZJ 柴油机曲轴就属于这种情况，其主轴颈中心孔在曲柄部位向下偏离轴线的角度为 45°(见图 2.3)，其计算结果表明，在从单拐平面向两侧各偏离 11°左右的范围内，最大应力值变化极小，这一区域基本上为等应力区。

(3)由应力集中系数分布曲线(图 2.6)可以看到，最大应力位于圆角圆弧上某一点，该点的位置可以用移开角 α 表示。移开角指出了最大应力的位置，其定义如图 2.8 所示。为了改善应力集中情况，曲轴圆角圆弧的设计应遵循下列原则：在移开角附近的区域内，选用较大的圆弧半径，

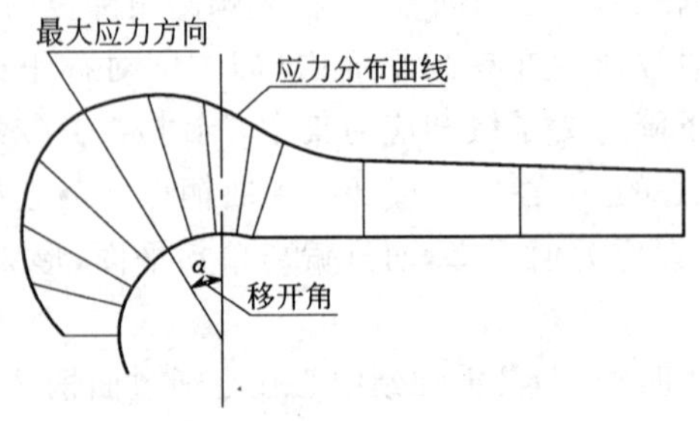

图 2.8　曲轴圆角部位移开角定义示意图

其他区域则采用小半径。上面所列的三圆弧圆角结构型式就是按照这个原则设计的。由图 2.6 可以看出,与单圆弧圆角结构型式相比,双圆弧圆角结构型式的应力峰值下降了 7.6%,三圆弧圆角结构型式的应力峰值下降了 15.6%。另外,三圆弧结构型式的圆角在移开角前后约 45°角的范围内,应力值变化不大,这一区域可以认为是等应力区(单圆弧圆角结构型式在移开角附近应力下降较快)。这说明,随着圆角结构型式从单圆弧向三圆弧过渡,应力分布趋于均匀、合理。

由此可见,合理的圆角圆弧型式应当是曲率逐渐变化的曲线,在移开角附近,曲率最小,向两侧逐渐增大,这样可使最大应力下降,分布趋于合理,从而提高曲轴强度。

2.1.4 基于单拐有限元分析的曲柄刚度等效法[16]

按空间刚架模型计算曲轴有两个难点,这就是曲柄和支承刚度的确定,前者是因为重叠度的存在而引起,后者则是由曲轴各主轴颈通过油膜与机体各主轴承座内主轴瓦相联的复杂联接问题而产生。支承刚度问题将在曲轴计算的边界条件中专门讨论。这里先来讨论曲柄刚度的确定问题。

曲轴的空间刚架模型计算是一个超静定问题。计算超静定问题时,结构的每一个组成构件的所有断面系数都应该是已知的。曲轴的组成构件只有三种,即主轴颈、连杆轴颈和曲柄,其中主轴颈和连杆轴颈的 6 个刚度参数 EF,EJ_y,EJ_z,GJ_d,GF_y,GF_z,根据图纸,用材料力学公式很容易求出。但由于重叠度的存在,曲柄的刚度参数却无法计算,即使用连接主轴颈与连杆轴颈圆角的曲柄斜切平面作为曲柄的断面以计算刚度,计算实践表明,这样算出的曲柄刚度也将远远大于其真实数值,从而大大降低计算精度。

前文谈到,曲轴单拐三维连续体模型计算的精度是高的,求出的最大应力与实测相比,误差仅为 4.8%。而有限元计算求出的首先是节点位移,应力是根据求出的位移算出的。现在既然单拐三维连续体模型求出的应力精度足够高,用这个模型计算出的位移精度应该更高。因此如果先对单拐用三维连续体模型求出各节点的位移,再对单拐建立简支梁模型,用经典结构力学中加单位力求位移的方法列出方程,由于这时位移已知,主轴颈和连杆轴颈的刚度参数也都是已知数,在这些方程中只有曲柄的刚度参数是未知数。求解这些方程,就可以求出曲柄的 6 个刚度参数。由于曲柄的这 6 个刚度参数是通过解方程获得的,将它们代入单拐简支梁模型求位移,求得的位移必然等于单拐三维连续体模型求出的数值。也就是说,如果将用这个方法求出的单拐曲柄刚度参数作为整根曲轴空间刚架模型中各曲柄的刚度参数,则按空间刚架模型求出的曲轴各点位移必然具有单拐三维连续体模型的精度,同时求出的曲轴各点名义应力的精度必然也得到了提高。曲轴的这种计算方法称为基于单拐有限元分析的曲柄刚度等效法。

下面讨论采用基于单拐有限元分析的曲柄刚度等效法计算曲轴的几个具体问题。

经典结构力学中求空间刚架节点位移的公式如下

$$\Delta = \sum\int \frac{\overline{M_y}M_y}{EJ_y}\mathrm{d}s + \sum\int \frac{\overline{M_z}M_z}{EJ_z}\mathrm{d}s + \sum\int \frac{\overline{N}N}{EF}\mathrm{d}s + \sum\int \frac{\overline{T}T}{GJ_d}\mathrm{d}s + \sum\int \frac{\overline{Q_y}Q_y}{GF_y}\mathrm{d}s + \sum\int \frac{\overline{Q_z}Q_z}{GF_z}\mathrm{d}s \tag{2.1}$$

对单拐的简支梁模型来说,式中 $EJ_y,EJ_z,EF,GJ_d,GF_y,GF_z$ 分别为模型中主轴颈、连杆轴颈和曲柄的刚度参数:对 y 轴的抗弯刚度,对 z 轴的抗弯刚度,抗拉压刚度,抗扭转刚度,沿 y 轴的抗剪切刚度和沿 z 轴的抗剪切刚度(x,y,z 为单拐各梁的主惯性系坐标轴),其中曲柄的 6 个刚度参数是未知数。由于公式的左端项节点位移 Δ 可由单拐三维连续体模型的有限元计算求得,所以只要列出 6 个求节点位移的方程,就可以求出曲柄的 6 个刚度参数。

按三维有限元模型计算单拐,可以求出单拐上所有节点的位移。按简支梁模型计算单拐,也可以求出单拐上任意一点的位移。为了求曲柄的等效刚度,需要选取这样一个节点,使其分别按两种模型求出的位移相等。这个点取图 2.9 中的节点 A 比较合适。这是因为,首先,节点 A 离载荷作用点比较远,根据圣维南原理,计算求得的

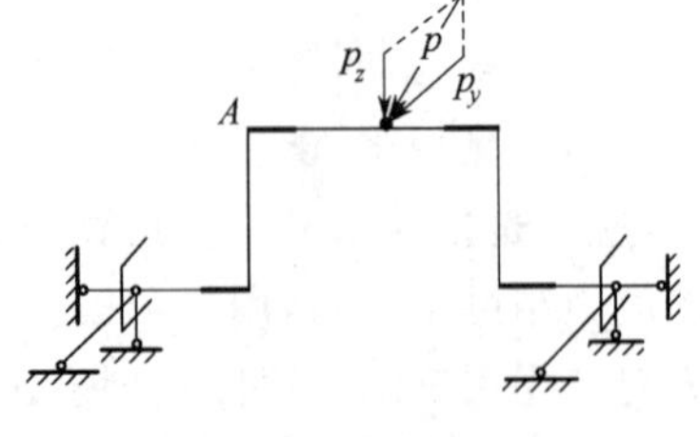

图 2.9 单拐的简支梁模型

A 点位移应该比较准。其次，曲轴主轴颈实际上沿全长都包在主轴瓦内，主轴瓦又镶在主轴承座的主轴承孔内，而在单拐的计算模型中（不论是三维连续体模型还是简支梁模型），主轴颈只在中点有支承，这与实际情况有一定出入，因而计算求得的主轴颈部分及其附近的节点位移精度要差一些。节点 A 离主轴颈比较远，受支承模拟精度的影响不大。第三，在简支梁模型中 A 点是两根梁的交点，求其位移比较方便。这样，利用 A 点的 6 个位移（三个线位移，三个角位移）作为已知数据，就可以求出曲柄的 6 个刚度参数。

为了提高计算精度，单拐的计算载荷应准确模拟曲轴的实际工作载荷，这就使单拐的简支梁模型计算成为一个空间问题（图 2.9）。斜向作用的载荷 P 可以分解成 P_z 和 P_y，其中 P_z 作用在单拐平面内，P_y 垂直于单拐平面，P_z 和 P_y 引起的内力分别作用在这相互正交的两个平面内，相互不影响。于是求曲柄 6 个刚度参数的简支梁模型计算，就化成两个各求曲柄 3 个刚度参数的简支梁模型计算，即：①求 EF、EJ_y 和 GF_z 三个单拐平面内的曲柄刚度参数；②求 EJ_z、GJ_d 和 GF_y 三个垂直于单拐平面的曲柄刚度参数。前者由于结构和载荷都具有两个对称面（图 2.10），在单拐的三维连续体模型计算时，可以只算 1/4，后者则需计算 1/2（图 2.11）。

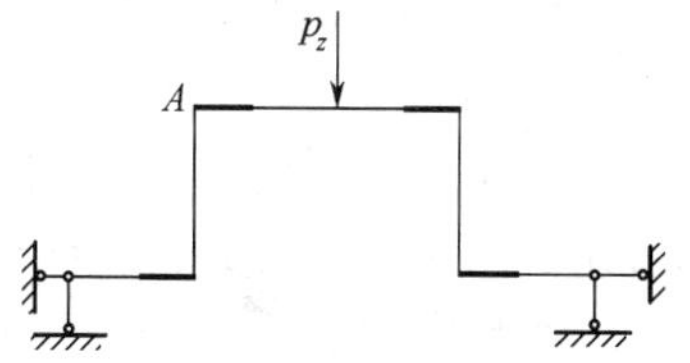

图 2.10 单拐简支梁模型上的垂直载荷作用

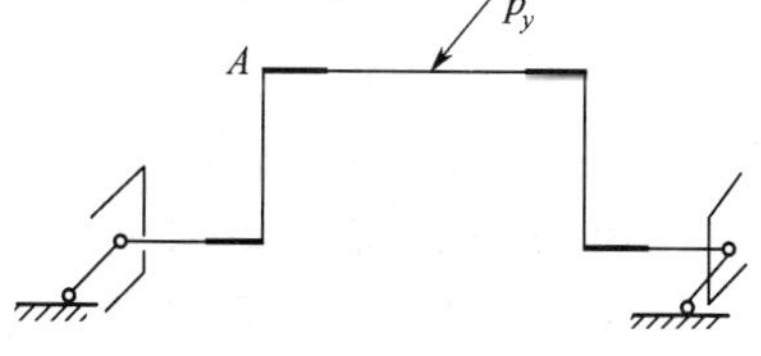

图 2.11 单拐简支梁模型上的水平载荷作用

为了强化程度更高，结构更加紧凑，很多柴油机都采用 V 形结构，连杆则采用并列连杆。这时在曲轴连杆轴颈上将作用两个力，这两个力在数值上永远不会相等，有时方向还相反。在计算曲柄刚度参数的模型中，作用载荷应尽量模拟实际情况，模拟得愈准确，求出的曲柄刚度参数精度就愈高。因此，对并列连杆情况，图 2.10 与图 2.11 中作用力应改成两个力，在单拐上的作用点相对称；至于数值，可以取极端情况，令这两个力大小相等，方向相反。

然而，基于单拐有限元分析的曲柄刚度等效法也有其不足之处。

首先，作为未知数的单拐曲柄刚度参数都位于分母上，计算它们需要解高次方程，这增加了许多麻烦。

其次，曲轴的主轴颈和连杆轴颈通常都设计成中空的，单拐的简支梁模型中的 A 点往往恰好位于孔中，也就是说，在单拐三维连续体模型中往往找不到与简支梁模型中 A 点对应的节点。如果要想利用单拐三维有限元计算的结果求出 A 点的位移作为方程的左端项，必须用算出的 A 点周围节点的位移进行插值。这给曲轴计算增加了许多额外的工作量。

第三，在单拐的简支梁模型中，主轴颈和连杆轴颈都是按梁处理的，它们的断面系数都是按材料力学中梁理论计算的，也就是说，主轴颈和连杆轴颈的法应力都假设是沿它们的断面高度线性分布的。但实际上主轴颈和连杆轴颈都是深梁，它们的法应力沿断面高度的分布是非线性的，这当然也影响曲柄刚度参数计算的精度。

由于这些原因，基于单拐有限元分析的曲柄刚度等效法在曲轴计算中并没有得到推广使用。

2.1.5 曲轴计算的三维连续体模型[17]

经过多年的研究，现已明确，曲轴的静力计算模型必须是三维实体的，模型中网格的疏密分布应根据计算的目的决定，对主轴颈、连杆轴颈和曲柄等部位，网格可划分得比较稀疏、均匀，而对连杆轴颈和主轴颈圆角部位以及润滑油孔附近可根据计算目的的不同进行不同程度的加密。为确保计算精度，连杆轴颈和主轴颈圆角部位的最小单元边长应不大于1～2 mm（或者在子午面的圆角半径处 1/4 圆内应有不少于 7～9 个节点）。对其他部位，如计算采用 8 节点等参块体元，单元边长建议取 10～20 mm；如计算采用 4 节点常应变块体元，单元尺寸应取得更小一些，例如取 6～12 mm。当然，单元大小还取决于曲轴的尺寸。对大功率和中小功率柴油机，曲轴主轴颈直径能相差一倍以上，对低速船用柴油机差得还要多。因此主轴颈和连杆轴颈单元尺寸的选取不能完全按照以上推荐的数据，这里还有另一个确定的原则，这就是通过对轴颈的外圆进行等分来决定单元的大小，这样放射性地划分出来的网格比较均匀，对提高计算精度也是有利的。轴颈外圆的均分数建议取为 24～36，当然，这应与以上推荐的单元尺寸综合考虑来决定。从圆角部位的加密网格到曲轴连杆轴颈和主轴颈较稀疏网格的过渡，变化要平缓，切忌只用一两层单元通过剧烈变化的网格完成过渡。

曲轴划分网格最困难的部位是曲柄，因为曲柄前后两个面分别与连杆轴颈和主轴颈相连，特别是直接与连杆轴颈和主轴颈的圆角部位相连。曲轴的网格疏密过渡主要反映在曲柄上，而曲柄的厚度并不大，这就要求计算者充分发挥创造性，在不大的空间内划分好网格，处理好与两面加密网格衔接的平缓过渡。

图 2.12 所示为某柴油机曲轴进行应力分析的整体三维网格图。

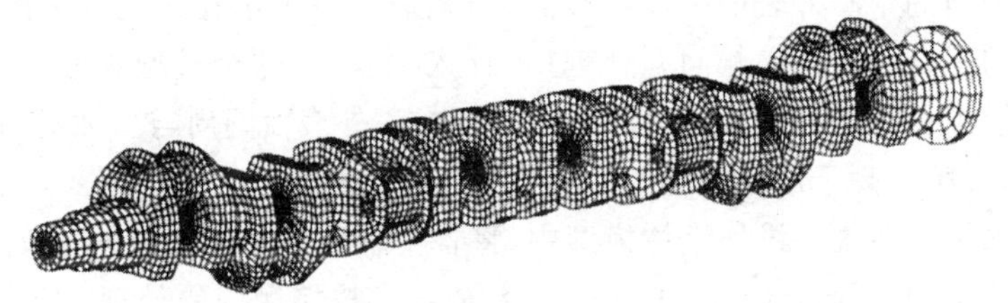

图 2.12　曲轴整体三维计算模型网格图

2.1.6　曲轴计算的边界条件[21]

曲轴实际上是通过各主轴颈穿在机体各主轴承座的主轴承孔内的，所以曲轴的支承是机体各主轴承座，机体再支承在 4 个橡胶堆上。把曲轴模拟成各主轴颈中点用两个相互正交的刚性支座支承，由于不能考虑各单拐受力后的相互影响，将给计算带来很大的误差。

如果上述模型中将刚性支座改为弹性支座，计算精度将得到提高。但是弹性支座的刚度应如何确定？比较简单的方法，是对机体的一个主轴承座隔墙按平面应力问题建立有限元模型，在其主轴承孔的下端点和水平直径端点，按照弹性支座的方向分别加单位力进行计算。两个分别求出的位移的倒数就是相应的弹性支座刚度。但是主轴承座并不是一个等厚度的圆筒，在主轴承孔圆周上沿不同的半径方向，对主轴颈支撑的刚度是不同的，因此，随着曲轴转角的不同，主轴颈与主轴承孔接触点的位置也不相同，曲轴弹性支座的刚度应该也不相同。而且机体是一个整体，各主轴承座隔墙是相连的，它们对主轴颈的支撑刚度应该也是相互关联相互影响的。这些问题在上述曲轴弹性支座刚度的计算方法中都反映不出来。

机体对曲轴支承比较好的模拟方法,是用节点变位主—从关系把曲轴各主轴颈中点与相应的机体主轴承孔边上的某几个点连起来,也就是说,在曲轴的计算模型中把机体包括进去。这样做的好处是,根本不用求曲轴支座的刚度,在模型中自然而然准确地反映了各主轴承座对相应主轴颈的支承情况。这个方法对曲轴计算的空间刚架模型和三维连续体模型都是适用的。

对曲轴计算的三维连续体模型,处理边界条件更好的办法是将各主轴颈轴向的中心外表面圆周各节点,与相应的主轴承孔的主轴瓦的对应节点的配合关系按接触问题处理(不计入油膜)。这个模型考虑了摩擦,真实模拟了在不计油膜的情况下主轴颈中心外表面圆周与主轴瓦的配合关系,其精度高于前面提到的所有边界条件处理办法。

如果在曲轴三维连续体模型中,将各主轴颈外表面上的所有节点,与相应的主轴瓦的对应节点的配合关系全部都按接触问题处理(不计入油膜),即将曲轴与机体的联接节点从主轴颈中心外表面圆周扩展到整个主轴颈外表面,则就在不计油膜的情况下完全真实地模拟了主轴颈与主轴瓦的配合关系,进一步提高了精度,但计算工作量也要增加很多。计算实践表明,对于曲轴主轴颈与主轴瓦的联接,采用中心圆周各相应节点相互接触的模型,与主轴颈外表面全部节点都与主轴瓦接触的模型相比较,前者计算求出的主轴颈圆角部位最大的主应力比后者约高 10 MPa 左右,即高不到 15%,但后者所消耗的机时约为前者的 2.5 倍。

综上所述,可见曲轴的静力计算模型中,除了曲轴本身,还应包括机体(含主轴承盖)和主轴瓦,此外还应包括连杆和连杆瓦。考虑机体是为了模拟边界条件,计入连杆则是为了更好地施加外载荷(详见下文)。机体和主轴瓦可按一体模拟,它们相互之间的配合关系不用考虑。连杆和连杆瓦也可同样处理。

在柴油机工作时曲轴相对于机体在不停地旋转,连杆相对于曲轴也在不停地摆动。因此,在计算模型中有两个部件的节点坐标相对于第三个部件是变化的。为要精确模拟曲轴的受力情况,考虑各工况曲轴、机体和连杆三者节点坐标的变化是必需的。由于计算对象是曲轴,曲轴的网格划分得比较密,在模型中认为曲轴不动,令机体与连杆围绕曲轴运动比较方便。

另外,曲轴划分网格时必须注意一个问题。如上所述,曲轴的静力分析要计算许多工况,各工况主轴颈与主轴瓦以及连杆轴颈与连杆瓦的相对位置都是变化的,因此连杆轴颈外表面与连杆瓦内表面的网格不仅应该相同,而且应该均匀,以便在二者相对位置发生变化时仍能对这些连接节点进行接触计算处理。同样,曲轴与机体的连接,如采用前述各主轴颈与主轴瓦配合表面所有点对的相互关系都按接触问题模拟的办法处理,则主轴颈外表面与主轴瓦内表面的网格也应该相同且均匀,如果这个连接采用前述各主轴颈与主轴瓦配合表面轴向中心圆周上各点对的相互关系按接触问题模拟的办法处理,则主轴颈外表面和主轴瓦内表面中间一圈的网格也应该相同并且均匀。

2.1.7 曲轴的计算载荷

曲轴的计算载荷至少应考虑下列 5 种:

(1)连杆轴颈绕曲轴中心线旋转的离心力;

(2)曲柄绕曲轴中心线旋转的离心力;

(3)平衡重绕曲轴中心线旋转的离心力;

(4)连杆移置在其大端那部分质量与连杆瓦绕曲轴中心线旋转的离心力;

(5)通过连杆作用于连杆轴颈的气缸内气体力与活塞连杆组往复惯性力的合力。

对于空间刚架模型,这些载荷的施加没有任何问题。这里着重讨论对曲轴三维连续体模型的施加方法。

这 5 种力中,前 3 种是曲轴本身各部分的离心力,可按常规的离心力施加方法施加在曲轴各相应的单元形心上,再移置到各相应的节点上。很多程序都设计有这样的功能。第 4、第 5 两种力是通过连杆瓦与连杆轴颈接触传给曲轴的,它们可以按给定的分布规律施加,也可以通过接触模型的计算自动作用在曲轴上。常用的载荷分布规律如下:在轴向,或者均匀分布,或者按二次曲线分布;在圆周方向,按余弦规律分布,圆心角为 120°(见图 2.13)。

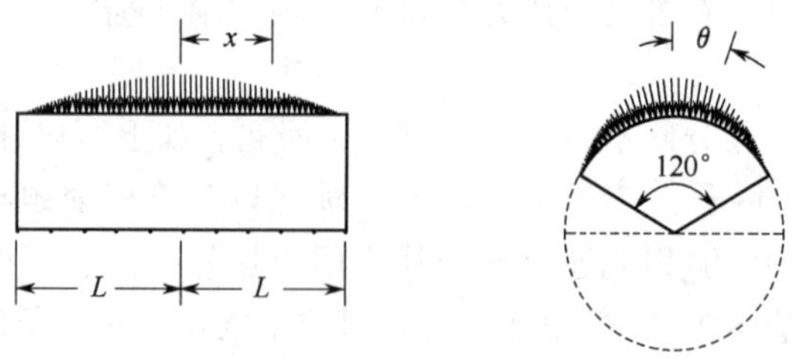

图 2.13 曲轴连杆轴颈上外载荷的作用

图 2.13 中左图所示为按二次曲线分布的载荷在连杆轴颈的轴向分布情况，分布载荷集度计算公式为

$$q_x = q_{\max}\left(1-\frac{x^2}{l^2}\right), \quad q_{\max}=\frac{9Q}{16RL} \tag{2.2}$$

式中 Q 为作用在连杆轴颈上的合力，R 为连杆轴颈的半径。

图 2.13 中右图所示为作用载荷在连杆轴颈圆周方向的分布情况，载荷计算公式为

$$q_{x\theta} = q_x \cdot \cos\left(\frac{3}{2}\theta\right) \tag{2.3}$$

如果通过接触问题计算来施加第 4、第 5 两种力，则曲轴的计算模型中应包括各连杆和连杆瓦(二者可按一体模拟，连杆只取包括大端在内的一半)，第 5 种力作用在连杆截断处。这时，计算工作量要大许多，但精度也要高得多。

由柴油机的运用经验可知，气缸内气体爆发的瞬时往往就是该气缸对应的圆角部位产生最大应力的瞬时，而对其他圆角部位应力的影响要小得多。因此在曲轴的计算模型中可以只在产生爆发压力的单拐上计入连杆和连杆瓦，将它们传来的第 4、第 5 两种力按接触模型计算，其他连杆轴颈上的第 4、第 5 两种力按给定规律施加。这样可以大大减小计算工作量。

2.1.8 曲轴的计算工况

曲轴上的作用载荷是交变负荷，其强度评估需要借助于应力幅和平均应力。由于发火次序的影响，在同一时刻柴油机各气缸内的气体力和活塞连杆组往复惯性力的作用有相位上的差异，因而不能一目了然地确定在一个工作循环内产生最大应力和最小应力的曲轴转角，从而不能确

定曲轴的危险工况。确定曲轴危险工况的唯一准确办法，就是对曲轴每一个转角分别进行计算（对4冲程柴油机通常每隔5°算一次，即算144个转角），求出各个节点（主要是计算者关心部位的节点）的最大应力和最小应力，或称应力全幅值，产生前几个（通常取3个）最大的应力全幅值的曲轴转角就是危险工况。

用空间刚架模型计算曲轴时，计算144个工况没有什么问题，机时耗费不大，但如前文所述，计算精度不够。当用三维连续体模型计算曲轴时，计算模型通常有几万个节点，计算144次的计算工作量就太大了。

为了减少耗费，可以把三维连续体模型与空间刚架模型结合起来，也就是说，先用空间刚架模型确定曲轴的危险工况转角，再用三维连续体模型对曲轴作精细分析。实践表明，这是一个不错的方法，计算工作量可以大为减少，而找出的危险工况转角的准确度，虽有一定程度的近似，大体上也还可采用，但严格说来还不能完全满足工程要求。

用空间刚架模型确定曲轴产生危险工况的转角之所以不太准，主要是因为，曲轴上对应力最关心的部位是连杆轴颈和主轴颈圆角，这些地方的应力状态主要由连杆轴颈和主轴颈上作用的外载荷决定，但由于它们离曲柄都很近，曲柄的应力状态对它们都有不可忽略的影响，而在空间刚架模型中连杆轴颈和主轴颈根部的名义应力计算，只和这些杆件在本身根部的弯矩和断面特性有关，不受曲柄应力的影响。因此用空间刚架模型确定的曲轴危险工况转角只能是近似的，不会十分准确。

比空间刚架模型更准确而计算工作量又大得有限的求曲轴危险工况转角的办法，是采用曲轴的三维连续体简化模型。这个模型的特点是网格分布比较均匀，也就是说，在计算模型中不考虑由于几何形状突变引起的应力集中，这可以大幅度减少节点数，从而大幅度减少计算工作量。这样的模型对计算连杆轴颈和主轴颈圆角应力集中部位的应力会带来较大的误差，但不影响各圆角之间应力水平的相对高低，不影响确定危险工况的转角，因为整体曲轴各部分的应力分布规律对精细模型和简化模型基本上都是一样的，差别仅仅是在数值上。

用曲轴三维连续体简化模型可以对每一个圆角部位求出144个工况的应力值，再将它们连成曲线，就可求出最大的几个应力全幅值和它们对应的曲轴转角，这就是危险工况的曲轴转角。根据简化模型求出的危险工况的曲轴转角，再用精细模型计算整根曲轴，就可以用比较少的耗费，求出计算者关心的连杆轴颈和主轴颈圆角部位等处的最大应力和最小应力。

2.1.9 曲轴按三维连续体模型计算的实例[19][20]

以 16V240ZJ 柴油机的曲轴作为计算对象，先采用曲轴三维连续体简化模型计算 144 次，以确定曲轴工作的危险工况（即转角），然后再建立精细模型，针对危险工况进行精细计算。考虑到曲轴结构的特点是具有大量重复结构，所以计算采用多重多支的子结构技术。

1. 粗网格曲轴模型的建立与计算

根据曲轴结构，将“半单拐”(SB1)，自由端轴（SB2）和输出端轴(SB3)作为基本子结构模式，对其分别划分网格。然后调用“半单拐”SB1 共计 16 次，拼装成超级单元 SB4，再与自由端轴 SB2 和输出端轴 SB3 结合为整根曲轴 SB5(图 2.14)。粗网格模型中共划分了 3985 个节点，975 个块体单元（主要是 8 节点等参元，也有少量 6 节点块体元）。模型未计入连杆轴颈小油孔，只将连杆轴颈圆角处网格作了一定的加密。

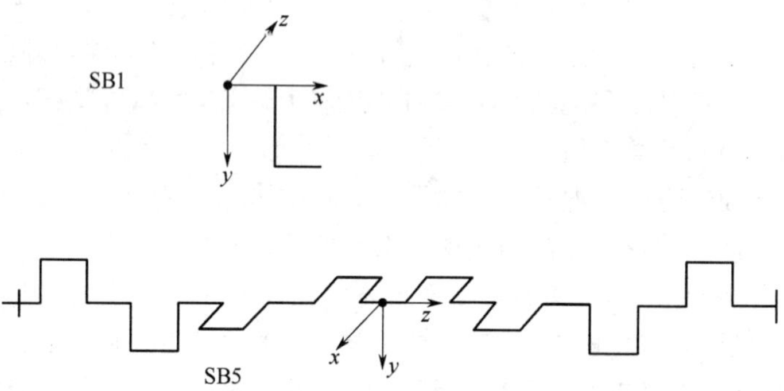

图 2.14 曲轴粗网格计算模型的子结构模式示意图

关于边界条件：把整个机体当成支承计入曲轴的计算模型。机体用二力杆、偏心梁和各种膜元装配成的空间结构模拟之。机体的子结构模式为 SB6～SB10。SB5 与 SB10 构成最高级子结构模式 SB11，这是包括机体在内的整个曲轴计算模型。由于不是计算的重点，机体的网格划分得很粗。为避免结构的病态，将各主轴承座—主轴承盖按刚性膜模拟。曲轴各主轴颈中点都位于刚性膜内，并用节点变位主—从关系与其相联，这就自然而然地把曲轴与机体连了起来。至于机体的支承,则按照实际情况,把约束取在橡胶堆安装处。

必须注意,曲轴各主轴颈中心与机体各主轴承刚性膜相连的 9 个点,不论在曲轴上,还是在机体上,都是相应子结构模式的出口点。

曲轴粗网格计算模型的结构构成树如图 2.15 所示。曲轴粗网格计算模型的网格图见图 2.16。

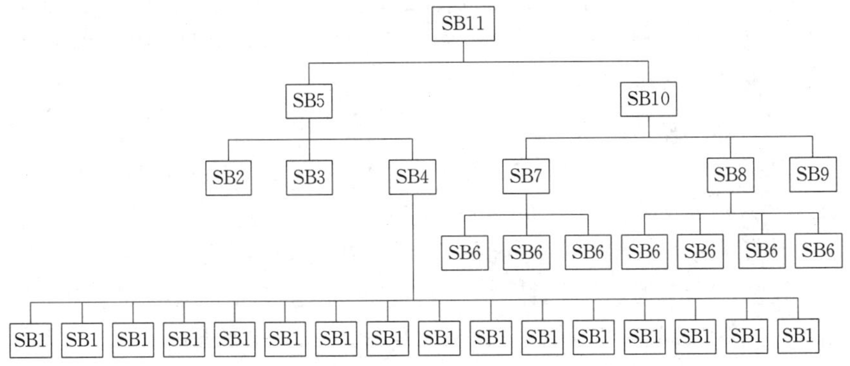

图 2.15　曲轴粗网格计算模型的结构构成树

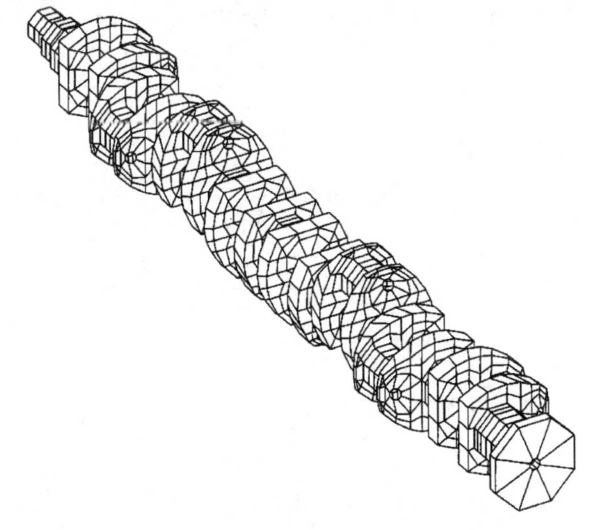

图 2.16　曲轴计算的粗网格模型图

关于作用载荷，计算计入了下列 5 种载荷：

(1)传到连杆轴颈上的气缸气体力与活塞连杆组往复惯性力的合力；

(2)连杆大端回转惯性力；

(3)连杆轴颈回转惯性力；

(4)曲柄回转惯性力；

(5)平衡重回转惯性力。

其中第 1、第 2 两种载荷沿连杆轴颈轴线按二次曲线分布，沿连杆轴颈周向按 120°夹角的余弦规律分布。对第 5 种载荷，先将其均匀施加到曲柄安装平衡块的一端，然后将面力分散到各节点上。对连杆轴颈和曲柄的回转惯性力的施加方法是：将每一单元的质量均匀分到其各节点上，再将绕这个节点的各单元分到这节点上的质量叠加，最后用离心力计算公式 $F=mr\omega^2$ 求出这节点的离心力。

计算采用 JIGFEX 程序系统在 Pentium200 微机上完成。由于模型中网格比较粗，计算耗时比较少，算一个工况耗时不到 5 min。对柴油机一个工作循环内 144 个曲轴转角分别作了计算，再从计算结果中取出每一个工况下每一个连杆轴颈圆角部位的轴向应力 σ_z，画出 16 条连杆轴颈圆角部位的 σ_z 应力变化曲线，从而得出 16 个应力幅值 σ_a，其中最大的 3 个应力幅所对应的 6 个曲轴转角，就是曲轴危险工况的 α 角。作为实例，图 2.17 绘出了粗网格模型求出的第 10 缸对应的连杆轴颈圆角部位的应力变化曲线。

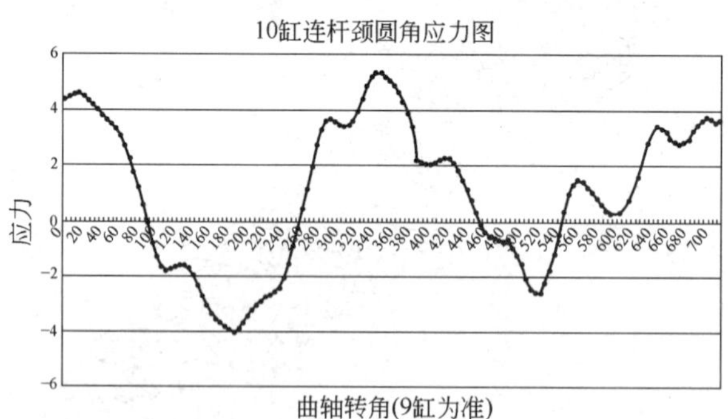

图 2.17 16V240ZJ 柴油机曲轴粗网格模型求出的第 10 缸连杆轴颈圆角部位在一个工作循环内的应力曲线

由 16V240ZJ 柴油机曲轴粗网格模型的计算结果可以看出，计算求得的各连杆轴颈圆角部位的最大应力幅，沿曲轴全长按 W 形分布，这个规律与实测完全一致。

2. 曲轴精细模型的建立与计算

仍采用子结构技术进行计算。由于对圆角部位的网格要大大加密，“半单拐”SB6 划分成 SB1～SB5 5 个基本子结构模式。调用 2 个“半单拐”SB6，构成单拐 SB7。对曲轴中间部分调用 6 个“半单拐”，构成 3 个单拐结构 SB8。再 2 次调用 4 个“半单拐”(几何调用系数不同)，构成两种 2 个单拐结构 SB9 和 SB10。自由端轴和输出端轴分别划为基本子结构模式 SB12 和 SB13。于是 4 个子结构模式 SB7、SB8、SB9 和 SB10 共同构成 8 个单拐的子结构模式 SB11，SB11 与 SB12、SB13 构成整个曲轴 SB14。上述各子结构模式的拼装示意图如图 2.18 所示。

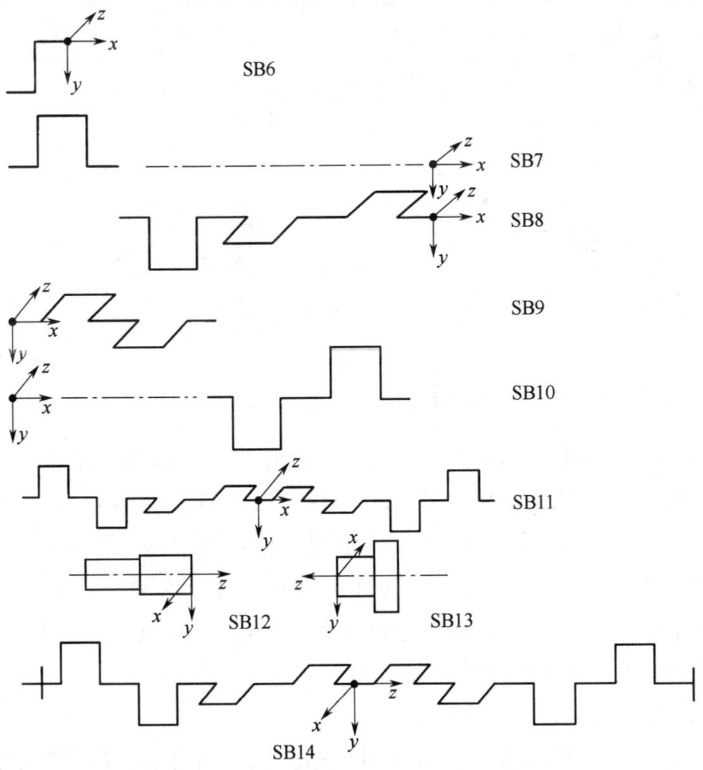

图 2.18　曲轴精细模型的子结构模式拼装示意图

子结构模式 SB15～SB19 为机体。曲轴与机体通过节点变位主－从关系相联并构成 SB20。子结构模式 SB21 为连杆。SB20 与 SB21 构成最高级子结构模式 SB22，也就是包括机体和连杆在内的整个曲轴计算模型。

曲轴精细计算模型的结构构成树见图 2.19。

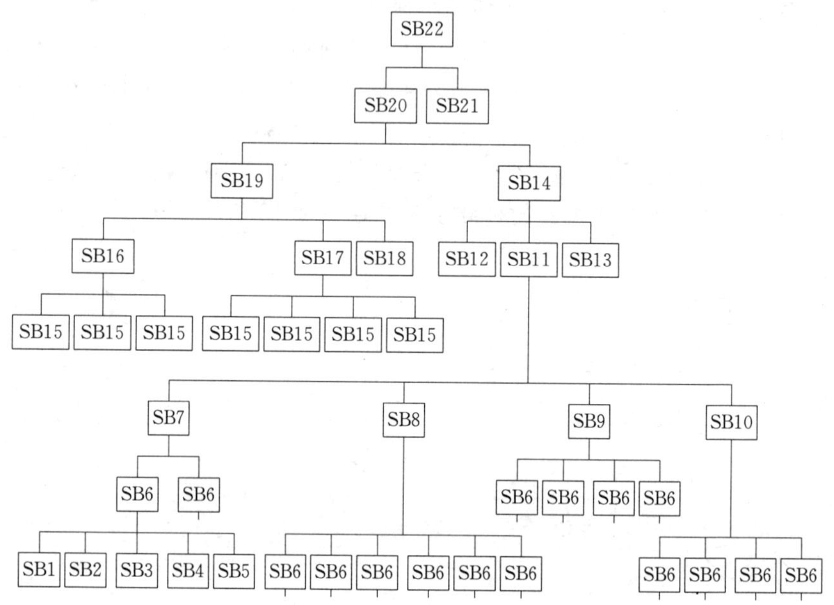

图 2.19 曲轴精细模型划分为子结构的结构构成树

计算模型离散为各子结构模式后，就对其中的基本子结构模式划分有限元网格。曲轴上的单元基本上采用 8 节点等参块体元，只有少数是 6 节点块体元。为了研究圆角部位不同几何形状对应力的影响，对内圆弧和外圆弧两种圆角结构分别进行了计算。对带内圆弧圆角的曲轴模型，共划分了 59 529 个节点，8 376 个块体单元，与连杆的接触点为 104 个。对带外圆弧圆角的曲轴模型，共划分了 59 538 个节点，8 380 个块体元，与连杆的接触点也为 104 个。

曲轴计算的精细模型网格比粗网格模型要密得多，模型中还考虑了连杆轴颈横向油孔，并将油孔部位作了简单的细划。总的说来，划分的单元形态比较规则,疏密过渡得当。模型中最小单元边长约 1.5 mm,最大单元边长不超过 10 mm。

连杆尽管是模型的一部分,但它的应力不是曲轴分析课题中关注的对象,所以网格划分得比较粗。

曲轴计算模型中各个子结构模式的节点总数、出口点数、调用超元数等情况见表 2.1。

表 2.1 曲轴计算精细模型中各子结构模式的参数

子结构模式号	节点总数		出口点总数		超级单元个数	备注
	外圆弧	内圆弧	外圆弧	内圆弧		
SB1	984	973	668	330		
SB2	1 360	1 446	509	268		
SB3	1 117	1 048	151	156		
SB4	169	160	113	100		
SB5	457	457	209	209		
SB6	1 236	652	290	297	5	半单拐
SB7	475	489	306	306	2	单拐
SB8	1 231	1 273	196	196	6	3 拐
SB9	853	881	195	195	4	双拐
SB10	853	881	195	195	4	双拐
SB11	601	608	313	320	4	8 拐
SB12	1 296	1 296	96	96		自由端
SB13	1 392	1 392	96	96		输出端
SB14	313	320	121	128	3	整根曲轴
SB15						主轴承隔墙
SB16					3	
SB17					4	
SB18						
SB19	132	132	72	72	3	机体
SB20	684	684	104	104	2	机体+曲轴
SB21	476	476	104	104		连杆大端
SB22	231	231			2	机体+曲轴+连杆

曲轴精细模型计算网格图和内圆弧、外圆弧两种圆角部位网格放大图见图 2.20。连杆与曲轴的接触装配图见图 2.21。

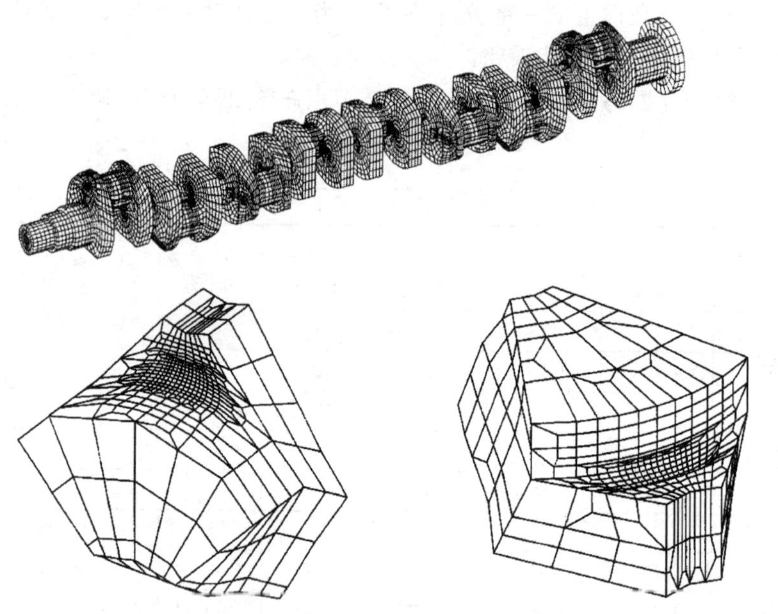

(a) 连杆轴颈圆角部位外圆弧结构网格图　　(b) 连杆轴颈圆角部位内圆弧结构网格图

图 2.20　曲轴精细模型计算网格图和内圆弧、外圆弧两种圆角部位网格放大图

曲轴精细模型的约束条件与粗网格模型相同，即将机体作为支承，机体的主轴承座作为刚性膜与曲轴在主轴颈中心用节点变位主—从关系相连。

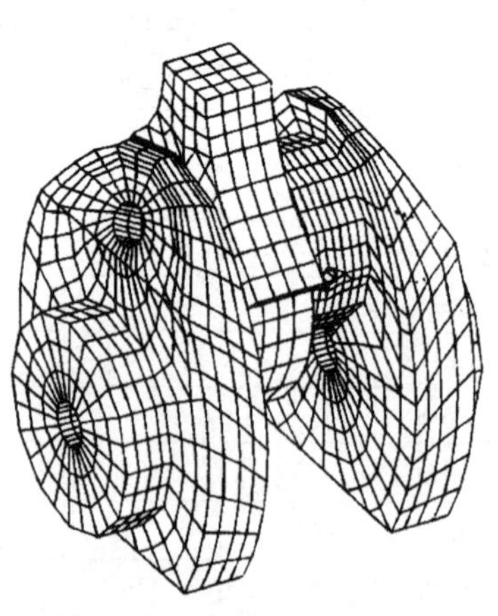

图 2.21　连杆与曲轴的接触装配图

曲轴精细模型的计算载荷值及其施加方法基本上与粗网格模型相同，只是连杆大端回转惯性力以及气缸气体力与活塞连杆组往复惯性力的合力的施加，在精细模型中是通过连杆大端与连杆轴颈的接触计算实现的。

计算采用 JIGFEX 程序系统在 Pentium200 微机上完成，计算一个工况约需 4 h。

上述工作是 20 世纪 90 年代的一个课题。计算的工程背景如下。16V240ZJ 柴油机曲轴本来采用稀土钼铜球墨铸铁铸造,精加工后进行整体表面氮化处理,并对曲轴轴颈圆根进行滚压强化,所以其机械性能是相当高的。但从理论上说,铸铁制造毕竟不如全纤维挤压的锻钢材料,于是有关单位又按铸铁曲轴图纸对该柴油机生产锻钢曲轴。16V240ZJ 柴油机铸铁曲轴的连杆轴颈圆角部位采用的是内圆弧结构,这种结构的应力集中比较严重,其强度主要是依靠表面强化处理保证的。锻钢曲轴在几何形状上完全按照铸铁曲轴图纸加工,但却没有进行整体表面氮化处理,因此尽管材料好,却仍不能确保曲轴的强度。在运用过程中,曲轴的连杆轴颈圆角部位发生了断裂。为此有关单位提出,希望能对锻钢曲轴连杆轴颈圆角部位进行几何形状优化,在不改变缸心距的前提下,将其形状由内圆弧结构改为外圆弧结构,以便改善加工条件,能够采用滚压强化提高疲劳强度。圆角部位形状优化的约束是优化后那里的应力水平不高于优化前,因此必须对曲轴整体进行精细计算,并对内圆弧和外圆弧的连杆轴颈圆角部位分别进行分析。

锻钢曲轴圆角部位的形状优化得到成功实现。计算表明,外圆弧结构圆角部位的应力水平略低于内圆弧结构。但是,实践是检验真理的唯一标准。有关单位根据外圆弧结构的尺寸,加工了三根锻钢曲轴并进行了运用试验。运用实践表明,三根锻钢曲轴工作全都正常,没有强度问题。于是有关单位决定,自某年某月起生产的锻钢曲轴一律按优化后的外圆弧结构制造。

3. 用接触模型模拟曲轴与机体各主轴瓦连接的精细计算[21]

计算仍以 16V240ZJ 柴油机曲轴为例。为比较曲轴主轴颈中心外圆各节点与主轴瓦各相应节点相互接触的计算模型同主轴颈外表面全部节点与主轴瓦内表面各节点相互接触的计算模型对主轴颈圆角部位应力的影响,对模型划分了更加精细的网格。计算节点总数 183 697,单元总数 558 319,其中 4 节点常应变块体元 515 711 个,8 节点等参块体元 41 824 个(曲轴 18 899 个,机体 22 925 个),此外还有少量的平壳单元。对于主轴颈中心外圆一圈接触的模型,划分了 1 000 个接触点对;对于主轴颈整个外表面都与主轴瓦接触的模型,划分了 3 436 个接触点对。计算在

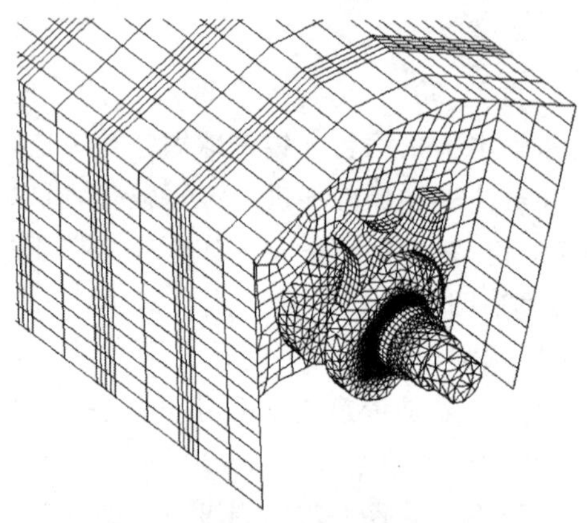

图 2.22　曲轴精细接触计算的部分模型(包括机体与连杆)

(a) 曲轴整体的精细计算网格

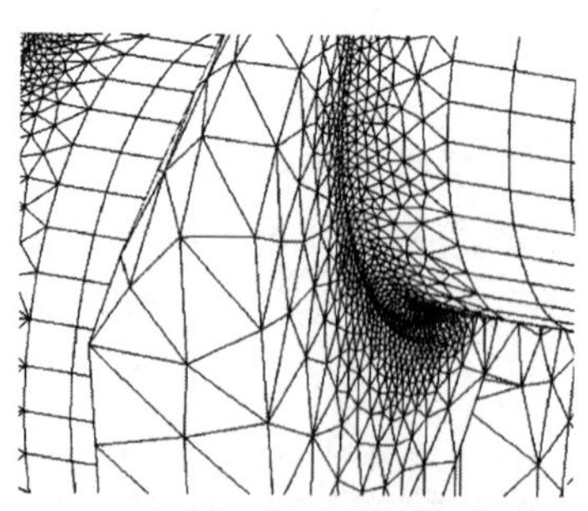

(b) 连杆轴颈圆角部位的网格放大图

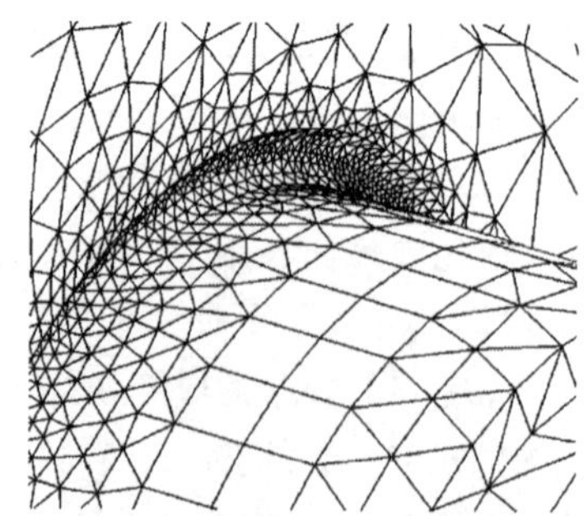

(c) 主轴颈圆角部位的网格放大图

图 2.23　模型中单纯曲轴的精细计算网格

Pentium 4 微机上完成，计算机主要参数：内存 1G，时钟频率为 3.06 GHz。前一模型计算一个工况需机时约 40 h；后一模型计算一个工况需机时约 100 h。

包括机体与连杆在内的曲轴精细接触计算模型如图 2.22 所示，该模型中单纯曲轴的计算网格及连杆轴颈与主轴颈圆角部位的网格放大图见图 2.23。第 5 缸爆发时曲轴与机体主轴承孔中主轴瓦的两种连接模型的主轴颈圆角部位的 σ_1 分布图见图 2.24。

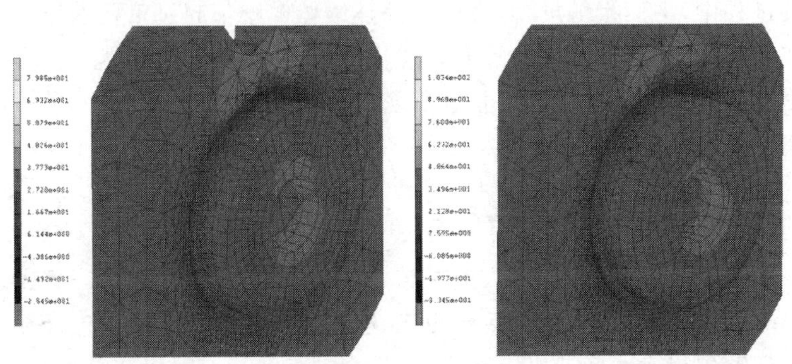

(a) 主轴颈整个外表面都与主轴瓦接触 (b) 主轴颈中心外圆与主轴瓦接触

图 2.24 第 5 缸爆发时两种接触模型的主轴颈圆角部位 σ_1 分布图

2.2 连杆的分析[22][23][24][26]

连杆是柴油机的重要运动件，也是柴油机中承受负荷最大的部件之一。连杆的主要功能是把活塞的往复运动传给曲轴，变成曲轴的旋转运动，因而它的大小端通过连杆瓦和衬套分别与曲轴的连杆轴颈和活塞销相联接，也正因为如此连杆大端必须采用可拆卸结构型式，从而增加了其结构的复杂性。

从分析不同功率柴油机的使用和检修情况可知，连杆的故障率是比较高的。连杆的损坏将造成机破事故，在经济上会带来很大的损失。所以对连杆进行结构强度的精细分析是设计新柴油机，改进、强化现有柴油机所必须进行的工作。

柴油机的运用实践表明，连杆大端孔的变形、连杆螺钉的强度、连杆几何形状变化比较剧烈的部位（如连杆盖外缘连杆螺钉安装部位附近）和大端剖分面附近齿根的应力,是影响连杆使用安全可靠的关键因素,这些也是连杆设计时必须特别关注的地方。

一般说来,连杆分为并列连杆、主副连杆和叉形连杆等 3 种形式,其中以并列连杆结构最为简单。直列式柴油机用的连杆实际上也是并列连杆。自 20 世纪 80 年代以来并列连杆得到普遍应用。这里只讨论并列连杆的计算分析问题。

连杆计算显然以采用三维接触模型最为精确,但在连杆计算模型的发展过程中,平面接触模型,甚至平面连续体模型都起过重要的作用。就是在今天,在连杆做概念设计时采用平面接触模型计算,仍然不失为一种正确的选择。而为了快速评估连杆整体的应力分布状况,采用平面连续体模型计算也是合适的。

2.2.1　连杆计算的平面模型

连杆由小端、杆身、大端、连杆盖、衬套、连杆瓦和连杆螺钉组成。连杆小端通过衬套、活塞销与活塞相连,连杆大端及连杆盖通过连杆瓦与曲轴连杆轴颈相连。柴油机工作时,连杆小端与活塞一起作往复直线运动,连杆大端与曲轴连杆轴颈一起作旋转运动,连杆杆身则作往复和旋转所组成的复合运动。由于连杆的结构对称于其摆动平面,作用的外载荷也对称于摆动平面,故连杆计算可以近似地处理成分析变厚度的平面应力问题。

连杆的功能是将活塞的往复运动变为曲轴的旋转运动,并把活塞上的气体压力传给曲轴,因此在连杆的大、小端必然要有孔,而且大端必然要有剖分面,这是连杆结构的基本特点。为了防止剖分面松动,连杆螺钉上作用有很大的预紧力。在柴油机工作时连杆大端的剖分面永远是密贴的,因此可以近似地把连杆看成是一个连续体。于是连杆的计算就是求解变厚度的平面连续体问题。

对连杆平面连续体模型划分网格,可采用 4 点等参膜元,在非应力集中部位单元边长可取 5～10 mm,如采用 3 点常应变元,单元应分得更小一些。在应力集中部位单元边长可取 1～3 mm。在大、小端圆孔周边,单元应均匀划分,以方便按指定规律施加外载荷。划分的单元数建议取为 36～72,或者更多。在剖分面附近锯齿连接部位的网格划分,应由锯齿尺寸及其接触边上接触点对的数量决定。单元厚度可取该单元所有角点厚度的平均值。

试验表明，按平面连续体模型求出的连杆整体变形和应力状态与实测基本上是一致的，但对大端孔与连杆瓦、小端孔与衬套之间的接触状态和接触内力却无法求出，从而这些部位附近的应力状态也求不准，这些都属于边界待定问题，需要用非线性力学的理论才能求解。

连杆的平面接触模型的主要特点，是把连杆上所有的配合表面都按接触表面处理，即把大端剖分面，小端孔与衬套，大端孔与连杆瓦，螺钉头与连杆盖的配合关系都按接触问题模拟，连杆其他部位的建模情况及其网格划分与平面连续体模型类似。

连杆大端剖分面附近的锯齿连接结构有平切口和斜切口两种，锯齿一般采用三角形。在外载荷作用下平切口连杆锯齿连接部位承受的剪力比较小，连杆的强度比较好，但为了能把连杆从气缸套内抽出，连杆大端的横向轮廓尺寸受到比较严格的限制，给设计带来了一定的困难。斜切口连杆在大端横向轮廓尺寸的限制方面要松一些，但工作时锯齿连接部位的剪力要大得多，是连杆强度的薄弱环节，有一些大功率柴油机的连杆在连接锯齿的齿根部位就曾产生过裂纹。不论是平切口还是斜切口的锯齿连接结构型式，那里的应力状态对连杆强度都有重要影响。因此，连杆大端剖分面锯齿连接部分的网格划分是建立连杆模型的重要组成部分，对连杆计算有重要影响。

斜切口连杆大端剖分面由长臂侧和短臂侧两部分组成。长臂侧刚度比较小，受载后变形大，应力比较小。短臂侧情况正好相反，由于刚度比较大，受载后变形小，产生的应力比较大。根据这一特点，连杆的计算模型可以简化成长臂侧连续，短臂侧接触，以减小计算工作量。研究表明，用这样的模型计算求出的短臂侧齿根应力与长、短臂侧都按接触模型模拟时相差不大。当然，如果条件允许，将长、短臂侧的锯齿联接部位都按接触问题处理，计算精度会更高。

由三角形锯齿构成的连杆大端剖分面部位的计算实际上是一个三维问题，因为齿的尺寸比连杆厚度要小得多(差一个数量级)，而且剖分面上有螺钉孔。然而剖分面上的螺钉孔，虽然使结合部位的几何形状在厚度方向变得复杂，却并不影响外力的作用。如果忽略连杆螺钉预紧力(在螺纹上)沿厚度分布的不均匀情况,连杆受力仍然是一个平面应力问题,大端剖分面部位仍然可以按平面接触问题建模。

对接触问题划分网格,重要的是要保证在受载后接触表面不产生相对转动,因为相对转动必然会导致相互嵌入,也就是破坏了不可穿透条件,这在实际上是不可能的。因此,在连杆大端与连杆盖的每一条锯齿接触边上至少要划分两个接触点对,以保证它们不会相对转动。为了提高计算精度,锯齿接触边上的接触点对可以再适当增加一些,但其数量不宜太多,一般在一条接触边上以设置 3～5 对接触点对为宜。当然,随着接触点对的增多,网格也要加密。

连杆计算时大端锯齿连接结构的配合公差必须要考虑,这也就是所谓的"失配计算"。对于出厂的柴油机,所有的零部件当然都是合格品,这是没有疑问的。然而由合格的零部件装配成的大部件就一定是合格品吗?作为合格品的连杆大端和连杆盖,锯齿连接表面的尺寸公差当然都在图纸规定的范围内,但如果这两个件的锯齿配合公差数值不匹配,会出现什么样的结果?计算表明,对于同一根连杆,如果一种情况是不考虑锯齿配合表面的加工公差,另一种情况是大端及连杆盖锯齿配合表面都考虑加工公差,而且一个是图纸规定的最大的正公差,一个是图纸规定的最大的负公差,则二者的计算结果将有很大的不同,齿根应力甚至会相差一倍以上。这也就是为什么有的柴油机在运用了一段时间以后总有大约 1/4 的连杆剖分面部位齿根产生裂纹的原因。

在计算模型中连杆螺钉与连杆大端的连接螺纹不需计入,因为螺纹连接是成熟的结构,其强度不会有问题。连杆螺钉的根部与大端可以认为是一体。

任何结构在计算时必须要消除刚体位移,连杆也不例外。对于平面模型的连杆,要消除的刚体位移是其平面内的旋转和两个线位移。消除刚体位移的方法通常就是加约束。连杆实际上是一个运动着的构件,其上作用的外力是平衡的,因此从理论上讲,在连杆的任何部位加约束以限制刚体位移都是可以的。但根据圣维南原理,在约束附近计算结果必然会有一些误差,所以,引入约束的地点应该远离关注部位。对连杆来说,如果主要关心大端的变形和应力,则约束可加在小端;如果主要关心小端的受力情况,则约束可加在大端。当然,约束也可以加在杆身中部,以使大、小端的计算精度都不受影响。

2.2.2 连杆计算的装配作用力

连杆大端与连杆瓦、小端与衬套都采用过盈配合装配在一起，连杆大端剖分面则借助连杆螺钉的预伸长量拧紧装配成一体，该预伸长量实际上也是过盈。这些过盈值都比较大，对连杆进行结构分析时必须予以考虑。连杆螺钉装配力的处理有自己的特点，在本章 2.4 节中将对此作专门论述，这里只讨论连杆瓦和衬套装配力的问题。

对过盈引起的装配作用力，在经典弹性力学中有详细的研究。最典型的例子是组合厚壁圆筒中的过盈装配力计算。由于这是纯粹的轴对称问题，求解比较简单，在任何一本弹性力学教科书中都有其解析解

$$P=\frac{\Delta}{d}\frac{1}{\dfrac{1}{E_o}\left(\dfrac{d_o^2+d^2}{d_o^2-d^2}+\mu_o\right)+\dfrac{1}{E_i}\left(\dfrac{d^2+d_i^2}{d^2-d_i^2}-\mu_i\right)} \tag{2.4}$$

式中 P——过盈产生的均布压力；

Δ——径向过盈(按直径计算)；

d——组合圆筒的中径；

d_o——组合圆筒的外径；

d_i——组合圆筒的内径；

E_o——外圆筒的弹性模量；

E_i——内圆筒的弹性模量；

μ_o——外圆筒的泊松比；

μ_i——内圆筒的泊松比。

连杆大端与连杆瓦、小端与衬套也可近似地看成组合厚壁圆筒，所以连杆的早期计算就是按组合厚壁圆筒公式计算出过盈引起的均布压力，并将其施加到连杆大、小端内孔周边节点上的。

然而用组合厚壁圆筒公式计算连杆大、小端过盈装配力有明显的缺点。首先，在连杆模型中，大端没有计入连杆瓦，小端没有计入衬套，而只是计入了它们的过盈产生的压力。这导致模型对刚度模拟的失真，求出的位移偏大。其次，不论是大端还是小端，它们的轮廓都不是圆，将它们模拟成圆筒当然要影响计算精度。第三，组合厚壁圆筒公式中没有计入

摩擦，这也是一个严重的问题，因为连杆运用过程中连杆瓦之所以能牢牢贴合在大端孔内而不转动就是靠了摩擦的作用，不计入摩擦的模型不能正确地模拟连杆的受力。

比组合厚壁圆筒公式计算精度高的连杆过盈装配力的计算方法，是用温升模拟过盈的作用。这个计算方法的前提是假设摩擦力足够大，连杆瓦(衬套)与大端(小端)内孔保持连续状态，从而可以假定连杆瓦(衬套)具有按过盈量折算的由温升引起的初应变，即

$$\{\varepsilon^{\circ}\}=\begin{Bmatrix}\varepsilon_x^0\\ \varepsilon_y^0\\ \gamma_{xy}^0\end{Bmatrix}=\alpha T\begin{Bmatrix}1\\ 1\\ 0\end{Bmatrix} \tag{2.5}$$

式中 $\varepsilon_x^0,\varepsilon_y^0,\gamma_{xy}^0$——连杆瓦(衬套)初应变$\{\varepsilon^0\}$的分量；

α——连杆瓦(衬套)材质的热膨胀系数；

T——连杆瓦(衬套)相对连杆的均匀温升。

由此可得连杆瓦(衬套)的周向初应变 ε_θ^0 为

$$\varepsilon_\theta^0=\alpha T \tag{2.6}$$

若连杆瓦(衬套)的径向过盈量为 Δ，则 $\alpha T=\Delta/R$，即连杆瓦(衬套)的初应变为

$$\{\varepsilon^0\}=\frac{\Delta}{R}\begin{Bmatrix}1\\ 1\\ 0\end{Bmatrix} \tag{2.7}$$

式中 R——连杆瓦(衬套)的外半径。

根据初应变就可以推出其载荷项，也就是由过盈引起的连杆瓦(衬套)装配力。

在这个计算模型中计入了连杆瓦和衬套，而且考虑了大、小端的实际几何形状，解决了用组合厚壁圆筒公式计算时 3 个缺点中的两个，提高了计算精度。但是这个计算方法把连杆瓦(衬套)与连杆看成一体，二者之间不可能产生相对滑动，这是不符合实际情况的。

进一步提高连杆瓦与衬套过盈装配力计算精度的方法，是采用接触模型，即不仅在连杆的计算模型中把连杆瓦与衬套包括进去，而且认为它们与连杆是接触配合关系，在模型中它们相对于连杆可以滑动，甚至脱开

（对三维模型，认为过盈沿连杆厚度是均布的）。这个模型真实地再现了连杆瓦与衬套同连杆大、小端内孔的装配关系，没有采取任何假设，也没有忽略任何东西，因此是精确的。

连杆大、小端同连杆瓦、衬套配合的过盈装配力并不是连杆作用载荷的全部，连杆计算时可以把其他载荷都施加在这个接触模型上，然后用本书第1章介绍的有限元参数二次规划法结合子结构技术求解，算出连杆各部分位移和应力的分布。

2.2.3　连杆的工作载荷

连杆的工作载荷有气体力和惯性力两种，在柴油机一个工作循环内它们都在不断地变化。气体力的作用是对活塞顶部的压缩，其数值在进、排气压力和爆发压力之间变动。惯性力的大小取决于连杆运动的加速度，因此不但每时每刻都在变化，而且在同一时刻其在连杆各部分的数值是不同的。连杆的平面模型主要在概念设计时使用，只需要计算其最恶劣的载荷工况，所以下面只研究由气体力和惯性力合成的连杆最大拉伸力和最大压缩力。

连杆承受的最大拉伸力是柴油机空转时在上止点的往复惯性力和回转惯性力的合力。这个力可以用参考文献[6][64]中的转动惯量法精确求出，但在柴油机单缸动力学的计算模型中，为了简化，通常都采用二质量代替法计算，即把连杆质量分成两部分，一部分集中在小端，只作往复运动，另一部分集中在大端，只作回转运动，对连杆其他点的惯性力则不予考虑。用二质量代替法求出的连杆大、小端惯性力基本上反映了连杆受力的真实情况，所以在计算连杆的最大拉力时，不用分析连杆各点的往复运动，而按连杆的往复质量都集中在小端来考虑，这时大端则承受作为约束的由连杆轴颈传来的反作用力，即连杆最大拉力作用在大、小端内孔之间，数值为活塞连杆组最大往复惯性力减去这时活塞顶的气体压力。

必须指出，从小端到大端随着质量的增加连杆最大拉伸力实际上是不断变化的：在小端，这个力最小，然后逐渐增加，到大端变成最大，即上面介绍的数值，因此按照二质量代替法求出的连杆最大拉伸力，对于小端附近偏于保守（数值偏大）。

连杆承受的最大压缩力是柴油机爆发力减去这时的往复惯性力。由于从小端到大端往复惯性力实际上是不断增加的，所以最大压缩力实际上是不断减小的，但按照二质量代替法计算时，往复惯性力是不变的，在数值上等于在大端处的值，所以这时连杆的最大压缩力对于小端附近数值偏小。

与最大拉伸力类似，连杆承受的最大压缩力也作用在大、小端内孔之间，只是拉力作用时连杆轴颈约束杆身，使其受拉；压力作用时连杆轴颈支撑住杆身，使其受压。

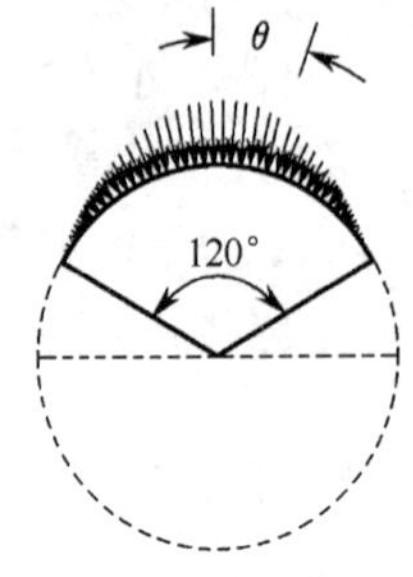

图 2.25　连杆工作载荷按余弦规律分布

最大拉伸力和最大压缩力在连杆大、小端内孔周边的分布规律可取为余弦规律(图 2.25)，载荷作用范围的包角 θ 可在 90°～180°范围内选取，而以取 $\theta=120°$的居多。载荷集度的计算公式如下

$$q=q_{\max}\cos\frac{\pi}{2\theta_0}\theta \tag{2.8}$$

$$q_{\max}=\frac{P}{r\left[\dfrac{\sin\left(\dfrac{\pi}{2}+\theta_0\right)}{\dfrac{\pi}{2\theta_0}+1}+\dfrac{\sin\left(\dfrac{\pi}{2}-\theta_0\right)}{\dfrac{\pi}{2\theta_0}-1}\right]} \tag{2.9}$$

式中　P——最大拉(压)力；

r——相应连杆孔的半径；

θ_0——包角的一半。

当 $\theta_0=60°$(即 $\theta=120°$)时

$$q=\frac{5P}{6r}\cos\frac{3\theta}{2} \tag{2.10}$$

事实上，最大拉伸力和最大压缩力在连杆大、小端内孔周边的分布并不是余弦规律，而是连杆瓦和衬套的油膜压力曲线，这要求解雷诺(Reynolds)方程才能求出。工作载荷的余弦分布只是人为的一种假设，并没有什么理论根据。然而由于合力是等效的，而且同时还有连杆瓦、衬套和连杆螺钉装配力的作用，按照圣维南原理，对远离载荷作用点的地方工作载荷的余弦规律假设带来的计算误差是很小的。

根据最大拉伸力和最大压缩力在连杆大、小端内孔周边的分布规律，可以将这些连续分布的载荷移置到它们分布范围内各相应的节点上。由于载荷不是均布的，移置需要采用积分的方法，求出每个单元上外载荷作用的合力，再根据合力作用点的位置，利用杠杆原理，把合力分解到相应单元的两个节点上。

根据作用在连杆上的装配作用力和工作载荷可以确定连杆的计算工况，它们是：

(1)预紧工况：作用载荷为连杆瓦和衬套的过盈装配预紧力以及连杆螺钉(栓)预伸长量引起的装配预紧力。这是模拟连杆装配完尚未工作时的受力情况。

(2)拉伸工况：作用载荷为最大拉伸力和预紧工况的 3 个力。这是模拟柴油机空转时以及正常工作时排气过程中活塞到达上止点的情况下连杆的受力。

(3)压缩工况：作用载荷为最大压缩力和预紧工况的 3 个力。这是模拟爆发时连杆的受力情况。

2.2.4 连杆计算的三维接触模型

前面已经谈到，由于连杆的结构和作用载荷都对称于其摆动平面，连杆计算可以看成是一个平面应力问题。然而在连杆的有些部位，沿厚度方向结构是变化的，如杆身中油孔部位，特别是有螺钉(栓)孔存在的大端剖分面附近的锯齿联接部位，应力状态是三维的，平面模型不能求出那些部位的应力在连杆厚度方向的变化。而连杆的工作载荷又是通过曲轴连杆轴颈和活塞销传来的，连杆轴颈、活塞销和连杆本身的弹性使这些载荷沿连杆厚度分布不均匀，对这个问题平面模型也反映不出来。因此在对连杆作最后的强度校核时，采用三维接触模型是必需的。

由于对称性的存在，连杆的三维计算只需对其结构的一半建立模型。这时，在连杆平面内网格划分的原则与平面模型相同，沿厚度方向的网格划分则以平行于摆动平面为宜。在螺钉(栓)孔部位沿厚度方向的网格应加密，单元边长应与该部位在连杆平面内的单元边长相匹配，在其他部位网格可稀疏些。网格的疏密过渡最好放在大端与杆身联接处偏杆身一侧。

连杆按三维模型计算时划分网格最好采用 8 节点等参块体元，即六面体单元，这种单元的计算精度比四面体单元高。而从另一方面看，连杆的受力基本上是平面应力状态，用六面体单元建模可以较好地反映这个特点。

对三维模型需要消除 6 个刚体位移，即 3 个线位移和 3 个角位移。由于利用了对称性，连杆的三维模型在对称平面内的全部节点在垂直于对称面方向的位移分量都等于零，这就消除了三个刚体位移(垂直于对称面的线位移和绕其他两根坐标轴的角位移)。连杆的其他 3 个刚体位移(在本身平面内的两个线位移和旋转)的约束，可采用与平面模型完全相同的方法施加。

连杆三维模型上作用的工作载荷可以采用本章 2.2.3 节中平面模型工作载荷的施加方法施加，在厚度方向载荷则按给定的分布规律(例如均布或者中间大、两边小的二次抛物线规律)作用。但这样做毕竟是假设，没有什么理论根据。

比较好的施加工作载荷的方法，是按照实际情况在连杆的计算模型中计入曲轴单拐和活塞销，通过连杆轴颈与连杆瓦以及活塞销与衬套的相互接触将工作载荷传给连杆。这时连杆的计算模型是名副其实的多体接触模型，接触面包括连杆大端与连杆盖的剖分面锯齿连接表面的接触，连杆大端、连杆盖内孔与连杆瓦外表面的接触，连杆小端内孔与衬套外表面的接触，单拐连杆轴颈外表面与连杆瓦内表面的接触，活塞销外表面与衬套内表面的接触和各连杆螺钉头与连杆盖外缘的接触等。最大拉伸和最大压缩载荷作用在活塞销和连杆轴颈的两端。这个连杆计算模型的唯一不足是没有计入油膜，因而计算求出的连杆轴颈与连杆瓦以及活塞销与衬套之间的接触内力的分布规律与实际的油膜压力可能会有些出入，但差别不会很大。

在连杆三维接触计算时，连杆瓦过盈、衬套过盈以及连杆螺钉(栓)预伸长量等各种装配力的施加方法，与连杆平面接触模型相类似，可参看本章 2.2.2 节和 2.4 节。

2.2.5 连杆计算的工程实例

1. 按平面接触模型计算 16V240ZJ 柴油机 G 型连杆[25]

16V240ZJ 柴油机 G 型连杆的结构外形示意图如图 2.26 所示。

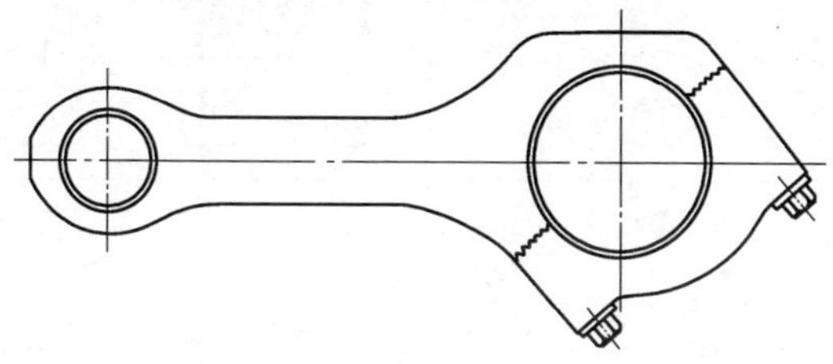

图 2.26 16V240ZJ 柴油机 G 型连杆的结构外形示意图

由于主要对连杆大端短臂侧剖分面附近的应力状态感兴趣，又由于用大端剖分面在长臂侧连续、短臂侧接触的模型与两臂均为接触的模型对连杆计算求出的短臂齿根应力相差很小，为了提高效率，计算采用前一种模型。另外，考虑到连杆小端离大端较远，且过盈量很小，根据圣维南原理，小端衬套的过盈对大端应力计算的影响是很小的。为简化计算，在计算中忽略衬套的过盈，将衬套与连杆小端视作一体。

计算采用多重多支的子结构技术。子结构模式划分图见图 2.27。结构构成树见图 2.28。各子结构模式的参数见表 2.2。将各子结构模式拼装得到的连杆整体计算网格图见图 2.29，短臂锯齿连接部位的网格见图 2.30。连杆整体模型共划分了 5 623 个节点，109 个接触单元。接触单元的设置如下：大端短臂侧每个连接锯齿的齿面上划分 5 个接触点对，连接锯齿共有 5.5 个，计 11 个齿面，所以在短臂齿部共划分了 55 个接触点对；连杆瓦与大端内孔表面每隔 10°圆心角设置一个接触点对，共计 36

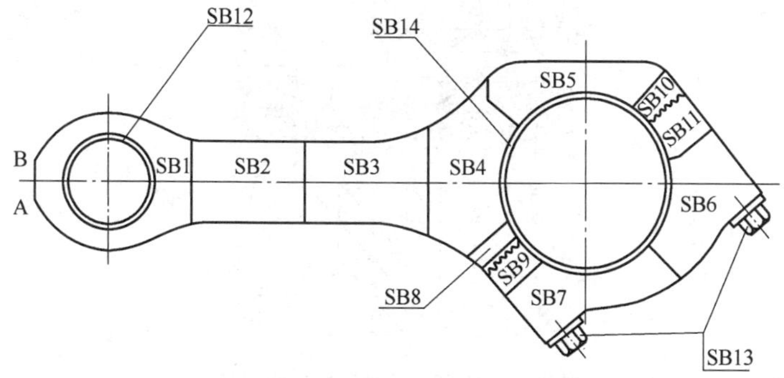

图 2.27 16V240ZJ 柴油机 G 型连杆计算的子结构模式划分图

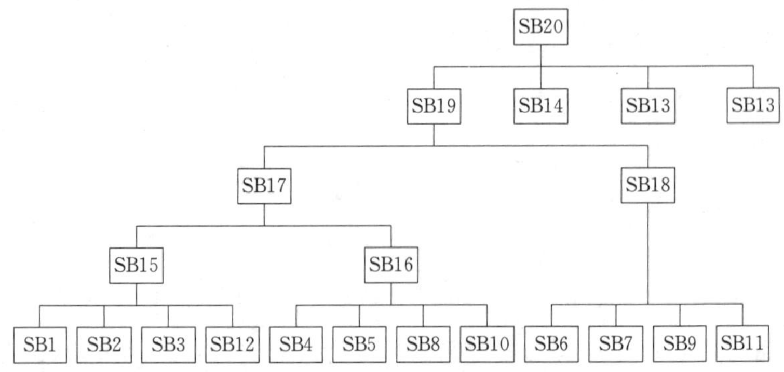

图 2.28　16V240ZJ 柴油机 G 型连杆计算的结构构成树

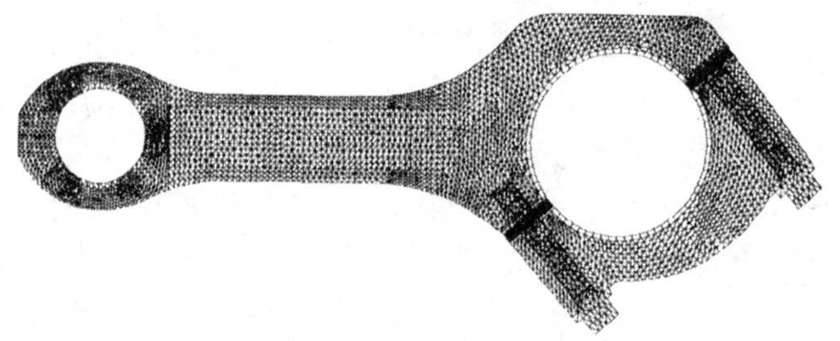

图 2.29　16V240ZJ 柴油机 G 型连杆计算的整体网格图

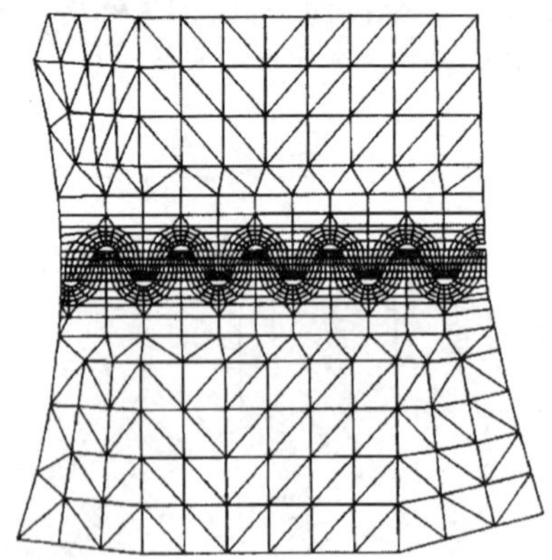

图 2.30　16V240ZJ 柴油机 G 型连杆的短臂锯齿连接部位的网格图

表 2.2 16V240ZJ 柴油机 G 型连杆各子结构模式的参数

子结构模式号	节点总数	出口节点总数	超级单元个数	单元类型	备注
SB1	670	96	0	3 点膜元	连杆小端
SB2	425	34	0	3 点膜元	
SB3	463	38	0	3 点膜元	
SB4	455	62	0	3 点膜元	
SB5	323	41	0	3 点膜元	
SB6	360	43	0	3 点膜元	
SB7	250	43	0	3 点膜元	
SB8	88	29	0	3 点膜元	
SB9	631	82	0	3、4 点膜元	
SB10	599	83	0	3、4 点膜元	
SB11	643	82	0	3、4 点膜元	
SB12	154	77	0	3 点膜元	衬套
SB13	143	16	0	3 点膜元	螺钉
SB14	196	36	0	4 点膜元	连杆瓦
SB15	134	21	4	SB1＋SB2＋SB3＋SB12	
SB16	178	120	4	SB4＋SB5＋SB8＋SB10	
SB17	120	99	2	SB15＋SB16	杆身
SB18	214	147	4	SB6＋SB7＋SB9＋SB11	连杆盖
SB19	191	136	2	SB17＋SB18	
SB20	731	123	4	SB19＋SB14＋SB13＋SB13	整体

个接触点对；两个螺钉头与连杆盖的接触面上各设置了 9 个接触点对，共计 18 个接触点对。

工作载荷按余弦规律分布处理，拉伸载荷的包角取为 120°，压缩载荷的包角取为 90°。

2. 连杆按三维接触模型计算的实例[26][27]

取缸径 230 mm 的某柴油机连杆作为三维接触计算的实例。

230 柴油机连杆装配结构示意图见图 2.31。

230 柴油机连杆大端为平切口剖分面，连杆具有两个对称面，所以只对连杆结构的 1/4 建立计算模型。

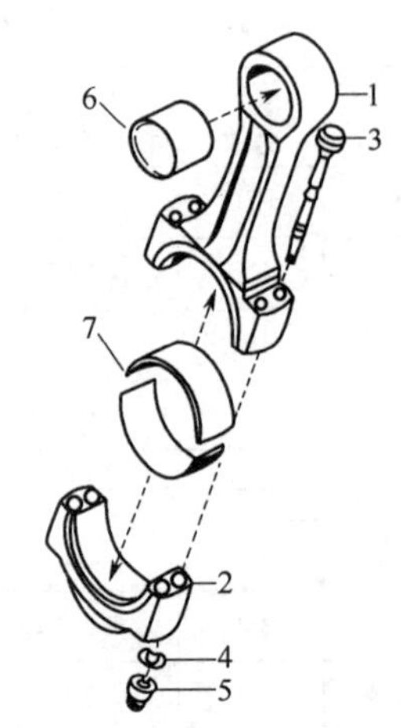

图 2.31　230 柴油机连杆装配结构示意图

1—连杆小端；2—连杆盖；3—连杆螺钉；4—垫圈；5—螺母；6—衬套；7—连杆瓦。

如前所述，接触问题具有局部的性质，因而根据圣维南原理，连杆大端孔与连杆瓦的配合是否按接触模型处理，对于小端及其附近部位的影响将是微不足道的；同理，小端孔与衬套配合关系的模拟方式，对大端也没什么影响。所以为了减少计算耗费，这个连杆计算是分开进行的，即当主要考察连杆大端的力学状态时，将大端部位所有的配合关系都用接触模型模拟，而将小端与衬套视作一体，这样的计算结果对于连杆小端部位误差比较大，但对大端部位精度足够；同理，当要重点研究连杆小端的变形和应力时，将小端的所有配合关系都按接触问题考虑，大端部位则视作连续体，而对计算结果只分析有关小端的部分。由于计算采用多重多支的子结构技术，在上述第一种模型的基础上，将数据稍加改动就能获得第二种模型，操作十分方便。下面列出 230 柴油机连杆结构构成树(图 2.32)和各子结构模式的基本参数(表 2.3)。为了节省篇幅，只列出了“大端接触、小端连续”时的情况。

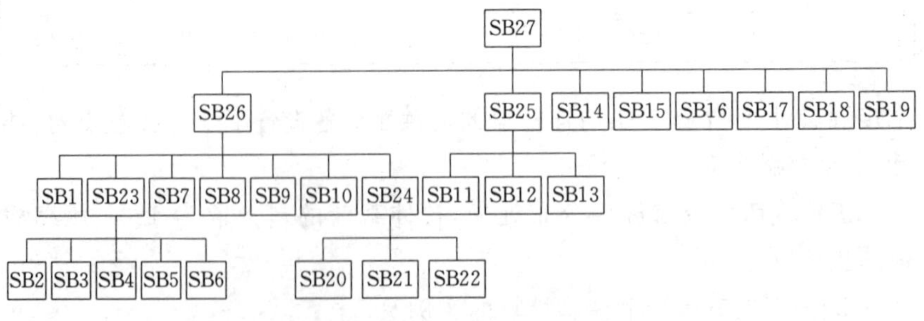

图 2.32　230 柴油机连杆“大端接触”的三维模型结构构成树

表 2.3 230 柴油机连杆“大端接触”三维模型各子结构模式的基本参数

子结构模式号	节点总数	出口点总数	超级单元个数	备注
SB1	932	162	0	与衬套接触配合的连杆小端部分
SB2	570	156	0	杆身(最上面部分)
SB3	621	138	0	杆身(中间部分)
SB4	966	138	0	杆身(中间部分)
SB5	823	154	0	杆身(中间部分)
SB6	1 199	226	0	杆身(至大端的过渡部分)
SB7	1 240	286	0	与杆身接触配合的连杆大端部分
SB8	1 188	230	0	连杆大端(主要部分)
SB9	746	307	0	连杆大端(齿形结合部位)
SB10	290	150	0	小端衬套
SB11	744	307	0	连杆盖(齿形结合部位)
SB12	1 188	230	0	连杆盖(主要部分)
SB13	1 230	145	0	连杆盖(最下面部分)
SB14	540	140	0	连杆瓦(上半片)
SB15	530	140	0	连杆瓦(下半片)
SB16	756	25	0	连杆螺栓(上半部分)
SB17	974	25	0	连杆螺栓(下半部分)
SB18	946	72	0	曲轴(第一部分)
SB19	935	72	0	曲轴(第二部分)
SB20	765	121	0	活塞顶
SB21	1 444	324	0	活塞裙
SB22	636	278	0	活塞销
SB23	520	228	5	杆身
SB24	399	75	3	活塞组成
SB25	492	312	3	连杆盖组成
SB26	870	312	7	活塞＋衬套＋连杆本体
SB27	1 098	549 (接触点对)	8	整个模型

关于网格划分的情况介绍如下：

沿大端孔半周边按 52 等分均匀划分网格(相当于约 3.4°圆心角一个单元)，在大端厚度方向划分 10 排节点。沿小端孔半周边按 28 等分均匀划分网格(相当于 6.4°圆心角一个单元)，在小端厚度方向划分 5 排节点。大端部位由于有螺钉孔，几何形状比较复杂，所以那里沿厚度方向的网格要比小端密。

连杆盖外缘上螺钉头压紧面附近的圆角部位，由于几何形状变化剧烈，应力集中严重，是连杆强度的薄弱环节，因此那里网格划分得很密，单元平均边长约为 1 mm 左右，并用放射状网格逐渐过渡到离圆角较远处较稀疏的网格。

连杆大端剖分面附近各联接锯齿每个齿边上都划分两个接触点对，以确保各联接锯齿不相互嵌入。

连杆杆身中间部位不直接承受外载荷，而且几何形状比较简单，因此网格划分得相对稀疏。

曲轴单拐和活塞、活塞销都不是研究对象，它们在模型中只是用来准确模拟加载，因此其网格划分也比较稀。

整个连杆模型(1/4 连杆、单拐和活塞的组合结构)共划分了 18 407 个节点，16 911 个 8 节点等参块体元。自由度总数约 55 000。计算模型各部分网格见图 2.33～图 2.39。

图 2.33　230 柴油机连杆整体三维接触模型网格图(46 639 个节点)

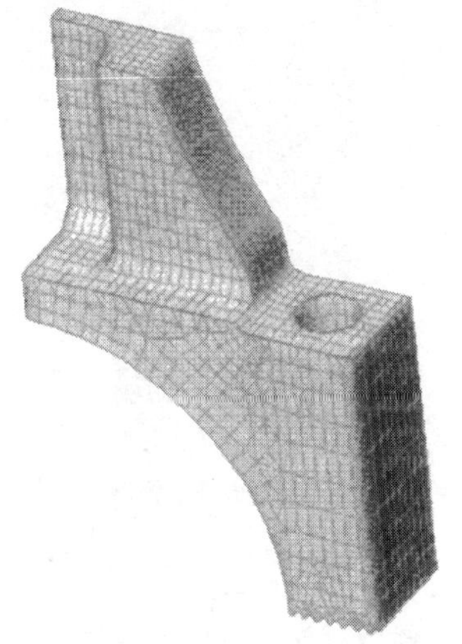

图 2.34　连杆大端网格图

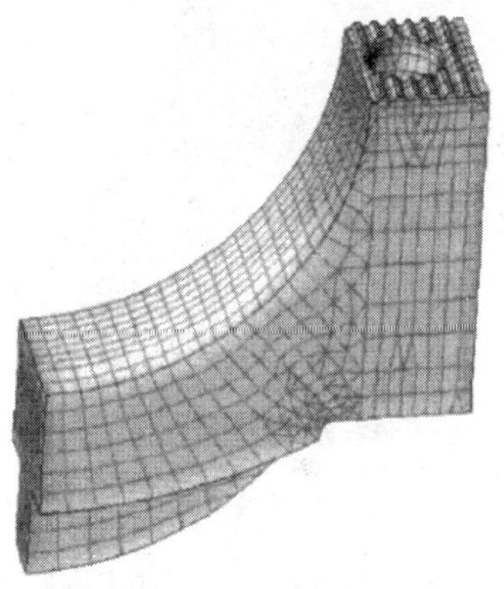

图 2.35　连杆盖网格图

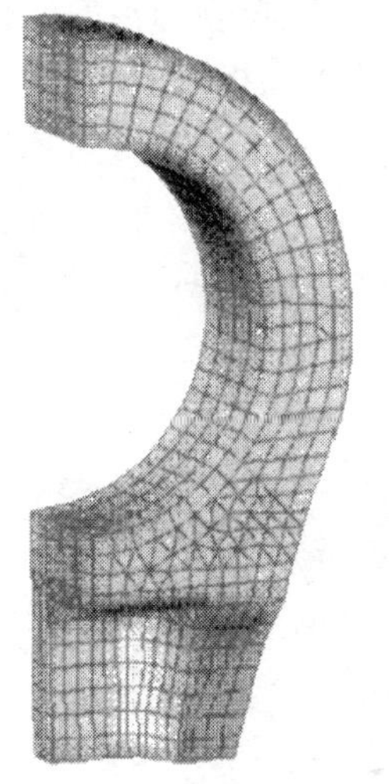

图 2.36　连杆小端网格图

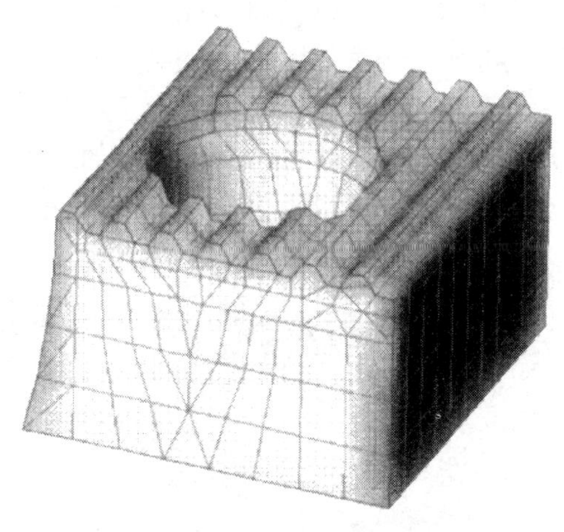

图 2.37　连杆大端锯齿联接部位网格图

关于接触点对设置如下。小端衬套内、外表面均为接触面，接触点对个数为 150；连杆瓦的内、外表面也均为接触面，接触点对个数为 280；连杆螺钉与连杆盖、杆身的压紧配合用接触模型模拟，上、下紧固表面各设置 20 个接触点对；大端剖分面附近联接锯齿齿面上共划分了 222 个节

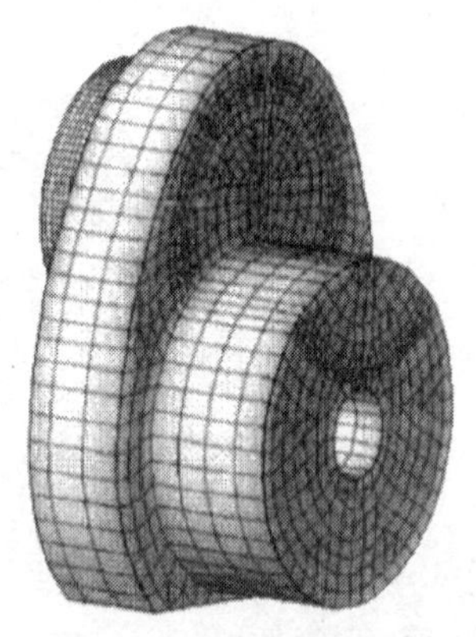

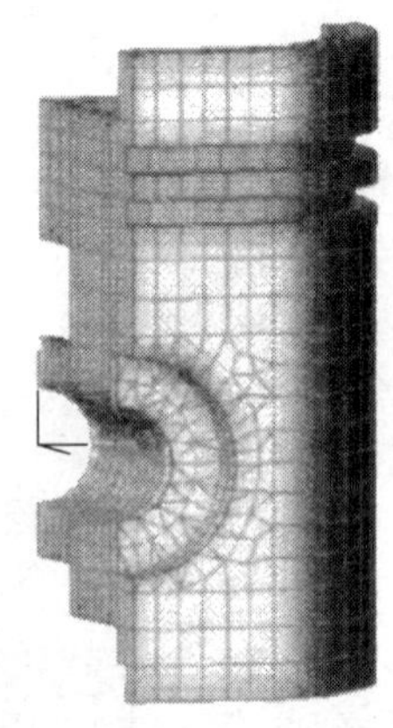

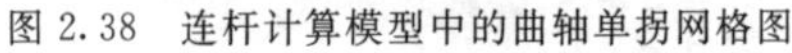

图 2.38　连杆计算模型中的曲轴单拐网格图

图 2.39　连杆计算模型中的活塞组网格图

点，全部是接触点对；再加上按照程序对接触数据文件的要求增加的几个接触点对，整个连杆模型中共有 699 个接触点对。

关于约束是这样处理的。由于采用的是包括连杆、单拐和活塞在内的组合模型，而且只对其 1/4 结构建模，在两个对称平面（连杆的摆动平面和与其垂直的中心线平面）内的所有节点都应有垂直于其相应对称平面的线位移约束，这同时也就约束了计算系统的三个角位移。这时，连杆长度方向仍然是可动的，于是在单拐的主轴颈上再加一个线位移约束，这样就消除了整个模型的全部六个刚体位移。

计算求出的大端连接锯齿部位的应力分布见图 2.40。

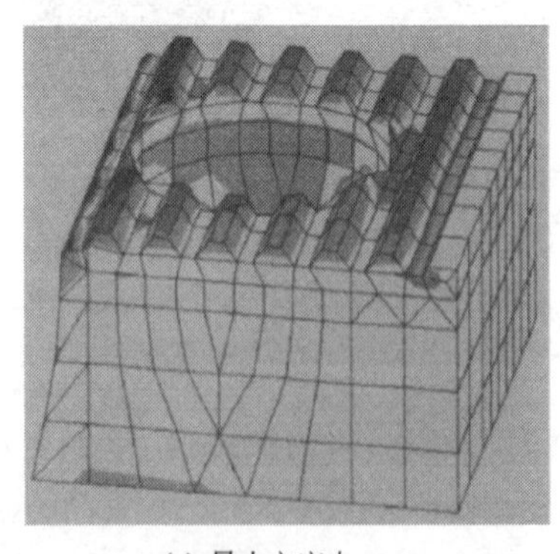

(a) 最大主应力σ_1

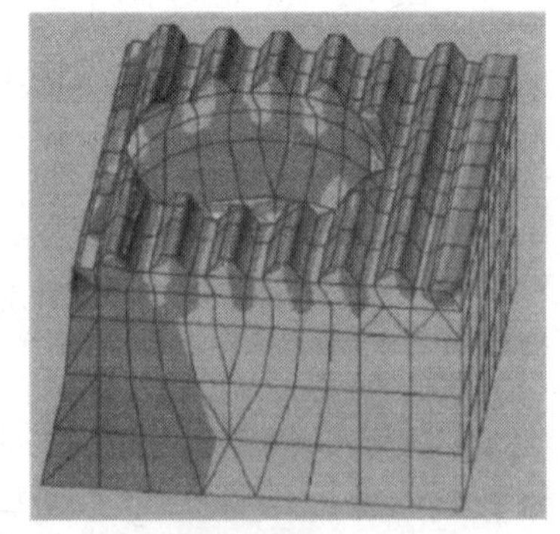

(b) 剪应力τ_{xy}

图 2.40　连杆按三维接触模型求出的大端锯齿部位的应力分布

2.2.6　连杆设计的几个问题

1. 连杆作为一个传力的构件，确保其强度和刚度是设计时首先应该考虑的问题。连杆的刚度主要体现在受载后大、小端孔的变形，这直接影响到连杆瓦和衬套的正常工作。现在国内外通行的判据是：连杆大、小端孔的变形都应小于其相应孔直径的1/2 000，或者小于连杆瓦（衬套）内孔与相应轴直径间隙下限的一半。变形值必须是用接触模型求得的，不能采用连续体模型的计算结果。

连杆的强度薄弱环节主要是连杆盖外缘的应力集中部位和大端剖分面附近的锯齿联接部位。对于前者，只要适当加大圆角的圆弧半径，问题就可解决。对于后者，问题牵涉到连杆整体的结构设计。

2. 前面已经讲到，按照大端剖分面角度的不同，连杆可分为平切口和斜切口两种。平切口连杆在结构上对称于连杆中心线，所以在外载荷作用下锯齿联接部位的剪力比较小，锯齿间接触面的法向力和齿根应力都比较小。斜切口连杆由于结构不对称，锯齿联接部位的剪力比较大，造成齿根应力也比较大。产生这个现象的根本原因在于连杆大端结构刚度的不对称，短臂侧刚度大，长臂侧刚度小。在对称的拉伸力和压缩力作用下，刚度大的短臂侧受力比较大，刚度小的长臂侧受力比较小，于是短臂侧联接锯齿的齿根应力就比较大。

解决这个问题的唯一办法，就是在连杆设计时尽量使中心线两侧的大端刚度相互接近，例如把连杆盖设计成不对称的结构。但斜切口连杆结构本身决定了两侧的刚度是不等的，所以斜切口连杆大端应怎样设计，以使其两侧刚度相等或接近，一直是柴油机设计师研究的一个课题。

这里有一个问题要注意，这就是连杆大端设计时必须要把杆身与连杆盖装配起来考虑，也就是说，把整个大端看成一个整体，真实地模拟连杆的受力，切忌单独地考虑杆身或连杆盖。实践表明，有时对连杆盖单独分析时，结构似乎是合理的，可是与杆身连成一体考虑，就变成不合理的了。

当斜切口连杆的齿根应力水平实在降不下来时，干脆改变结构形式，把斜切口改成平切口形式，也是一种可行的解决问题的方法。世界著名的柴油机咨询公司奥地利 AVL 研究所在给四方机车车辆厂的

12V180ZJ 柴油机和戚墅堰机车车辆厂的 16V280ZJ 柴油机做强化改进时，就把这两种柴油机的连杆从斜切口形式改成了平切口。

3. 由于连杆上作用的工作载荷是交变负荷，连杆的强度取决于应力幅和平均应力的综合作用，而以应力幅的影响为主。在剖分面附近部位的应力，虽然也受拉伸力、压缩力和连杆瓦的装配作用力等的影响，但起决定作用的是连杆螺钉作用力。螺钉作用力主要是其预紧力，在连杆工作时虽然这个力的数值会发生变化，但变化不大。因此在大端剖分面锯齿联接部位，以至扩展到整个连杆螺钉作用的影响区，尽管平均应力的绝对值比应力幅要大得多，有时甚至要大好几倍，但对那里强度起主要作用的仍然是应力幅。

4. 对连杆大端锯齿连接部位强度有重要影响的另一个因素是微动磨损。连杆上的工作载荷主要是拉伸力和压缩力，在连杆工作时二者交替作用，它们引起的连杆各部位的变形随着柴油机持续不断的工作循环而周期性地变化。在连杆绝大部分地方，弹性变形的变化并不会影响那里的强度。但在大端锯齿联接部位，由于巨大的螺钉压力，各锯齿的接触面都相互紧紧密贴，各锯齿变形的变化必然导致各接触面之间产生相对滑动。锯齿联接的结构通常是连杆盖(或连杆杆身大端部分)的齿顶伸进连杆杆身大端部分(或连杆盖)的齿槽，但齿槽的根部是圆弧形状，而齿顶是平的，齿顶不能伸到齿槽的底部，所以连杆装配后各联接锯齿的齿顶与相应的齿底间必然都存在一块很小的空隙。随着作用载荷的不断变化，各锯齿齿顶就沿着接触面在这些小空隙里不断滑动。数以亿次的滑动最终在某个锯齿的接触面上(小空隙范围内)产生了凹坑，这就是应力集中源，会使锯齿联接部位的齿根产生裂纹。为了解决这个问题，必须增加连杆螺钉的预紧力，尽可能地减小各锯齿间的相对滑动量。参考国内外的有关文献，连杆螺钉预紧力可按下列准则取值：在这样的螺钉预紧力下连杆螺钉的拉应力应为螺钉材料屈服极限的 70%左右。

5. 关于连杆螺钉的位置：如果每侧只布置一个螺钉，则通常都将其布置在连杆臂的中间，不论长臂短臂都是这样。可是连杆臂有一定的宽度，螺钉究竟应偏向哪一侧更为合理？计算表明，如果将螺钉位置从连杆臂中间向外移，拉伸工况的齿间接触内力将普遍减小，而压缩工况的情况正好相反，螺钉外移将使齿间接触内力普遍增加。另外，不论是拉伸工况还是压缩工况，螺钉外移将使齿上接触点附近的变形和应力增大，显然，这对连杆强度是不利的。因此合理的设计应该是将螺钉布置在连杆臂中间偏内的部位。

6. 大量连杆三维接触计算表明，不论是拉伸还是压缩工况，连杆轴颈与连杆瓦以及活塞销与衬套的接触内力沿厚度的分布规律都呈拱形，也就是中间大，两边小，其具体变化曲线由连杆大、小端与连杆轴颈以及活塞销的具体结构刚度比决定。

7. 由于连杆瓦与衬套的装配过盈对连杆大、小端的应力水平有重要影响，在连杆盖和小端端部结构设计时必须要考虑连杆工作时连杆瓦与大端以及衬套与小端之间接触内力的水平及其分布情况。大量连杆的计算表明，在最大拉伸载荷作用下衬套与小端孔之间沿周向的最大接触内力并不发生在顶端，而要偏离顶端一个角度 θ，这与余弦规律分布完全不同。这个偏离角度 θ 对不同的连杆是不同的，通常在 20°～30°范围内变化（θ 从连杆中心线算起）。在最大拉伸载荷作用下连杆瓦与大端孔之间沿周向的接触内力分布规律与衬套同小端孔间接触力规律有相当大的区别，这是因为大端有连杆螺钉，而螺钉装配力在数值上通常远大于连杆瓦过盈装配力。在拉伸工况下连杆瓦与大端孔间的周向最大接触内力同样也不发生在顶端，但偏离的 θ 角比小端的要大。因此从确保连杆工作可靠的角度出发，连杆盖设计时建议在中部加一加强肋，以便使其刚度在两个最大接触内力产生部位之间得到加强，这相应地也减小了连杆大端孔的变形，有利于连杆瓦的工作。另一方面，由于连杆瓦接触内力沿连杆厚度的分布以中间最大，中部加肋的措施也有利于在厚度方向连杆结构的加强。

连杆小端结构的设计可以参照连杆盖的做法，但中部加强肋的尺寸应大大小于连杆盖，仅呈微凸即可。

2.3 活塞的分析[28][29][30]

活塞与活塞环、活塞销一起组成活塞组，是柴油机中最重要，同时又是受载最重的部件之一。

活塞组与气缸盖和气缸套一起组成一个容积变化的、基本上密闭的空间，用以实现柴油机的燃烧和全部工作过程，因此活塞承受的温度负荷和机械负荷都是很重的。活塞的另一个重要的功能,是把燃气压力通过活塞销传给连杆,进一步再传给曲轴,形成曲轴的输出扭矩。因此活塞必须要有足够的热强度和机械强度,以确保它的工作可靠性;同时活塞又是运动速度很高的运动件,减轻质量以减小惯性力也是活塞设计时必须考虑的一个问题。总之,活塞结构应该是强度高,质量轻,耐高温,密封好。

2.3.1 活塞的结构形式及其基本特点

图 2.41 所示是活塞简图,它由顶部和裙部两部分组成。顶部包括活塞顶和环带部。活塞顶与气缸盖、气缸套构成燃烧室,直接承受高温和高压气体的作用。环带部指的是活塞顶部的侧壁,那里有活塞环槽以安放活塞环,形成对燃气和润滑油的密封。

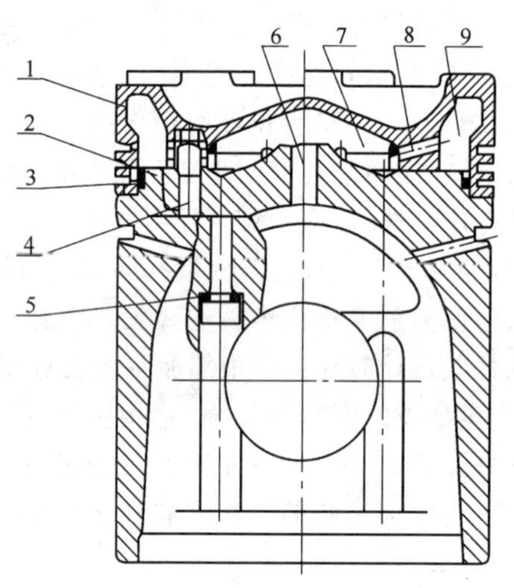

图 2.41 活塞的构造

1—活塞顶;2—活塞裙;3—O 形密封圈;4—连接螺钉;5—垫圈;
6—中央冷却腔;7—过油孔;8—回油孔;9—环形冷却腔。

活塞顶部的下面是活塞裙部。在活塞作往复运动时裙部起导向作用,同时承受气缸套对活塞侧压力的反作用力。活塞裙部的下部是活塞销座,用以安装活塞销。活塞通过活塞销与连杆连接在一起。

活塞设计在早期曾广泛使用铝合金,因为铝合金具有密度小,导热性高等重要优点,而且铝合金的浇铸性和切削加工性都比较好,采用整体铸造和模锻的制造工艺成品率都比较高。但铝合金也有严重的缺点。首先,高温强度低。当温度从 15 ℃增加到 350 ℃时,铝合金的极限强度将降低 70%左右。其次,线膨胀系数大。设计时必须在活塞和气缸套之间留有较大的间隙,不利于密封和降低噪声。第三,耐磨性能差。

考虑到活塞顶部同时受高温和爆发压力的作用,是整个活塞中受载最重的,而活塞裙部仅仅受比较大的机械负荷作用,温度负荷很小,于是组合结构活塞的思想应运而生。组合活塞的特点是顶部用耐高温,同时机械性能好的材料(例如钢)制造,裙部则采用密度小,与铸铁的气缸套匹配好,而机械性能也不低的材料。最早问世的组合活塞是钢顶铝裙活塞,随后又出现了钢顶铁裙和钢顶钢裙的组合活塞。这几种组合活塞的适用范围不同。当柴油机爆发压力不太大时(小于 18 MPa),通常使用钢顶铝裙活塞;当爆发压力很大时(大于 20 MPa),使用钢顶钢裙活塞;钢顶铁裙活塞的适用范围介于二者之间。在组合活塞中顶部与裙部用螺钉连接,这时活塞顶部可布置足够大的冷却腔,用从连杆供给的机油冷却。

2.3.2　活塞计算的模型

活塞顶部的几何形状,如果不考虑避阀穴,是一个回转体,活塞裙部的销座部位是一个双向对称结构,中部则是二者的结合。因此,从结构上看,活塞是应该按照三维模型进行计算的。但是在有限单元法产生的早期,由于计算机的容量很小,运算速度也比较慢,活塞的计算只能简化成轴对称模型进行。这样模型的计算结果只对活塞顶部的设计有一定参考价值,对裙部没有什么意义。

20 世纪 80 年代以后,随着计算机的飞速发展,计算力学理论得到了长足的进步,高性能的有限元软件和前后处理系统开始出现,活塞计算也就转向采用三维模型。在三维模型中活塞结构基本上得到了精细的描述,从而排除了结构描述失真,使计算产生重大误差的情况。

但是为了确保活塞计算结果的正确,除了对其结构按照实际情况建立三维模型外,还必须真实地模拟边界条件。活塞的支承是活塞销,活塞销又通过衬套支承在连杆上。因此活塞计算的模型有两种:一种是单独计算的模型,把活塞销作为支承;另一种是活塞连杆组装配结构的计算模型，模型中不但包括活塞而且把活塞销以及连杆小端和衬套也都计入。由于活塞结构是双向对称的（活塞顶部的轴对称结构当然也是双向对称），这两种模型都可以利用这一特点，只对活塞结构的 1/4 建模。在这样的模型中，两个对称平面内的节点，在垂直于节点自身所在对称平面方向的线位移应为零。下面对这两种活塞模型分别进行讨论。

1. 单独计算的活塞模型

不论是铸造的整体活塞或者是组合活塞，都可以采用单独计算的模型，它们划分网格的特点大体上是相同的。

在活塞上尽管有一些孔洞，结构的几何形状也相当复杂，但没有明显的应力集中部位，活塞环槽部位受载也不重，所以网格可以划分得比较均匀。活塞顶部的避阀穴，由于那里的应力不高，不是分析重点，而且计入后对活塞整体的应力分布没有什么影响，故通常予以忽略。活塞环槽部位尽管几何形状突变，但应力集中并不严重，那里的网格只需要适当加密，例如，单元边长可取为活塞环槽槽宽尺寸的 1/3～1/2，不用十分密集。活塞内部冷却油腔周边的网格，不需特别加密，只要划分得大致均匀即可。活塞销座部位网格的划分也应该着眼于均匀。

活塞作为一个多孔洞的空间实体结构，划分网格时可以采用四面体常应变单元和 8 节点等参块体元。如果采用四面体元，可以利用生成有限元网格的前处理软件来自动划分网格，效率高，但生成的网格图不太漂亮，质量往往不理想。如果采用 8 点实体元，则在活塞环槽、活塞销座和活塞顶部的顶板等部位网格将会是很漂亮的，质量很好，但在活塞体内几何形状变化比较剧烈的地方，特别是连接螺钉附近，划分网格将比较困难。比较好的办法是把这两种单元结合起来使用：在活塞周边采用 8 点实体元，而在应力梯度大、网格需要加密的部位采用四面体元。

单独计算的活塞模型与活塞连杆组装配结构的计算模型的主要区别，在于对活塞销座同活塞销配合关系的模拟不同。在早期的单独计算的活塞模型中，把活塞销表面各点对活塞销座相应各点的配合模拟成沿活塞轴线方向的刚性支承，这就限制了在活塞销中心线水平平面内的销座内表面的节点相对活塞销转动的可能，显然不符合实际情况。后来活塞计算模型有了改进：活塞销座同活塞销的配合关系改成用销座内表面的径向刚性支承来模拟。这一模型虽然在力学上允许活塞销座与活塞销相对转动，用径向支承模拟活塞销对销座内表面的约束也比较合理，但支承具有绝对刚性这一点与实际情况明显不符。为了把刚性支承改为弹性支承，首先必须要知道支承的刚度。然而在单独计算的活塞模型中由于不计入活塞销，销座支承的刚度是算不出来的。所以最后在单独计算的活塞模型中，把活塞销对销座内圆表面的支承由位移约束改为力的约束，也就是说，把径向支承取消，用销座支反力代替。支反力假设沿周向按120°夹角的余弦规律分布，在轴向与作用在活塞顶部的气体压力相平衡，在水平方向则自相平衡。

上述对单独计算的活塞模型网格划分的讨论和边界条件模拟方式的分析，对整体活塞和组合活塞都是适用的。但在组合活塞的模型中还要考虑顶部与裙部的接触配合和对联接螺栓的模拟。

在设计组合活塞时，顶部和裙部配合关系的处理是至关重要的。如果配合间隙设计得过大，则将造成漏气；如果配合间隙设计得过小，则在活塞工作时，顶裙之间产生的温升将引起配合表面的相互挤压，以致产生很大的接触力，导致结构的断裂。所以顶裙之间的配合关系必须用接触模型进行多方案的精细分析，根据计算结果选择最佳的间隙值。为了方便对顶裙配合关系建立接触模型，划分网格时顶部和裙部配合表面上的节点必须一一对应。

组合活塞联接螺钉的设计也是很重要的。从组合活塞出现并得到大量使用以来，由于联接螺钉设计不当造成折断的事故时有发生。联接螺钉的设计主要指螺钉大小和预紧伸长量的选取，这些都要通过组合活塞的计算才能确定。在组合活塞计算时模型中应包括联接螺钉，也就是说，联接螺钉是活塞承载体系的一部分。联接螺钉的装配预紧力用其伸长量即过盈模拟。联接螺钉有上穿式和下穿式两种，现在绝大多数组合活塞都采用下穿式螺钉。这种螺钉顾名思义是从活塞的下方来安装的，螺钉的一头栽入活塞顶部体内，另一头则用螺母拧紧于裙部体内。这时螺钉两端的螺纹联接都不用按接触问题模拟，都不用计算各螺纹的接触内力和应力，将螺钉一端视作与活塞为一体、另一端视作与螺母为一体即可，因为螺纹联接的尺寸都是根据国标定的，安全系数是很大的。

关于联接螺钉的建模和预紧力过盈的计算详见本章 2.4 节。

2. 活塞连杆组装配结构的计算模型

这种计算模型是为了解决单独计算的活塞模型中销座与活塞销装配关系不易合理模拟的问题而发展起来的。如前所述，由于在单独计算的活塞模型中不包括活塞销，活塞销对销座的作用，无论用位移边界条件还是力的边界条件都无法正确描述。于是自然而然就出现了把活塞销包括进来的活塞计算模型，销座与活塞销的配合关系按接触问题模拟，活塞销两端面施加约束。这就是最初的活塞连杆组装配结构的计算模型。但随后就发现，约束活塞销两端是没有道理的，活塞销的真正支承是连杆小端通过衬套在中部对它的支承。既然活塞计算模型能够扩大，把活塞销也计入，为什么不能进一步扩大，把连杆小端和衬套也包括进来？于是就产生了活塞连杆组装配结构的计算模型。这个模型除了活塞(不论是整体活塞还是组合活塞)，还包括活塞销、连杆的部分杆身和小端以及衬套。连杆小端孔内圆表面与衬套外表面、衬套内圆表面与活塞销中部外表面、活塞销座内圆表面与活塞销相应部位的外表面全都按接触模型模拟。这个模型真实地模拟了活塞连杆组各个零部件的相互配合关系，因而是精确的。模型的边界条件是连杆中部截断处，边界条件可假设为：边界面内的所有节点在活塞轴向都受到刚性约束，这是因为边界距活塞足够远，根据圣维南原理边界的约束情况对活塞应力状态的影响可以忽略，而刚性约束在模型中是比较容易处理的。

关于活塞本体的网格划分原则以及组合活塞中顶部和裙部配合关系的模拟，在活塞连杆组装配结构的计算模型中与单独计算的活塞模型中是相同的，这里不再赘述。

2.3.3 活塞的温度场计算

温度负荷是对活塞强度影响最大的负荷，对任何新设计的活塞，温度场计算都是必需的。

活塞的温度场计算可分为稳态温度场计算和瞬态温度场计算两种。前者是计算活塞在柴油机正常工作时的温度场，是活塞设计时必须要做的；后者主要是计算活塞在柴油机启动过程中的温度场，是时间的函数，通常根据柴油机的使用环境决定其是否要进行。

计算活塞的稳定温度场需求解热传导方程，具体做法是先建立三维模型，然后根据环境温度，采用综合考虑第一类和第三类边界条件的混合边界条件进行。由于对热交换系数 α，目前在世界上还没有适用于各种不同功率、不同转速、不同强化程度、不同用途的柴油机活塞的计算公式，只能先用近似公式求出 α 的近似值，进行温度场有限元计算，然后再对比活塞表面某些有实测温度节点的实测温度和计算值，修改 α，再一次计算温度场，这样不断地迭代下去，直到计算求出的活塞表面上这些进行对比的节点的温度与实测值之差小于给定值（通常取 0.5～1 ℃）就算收敛。由于温度场计算时每个节点只有一个自由度，计算的工作量比力学计算要小得多。

活塞温度场计算的网格不需要划得很密，特别在只作温度场计算时是这样。如果同时还要作 机械负荷作用工况的计算，温度场计算的网格可以划成与机械负荷工况计算的网格相同，以方便综合应力的分析。为了活塞温度场计算需要，根据热交换系数所作的活塞结构分区却不能分得很粗，也就是说，不但不同的环境温度应该对应不同的热交换系数，就是同一个环境温度有时也需要对应好几个热交换系数。

瞬态温度场计算通常采用第二类边界条件进行，也可以采用与稳态温度场计算同样的办法来做，采用后者时需要实测提供一些表面节点在每个计算瞬时的温度，以便迭代时作为收敛的判据。

以上所述主要是针对整体活塞温度场计算的问题。组合活塞温度场计算与整体活塞的不同之处，在于组合活塞的温度场，特别是顶部与裙部配合表面附近部位的温度场，应由温度接触问题计算确定。这是一个非线性问题，需根据已知的初始温度场用参数二次规划法才能求解。但这时求出的活塞顶、裙的接触点对的接触状态，又会反过来影响初始温度场，也就是说，这里存在着两种迭代，一种是求组合活塞整体温度场的迭代，一种是求顶、裙分界面各接触点对接触状态的迭代（如果用常规的迭代办法计算给定温度场下活塞顶、裙配合面各对应节点的接触状态，则还有第三种迭代），前者每完成一个迭代的全过程，求出活塞整体温度场，后者就迭代一次，前者包含在后者的迭代过程中。计算的具体过程如下：先算活塞整体温度场。这时顶、裙配合面各对应节点的接触状态由计算者给定（通常认为都是连续的），而且认为是不变的。通过反复迭代，求出在给定的顶、裙配合面各点对接触状态下的组合活塞整体温度场。然后以这个温度场作为给定条件，用参数二次规划法计算顶、裙配合面各对应节点的接触状态，这时温度场认为是不变的。然后再以这时求出的顶、裙配合面各对应节点的接触状态作为给定条件，进行第二轮温度场计算，求出温度场后再据以计算顶、裙各接触点对的接触状态。如此反复进行，直到所求出的温度场与前一轮计算结果的差小于指定精度，同时顶、裙配合表面各对应节点的接触状态与前一轮计算结果相同，就算收敛。应该指出，活塞温度场计算过程中的迭代是对热交换系数 α 进行的，由于组合活塞顶、裙分界面各节点接触状态的变化，基本上只影响分界面附近部位的热交换系数，对远处的 α 影响甚微，就是对分界面附近的热交换系数影响也不是很大，环境温度又是不变的，迭代将收敛得很快。

如果对组合活塞温度场计算的精度要求不是很高，也可以根据初始给定的顶、裙分界面各对应节点的接触状态，通过迭代求出整体温度场，再据以计算顶、裙分界面各接触点对间的接触状态，就算完成全部计算。这样求出的组合活塞温度场，虽然精度要差一些，但用于方案设计是完全可以的。

2.3.4 活塞的变形计算

通常在做结构分析时，关心的是应力，变形作为求应力的一个中间过程，其计算结果在一般的有限元软件中往往并不输出，也不对其专门进行研究。但对活塞却另当别论。

众所周知，在活塞连杆组结构中活塞销和销座的销孔内表面通常都设计成圆柱形，连杆小端孔内表面和衬套内、外表面也都设计成圆柱形。在柴油机爆发和最大拉伸工况下，活塞将分别受到巨大的爆发压力和最大拉伸载荷的作用，销座、销、连杆小端和衬套都会产生变形。这四个件由于刚度不同，其变形量也各不相同，在受载前销座与销、销与衬套以及衬套与连杆小端之间密贴得很好的接触面，除了连杆小端与衬套之间因是过盈配合，故而仍密贴得很好外，其余各接触面的接触状态将变坏。因此为使活塞销座、活塞销和衬套在受载后的接触均匀，初始设计的圆柱面就应该按接触计算的结果改成椭圆柱面。这也就是“变形设计”的思想。为了实现变形设计，其先决条件就是把活塞、活塞销、连杆小端和衬套按多体接触模型进行计算，求出其各自接触点的位移并加以分析。

从理论上说，搞变形设计还应该考虑温度变形的影响，但由于活塞销座、活塞销、连杆小端和衬套附近的温度并不高，温度场比较均匀，产生的温度变形很小，所以做变形设计的计算工况，仅仅是机械负荷工况中的最大拉伸工况和最大压缩工况。当然，为了分析活塞环与气缸套的密封情况，对活塞顶部来说，温度变形和机械变形的影响都是很重要的。

2.3.5　活塞的应力计算

活塞的应力计算包括由温度场作用引起的温度应力的计算和柴油机拉伸工况(活塞最大往复惯性力作用)与压缩工况(柴油机爆发时气体爆发压力与活塞最大往复惯性力的共同作用)引起的机械应力的计算以及对二者叠加后综合应力的分析。如果温度场计算的网格与机械负荷计算的网格不同，则在进行活塞应力计算时应先算机械应力，然后按机械负荷计算的网格对求出的温度场进行插值，再按新网格计算温度应力，最后再叠加。

需要指出，这里所说的将温度应力与机械应力叠加以求综合应力的方法，仅仅适用于整体活塞用单独计算模型分析的情况。由于温度负荷和机械负荷都将对接触点对的接触状态产生影响，而接触状态反过来又会影响温度场，因此如果采用装配结构的计算模型，特别是当分析组合活塞时，必须同时计算温度负荷和机械负荷的作用。

1. 计算载荷

(1)温度场：前面已经做了详细讨论，这里不再赘述。

(2)最大拉伸的机械负荷：这是活塞最大的往复惯性力，可按照柴油机常规单缸动力学计算求出的、活塞在上止点时的往复运动加速度，用牛顿第二定律求出。这个最大拉伸力在活塞横截面是双向对称分布的，在顶部是均布的，在轴向则是变化的，在销座处最大，愈往上愈小，到活塞顶面时，由于没有了质量，就变为零。因此，如果粗略地把活塞作为一个质量来计算，最大拉伸力的作用点应该取在轴线上。至于在轴线上的位置，建议取在顶部，这样做的结果是销座以上各个部位承受的拉伸力都偏大，也就是说，偏于安全。比较好的做法是把最大拉伸力看作沿活塞横截面均布，力的作用面仍可取在顶部，这就避免了认为活塞全部质量都集中在一个点的假设，自然要合理些。如果要提高计算精度，可以把活塞按离散模型考虑，拉伸力作用在模型中每一个单元的形心上。

(3)最大压缩的机械负荷：这是柴油机爆发时气体爆发力与活塞最大往复惯性力的共同作用。气体爆发力作用于活塞顶部的燃烧室侧，作用方向垂直于活塞顶板壁，使活塞受压缩；活塞最大往复惯性力的计算方法同上述(2)，作用方向与爆发力相反。

(4)组合活塞的螺钉装配作用力：如前所述，组合活塞的连接螺钉从结构型式上分为上穿式与下穿式两种，而以下穿式使用得较多。这里只讨论下穿式螺钉装配作用力的加载问题，对上穿式螺钉可依此类推。由于在计算模型中将螺钉与活塞顶部视作一体，螺钉装配作用力可以用过盈的形式施加在螺母与活塞裙部的接触面上。但这个过盈值并不是活塞连接螺钉的预伸长量，因为螺母拧紧时螺钉附近的裙部同时受到压缩，螺钉过盈值应为其预伸长量与裙部的压缩量之和。只有这样处理，才能使组合活塞连接螺钉在不同工况下所受的力，真实反映连接螺钉装配作用力的变化。关于在组合活塞的计算模型中连接螺钉应如何模拟，过盈应如何计算和施加，详见本章 2.4 节。

除了上述 3 种机械负荷外，由于曲柄连杆机构的作用活塞还受有气缸套对它的横向反作用力。这个力在数值上比较小，通常忽略之。

2. 计算工况

下面列出组合活塞的计算工况和各工况下的作用载荷。对整体活塞只是不用考虑活塞连接螺钉装配作用力，其余与组合活塞完全相同。

(1)预紧工况：计算载荷为连接螺钉装配作用力。

(2)拉伸工况：计算载荷为最大拉伸的机械负荷＋连接螺钉装配作用力。

(3)压缩工况：计算载荷为最大压缩的机械负荷＋连接螺钉装配作用力。

(4)温度拉伸工况：计算载荷为温度场＋最大拉伸的机械负荷＋连接

螺钉装配作用力。

(5)温度压缩工况:计算载荷为温度场＋最大压缩的机械负荷＋连接螺钉装配作用力。

2.3.6 活塞的工程计算实例

1. 利用子结构技术计算16V240ZJ柴油机钢顶铝裙组合活塞的机械应力[29]

活塞顶部采用42CrMoA制造。顶面为ω形燃烧室。环槽区设计有三道活塞环槽,其中第一和第二道环槽为气环槽,位于活塞顶部;第三道为油环槽,位于活塞裙部。活塞顶部的中部设计有环状垂直支承肋,用以固定联接螺钉。活塞裙部采用LD11制造。

计算采用三维接触模型,用有限元参数二次规划法结合子结构技术完成。计算利用活塞结构和作用载荷双向对称的特点,只对1/4结构建立计算模型。计算单元基本上采用六面体八节点等参块体元,为了结构描述的方便和单元间的平滑过渡,模型中也采用了少量蜕化单元。活塞顶部和裙部之间的配合面、联接螺钉作用处的支承肋与活塞裙部的配合面、联接螺钉的螺母在活塞裙部上的压紧面和活塞销与销座间的配合表面,都按接触表面处理。

整个计算模型共划分21个子结构模式,其中基本子结构模式16个:顶部3个子结构模式,SB1~SB3,裙部11个了结构模式,SB4~SB14,活塞销为SB15,联接螺钉为SB16。活塞的结构构成树示于图2.42。活塞各子结构模式的基本参数见表2.4。

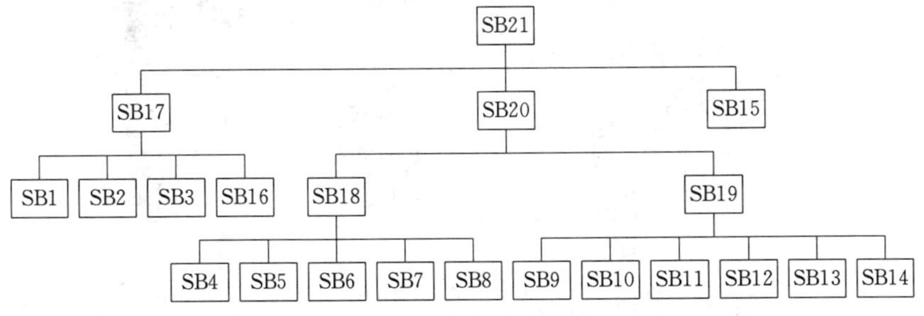

图2.42 16V240ZJ柴油机活塞的结构构成树

表 2.4　16V240ZJ 柴油机活塞各子结构模式基本参数表

子结构模式号	总点数	出口点数	超级单元数	子结构模式号	总点数	出口点数	超级单元数
SB1	567	126	0	SB12	105	105	0
SB2	799	190	0	SB13	209	117	0
SB3	135	63	0	SB14	253	232	0
SB4	259	70	0	SB15	448	50	0
SB5	390	191	0	SB16	111	22	0
SB6	721	210	0	SB17	290	185	4
SB7	726	299	0	SB18	651	192	5
SB8	798	294	0	SB19	739	295	6
SB9	315	294	0	SB20	361	235	2
SB10	384	234	0	SB21	235	235	3
SB11	462	273	0				

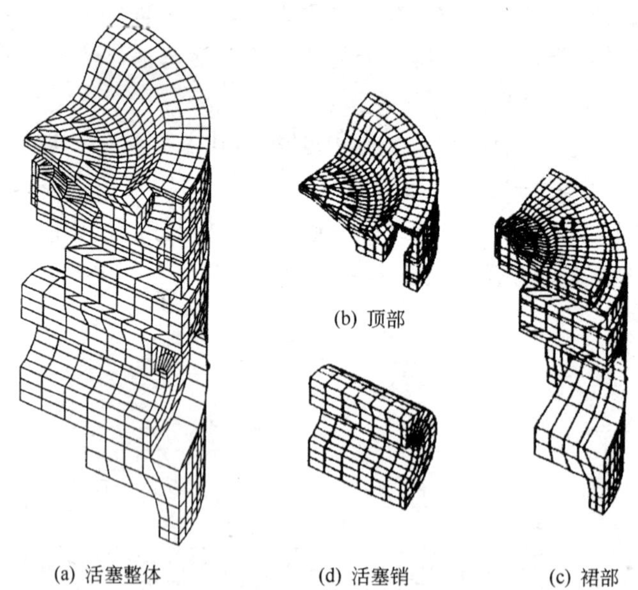

(a) 活塞整体　(b) 顶部　(d) 活塞销　(c) 裙部

图 2.43　16V240ZJ 柴油机组合活塞计算网格

整个计算模型(1/4 活塞)共划分了 5 536 个节点,4 031 个单元,235 个接触点对。

16V240ZJ 柴油机钢顶铝裙组合活塞的计算网格图见图 2.43。

2. 16V240ZJ 柴油机组合活塞的温度场计算[30]

计算对 1/4 活塞结构进行。计算模型中计入了活塞顶部、裙部和联接螺钉,忽略了直径只有几毫米的冷却油孔,并将活塞裙部在与顶部接触处的卸载沟以及顶、裙在这里的凹台简化为斜面。计算时假设活塞销是绝热的,忽略其与活塞裙部之间的热交换。

计算网格采用四面体单元。在计算模型中共划分了 10 630 个节点,32 399 个单元,其中活塞顶部 3 510 个节点,10 520 个单元;活塞裙部 6 334 个节点,19 910 个单元;连接螺钉 786 个节点,1 969 个单元。活塞模型见图 2.44。活塞温度场的计算网格图见图 2.45。

图 2.44　16V240ZJ 柴油机组合活塞 1/2 结构图的几何模型

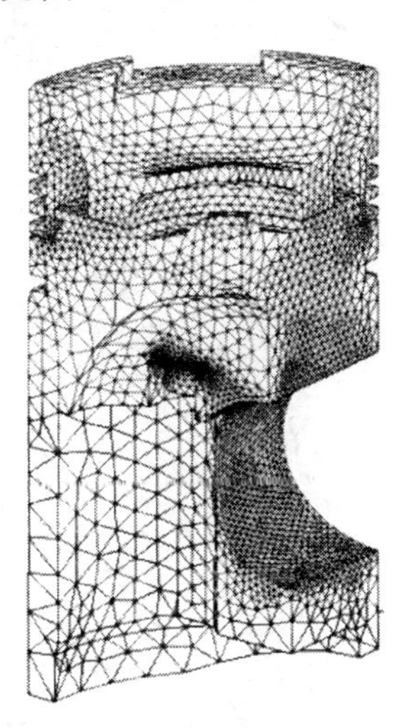

图 2.45　16V240ZJ 柴油机组合活塞 1/4 结构网格图

计算采用求结构温度场的混合边界条件(综合考虑第一类和第三类边界条件)进行。

为了确保温度场计算的精度,同时又减少计算时的迭代次数,先按轴对称模型计算该活塞的温度场,然后以轴对称模型求出的活塞各个区域的热交换系数 α 作为初始值,再按三维模型,通过迭代,计算活塞最后的温度场。作为计算中间过程的 16V240ZJ 柴油机组合活塞轴对称模型的温度云图见图 2.46。根据轴对称温度场的边界条件扩展得到的初始三维温度云图见图 2.47。最后求得的 16V240ZJ 柴油机组合活塞顶部的温度云图见图 2.48,该活塞的顶部温度变形图见图 2.49。需要说明,对该组合活塞计算温度场时,求顶、裙分界面的接触状态只进行了一轮迭代。

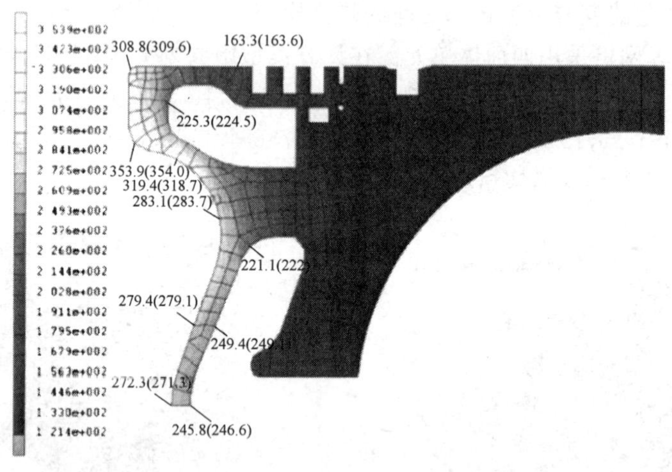

图 2.46　16V240ZJ 柴油机组合活塞按轴对称模型求得的温度云图

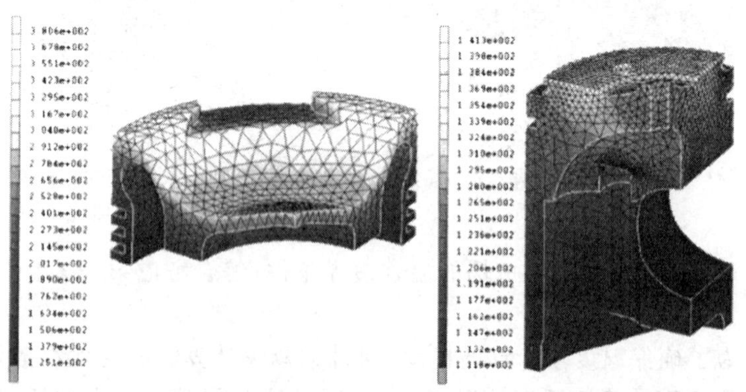

图 2.47　16V240ZJ 柴油机组合活塞的初始三维温度云图

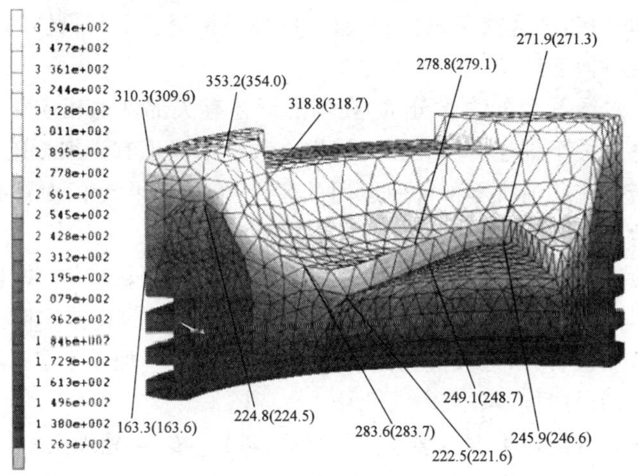

图 2.48　16V240ZJ 柴油机组合活塞最后求得的三维温度云图

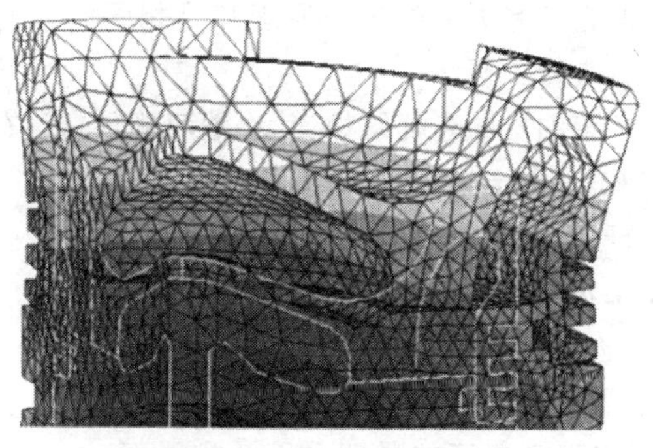
图 2.49　16V240ZJ 柴油机组合活塞顶部的温度变形(放大 100 倍)

2.4　螺栓(钉)连接件的分析

机车和柴油机都是由数以千计的零部件装配而成。对于装配成一体的零部件,其装配方式主要有 3 种,一是过盈配合,二是键连接,三是螺栓(钉)连接。车轴与车轮的连接,主轴瓦与主轴承座和主轴承盖的连接,连杆瓦与连杆大端和连杆盖的连接等都是过盈配合;弹性联轴节与曲轴的连接,万向联轴节与辅助设备的连接等都是键连接;螺栓(钉)连接则是大量的,如主轴承盖与主轴承座的连接,气缸盖与机体的连接,连杆盖与连杆杆身的连接，油底壳与机体的连接，曲轴箱检查孔盖与机体的连接等等都是螺栓(钉)连接。

关于过盈配合的力学分析，在本书论述有关部件的相应章节中都有详细讨论。关于键连接问题在机械零件教科书里也有详细叙述。鉴于螺栓(钉)连接在柴油机零部件中运用的广泛性，本节将专门对螺栓(钉)连接的力学问题进行分析。

螺栓(钉)连接又可分为承力的和不承力的两种，承力的螺栓(钉)连接要对螺栓(钉)加很大的预紧力，不承力的螺栓(钉)连接实际上也要对螺栓(钉)加预紧力，但数值上微乎其微，几乎等于不加。本节讨论的是承力的螺栓(钉)连接。

在柴油机结构中有许多承力的螺栓(钉)连接，主轴承螺栓，气缸盖螺栓，连杆螺钉，机体横拉螺栓，组合活塞的顶裙连接螺钉等都是承力的螺栓(钉)连接。这些螺栓(钉)连接，尽管功能不尽相同，尺寸各异，连接形式也各式各样，但它们受力后的工作原理却是相同的。下面以某柴油机的连杆螺钉为例，进行分析。

图 2.50 为某柴油机的连杆结构，其大端两侧各布置有一个螺钉。为了防止柴油机工作时由于连杆的高速运动引起连杆盖的松动，连杆装配时需对其螺钉施加很大的预紧力，因而在柴油机开始转动之前其螺钉已经承受着很大的拉力，连杆螺钉附近的连杆大端和连杆盖部位也承受着很大的压力。

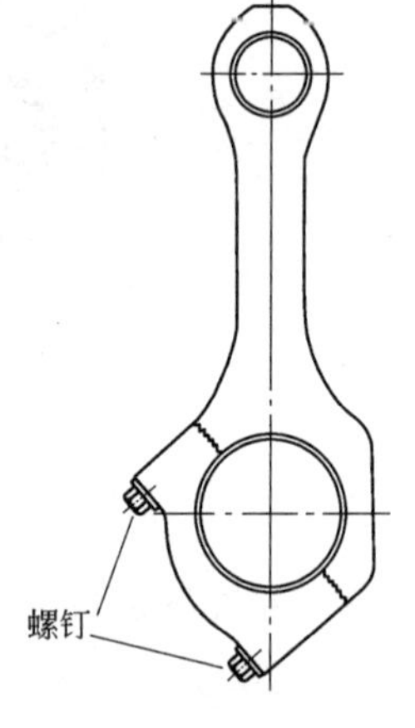

图 2.50　某柴油机连杆结构示意图

在用有限元法计算连杆的早期采用的是平面模型，模型中没有计入连杆螺钉，而把螺钉的装配预紧力作为外载荷施加在螺钉装配之处，即在连杆盖上受螺钉头压紧的地方施加使连杆盖受压缩的力，同时在连杆大端上螺钉的螺纹部位施加与前力大小相等、方向相反的力，以模拟螺钉预紧力的作用。螺钉预紧力载荷的分布规律如下：在连杆大端的螺纹部分，载荷沿螺钉孔周边均布，而在沿螺钉长度方向，载荷按双曲函数规律分布，第一道螺纹受力最大，以后逐渐变小。在连杆盖上螺钉预紧力载荷均布地作用在螺钉头的压紧面面积内。

在这个螺钉预紧力施加办法中，由于在计算模型里没有计入连杆螺钉，作为外载荷施加的螺钉装配预紧力是不能变的。但实际上在柴油机工作时，连杆所受的力在周期性地不断地变化，因而连杆各部位的变形也在不断地变化，而连杆螺钉是通过螺钉头将连杆盖紧紧压在连杆大端上的，连杆变形的不断变化必然导致连杆螺钉受的力也不断地变化。这种连杆螺钉装配力的变化，在不计入螺钉的连杆计算模型中是反映不出来的。

为了考虑柴油机工作时连杆螺钉受力的变化对整个连杆（主要是大端）变形和应力的影响，连杆计算模型中必须把螺钉包括进去。这时模型中应考虑螺钉孔，在螺钉孔内安放实际尺寸的螺钉，螺钉头部为实际尺寸的螺钉头，螺钉头压在连杆盖上。由于螺纹连接早就有国家标准，其应力分析研究得很透彻，强度足够，因而螺钉与连杆大端的螺纹连接部分不用进行应力分析，在模型中可以将螺钉与连杆大端按一体处理。

在这样的连杆计算模型中螺钉预紧力的施加是一个需要特殊处理的问题。第一，螺钉预紧力不能用前面介绍的模型中施加的办法施加，因为在现在的模型中螺钉预紧力由连杆盖对螺钉头的作用引起，可同时螺钉头对连杆盖又有压缩力，这是作用力和反作用力的关系，无法同时施加。第二，螺钉预紧力也不能用在螺钉头与连杆盖之间加与其作用相当的过盈（等于预紧力作用下连杆螺钉伸长量）的方法施加，因为连杆螺钉在受到连杆盖与螺钉头间过盈引起的、通过螺钉头作用的拉伸力的同时，连杆盖以至连杆大端也受到同样原因引起的、通过螺钉头作用的、同样大小的压缩力的作用。换言之，连杆盖与螺钉头之间的过盈，既使螺钉伸长，同时又使连杆盖与连杆大端受压缩，螺钉伸长量等于全部过盈的一部分，连杆盖压缩量等于过盈的另一部分，二者之和才等于全部的过盈值。所以，如果以连杆螺钉预紧力引起的伸长量作为连杆盖与螺钉头之间的过盈，则产生的连杆螺钉预紧力必然比应有的数值为小。

这个问题可以用另一个工程实例来说明。

设有一轴，直径为 D_1；另有一平板，中间有一圆孔，孔径为 D_2。设轴

径 D_1 大于孔径 D_2。现需将轴装入孔内，也就是进行过盈配合。设装配后轴(孔)的直径为 D。令 $D_1-D_2=\Delta$，而 $\Delta=\Delta_1+\Delta_2$，$D+\Delta_1=D_1$，$D-\Delta_2=D_2$，所以 $D_2<D<D_1$(见图 2.51)。也就是说，装配后轴(孔)的直径比原来的轴径小，但比孔径大，介于原来的轴径与孔径之间。如果从过盈的角度看，则一部分过盈(Δ_1)使轴径变小，另一部分过盈(Δ_2)使孔扩大。Δ_1 与 Δ_2 的大小取决于轴与孔的刚度比。如果轴的刚度趋于无穷大，则 Δ_1 趋于零，$\Delta_2=\Delta$，这时装配后轴径没有变化，孔径增大了过盈值 Δ。反之，如果平板的刚度非常大，$\Delta_2\to 0$，$\Delta_1=\Delta$，孔径没有变化，轴径缩小了过盈值。

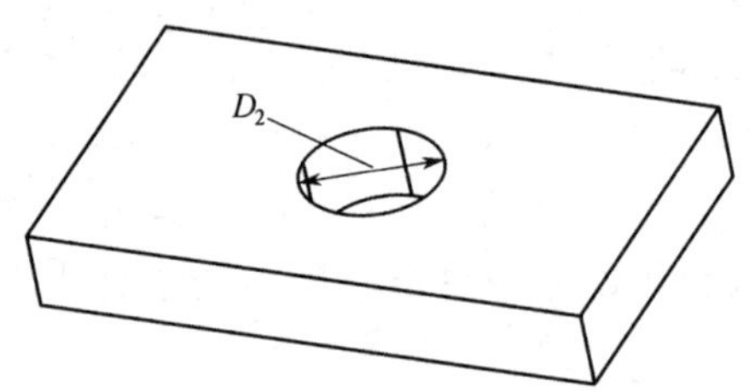

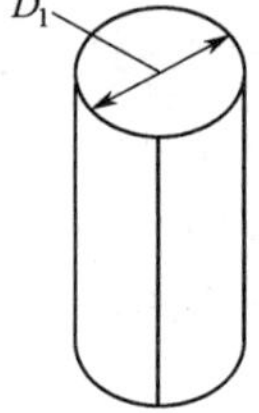

图 2.51 轴与孔的过盈配合

对照轴与孔的过盈配合，可见连杆螺钉与连杆盖和连杆大端的装配情况完全类似，在这里连杆盖和连杆大端相当于轴，受压缩；螺钉相当于孔，受拉伸。连杆盖与连杆大端在螺钉预紧力作用下的压缩量相当于轴径的缩小量 Δ_1；螺钉在预紧力作用下的预伸长量相当于孔径的增大量 Δ_2。连杆盖与连杆大端的刚度大，故 Δ_1 比较小；螺钉的刚度小，Δ_2 就比较大。显然，螺钉与连杆盖和连杆大端装配的全部过盈值应该是连杆盖的压缩量与连杆螺钉的预伸长量之和，即 $\Delta=\Delta_1+\Delta_2$，连杆螺钉的预伸长量仅仅是其装配过盈的一部分(图 2.52)。

现在来讨论连杆螺钉装配过盈 Δ 的计算问题。

$$\Delta=\Delta_1+\Delta_2 \tag{2.11}$$

作为连杆螺钉的预伸长量 Δ_2，可根据连杆设计时给定的螺钉预紧力，用虎克(Hooke)定律求得

$$\Delta_2=\frac{Pl}{EF} \tag{2.12}$$

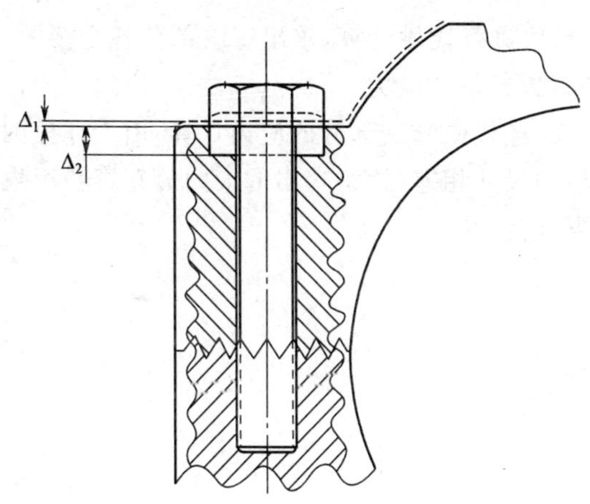

图 2.52 连杆螺钉装配的力学分析

式中 P——螺钉预紧力；

l——螺钉长度；

E——螺钉材料的弹性模量；

F——螺钉横截面面积。

有时连杆设计图纸上也会直接给出所要求的连杆螺钉预伸长量，这时仍然要用(2.12)式来计算螺钉预紧力。

对于连杆盖在连杆螺钉预紧力作用下的压缩量 Δ_1，需要单独进行一次有限元计算才能求出。这时计算模型应包括整个连杆，但不计入螺钉，外载荷为连杆螺钉的螺钉头对连杆盖的压力和作用于螺钉栽入部、与前者大小相等、方向相反的力，力的数值等于螺钉预紧力。

求得连杆螺钉的装配过盈 Δ 后，就可以采用第一章介绍的有限元参数二次规划法，按接触模型计算连杆。由于计算模型中包括了螺钉，在柴油机工作时，随着对连杆作用力的不断变化，螺钉的装配力也在不断地变化，真实地反映了连杆各部位的受力情况。

如果螺栓(钉)连接的螺纹部分要进行应力分析，可以采用原则上与上述相同的办法进行计算。这时计算模型中在计入螺栓(钉)与螺钉头的同时，还要考虑螺栓(钉)上有可能与母体接触的所有螺纹。由于螺距总是很小的，为保证计算精度，所分单元沿螺纹周边方向的边长不能太大，所以螺纹部分的接触点对必然很多，网格也必然很密。计算时仍然需先

求装配过盈 Δ，然后进行接触计算，求出螺纹部分各个接触点对的接触状态、接触内力和附近部位的应力。

对于螺栓（钉）连接中螺纹部分的应力计算，由于那里网格很密，与结构其他部分网格的尺寸相差很大，求出的应力分布容易产生误差，比较好的办法是采用再分析。

3 柴油机固定件的分析[39][40]

3.1 气缸盖的分析[31][32]

气缸盖通过火焰板与气缸套和活塞构成燃烧室，它承受柴油机爆发时燃气的高温高压作用，对热强度和机械强度都有很高的要求。气缸盖通过气缸盖螺栓将气缸盖垫片与气缸套压紧，以形成密封良好的燃烧室，所以气缸盖结构对刚度也有很高的要求，而且沿气缸盖周边刚度分布要均匀。

除了构成燃烧室外，气缸盖的另一个重要功能是组织新鲜空气进入燃烧室和将废气排出燃烧室，因此气缸盖内就要很好地布置进、排气道以及与它们对应的进、排气门，而且气门应能灵活地开启和关闭，进、排气道的几何形状应确保气体流通时阻力要小。

由于火焰板的火力面直接与燃气相接触，温度很高，必须很好地组织冷却水对其冷却，这也是气缸盖设计时必须要注意的一个问题。

气缸盖上还要安装喷油器以及高压油管。

由此可见，气缸盖结构的特点是对强度和刚度要求高，功能多，结构复杂。

3.1.1 气缸盖的结构形式及其基本特点

气缸盖具体的结构形式取决于燃烧室形状，进、排气道的布置和冷却水路的组织。但气缸盖的形状大体上像一个箱子，上有顶板，下有底板(即火焰板)，中间有中隔板，四周则是立板，起围墙的作用。侧面的立板上分别开有进、排气道口，进、排气道从它们的气道口进入 气缸盖，然后拐 90°弯通向火焰板的进、排气门孔。火焰板中央双向对称布置有 4 个气门孔：两个进气门孔，两个排气门孔，4 个气门孔中心是安装喷油器的部位。火焰板的上面(火力面的背面)是冷却水腔。由于火焰板是气缸盖中受载最重的部位，温度负荷和机械负荷都很大(柴油机传给冷却水全部热量的 50%是由气缸盖传出的)，必须设法减轻之。近年来新设计的气缸盖都采取对载荷分流的办法，一方面把火焰板尽可能减薄，以利于传热，从而降低温度应力；另一方面在结构上采取措施将气体压力引向中隔板，使其主要由中隔板承担。

气缸盖的围墙上基本上均匀地分布有上下贯通的气缸盖螺栓孔，用来穿气缸盖螺栓。由于燃烧室的密封性主要依靠气缸盖螺栓的装配作用力来保证，因此气缸盖螺栓的数量必须足够多，作用力要很大。为了气缸盖结构布置的需要，气缸盖螺栓作用点必须在气缸盖垫片之外，因此气缸盖围墙有时设计成倒圆锥形，以便螺栓装配作用力能以最短的距离直接压到密封垫上。

温度应力是由温升所引起，因此评定气缸盖温度负荷的标志主要是看火力面的温度场是否均匀，否则就会引起很高的温度应力。但同时火力面的最高温度也很重要，如果它超过许用值，材料的抗蠕变性能就会下降，以致造成火力面产生裂纹。火力面上以进、排气门孔间的"过桥"和排气门孔与喷油器之间的"鼻梁区"温度应力为最高，因为这些部位与冷却水接触的一面温度较低，同时进气门区域又不断受到新鲜空气吹拂，因而那里的温度分布变得很不均匀，产生明显的温度应力。温度高的部位产生压应力，温度低的部位产生拉应力。如果温度高的部位过热很严重，气缸盖材料的机械性能将会下降，在温度应力作用下气缸盖部分区域将会产生屈服变形。当柴油机停车后，气缸盖温度降为常温，原来的高温部位就会出现拉伸残余变形，从而引起残余拉应力。这会导致火焰板"鼻梁区"产生裂纹。

气缸盖火焰板以上的各个部位温度以及围墙的温度基本上都与环境温度相差不多，产生的温度应力很小。

为了使柴油机设计得紧凑，有时气缸盖采用多体式结构。这种结构的缺点，首先是结构太复杂，而且沿缸盖长度方向的刚度较差，气缸盖容易产生挠曲变形，从而破坏它通过缸盖垫片与气缸套的密封。

气缸盖是柴油机中结构最复杂的部件，多采用铸造技术来制造。气缸盖的材料以采用合金铸铁和铸钢的居多，也有从减轻重量角度考虑，采用铝合金制造的。

16V240ZJ 柴油机气缸盖结构简图见图 3.1。

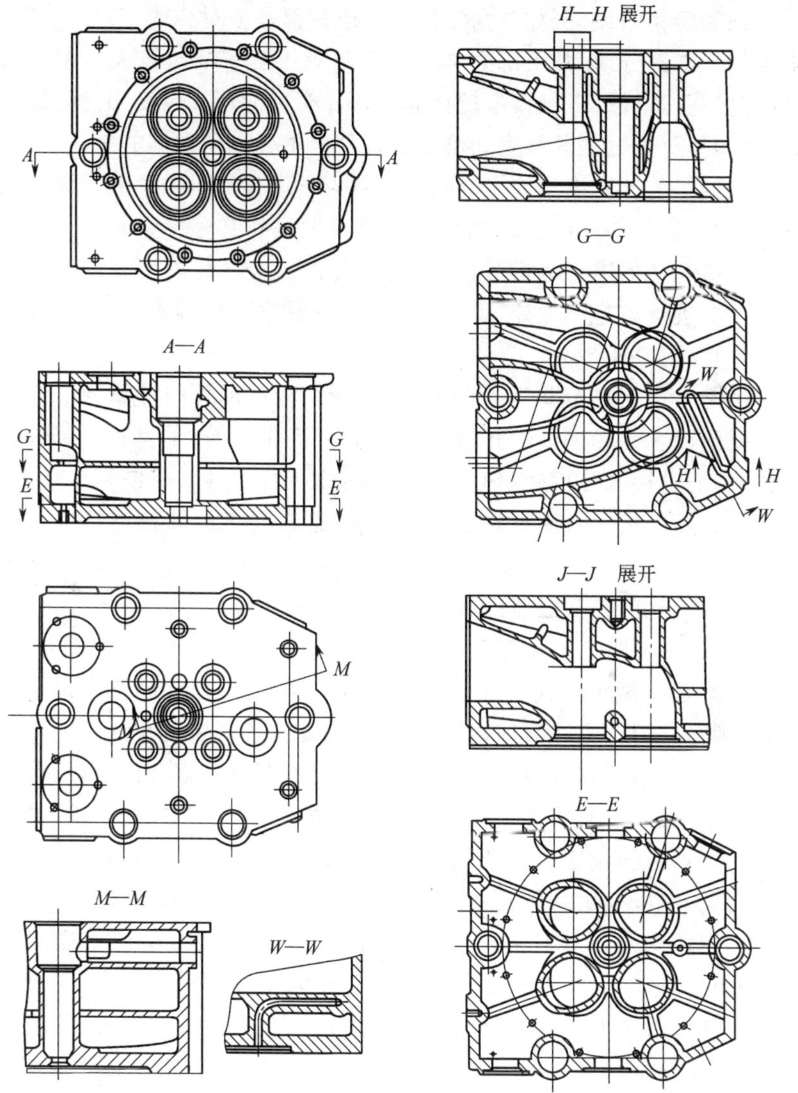

图 3.1　16V240ZJ 柴油机气缸盖结构简图

3.1.2　气缸盖计算的模型

由于气缸盖结构过于复杂,所以在有限元技术出现的早期,电子计算机的存储量和运算速度都很低的条件下,计算气缸盖时只能对结构采取一系列的简化假设，例如认为结构和外载荷都是轴对称的，甚至只计算气缸盖的下半部分(因其下部的温度负荷和机械负荷都比较大)，根本没有可能对气缸盖进行三维模型的计算。这样模型的计算精度当然是比较差的。那时，对气缸盖的强度和刚度进行分析主要采用试验的手段。

气缸盖的计算模型完全是随着计算力学和计算机技术的发展而发展的。在20世纪70年代末，当计算机已经发展到其存储量基本上容许对稍微复杂的结构进行分析时，最早的气缸盖三维计算模型就产生了。那时的气缸盖模型是单独计算的缸盖模型，只计算气缸盖本身，支承设在气缸盖垫片处。

随着接触问题分析理论的发展，机械工程零部件的计算分析进入了一个新阶段。计算模型中开始把与所计算零部件装配的其他零部件也包括进去，通过接触分析确定它们配合面的边界条件，以便提高计算精度。于是一种新的气缸盖计算模型应运而生，这就是装配结构的气缸盖计算模型。

下面对这两种气缸盖计算模型分别进行讨论。

1. 单独计算的气缸盖模型

不论是常规单体式气缸盖还是多体式气缸盖，分析的重点都是火焰板，特别是气门孔座和喷油器安装部位，因此这些部位的单元尺寸要划分得小一些，网格要划分得密一些。气缸盖上虽然有许多孔洞，但没有明显的应力集中部位，所以除了在各个孔的周边网格应适当加密外，其他地方网格可以划得比较均匀。进、排气道和气门杆导套的壁厚都比较薄，可以采用壳元，但以采用块体元，特别是8节点等参块体元为宜，因为气缸盖整体都用块体元划分网格，如果局部采用壳单元，联接部位处理比较麻烦，而用了等参元，只不过节点数略有增加，没有了联接的问题，气道和导套壁上的弯曲应力都可以很好地描述。至于气缸盖模型中采用的块体元型式，建议都采用8节点等参元，因为火焰板、中隔板、顶板以及气道和导套的壁在工作时都是受弯的，如果用4点常应变块体元划分网格，则在这些板的厚度方向至少要划分两排单元，三排节点，甚至三排单元四排节点，计算规模要增加，而计算精度并不见得能提高多少。

柴油机工作时气门一直在不停地运动，它们与气门座的关系时而接触时而脱开，不易模拟，建议计算时认为气门孔是空的，不考虑气门的存在。

气缸盖计算模型的支承取为气缸盖垫片,但认为支承是刚性的,不考虑垫片的弹性。

在单独计算的气缸盖模型中,由于无法计入气缸盖螺栓,气缸盖螺栓的装配作用力只能以预紧力的形式施加在它螺母在气缸盖顶板的压紧面上。在柴油机工作时这个力的数值是不变的,也就是说,这个气缸盖螺栓装配作用力不能反映通过缸盖弹性变形传来的燃烧室内气体压力变化的影响。这是这个缸盖模型第一个不足之处。这个缸盖模型的第二个不足之处是模型中没有计入气缸盖垫片和气缸套,因而无法考虑它们的变形,无从分析燃烧室的密封情况。模型的第三个缺点是假设支承为刚性,从而无法考虑支承的弹性变形对气缸盖,特别是对火焰板变形和“过桥”等部位应力的影响。这些问题只有在装配结构的气缸盖计算模型中才能解决。

2. 装配结构的气缸盖计算模型

机械工程中零部件应力分析的主要特点是边界条件不易确定,这也是主要的难点。现代的计算模型不孤立地对零部件建模,而将其与所有相邻的零部件按照图纸装配起来建立计算模型,各零部件间的相互配合关系用接触模型模拟,这就从根本上解决了边界条件确定的问题,同时也精细地描述了某些通过装配零部件施加的外载荷的作用。至于相邻的零部件的边界条件和其上作用载荷的模拟,由于相隔较远,根据圣维南原理,粗略描述带来的误差可以忽略。

装配结构的气缸盖计算模型正是根据上述思想发展起来的。最初,在单独计算的气缸盖模型基础上把气缸盖垫片计入,支承放在气缸盖垫片之下,仍处理成刚性的。后来考虑到气缸盖垫片太薄,它下面的气缸套的弹性对气缸盖支承的影响更加重要,于是就把气缸盖计算模型的边界扩大到气缸套。气缸套通常比较长,将其全部计入气缸盖模型当然很好,计入局部(例如,从气缸套顶面往下计入 500mm 左右)对考虑其弹性基本上也够了。支承仍按刚性模拟,放在气缸套的下面。为了使气缸盖螺栓的装配作用力能反映柴油机工作时气体压力的变化,必须将气缸盖螺栓计入气缸盖计算模型,成为气缸盖承载体系的一部分。而气缸盖螺栓的下端总是固定在机体上,在某些柴油机上气缸盖螺栓很长,甚至一直伸到主轴承座部位，因此气缸盖的计算模型需要把机体也计入，当然只要计入一部分，不用整个机体都考虑。至于对气缸盖本身结构的模拟，装配结构的气缸盖模型与单独计算的气缸盖模型相同。

计入气缸盖螺栓是装配结构的气缸盖模型的一个重要特点。气缸盖螺栓的设计对柴油机来说异乎寻常的重要，它决定了燃烧室的密封性。气缸盖螺栓的装配作用力极大，正是依靠这巨大的装配作用力才能在柴油机工作时确保燃烧室不漏气。所以为了分析燃烧室的密封情况，必须确切了解工作状态下气缸盖螺栓的装配作用力，而这一点只有把气缸盖螺栓视作气缸盖的一部分才能做到。这时气缸盖螺栓的装配作用力可用其与气缸盖顶板间的过盈来模拟，螺栓与其螺母视作一体，螺栓下端与机体也视作一体。

关于气缸盖螺栓的建模和装配作用力过盈的计算详见第 2 章 2.4 节。

3.1.3 气缸盖的温度场计算

对气缸盖来说，温度负荷主要作用在火焰板的火力面侧，并由此逐渐向其他部位传递，所以气缸盖温度场沿着其结构由下而上逐渐地由高向低变化。气缸套上部内侧面、气缸盖垫片与火焰板构成燃烧室的顶部与周边结构，它们的温度很高，是计算的重点。气缸套中部往下，由于冷却水的作用温度迅速降低，趋向环境温度。

尽管单独计算的气缸盖模型对气缸盖本身各部位温度场的计算大体上能符合实际情况，但用它无法分析燃烧室的密封性问题，而且由温度变形引起的气缸盖螺栓装配作用力的变化也反映不出来，因此这种模型现在用得愈来愈少。现在大量采用的是装配结构的气缸盖计算模型，即计算模型中除了气缸盖外，还包括气缸盖垫片、气缸套、气缸盖螺栓和机体的一部分。既然计算模型是装配结构，温度场计算当然就是求解温度接触问题。

温度接触问题的计算是一个迭代过程。先给定接触表面各接触点对的接触状态，用第一类和第三类混合边界条件，以气缸盖表面若干点的实测温度作为收敛目标，求解热传导方程，通过反复迭代，不断调整热交换系数，求出与给定接触状态匹配的气缸盖装配结构的温度场。必须注意，在计算时各接触点对间的接触状态是固定的，不能发生变化。然后以求出的气缸盖温度场作为原始状态，令各接触点对间的接触状态为可变的，用有限元参数二次规划法计算这时气缸盖模型中各接触点对间的接触状态。这时求出的有些接触点对间的接触状态与计算开始时给定的情况会有所不同，也就是说，现在温度场与所有接触点对的接触状态已经不能全部匹配了。于是就以这求出的各接触点对的接触状态作为出发点，认为它们是不变的，同时认为离模型中接触表面足够远的地方的温度场是已知的，用混合边界条件，通过对热交换系数的迭代，再一次计算气缸盖装配结构的温度场。事实上，计算实践表明，这时往往不需要用混合边界条件，只用第一类边界条件，就可以求出接触表面附近部位的温度场，也就是说，由于这时热交换系数变化很小，不用迭代，一次计算就解决问题。这已经是第二轮迭代，如果需要再进一步提高精度(这时有些接触点对间的接触状态可能与温度场又不匹配了)，可以再一次用有限元参数二次规划法，计算在当前气缸盖温度场下各接触点对的接触状态。然后进行第三轮迭代，第三次计算温度场。这样反复迭代下去，一直到计算求出的、与当前所有接触点对间的接触状态都相匹配的气缸盖温度场与前一轮求出的气缸盖温度场相吻合，或者误差小于给定精度，计算就算收敛。

3.1.4 气缸盖变形的分析

气缸盖变形的大小对气缸盖能否正常工作具有举足轻重的影响，必须进行仔细分析。

在气缸盖各部分中以火焰板的变形最重要，因为气门关闭时要与气门座贴靠，而气门座圈一般是通过过盈镶嵌在火焰板上的。火焰板的变形必然引起气门座的歪斜，从而也引起气门的歪斜。尽管气门座的歪斜量很小，但由于气门杆很长，由此而产生的气门杆顶端的横向位移是很可观的。气门杆是穿在气门导套中间的，而且间隙不大。气门的歪斜必然造成气门杆与气门导套上端内壁接触，从而产生一个横向力。这个横向力是交变负荷，气门每关闭一次，横向力就作用一次。本来在正常情况下，气门所承受的主要外载荷是作用在气门头底部的燃气爆发压力，气门的强度通常就是按燃气爆发压力校核的，这时气门杆的应力很小，所以气门杆总是设计得很细。但横向力的作用将使气门杆上产生一个附加弯矩。随着离横向力作用点距离的增加，附加弯矩逐渐增大，直到气门杆到气门头的过渡区——气门颈部达到最大值(图 3.2 中部位 A)。于是气门颈部就成了气门的强度薄弱环节。当火焰板的变形足够大时,附加弯矩也变得相当大,在其反复作用下,气门颈部经常会产生疲劳裂纹,最终导致气门掉头。这是很大的事故,解决的唯一办法是减小火焰板的变形。

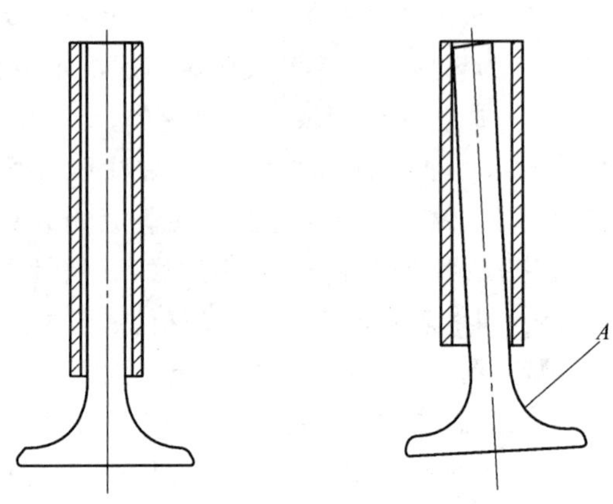

图 3.2　气门歪斜导致气门杆受横向力作用

16V240ZJB 型内燃机车用柴油机,在运用的早期曾多次发生气门掉头事故,其原因就是火焰板变形过大,而且不均匀。在以后的改进设计中,该柴油机气缸盖的围板,由垂直形状改成倒圆锥形,即向内倾斜,这样气缸盖螺栓作用力可以从气缸盖顶板沿着围板直接传递到气缸盖下缘,将气缸盖垫片与气缸套压紧,消除了由于围板垂直布置而产生的螺栓作用力对气缸盖下缘的附加弯矩,减小了火焰板的变形。不仅如此,由于各气缸盖螺栓处的围板到气缸盖下缘的距离是不等的,各螺栓作用力带来的对气缸盖下缘的附加弯矩也是不等的,这造成了火焰板变形的不均匀,从而使某些气门歪斜得更加厉害,其颈部承受的附加弯矩更大,更容易产生裂纹。气缸盖围板形状的改变,由于消除了附加弯矩,火焰板变形不均匀的问题自然也得到解决,从而气门掉头问题也迎刃而解。事实上,自从气缸盖围板形状改变后,该柴油机在运用过程中再没有出现过气门掉头的事故。

气缸盖另一个特别重要的部位是气缸盖下缘,其变形直接影响燃烧室的密封性。众所周知,气缸盖螺栓的装配作用力是非常大的,即使在现代化高强化柴油机中,气体爆发压力达到 18MPa,甚至 20MPa 以上,燃烧室在气缸盖螺栓附近部位的密封性仍是没有问题的。但对两个气缸盖螺栓之间的部位，情况另当别论。计算表明，如果气缸盖下缘的垂直刚度不够，柴油机工作时两个螺栓之间部位的气缸盖下缘就会产生较大的变形，从而导致在气缸盖下缘与气缸盖垫片之间产生间隙，造成漏气。这是必须避免的。所以在气缸盖设计时，对其变形要进行精细计算，必要时应做多方案比较，找出变形足够小、能满足各方面设计要求的结构。

3.1.5　气缸盖的机械负荷

气缸盖上作用的机械负荷主要有气缸盖螺栓装配作用力和燃烧室气体爆发压力两种。至于气门关闭时对气门座的冲击力以及喷油器喷油时的反作用力，由于数值较小，通常予以忽略。

在单独计算的气缸盖模型中，螺栓装配作用力就是螺栓装配预紧力。这个力可根据虎克定律，按照图纸上规定的螺栓预伸长量算出。计算时可以将这个力施加在气缸盖顶板上被螺母压紧的部位。但如前所述，随着气体压力的变化，气缸盖螺栓装配预紧力也将发生变化，为了考察柴油机工作时燃烧室的密封性，需要了解这时气缸盖螺栓的装配作用力数值和变化规律。因此，在装配结构的气缸盖模型中需将气缸盖螺栓计入，并以气缸盖螺栓的预紧伸长量(同时考虑被其压紧件的压缩量)作为过盈施加在螺母与气缸盖顶板之间，以模拟其装配作用力的作用。关于气缸盖螺栓装配过盈的计算办法详见第 2 章 2.4 节。

对于常规的气缸盖，气体爆发压力可由柴油机单缸动力学计算求得，并以均布力形式施加在火焰板下表面上。对于多体式气缸盖则需要根据发火次序，先求出某一气缸爆发时其他各缸所对应的曲轴转角，然后将各气缸这时的气体压力施加在相应各缸的火焰板上，所以对多体式气缸盖而言，机械负荷的计算工况，一般说，等于其气缸盖数，即使利用对称性计算工况数可以减少，但一定大于 1。

3.1.6　气缸盖的计算工况

这里仅讨论单体式气缸盖的计算工况。至于多体式气缸盖的计算工况，可在单体式气缸盖各工况的基础上，根据发火次序，根据变形的相互影响程度，由计算者自己设计。

1. 温度场计算

这实际上是计算温度负荷,为以后的温度变形和温度应力计算作准备。关于气缸盖温度场的计算,在本章3.1.3节中已有详细讨论,这里不再赘述。

2. 预紧工况计算

计算载荷为气缸盖螺栓预紧力。这是计算气缸盖刚安装好还没有开始工作时的变形和应力状态。

3. 爆发时机械负荷作用的计算

计算载荷为气体爆发压力和气缸盖螺栓装配作用力,不考虑温度负荷。因此这一工况实际上是不存在的。之所以要计算这个工况,主要是因为温度场计算必须要先做试验,测得气缸盖表面一些点的温度作为边界条件,而这在设计新气缸盖时往往是做不到的。从另一方面看,分析机械负荷的作用对评估气缸盖的强度也是很重要的,在不可能提供温度负荷以计算温度应力时,单纯计算机械负荷来校核气缸盖的结构强度,也不失为一种可取的办法。更何况有的气缸盖是铸铝制造的,温度应力对强度的影响很小,气缸盖的强度主要取决于机械负荷。

4. 温度负荷作用的计算

计算载荷为温度场,目的是分析气缸盖各部分的温度变形和温度应力,以评估气缸盖的热刚度和热强度。

5. 温度预紧工况

计算载荷为温度场和气缸盖螺栓装配作用力。这个工况是模拟气缸盖工作时,在一个工作循环内气体爆发已过,排气气门已打开的情况。这时燃烧室内的气体压力很小,可以忽略。

6. 爆发工况

计算载荷为温度场、气体爆发压力和气缸盖螺栓装配作用力。这是模拟气体爆发的瞬时气缸盖的受力情况,是气缸盖受载最重的工况。

需要指出,考察气缸盖的强度,需要分析气缸盖在温度负荷和机械负荷共同作用下的综合应力。对于单独计算的气缸盖模型,综合应力可以利用叠加原理,由单独温度负荷和单独机械负荷分别求出的应力叠加而成。但对于装配结构的气缸盖模型,问题是非线性的,叠加原理不成立,必须将温度负荷与机械负荷同时作用,才能正确求出综合应力。

3.1.7　气缸盖计算的工程实例

1. 某V形柴油机多体式气缸盖的组成气缸盖计算

某大功率柴油机气缸盖是多体式铸铝结构，其各个组成气缸盖尽管在结构上完全相同，相互却不是独立的，而是两个气缸盖共用一个围墙侧板。

柴油机各个气缸的工作过程在理论上是完全相同的，只是相互错一个相位。因此，如果忽略各个组成气缸盖工作时因弹性变形导致受力的相互影响，而任意单独取出一个进行力学分析，基本上可以搞清单个组成气缸盖工作时的变形和应力状态。这对研究多体式气缸盖的结构强度，找出薄弱环节并予以加强是很有用的。为此，在这里对该多体式气缸盖取出一个组成气缸盖，计入两边的围墙侧板，进行结构分析。

气缸盖基本结构由火焰板、中隔板、顶板、侧板、气道、喷油器护套、气门导管等几大部分组成。为使模型尽可能逼近实际结构，计算单元完全采用8节点等参块体元，按工程图纸所标注的几何尺寸建立计算模型。模型中还计入了气缸套和大、小两种共计8个气缸盖螺栓，以便正确模拟气缸盖工作时的边界条件。气缸套和气缸盖螺栓也全都用块体元模拟，它们与气缸盖之间的装配关系按接触模型模拟。

计算采用子结构技术，结构构成树如图3.3所示。由结构构成树可以看出，气缸盖计算共划分了四级子结构模式，其中气缸盖本身按三级子结构模式进行模型化。拼装后的气缸盖，与气缸套和大、小螺栓一起，作为超级单元拼装成装配结构的气缸盖模型。气缸盖本身的计算网格图见图3.4。

组成气缸盖划分子结构模式的具体办法如下。约为1/4的顶板划为SB1，1/4火焰板为SB2，1/4侧板为SB3，1/4前侧板为SB4，这四个基本子结构模式加上另外划为SB5的一部分结构，可以拼装成约为1/4气缸盖结构的子结构模式SB14。再把类似的、约为1/4的顶板（SB6），1/4火焰板（SB7），1/4侧板（SB8）和1/4前侧板（SB9）以及类似的部分结构（SB10）拼装成另外的类似的1/4气缸盖结构，并将其定义为SB15。利用镜射变换可以获得与SB14和SB15对应的两个超级单元。这样SB14＋SB14＋SB15＋SB15＋SB13＝SB16就拼装成气缸盖本身结构，其中SB13是气缸盖中一小部分与其他结构构不成镜射的结构。

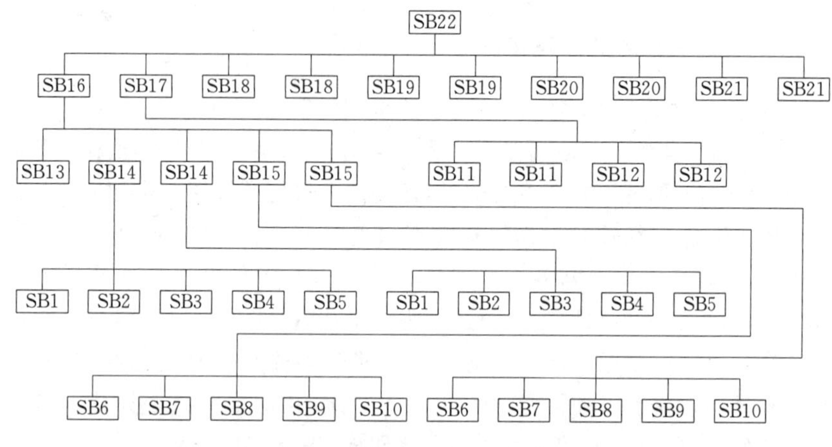

图 3.3　多体式气缸盖的组成气缸盖计算的结构构成树

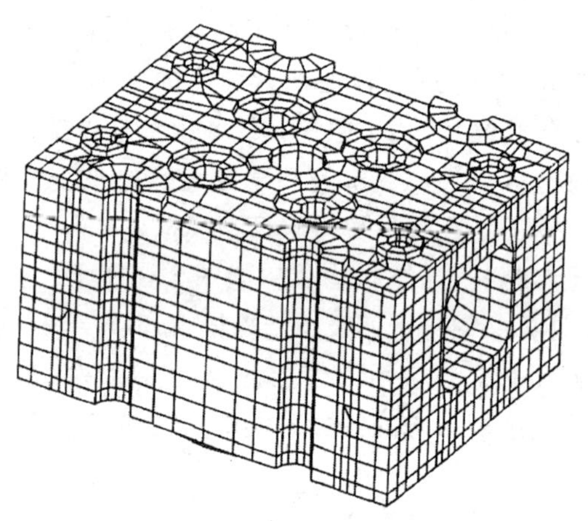

图 3.4　多体式气缸盖的组成气缸盖计算的网格图

子结构模式 SB17 为气缸套，由基本子结构模式 SB11 和 SB12 以及由它们通过镜射变换获得的两个超级单元拼装而成。8 个气缸盖螺栓由四个基本子结构模式 SB18、SB19、SB20 和 SB21 以及由它们通过镜射变换得到的四个超级单元构成。气缸盖和气缸套(分别是 SB16 和 SB17 对应的超级单元)加上 8 个气缸盖螺栓的超级单元，就拼装成装配结构的气缸盖计算模型。在模型中气缸盖和气缸套以及 8 个螺栓的连接，用接触模型模拟。

组成气缸盖计算划分的子结构模式的基本参数见表 3.1。

表 3.1　组成气缸盖各子结构模式的基本参数

子结构模式号	名　称	节点总数	单元总数	出口点数	超级单元调用
SB1	顶板Ⅰ	387	190	155	0
SB2	底板Ⅰ	389	188	168	0
SB3	侧板Ⅰ	304	128	132	0
SB4	前侧板Ⅰ	371	206	171	0
SB5	其他Ⅰ	575	285	173	0
SB6	顶板Ⅱ	399	198	159	0
SB7	底板Ⅱ	402	197	171	0
SB8	侧板Ⅱ	304	128	132	0
SB9	前侧板Ⅱ	388	204	201	0
SB10	其他Ⅱ	621	308	241	0
SB11	气缸套Ⅰ	390	168	82	0
SB12	气缸套Ⅱ	360	155	80	0
SB13	非镜射结构	27	8	27	0
SB14	气缸盖Ⅰ	493		204	SB1＋SB2＋SB3＋SB4＋SB5
SB15	气缸盖Ⅱ	545		231	SB6＋SB7＋SB8＋SB9＋SB10
SB16	气缸盖	520		160	SB14＋SB14＋SB15＋SB15＋SB13
SB17	气缸套	204		92	SB11＋SB11＋SB12＋SB12
SB18	小螺栓Ⅰ	79	56	8	0
SB19	大螺栓Ⅰ	88	56	9	0
SB20	小螺栓Ⅱ	79	56	8	0
SB21	大螺栓Ⅱ	88	56	9	0
SB22	总体				SB16＋SB17＋SB18＋SB19＋SB20＋SB21＋SB18＋SB19＋SB20＋SB21

由于气缸盖是铝制件，计算载荷只考虑机械负荷，即气体爆发压力和气缸盖螺栓装配作用力。

计算模型的约束完全模拟实际情况，取在气缸套底部和各气缸盖螺栓与机体连接处。

计算模型中共划分了 22 个子结构模式，约 8400 个节点，160 个接触点对。求出的应力分布规律和数值都很合理。

2. 某 V 形柴油机多体式气缸盖的计算[32]

在上例对某 V 形柴油机多体式气缸盖的组成气缸盖计算的基础上，稍加变动，利用子结构方法，可以很容易生成多体式气缸盖的整个结构的计算模型和网格，并进行计算。

多体式气缸盖计算的结构构成树示意图如图 3.5 所示。整个计算模型共划分了 7 级子结构模式。SB1～SB13 为最低的第 6 级，是针对单个组成气缸盖的火焰板、顶板、气道等建立的，都是基本子结构模式。10 个基本子结构模式分别组成 SB14 和 SB15，这是 2 个 1/4 组成气缸盖，是第 5 级。第 4 级是由 SB14 和 SB15 以及 2 个自由端立板 SB10、SB11 分别组成的 2 个 1/4 自由端气缸盖结构 SB16 和 SB17。第 3 级是由 2 个 1/4 自由端气缸盖 SB16、SB17 与 1/2 气缸套(包括有关机体)SB9 组成的自由端 1/2 气缸盖 SB19。第 2 级是 SB19 与 2 个 SB14、2 个 SB15 和 2 个 SB9 构成的 SB18 组成的、从自由端开始数的 1.5 个气缸盖与气缸套(包括有关机体)结构 SB20。第 1 级与第 2 级类似，只是由 1.5 个气缸盖和气缸套(包括有关机体)结构扩展成 2.5 个气缸盖与气缸套(包括有关机体)结构 SB21。第 0 级也就是最高级子结构模式 SB22，由 SB21 的 2.5 个气缸盖与气缸套(包括有关机体)结构，加上由 SB21 镜射获得的另一端 2.5 个气缸盖与气缸套(包括有关机体)结构，以及 2 个 SB14、2 个 SB15 和 SB18 组成。

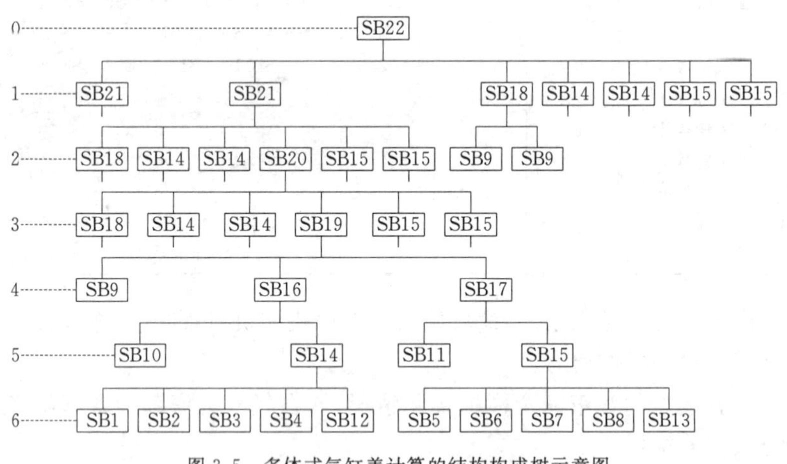

图 3.5 多体式气缸盖计算的结构构成树示意图

整个计算模型共划分了 22 个子结构模式，61282 个节点，40656 个块体元。

多体式气缸盖的气缸盖本身计算网格图见图 3.6。多体式气缸盖部分子结构模式网格图见图 3.7。

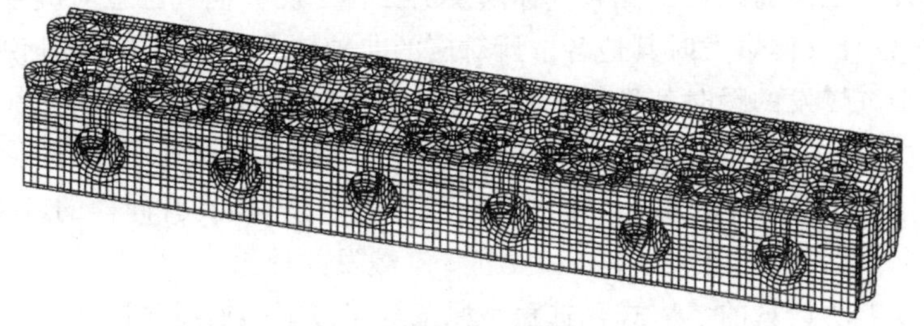

图 3.6 多体式气缸盖的气缸盖本身计算网格图

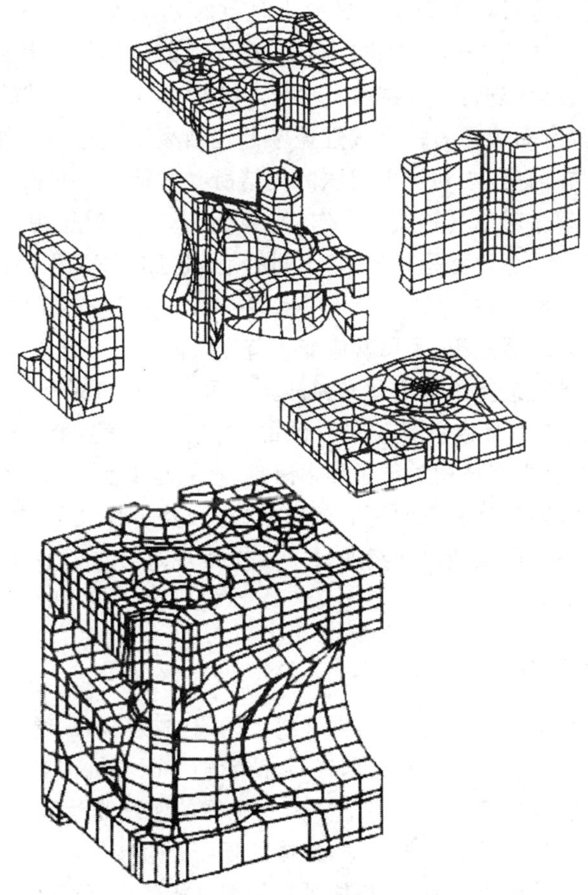

图 3.7 多体式气缸盖部分子结构模式网格图

计算工况为预紧工况和气体爆发的工作工况。但气缸盖对应着6个气缸,各缸气体爆发时其他各缸所对应的曲轴转角都不相同,按理说应该对每个缸爆发的瞬时都进行计算。考虑到气缸盖结构和发火次序都具有对称性,第1缸爆发对2～6缸的影响,与第6缸爆发对5～1缸的影响相同。第2缸与第5缸爆发,第3缸与第4缸爆发,也具有同样的效果,工作工况只计算1缸爆发、2缸爆发和3缸爆发3种。

以上所计算的多体式气缸盖是原气缸盖方案的加强改进结构。原气缸盖方案曾制造出来并装配在相应的柴油机上,按规范进行了台架试验。但台架试验只进行了不到规定试验小时数的2/3,有一个气缸盖中部就发生了断裂。试验不得不中止。后来,在用新制造的气缸盖替换了断裂的气缸盖后,继续进行台架试验。然而这继续进行的台架试验只试了60多小时,那没有断裂的另一个气缸盖中部也断裂了。这说明原气缸盖的结构强度存在问题,必须找出问题的症结所在才能予以加强改进。于是用JIGFEX程序对原气缸盖方案作了有限元计算,同时还用I－DEAS程序计算。两个计算模型是相似的,不同的是,用JIGFEX程序计算的模型用子结构方法建模,并采用8节点等参块体元;而用I－DEAS程序计算的模型用前处理器建模,采用常应变4节点块体元。与计算同时,还对原气缸盖方案结构进行了电测和光弹试验。两个计算和两个试验的结果表明,所找到的应力最高的部位是一致的,而且正是发生断裂的地方。因此,对原气缸盖方案结构进行了加强改进,这就是上面计算的多体式气缸盖方案。该方案经计算无问题后就投料制造,然后将成品装柴油机重新进行台架试验。该柴油机连续通过了3次按规范要求的台架试验,经拆检气缸盖均无问题。

3.2 机体的分析[33][37]

机体是整个柴油机的基础,柴油机上的曲轴、连杆、活塞等运动件,气缸盖、气缸套、油底壳等固定件和气门、凸轮轴等配气机构以及燃油泵、增压器等辅助设备都安装在机体上。因此机体的刚度是运动件,尤其是曲轴和凸轮轴能否正常工作的保证,机体的强度则直接影响柴油机的寿命。任何高强化发动机设计时,对机体进行精细分析是必不可少的。另外,为了保证柴油机换气、冷却和润滑的需要,一般在机体内腔都设计有气道、水道和润滑油道；为了装配和检修的需要，机体上还设置了各种检查孔、观察孔。因此机体上孔洞多，结构极其复杂，这是机体结构的一个重要特点，从而给建模、计算都带来了许多麻烦。

柴油机在工作时，气缸盖要承受燃气压力，气缸套要承受活塞的侧压力，曲轴要承受连杆传来的气缸内的气体压力和活塞连杆组的惯性力的合力，凸轮轴要承受配气系统和燃油系统分别传来的力，这些力都要传到机体上。另外，直接安装在机体上的主轴承螺栓和气缸盖螺栓等各种螺栓以及主轴瓦的装配作用力也都作用在机体上。机体所受的作用载荷也极其复杂。

3.2.1　机体的结构形式和基本特点

机体的结构形式主要有直列式和 V 形两种。对气缸数较少的发动机，如 4 缸机、6 缸机、8 缸机等，通常采用直列式机体；对缸数较多的 12 缸和 16 缸发动机，则都采用 V 形机体。V 形机体的夹角主要根据发动机安装的空间决定，通常小于 90°，常见的有 45°、50°、60°和 90°等。

柴油机机体有钢板焊接结构、铸铁整体铸造结构和铸钢与钢板构成的铸焊组合结构 3 种结构形式。钢板焊接结构具有重量轻的优点，但刚度较差，现在使用得比较少。整铸机体的刚度好，力流传递也好，当今世界上发动机机体大都采用这种形式，但对铸造工艺要求比较高，制造比较困难。铸焊组合结构的机体是在铸钢的主轴承座基础上焊接各种顶板、侧板和隔板而形成的机体，其刚度比焊接结构的机体好，但不如整铸机体。从结构分析的模型和计算方法角度看，不同结构形式并没有什么差别，但在强度的评判上不同结构形式有所不同。

尽管机体有直列式和 V 形等不同的结构形式，但其基本构成总是相同的。现将其结构的基本特点叙述如下。

(1)机体下部是主轴承座，在与主轴承盖装配后形成主轴承孔，用以安装主轴瓦，以便固定曲轴，承受主轴承载荷。同时，主轴承座应具有足够的厚度，以便用主轴承螺栓固定主轴承盖。

(2)主轴承座上方是主轴承隔墙，各相邻的主轴承隔墙与那里的纵隔板形成气缸套的安装结构。对于采用并列连杆的柴油机，机体左右两侧的主轴承隔墙在纵向有缸错，缸错尺寸略大于连杆的厚度。

(3)各气缸套安装结构的上方是与其联成一体的机体顶板。机体顶板通常比较厚,在其与各气缸套对应处开有一系列大圆孔以便安装气缸套。

(4)各主轴承座与各气缸套安装结构的两侧是机体侧板,用来在纵向使机体形成一个整体。

3.2.2 机体上装配的零部件

机体是基础,柴油机所有零部件都直接或间接安装在机体上,其中直接与机体装配的有主轴承盖、主轴瓦、气缸盖、气缸套、曲轴、凸轮轴和各种螺栓。下面简要介绍它们与机体的装配情况。

1. 主轴承盖

主轴承盖通过主轴承螺栓与主轴承座装配成机体的主要承力结构,其中央的主轴承孔就是曲轴主轴颈通过主轴瓦向机体传递主轴承载荷的部位,因而主轴承盖都设计得比较厚实,在本身平面内的以及抗弯的刚度都比较大。

2. 主轴瓦

主轴瓦是用过盈配合安装在主轴承孔内的,它通过油膜与曲轴主轴颈接触,直接承受由油膜传来的主轴承载荷。没有主轴承盖和主轴瓦,主轴承载荷将无法向机体作用,因此通常都把主轴承盖和主轴瓦认为是机体的一部分。

3. 油底壳

油底壳是用来储存和汇流润滑油的,是发动机的一个重要部件。油底壳的几何形状是柱形壳体,通常是用钢板压制而成,在其中部布置有一些横隔板。油底壳通常用螺栓紧固在机体两侧的底板下面,由于油底壳与机体底板之间设有耐油的石棉橡胶垫,油底壳基本上不能与机体共同承受载荷作用。

4. 气缸盖

与油底壳类似,气缸盖也是通过气缸套的凸肩用气缸盖螺栓固定在机体上的。气缸内的燃气压力首先是作用在气缸盖的火焰板上,然后再通过气缸盖螺栓传到机体上,因此如果在计算模型中忽略了气缸盖,燃气压力就无法向机体作用。在将有限元技术用于柴油机零部件应力分析的早期，曾出现过将机体顶板上与气缸套对应的一系列大孔全部忽略，认为顶板是实心的机体计算模型，这种模型虽然可以将燃气压力通过顶板作用在机体上，但首先，顶板的刚度要远远小于气缸盖，其次，燃气压力的作用点不对，在柴油机的真实结构中燃气压力是通过气缸盖螺栓作用在机体上的。所以机体的计算模型中必须将各气缸盖包括进去，当然，气缸盖的网格可以分得比较稀疏，甚至在保证长、宽、高等基本尺寸的前提下气缸盖的外形可以与实际有所不同(例如，英国 RICARDO 公司在计算 16V240ZJ 柴油机机体时，计算模型中的气缸盖用圆柱体取代了实际上的五面棱柱体)，因为它只起传力的作用。

5. 气缸套

气缸套直接与燃气接触，因而它承受高温和燃气压力的作用，另外，活塞在气缸套内作往复运动时产生的侧压力也由气缸套承受。燃气压力在气缸套内是自相平衡的，活塞侧压力则不平衡。为了传递活塞侧压力的作用，机体的计算模型中需要计入气缸套。尽管活塞侧压力在数值上比较小，但由于其作用点位置相对机体的支点比较高，所以在其作用下机体上部将产生比较大的位移，而且对四冲程发动机来说，在一个工作循环内活塞侧压力的方向要改变六次，因而是不可忽略的。柴油机工作时活塞在作往复运动，因此对不同的工况活塞侧压力的作用点位置是变化的，而在柴油机工作的某一瞬时，各个气缸套内活塞的位置是不同的，所以各缸活塞侧压力的作用点也是不一样的。在建立机体的计算模型划分网格时一定要注意这一点。

6. 曲轴

曲轴是穿在机体主轴承孔中的，通过润滑油膜与主轴瓦相联，并把主轴承载荷传给后者，再传给主轴承座和主轴承盖。主轴承载荷是机体承受的主要载荷，由于它实际上是曲轴主轴颈与主轴瓦的相互作用力，二者之间又夹着油膜，准确计算十分复杂。为了确保主轴承载荷计算的精度，在机体的计算模型中计入曲轴是一个好办法，这实际上就是真实模拟曲轴与机体的相互作用。这时，曲轴应如何模拟，曲轴与机体的联结又应如何模拟，这些问题将在后面详细讨论。

7. 凸轮轴

凸轮轴通过轴承穿在机体的凸轮轴孔中，一方面其配气凸轮通过挺柱、推杆、摇臂、横臂和气门弹簧等控制进、排气门的开启,以实现气缸的进气和排气;另一方面其供油凸轮通过滚轮、推杆、推杆弹簧等控制柱塞的运动,以便按设计的供油规律给缸内供油。配气机构和供油系统工作时产生的反作用力都通过凸轮轴承传给机体。V 形柴油机通常布置有两根凸轮轴(左右各一),直列式柴油机则只有一根凸轮轴。

8. 各种螺栓

机体上采用了大量的各种各样的螺栓,其中主要的承力螺栓有主轴承螺栓和气缸盖螺栓,V 形发动机经常采用的横拉螺栓也是承力螺栓。机体上的承力螺栓无一例外都承担着巨大的装配作用力,计算机体时必须予以考虑。

3.2.3 机体计算的模型

由于机体结构和作用载荷的复杂性,在柴油机产生以后的很长一段时间内,人们无法对机体的强度和刚度进行理论分析,只能通过试验进行研究。随着电子计算机的普及和有限单元法的出现,从 20 世纪 60、70 年代开始出现了对机体进行理论计算的文献。当然,由于计算技术水平的限制,那时的计算模型是很粗糙的。伴随着电算技术日新月异的发展,机体的计算模型愈来愈接近实际,计算规模愈来愈大,计算精度也愈来愈高。在 70 年代末、80 年代初举行的那几届 CIMAC 世界内燃机大会上,分析机体的论文已经达到了相当高的水平,出现了上万个节点的机体计算模型。在这以后机体的分析水平发展得越加迅速,有摩擦多体三维接触问题计算理论的发展和计算机硬件的进步,使得今天机体的计算,在精度和效率两方面都能基本上满足设计师的要求。回顾这一段历史,审视机体计算模型怎样从最初的极其粗糙、只有几百个节点的规模,发展到今天具有几十万个节点、能描述各种非线性问题的水平,将是一件很有意思的事情。

1. 空间刚架模型

这种模型是把机体上的各种纵向、横向的板都简化成梁,把整个机体视作空间刚架,用经典的杆系结构力学方法进行计算。用这种模型能求出机体整体的变形和应力,但梁并不是板,梁的力学特征与板有很大的不同,用梁模拟板进行计算,在精度上必然要受到很大的损失。这是在电子计算机开始普及的阶段产生的模型，当时人们对电算还比较生疏，而对经典的杆系结构力学那一套算法印象还很深，因而在考虑机体计算问题时，就自觉不自觉地把老的一套方法拿了出来。

2. 平面应力模型

这种模型是把机体上承载最重的部分——某一个主轴承隔墙单独取出来，按平面应力模型进行计算。这种模型不能求整个机体的变形和应力状态，而且由于无法考虑机体其他部位对所计算的主轴承隔墙受力的影响，不能正确地确定边界条件，同时还无法考虑外载荷的弯曲作用，而且也无法合理地选择计算工况，因此所求出的主轴承隔墙的位移和应力的正确性根本没有保证。这种模型唯一的用处，是计算求出的主轴承隔墙的应力状态，可以在对机体作方案设计时用来作机体强度判断的参考，预估机体各主轴承隔墙的应力分布规律。

3. 带刚性膜的模型[34]

机体的主轴承座和主轴承盖相对其他部位通常都设计得很厚，因而变形很小；再考虑到主轴承隔墙所受的力主要是在其平面内的，即膜力，这样，利用机体这些特点，计算时可以将主轴承座—主轴承盖处理成刚性膜，机体主轴承隔墙上部中间垂直板以及各种纵向、横向的板则按弹性膜模拟，板边上的加强肋用二力杆模拟，这就是这种机体计算模型的基本特点。用这种模型可以求出整个机体的变形和模拟成弹性膜的板件的应力状态，对主轴承座—主轴承盖则可以用再分析的方法计算应力。

在这种模型中，视作刚性膜的主轴承座—主轴承盖的数量可以根据需要而定，显然，刚性膜定得愈多，机体刚度就愈大，计算误差也就愈大。对16V240ZJB型柴油机机体采用这种模型的计算结果表明，在将自由端与输出端隔墙都认为是刚性膜的同时，将所有中间的主轴承座—主轴承盖(该发动机机体共有9位主轴承隔墙，中间隔墙计有7位)都视作刚性膜的计算模型，与采取同样简化但最中间的主轴承隔墙完全按弹性膜处理的计算模型相比，二者求出的中间主轴承隔墙的垂向与横向振幅(按4个工况的位移计算)分别相差8%和6%，计算模型对计算精度的影响由此可见一斑。

这种模型以及前述第1、2两种模型，都是在有限元技术用于机体计算的早期出现的，带有那个时代的烙印。当时计算机容量很小，运算速度不快，进行结构分析时计算机器存储量是否足够，往往是计算者首先要考虑的问题，因此才产生至少要取多少个主轴承座—主轴承盖作为刚性膜来处理计算机才能算得了的问题。当然，从提高计算精度的角度考虑，全部主轴承座—主轴承盖都按弹性体处理最好，因为它们本来就是弹性体。于是就出现了下面各种整个机体都按弹性体处理的计算模型。

4. 完全用空间膜元模拟的模型

机体的主要载荷即主轴承载荷，以及主轴承螺栓、主轴瓦装配作用力都作用在主轴承座—主轴承盖的平面内。燃气压力和气缸盖螺栓装配作用力，虽然不在主轴承隔墙和相应的机体横隔板平面内作用，但作用方向与这些板平行，而且由于作用点离这些板的中心平面不远，对它们产生的弯矩不大，所以认为是膜力不会带来太大的误差。凸轮轴载荷也都作用在主轴承座上方侧面的各垂直板平面内。只有活塞侧压力作用在气缸套壁上，对受载构件来说不是膜力。但第一，计算对象是机体，不是气缸套，气缸套只是起传力的作用，其计算精度的高低并不重要；第二，气缸套的几何形状是曲率较大的圆柱壳，对这种壳体在横向载荷作用下的分析，可以采用无弯矩理论，也就是说，这时壳中的膜力起主要作用，弯矩是次要的。如果将气缸套划分成由膜单元组成的圆柱壳，再将作用的活塞侧压力移置到相应的节点上，其作用就可由气缸套相应单元平面内的膜力来承担。因此机体完全可以用空间膜元来模拟。这种模型的计算精度，显然比前面三种模型要高，但计算规模和计算工作量也要大许多。

5. 完全用壳元模拟的模型

这是对第 4 种计算模型的发展。尽管机体上的作用载荷有很多作用在受力构件本身的平面内（如主轴承载荷、凸轮轴载荷、主轴承螺栓和主轴瓦的装配作用力等），有些不直接作用在受力构件平面内的载荷也可以用空间膜单元构成的结构来承担（像活塞侧压力），那些不作用在受力构件平面内的载荷，由于作用方向与受力构件平面平行，而且偏心距不大，可以忽略其偏心弯矩而用膜力模拟（如燃气压力和气缸盖螺栓装配作用力等），但毕竟机体是空间结构，而且各纵、横板之间相互都联接得很牢，膜力作用引起的某一块板本身平面内的位移，在与其联接的板上就可能产生弯矩，甚至扭转。这些问题只有考虑机体各构件的弯曲和扭转变形才能解决。因此用壳元代替空间膜元来模拟机体的各个板件，是为提高计算精度而顺理成章产生的一种机体计算新模型。在20世纪90年代举行的CIMAC世界内燃机大会上,就曾出现用壳元模拟整个机体并进行计算的论文。

6. 组合结构模型

由于主轴承座—主轴承盖结构的厚度通常远大于机体其他部位,因而将主轴承座—主轴承盖用块体元模拟,而将主轴承隔墙上部的中间垂直板以及各种纵向、横向隔板都用膜元或壳元模拟,这样构成的机体空间组合结构模型能更加真实地模拟机体的受力情况。这种模型在描述主轴承载荷、主轴瓦的装配作用力和主轴承螺栓的装配作用力时优点特别明显。第一,上述这几种载荷的作用,在主轴承座—主轴承盖的厚度方向并不是均布的,而用膜或壳模拟主轴承座—主轴承盖时只能认为载荷沿厚度均布,这必将给计算带来误差。第二,如果主轴承螺栓采用螺钉的型式,即螺钉的上端用螺纹在主轴承座体内与其联接,用膜或壳根本无法对此进行模拟。第三,主轴瓦与曲轴主轴颈之间的作用力是通过油膜传递的,在对机体进行动力响应计算时,油膜必须考虑,而当把主轴承座—主轴承盖处理成膜或壳时,油膜压力沿其厚度的变化无法计算。

7. 完全的块体元模型[36]

对于机体这样的空间结构,特别是铸造机体,采用完全的块体元模型进行分析计算是最理想的,这时模型可以完全模拟机体的实际结构。当然,此时问题的计算规模比前面几种模型都要大得多。

总之,在这7种机体计算模型中,第1、2、3种由于精度太差早已淘汰,第4、5种也由于模型不能很好地模拟实际结构,计算结果不能满足设计需要,而已废弃不用。现在常用的是由壳单元与块体元构成的组合结构模型和完全块体元模型,全焊接结构和焊铸组合结构机体多采用前者,而铸造机体则无例外地都采用后者。

3.2.4 机体与其零部件装配的模拟

直接装配在机体上的零部件,除油底壳与凸轮轴外应全部计入机体计算模型,即机体模型中应包括主轴瓦、主轴承盖、曲轴、气缸盖、气缸套、气缸盖垫片和各种螺栓,其中主轴瓦、主轴承盖、气缸盖、气缸套、气缸盖垫片和各种螺栓都用块体元划分网格,曲轴可以用块体元模拟,也可以用梁单元模拟。

模型中不计入油底壳，因为它不能与机体共同受力；不计入凸轮轴则是因为凸轮轴比较细，作用于机体的载荷也比较小，它对机体变形和应力的影响只在安装部位附近比较大，对较远部位的影响通常可以忽略。只有在关注机体上凸轮轴安装部位附近的应力时，机体的计算模型才需要计入凸轮轴。

在机体的计算模型中，主轴承盖与主轴承座的连接，主轴承座—主轴承盖与主轴瓦的连接，曲轴主轴颈与主轴瓦的连接，气缸盖垫片与气缸盖、气缸套的连接，以及主轴承螺栓、气缸盖螺栓与机体的连接，都按接触问题模拟，而气缸套与机体的配合关系，由于模拟精度对机体整体的受力状况影响不大，计算时可以将气缸套与机体视作一体。

曲轴与主轴瓦的连接也可以不把主轴颈外表面与主轴瓦内表面的所有节点都处理成接触点对，而只把主轴颈轴向最中间的外表面圆周上的节点与主轴瓦内表面上相应的节点处理成接触点对，这样做计算精度要受一点损失，但仍能满足设计师的需要。曲轴与主轴瓦的连接还可以不用接触模型而用节点变位主—从关系处理，即取主轴颈上一个或数个节点，令其与相应的主轴瓦内表面上相应的节点为刚性联接。这样处理的优点是简单，缺点是无法考虑主轴瓦内表面各节点所受的接触力，从而在一定程度上(尽管不大)影响主轴瓦以及主轴承座—主轴承盖的应力计算精度。

气缸盖垫片的上、下两个面分别与气缸盖和气缸套接触，因此从理论上说，机体计算时气缸盖垫片与气缸盖和气缸套的配合都应该按接触模型模拟。这样的模型计算工作量很大。如果把计算模型改成气缸盖垫片只与气缸盖的配合按接触问题处理，而将垫片与气缸套视作一体，则计算工作量将大为减少，但计算结果却相差并不大。计算实践充分证实了这一点。

主轴承螺栓通常采用双头螺栓，它与机体的连接形式有两种，一种是在主轴承座上部两侧的相应位置，开有放置主轴承螺母的孔，主轴承座—主轴承盖两侧体内在主轴承螺母孔的下方，开有垂直的通孔以穿过主轴承螺栓，拧紧主轴承螺母就把主轴承盖与主轴承座紧紧地装配在一起；另一种是在主轴承座体内钻孔攻丝，主轴承螺栓上端没有螺母，依靠主轴承座体内的螺纹承受主轴承螺栓的装配力将主轴承盖固定。计算机体时，对前一种主轴承螺栓连接形式，上螺母与主轴承座的压紧面和下螺母与主轴承盖的压紧面都按接触面处理；对后一种螺栓连接形式，除下螺母的压紧面仍按接触面处理外，螺栓与主轴承座的螺纹连接也要按接触问题模拟。

气缸盖螺栓通常也采用双头螺栓，它与机体的连接形式基本上都是上端用螺母压紧气缸盖顶板，下端通过螺纹拧紧在机体上。螺母与气缸盖顶板的压紧面和螺栓与机体的螺纹连接都按接触处理。

接触问题是非线性问题，其计算工作量比常规的非接触问题要大许多，而螺纹连接的结构和尺寸都是国家标准规定的，其强度经过充分的试验研究，因此如果不是有特殊的需要，主轴承螺栓和气缸盖螺栓与机体的螺纹连接，完全可以视作一体，不按接触模型进行计算。

3.2.5　机体计算模型中的网格划分

机体不像曲轴，有两个应力集中十分严重的圆角部位，使得网格在不同部位的疏密程度有很大差异，机体的网格分布大体上是均匀的。

机体网格划分的基础是主轴瓦，主轴瓦上的单元尺寸基本上决定了整个机体的网格密度。

机体计算时，不论是采用完全的块体元模型，还是壳(或膜)元——块体元组合结构模型，主轴承座—主轴承盖和主轴瓦总是用块体元划分网格。块体元当然以采用 8 节点等参单元为好，10 节点 4 面体单元也可以考虑，如果网格足够密，采用 4 节点常应变单元也是合适的。

对于主轴瓦，由于厚度薄，沿厚度方向也可以只划分一层单元。主轴瓦的内、外表面的节点最好均布，以适应不同工况下由于曲轴转角变化所造成的主轴颈外表面上对应接触点位置的变化，也就是说，能保证在不同工况下主轴瓦内表面上的节点与主轴颈外表面上节点位置的重合，以满足接触模型建模的需要。主轴瓦单元的尺寸取决于其直径的尺寸，一般说，沿周长以 10～20 mm 为宜，沿瓦宽方向以 8～15 mm 为宜。主轴承座—主轴承盖的网格划分可在主轴瓦网格的基础上向四周延伸，单元尺寸可取得与主轴瓦差不多。

主轴承螺栓、气缸盖螺栓和它们的螺母都应用块体元划分网格，单元大小可参考主轴瓦单元的尺寸再适当减小。螺母与螺栓可以认为是一体,它们的螺纹联接不用考虑。但对与主轴承座在其体内用螺纹相联的主轴承螺栓上端以及气缸盖螺栓的下端,如果需要按接触模型计算它们的联接,在螺纹部分单元的大小需根据它们的螺距尺寸决定。中速柴油机主轴承螺栓与气缸盖螺栓的螺距通常为 2 mm 左右,因而那里的单元尺寸比机体其他部位要小得多。与这两种螺栓相联的机体主轴承座和顶板相应的螺纹部位的单元,自然也应划得很小。

对于机体的主轴承隔墙,两侧隔墙,以及各种纵向、横向板,如采用块体元划分网格,则单元尺寸可参考主轴瓦上的单元,并适当放大,因为这些部位应力梯度通常不大;如采用壳单元划分网格,则单元尺寸可以更大一些,这些板边上的加强肋可用二力杆模拟。

气缸盖、气缸套和曲轴都采用块体元划分网格,但由于不是关心的重点,它们的网格可划分得稀疏些,以减少计算工作量。例如,气缸盖的火焰板、中隔板、顶板和侧板,气缸套的套筒壁,都可以只划分一层单元;曲轴的连杆轴颈圆角部位和主轴颈圆角部位也可以作极其粗略的描述,连杆轴颈和主轴颈的径向小油孔可以忽略。

3.2.6 机体上的作用载荷

机体上的作用载荷有主轴承载荷、气缸内气体压力、活塞侧压力、凸轮轴作用力、主轴瓦和主轴承螺栓、气缸盖螺栓的装配作用力以及温度负荷等。现分别叙述如下。

1. 主轴承载荷

这是在机体的各个计算瞬时(即各个计算的曲轴转角),各个气缸的气体压力、活塞连杆组的惯性力以及曲轴各部分自身的回转惯性力,通过各个主轴颈传给各个主轴瓦,进而传给机体各主轴承座—主轴承盖的作用力。由于机体的计算模型中计入了曲轴,这个力表现为主轴颈与主轴瓦之间的接触内力,因而不需要作为机体计算的原始数据输入,但曲轴上的各种作用载荷却需要输入。关于曲轴上的作用载荷如何施加,详见第 2 章 2.1 节,这里不再赘述。

2. 各气缸内的气体压力

这些力实际上是以均布载荷的形式作用在各气缸盖火焰板下面、各气缸套内壁和各活塞顶部,并不直接作用在机体上。作用在各气缸套内壁上的力自身相互平衡;作用在各活塞顶部的力通过相应的活塞销和连杆传给了相应的曲轴连杆轴颈,再通过曲柄和主轴颈传给了相应的主轴瓦、主轴承座—主轴承盖,成为主轴承载荷;作用在各气缸盖火焰板下面的力通过各气缸盖分别传给了相应的气缸盖螺栓,作用在机体上。因此这里讨论的作用在机体上的气体压力实际上就是作用在各气缸盖火焰板下面的那部分气体压力,这也就是机体计算模型中必须计入气缸盖的原因。这些载荷的施加办法详见第 3 章 3.1 节。

3. 活塞侧压力

对于四冲程发动机,在一个工作循环的 720°内活塞对气缸套的侧压力作用方向要改变六次。尽管这个力数值不大,但由于其作用点位置比较高,对机体横向位移的影响比较大,计算机体时必须考虑。同时活塞又在气缸套内不停地作往复运动,其位置每个瞬时都在变化,这意味着活塞侧压力的作用点每个瞬时也都在变化。所以活塞侧压力作用的数据准备是相当麻烦的。关于这个问题详见第 3 章 3.3 节。

4. 凸轮轴作用力

严格地说,凸轮轴作用力是凸轮轴轴承与机体凸轮轴孔处隔板之间的接触内力,由于机体模型中不计入凸轮轴,这个力才作为载荷出现。凸轮轴作用力数值不大,机体计算时往往将其忽略,即使计入,对其计算精度要求也不高,可根据配气机构动力学求出的、作用在进排气凸轮上的力和供油系统计算求出的、作用在供油凸轮上的力,用简支梁理论求得。为追求计算精度,也可以用弹性支座连续梁模拟凸轮轴来求凸轮轴作用力,但这要计算机体各凸轮轴孔处隔板的刚度,带来许多麻烦,而且带来的精度上的改善也有限,所以这种方法用得不多。

5. 主轴瓦的装配作用力

主轴瓦通过过盈配合固定在主轴承座—主轴承盖的主轴承孔内。过盈配合产生的装配作用力很大,绝不能忽略。过盈可以用温升模拟,即假设主轴瓦与主轴承座—主轴承盖之间有温升,因而使主轴瓦产生与过盈相等的周向位移。但这个模型忽略了摩擦,计算精度不够。这个装配作用力只有用接触模型才能正确求出。另外,柴油机工作时,各种外载荷的作用,特别是直接作用在主轴瓦上的主轴承载荷的作用,将使主轴瓦过盈产生的装配作用力不断地发生变化，这个问题也只有用接触模型才能模拟。因此用接触模型模拟主轴承座—主轴承盖与主轴瓦的配合关系，是计算主轴瓦装配作用力唯一正确的选择。

6. 主轴承螺栓的装配作用力

在柴油机工作时主轴承螺栓除了承受装配时的预紧力和曲轴主轴颈传来的主轴承载荷外，还承受由于主轴承座—主轴承盖变形而引起的部分载荷。由于在机体的计算模型中主轴承螺栓是承载体系的一部分，机体计算时上述这些载荷中应该由主轴承螺栓承担的那部分，通过整个机体的变形自然而然由它承担了，也就是说，在机体计算时，对主轴承螺栓的载荷数据只要考虑其过盈产生的预紧力，而这个力需要用过盈接触模拟求得。

7. 气缸盖螺栓的装配作用力

柴油机工作时气缸盖螺栓承受装配预紧力和通过气缸盖传来的气体压力以及气缸盖变形引起的那部分载荷。由于气体压力是不断变化的，这导致气缸盖螺栓装配作用力也不断变化，只有把气缸盖螺栓计入机体的承载体系才能通过气缸盖的变形考虑这个变化。由于气体压力的作用已经在计算气缸盖火焰板的作用载荷时考虑进去，作为准备机体计算的载荷数据，计算气缸盖螺栓装配作用力时只需要计算其过盈引起的装配预紧力。

主轴承螺栓与气缸盖螺栓装配过盈在机体计算模型中应如何模拟，详见第 2 章 2.4 节。

8. 温度负荷

在机体的计算模型中温度高的部位只有各个气缸套的上部和气缸盖的火焰板，其他部位基本上都是常温，气缸套上部附近和润滑油道附近的部分机体结构，由于热传导的影响温度比常温略高，但也高得有限，而气缸套与气缸盖不是机体计算的重点，因而在机体计算时温度负荷可以忽略。

3.2.7 机体的计算工况

机体的作用载荷是交变负荷，在一个工作循环内每个瞬时载荷都在变化，因此机体的强度是疲劳强度问题。评判结构的疲劳强度，必须要计算其平均应力和应力幅，特别是应力幅的影响比平均应力要大得多。但是如前所述，机体的作用载荷极其复杂，计算前根本无法确定机体上最大的应力幅是在哪两个工况下产生的。为了确定机体产生最大应力幅的两个曲轴转角 α，最科学的办法是在一个工作循环的 720°内，隔一定的曲轴转角对机体计算一次（如隔 5°），根据机体求出的计算应力就可确定产生最大应力幅的两个 α 角。但是，对缸数较少的柴油机（如 6 缸机），机体模型的节点数也要在 3～4 万点以上，对缸数较多的柴油机（如 16 缸机），机体的计算节点数往往要有 10 万。如隔 5°一算，就要算 144 次，计算工作量太大了。

当然可以对机体建立简化模型，每隔 5°计算一次，用以确定机体精细模型的计算工况，以减少计算工作量。但现在前处理技术已经很发达了，划分网格不是很困难的事，比较费事的是建模和准备载荷数据，用简化模型算机体并不能比精细模型节省多少工作量。

当前国际上流行简化的确定机体计算工况的办法。这办法的实质如下：考虑到某个气缸的爆发工况通常就是在与该气缸相邻的主轴承座产生最大应力的工况，而主轴承座及其隔墙的应力状态通常都是关心的重点，因此可以某主轴承隔墙两侧气缸的爆发瞬时作为计算工况。而为了确定 σ_{max} 和 σ_{min}，对直列式柴油机的机体至少要计算两个工况，对 V 形柴油机的机体至少要计算 4 个工况，这与上述选择某主轴承隔墙两侧气缸的爆发瞬时作为计算工况是一致的。

需要指出，对于 V 形柴油机，当同一侧两个相邻气缸爆发时，机体上同一点的应力状态通常变化不大，主应力的方向偏差很小（根据 16V240ZJ 柴油机机体的计算结果，绝大多数节点的主应力方向相差不到 5°），数值上差别也不大。但不同侧气缸爆发时，机体上同一节点的应力状态会有很大变化，主应力的数值和方向差别都很大。计算实践还表明，某一气缸爆发时，如使机体上某一节点 A 产生最大（或接近最大）应力，则 A 点的对称节点 B 必产生最小（或接近最小）应力；而当与该气缸对称的另一气缸爆发时，B 点将产生最大（或接近最大）应力，A 点则产生最小（或接近最小）应力。这就是说，V 形柴油机机体上各节点的最大应力幅 σ_a 是由左右两侧的气缸爆发引起的，因此，对 V 形柴油机机体一定要选择不同侧气缸的爆发作为计算工况。

计算工况的选择可按下列两个原则之一进行：

(1)以最中间主轴承隔墙两侧气缸的爆发瞬时作为计算工况,因为机体总是支在4个橡胶支承上的,而橡胶支承相对柴油机基本上总是对称的,所以最中间主轴承隔墙的挠度通常是最大的,其附近部位的强度是比较薄弱的。

(2)以产生最大主轴承载荷的主轴承隔墙两侧气缸的爆发瞬时作为计算工况,因为主轴承载荷对机体强度的影响是决定性的。

当然,比较准确而计算工作量相对也不太大的计算方案,是对柴油机每个气缸的爆发工况都算一次。

3.2.8 机体计算实例

1. 用子结构技术计算12V240ZJ柴油机机体[35]

12V240ZJ柴油机机体是铸焊组合结构。为减重需要,曾在20世纪90年代初作了精细分析。

计算采用子结构方法建立组合结构模型。模型中除机体外还包括主轴承盖(含主轴瓦)、气缸盖(含气缸盖螺栓)、气缸套、曲轴、主轴承螺栓、横拉螺栓等。模型中共计划分73个子结构模式,29767个节点。

12V240ZJ柴油机机体计算网格的划分原则如下。

根据机体结构的特点,将其构件分为纵向和横向两大类。纵向构件主要指上盖板、外侧板、中侧板、内侧板、凸轮轴纵板和底板等;横向构件主要指各主轴承隔墙、主轴承盖和输出端端板、自由端端板等。由于柴油机上的外载荷是以气缸为单元作用的,横向构件受力比纵向构件要大得多,所以横向构件的网格划得比较密,纵向构件相对稀疏一些。主轴承座与主轴承盖都比较厚,为减少节点数,采用平壳单元模拟,既能抗弯又能承受膜力作用。平壳单元在模型中是一个面,只有几何位置,没有厚度,所以主轴承螺栓和横拉螺栓都按膜元模拟。主轴承隔墙上部各板都用膜元模拟。各纵向构件除了上盖板比较厚用块体元模拟外,其他纵向板都用膜元模拟。主机油道、气缸盖和气缸套都用8节点等参块体元模拟,曲轴则用偏心梁单元模拟。

12V240ZJ柴油机机体的计算网格图如图3.8所示。

现在具体介绍12V240ZJ柴油机机体子结构模式的划分情况。

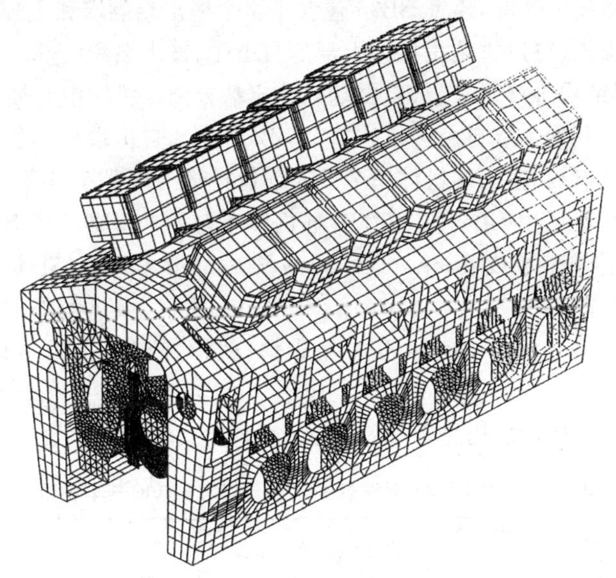

图 3.8　12V240ZJ 柴油机机体的计算网格

主轴承盖是左右对称的,取其一半作为子结构模式 SB1。主轴承座左右虽不对称,但其倾斜情况左右完全一样,只是一边向前倾斜,一边向后倾斜,因此也取其一半作为一个子结构模式,这就是 SB2。考虑到主轴承螺栓孔两个下角部位是应力集中区域,16V240ZJA 柴油机机体在该部位曾产生过裂纹,因此对该部位划分的网格比较细密。

为使一个子结构模式包含的节点数不至于太多,以减少计算工作量,将半个主轴承座的侧部和下部划分成 SB3。

将 SB1、SB2、SB3 拼装起来,加上主轴承螺栓 SB33 和横拉螺栓 SB34,成为高一级的子结构模式 SB41。SB41 包含了相当于一个气缸的半个主轴承座与主轴承盖结构。

自由端隔墙和输出端隔墙在结构上与机体中部主轴承隔墙有较大的不同,而且又都是左右对称的,因此分别取它们下部的一半作为基本子结构模式 SB4 和 SB5。将半个自由端隔墙上部定义为 SB27,令 SB1＋SB4＋SB27＋SB33＋SB34 为 SB35,于是 SB35 包含了半个自由端隔墙和主轴承盖。将半个输出端隔墙上部定义为 SB29,并令 SB1＋SB5＋SB29＋

SB33＋SB34 为 SB36，由此 SB36 包含了半个输出端隔墙和主轴承盖。

依此类推，可以拼装出机体上部的自由端、输出端和中部的结构。然后将上、下结构拼接起来，从自由端和输出端分别逐级往中间推进。具体做法就是先分别生成自由端机体单节 SB66（包括自由端外端板和第 1、7 缸的机体单节）和输出端机体单节 SB68（包括输出端端板和第 6、12 缸的机体单节），然后由 SB66 加第 2、8 缸机体单节生成 SB67，由 SB68 加第 5、11 缸机体单节生成 SB69，再由 SB69 先后加第 4、10 缸机体单节和第 3、9 缸机体单节，分别生成 SB70 和 SB71。最后将 SB67 与 SB71 拼装起来就得到了整个机体 SB72，再加上曲轴，就拼装成整个机体计算模型 SB73。

机体的结构构成树见图 3.9。各子结构模式的基本参数见表 3.2。

表 3.2　12V240ZJ 柴油机机体各子结构模式的基本参数

子结构模式号	节点总数	出口节点总数	超级单元个数	单元类型	备　　注
1	248	51	0	3 点平壳单元	1/2 主轴承盖
2	337	70	0	3 点平壳单元	1/2 主轴承座
3	236	56	0	3 点平壳单元	1/2 主轴承座侧
4	423	74	0	3 点平壳单元	1/2 自由端端板下部
5	446	83	0	3 点平壳单元	1/2 输出端端板下部
6	160	116	0	8 点等参块体单元	机体斜顶板
7	15	12	0	4 点等参膜单元	机体斜顶板
8	23	17	0	4 点等参膜单元	机体中间顶板
9	59	28	0	4 点等参膜单元	机体斜顶板（自由端）
10	66	40	0	4 点等参膜单元	机体斜顶板（自由端）
11	26	26	0	4 点等参膜单元	机体斜顶板（输出端）
12	172	66	0	4 点等参膜单元	机体侧板（自由端、左）
13	170	63	0	4 点等参膜单元	机体侧板（中）
14	103	48	0	4 点等参膜单元	机体侧板（输出端、左）
15	183	70	0	4 点等参膜单元	机体侧板（自由端、右）
16	92	45	0	4 点等参膜单元	机体侧板（输出端、右）
17	119	31	0	4 点等参膜单元	1/2 控制端外端板
18	128	80	0	8 点等参块体单元	气缸套上部
19	192	64	0	8 点等参块体单元	气缸套下部
20	135	88	0	4 点等参膜单元	隔板（中）
21	131	84	0	4 点等参膜单元	隔板（自由端、右）
22	76	33	0	4 点等参膜单元	凸轮轴横隔板

续上表

子结构模式号	节点总数	出口节点总数	超级单元个数	单元类型	备注
23	71	38	0	4点等参膜单元	凸轮轴纵板(中、左)
24	71	38	0	4点等参膜单元	凸轮轴纵板(中、右)
25	110	55	0	8点等参块体单元	主机油道(中)
26	25	16	0	4点等参膜单元	主机油道(中)
27	228	100	0	3点常应变膜单元	1/2自由端端板上部
28	49	7	0	偏心梁单元	曲轴
29	190	100	0	3点常应变膜单元	1/2输出端端板上部
30	534	38	0	8点等参块体单元	气缸盖
31	30	15	0	4点等参膜单元	机体侧底板(中)
32	153	94	0	4点等参膜单元	隔板(输出端、左)
33	137	14	0	3点常应变膜单元	主轴承螺栓
34	48	17	0	3点常应变膜单元	主轴承横拉螺栓
35	186	186	5	3点常应变膜单元	1/2自由端端板
36	191	191	5	3点常应变膜单元	1/2输出端端板
37	224	224	3		自由端端板和外端板(半)
38	123	120	2		机体斜顶板(1个缸)
39	107	47	0	8点等参块体单元	主机油道(自由端)
40	112	96	2	8点等参块体单元	气缸套
41	137	76	5	3点常应变膜单元	主轴承座+螺栓(半)
42	156	96	0	4点等参膜单元	隔板(自由端、左)
43	129	82	0	4点等参膜单元	隔板(输出端、右)
44	217	211	3		隔板+斜顶板(1个缸、中)
45	223	217	3		隔板+斜顶板(输出端、左)
46	102	70	2	8点等参块体单元	气缸盖+气缸套
47	295	202	3		主轴承座、隔板、气缸套(中)
48	301	208	3		主轴承座、隔板、气缸套(输、右)
49	225	219	3		隔板、斜顶板(自、左)
50	303	210	3		主轴承座、隔板、气缸套(自、左)
51	132	57	0	8点等参块体单元	主机油道(输)
52	53	23	0	4点等参膜单元	机体侧底板(自)
53	274	156	5		隔板、斜顶板、气缸套、外端板(自、右)
54	27	18	0	4点等参膜单元	机体中间顶板(输)
55	49	30	0	4点等参膜单元	机体中间顶板(自)
56	82	42	0	4点等参膜单元	凸轮轴纵板(输、左)
57	71	38	0	4点等参膜单元	凸轮轴纵板(自、左)
58	71	38	0	4点等参膜单元	凸轮轴纵板(输、右)
59	82	42	0	4点等参膜单元	凸轮轴纵板(自、右)

续上表

子结构模式号	节点总数	出口节点总数	超级单元个数	单元类型	备　　注
60	29	17	0	4 点等参膜单元	主机油道(输)
61	29	17	0	4 点等参膜单元	主机油道(自)
62	34	16	0	4 点等参膜单元	机体侧底板(输)
63	101	45	0	4 点等参膜单元	机体侧底板(中、半)
64	101	45	0	4 点等参膜单元	机体侧底板(中、半)
65	235	117	4		主轴承座、隔板、气缸套(输、左)
66	776	234	15		自由端至第 2 主轴承座
67	601	235	14		自由端至第 3 主轴承座
68	715	235	15		输出端至第 6 主轴承座
69	602	236	14		输出端至第 5 主轴承座
70	603	237	14		输出端至第 4 主轴承座
71	604	238	14		输出端至第 3 主轴承座
72	265	7	2		自由端至输出端
73	7	0	2		柴油机(包括曲轴)

12V240ZJ 柴油机机体计算共考虑了下列 6 种载荷：

(1)作用在各气缸盖上的相应气缸的气体力；

(2)传到曲轴连杆轴颈上的各缸气体力和活塞连杆组往复惯性力的合力，以及连杆大端、连杆轴颈、平衡块和曲柄的回转惯性力；

(3)各个活塞的侧压力；

(4)各主轴承螺栓装配作用力；

(5)各横拉螺栓装配作用力；

(6)各气缸盖螺栓装配作用力。

柴油机上作用的是交变负荷，研究其强度必须考虑应力幅的影响。根据运用、测试和以前对机体计算的经验，对 12V240ZJ 柴油机机体取最中间主轴承隔墙两侧 4 个缸(即第 3、4、9、10 缸)爆发的瞬时作为计算工况。

在上述精细分析的基础上，对 12V240ZJ 柴油机机体作了以减重为目标的优化设计。设计变量是主轴承座、主轴承盖以及一些纵向、横向板件的厚度。优化结果减重 221kg，约占机体总重的 5%。

2. 用子结构技术计算 6110 柴油机机体[36]

6110 柴油机机体为直列式，6 缸，整体铸造结构，材料为灰口铸铁。计

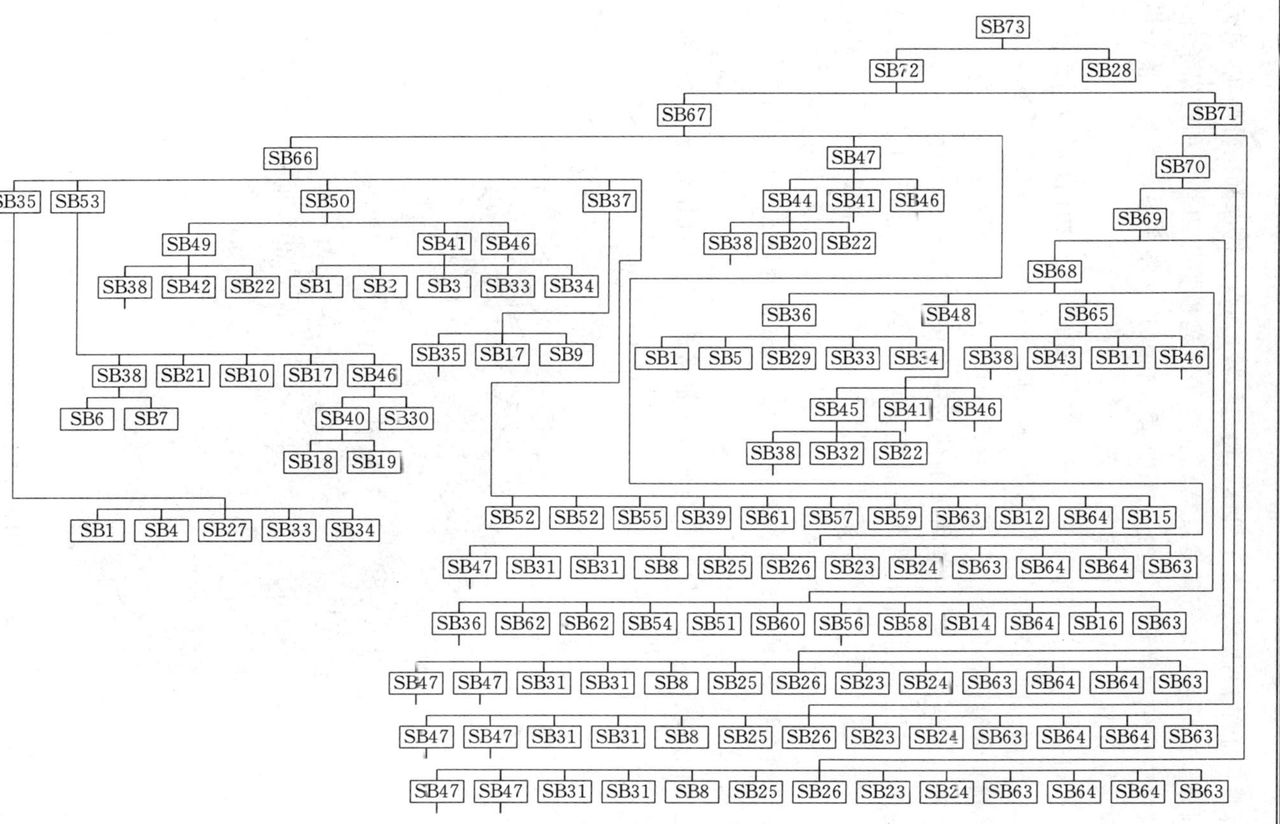

图 3.9 12V240ZJ 柴油机机体的结构构成树

算采用子结构技术。由于机体是铸造结构，各组成构件都比较厚实，单元划分全部采用 8 节点等参块体元。为了准确模拟作用载荷和边界条件，模型中还包括简化的气缸盖、气缸套、曲轴、连接箱和各种螺栓。整个模型共划分节点 45442 个，单元 28705 个。

机体建模是按隔墙来划分子结构模式的。6 缸柴油机有 7 个隔墙，每一隔墙分前后两部分(凸轮轴一侧为后，另一侧为前)，每部分根据几何形状和计算网格的疏密程度，从提高计算效率的角度考虑，划分为 2～3 个基本子结构模式。结构模型的建立完全按照工程图纸进行，不但详细地描述了机体主体结构和凸轮轴箱，而且对各种加强肋和主要的油孔等都作了适当的模拟。整个模型共划分了 41 个基本子结构模式，其中机体 34 个，气缸盖等其他辅助结构 7 个。图 3.10 为 6110 柴油机机体整个计算模型网格图，单纯机体和部分子结构模式的网格图分别见图 3.11 和图 3.12。

作用载荷考虑了气缸盖螺栓和主轴承螺栓的装配作用力以及主轴承

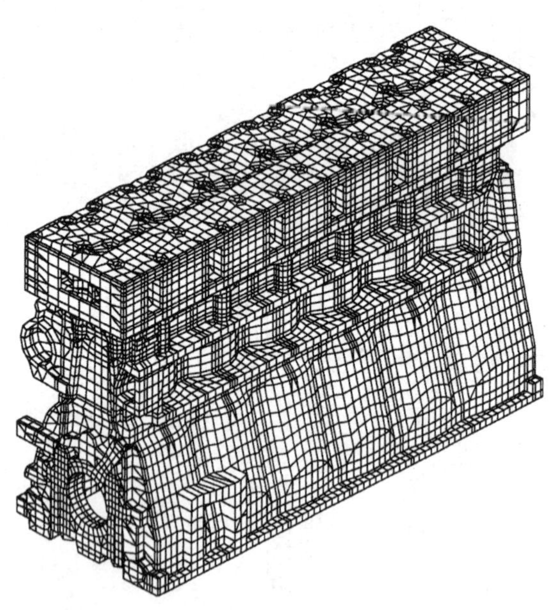

图 3.10　6110 柴油机机体整个计算模型网格图
(包括气缸盖、气缸套、曲轴、连接箱和各种螺栓)

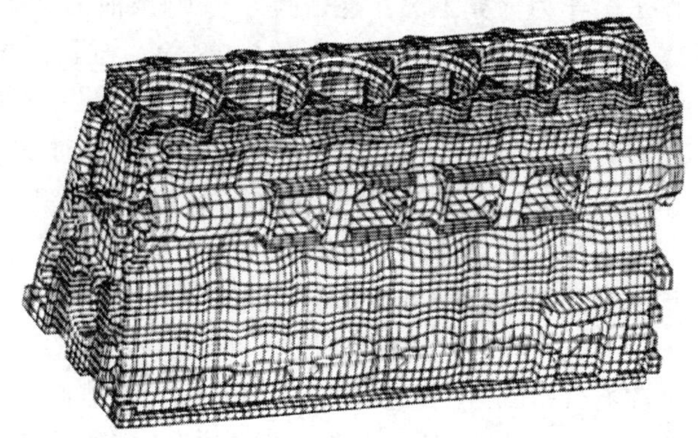

图 3.11 6110 柴油机机体计算网格图

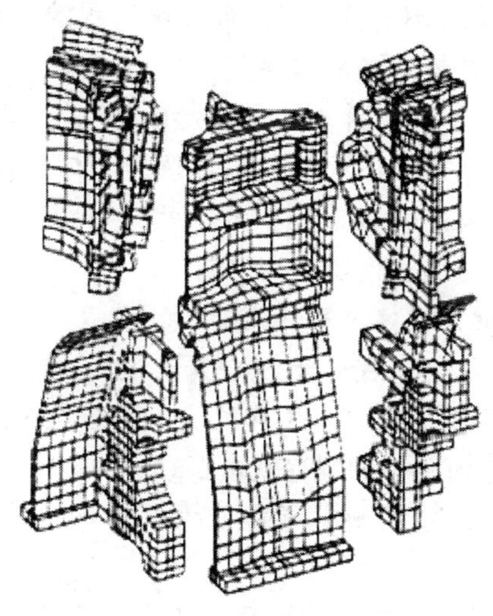

图 3.12 6110 机体部分子结构模式网格图

载荷、各缸气体压力和活塞侧压力等工作载荷两大类，共计 5 种。由于计算模型中计入了气缸盖、气缸套和曲轴等部件，施加各种作用载荷可以完全按照实际情况模拟，既准确，又方便。另外，对气体爆发压力有很大差别的非增压和增压的 6110 柴油机机体，也分别作了计算。

由于机体承受的是交变负荷，其结构分析必须考虑不同的工况，以便确定应力幅和平均应力。经与有关设计师协商，决定以安装工况和第 4

缸爆发的工作工况作为计算工况。这是因为6110柴油机支承位于两端，中间的气缸爆发对机体将产生最为不利的影响，第4缸正好位于机体的中部；而安装工况只有两种螺栓预紧力作用，没有工作载荷（实际上这是模拟各缸都没有爆发、气体压力都比较小的情况，当然这时没有计入各种惯性力的作用，这是用安装工况来计算应力幅所带来的误差）。这两种工况在机体上产生的应力幅将是很大的。

上述计算的计算结果已被有关单位接受。

3. 16V240ZJ柴油机机体的接触计算

机体上装配有气缸盖、气缸套、曲轴、主轴承盖、主轴瓦和各种螺栓等大量零部件，为了准确模拟机体上的作用载荷，这些零部件都必须计入机体的计算模型。这些零部件与机体以及它们相互之间的配合关系都是接触问题，都应该用接触模型来模拟，而接触问题的计算工作量是非常大的。考虑到接触问题具有局部的性质，对远离接触区的部位，是否按接触模型模拟配合关系，对力学计算结果的影响不大，所以在计算机体时，通常将各装配零部件与机体的配合关系都按连续体处理。然而，当对应力水平感兴趣的部位离配合表面比较近时就另当别论了。现以16V240ZJ柴油机机体的计算为例来说明这个问题。

16V240ZJ柴油机机体是铸焊结构，其主轴承隔墙的上部和各个纵向侧板都是通过焊接工艺联成一体的。机体的上顶板比较厚，而与其焊接的内侧板、中侧板都要薄得多。怎样改进上顶板与纵向侧板，特别是与构成V形夹角的纵向内侧板的焊缝联接形式，加强上顶板与内侧板的传力联接，使内侧板既能充分发挥其承载能力，又不产生裂纹，一直是有关设计师关注的问题。

为了解决这个问题，必须详细而又准确地了解机体上部结构的应力分布情况。上顶板上面装有气缸套凸肩，凸肩上面通过气缸盖垫片安装有气缸盖，气缸盖则受到6个气缸盖螺栓巨大的装配作用力的作用。上述这些件的配合关系都是接触问题，并且离上顶板和V形夹角内侧板又很近，因此在计算模型中不得不将它们按接触模型模拟；而机体下部主轴承盖等与机体的配合仍按连续体处理，也就是说，除了应力关心部位附近的机体少量构件与零部件配合关系按接触问题处理外，机体上远离关心部位的大量配合关系都忽略接触的影响，按一体处理。这就是计算

16V240ZJ 柴油机机体的接触模型。模型中划分了 247461 个节点，358983 个块体单元，7348 个接触点对。

16V240ZJ 柴油机机体计算的接触模型见图 3.13。接触模型中的曲轴见图 3.14。图 3.15 为 16V240ZJ 柴油机机体应力幅云图。

上述计算结果已被有关柴油机设计制造单位接受，用来作为机体结构改进的依据。

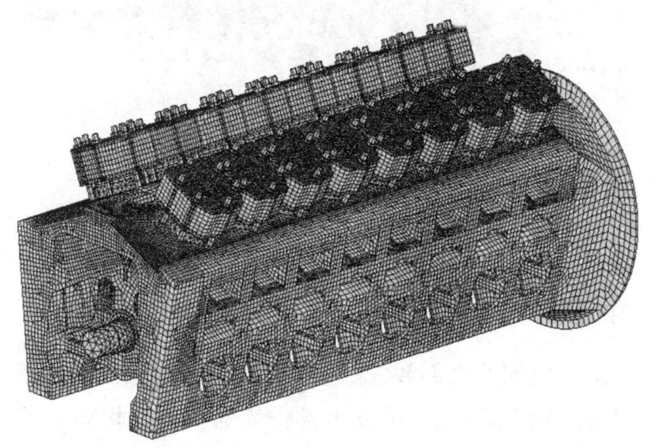

图 3.13　16V240ZJ 柴油机机体计算的接触模型

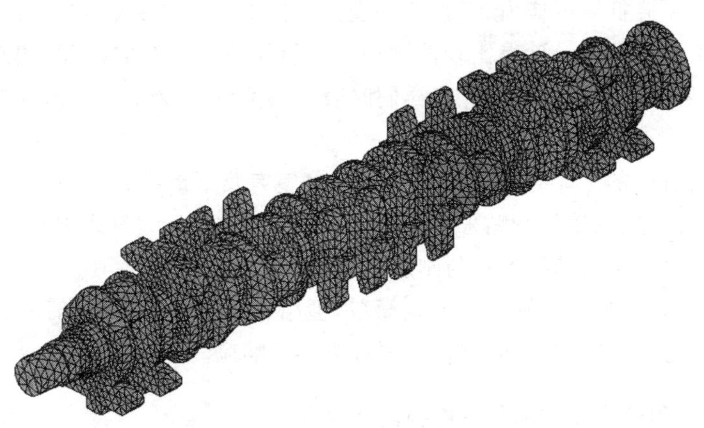

图 3.14　16V240ZJ 柴油机机体接触模型中的曲轴

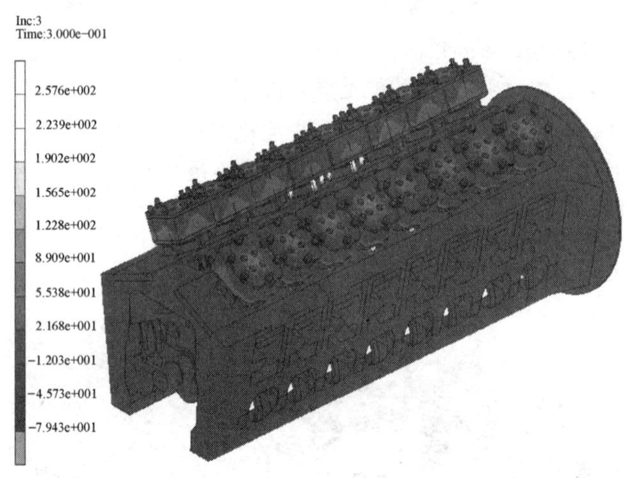

图 3.15　16V240ZJ 柴油机机体应力幅云图

3.3　气缸套的分析

气缸套缸壁内侧的上部和气缸盖火焰板的下面以及活塞顶部外侧构成了柴油机的燃烧室，因此气缸套上部内表面承受变化频率很高的周期性的高温高压作用。但随着活塞往下运动，气缸套内的温度和气体压力都迅速下降。这是气缸套上工作载荷作用的基本特点。

为了降低温度应力，气缸套外表面通常用循环的冷却水进行冷却，同时气缸套壁厚也设计得比较薄。但这又会影响气缸套的刚度，使其振幅加大，容易产生穴蚀。因此怎样同时兼顾热负荷和振动，是气缸套结构设计时必须考虑的一个问题。

气缸套的一个重要功能是保持燃烧室有良好的密封性，这通过气缸套、垫片和气缸盖的密贴来实现。尽管这主要取决于气缸盖螺栓的设计，但气缸套凸肩的结构形状与刚度也起着很重要的作用。

所以，气缸套尽管几何形状简单，但结构分析并不简单，需要作多体接触的温度分析和力学分析，还要计算动力响应。

3.3.1　气缸套结构和作用载荷的特点

气缸套基本上是一个圆柱薄壳，其上部通常是一个支承法兰，通过它将气缸套放置在机体上部的气缸套安装孔内，从而实现气缸套上部与机体的联接。气缸套的下部则置于机体另一个气缸套安装孔内，在温度负荷作用下气缸套可以沿轴向自由地伸缩。

支承法兰的外部就是凸肩，巨大的气缸盖螺栓装配作用力通过气缸盖垫片将气缸盖底面与气缸套凸肩的上部压紧，以确保燃烧室的密封。然而气缸盖螺栓的数量毕竟是有限的，在小缸径柴油机中一个气缸盖通常只有 4 个螺栓，对大缸径的机车发动机气缸盖螺栓数量一般也就是 6 个左右。怎样设计气缸盖螺栓装配作用力以确保燃烧室的密封性是需要专门研究的课题。

为了降低气缸套壁上的温度负荷，气缸套外表面通常设计有水腔，其中有冷却水循环流动，组成柴油机的水系统。水腔是密封的，其上部通过水套（或机体）与气缸套凸肩部位的过盈配合，其下部通过嵌在气缸套上的密封圈，将循环的冷却水密封在水腔里。由于凸肩下部到气缸套的过渡部位几何形状变化剧烈，应力梯度很大，再加上过盈配合，那里的应力将会达到相当高的水平。

在柴油机工作时，活塞除了在气缸套内做上下的往复运动外，还要产生横向运动，这造成对气缸套的横向冲击。对四冲程发动机，在一个工作循环内活塞的横向力要改变方向六次，而工作循环的周期是很短的，于是只要柴油机开始工作，气缸套就持续不断地受到活塞相当高频率的冲击，从而引起高频振动。气缸套的振动使水腔里的冷却水产生了冲击波。当冲击波使气缸套外表面附近的水压降到低于蒸汽压力时，水中就会形成直径很小气泡。随着气缸套的不断振动，气泡的压力不断增加，最后导致破裂。气泡破裂时将产生非常高的压力（数值可达到数百甚至上千兆帕），直接作用在气缸套外表面上。这种现象叫做空泡现象。柴油机不断工作，气泡不断生成，又不断破裂，这样气缸套外壁就不断承受着因气泡破裂而产生的巨大压力的反复作用，最终造成气缸壁自外向内的疲劳破坏。这就是穴蚀。由于气缸套的振动是不可避免的，所以穴蚀也是不可避免的，问题只在于气缸套穴蚀破坏的速度。一般说来，气缸套直径愈大，愈容易产生穴蚀，穴蚀破坏愈快，而气缸套的使用寿命又基本上决定了柴油机的大修期限，所以对穴蚀产生的机理及其减轻措施的研究，一直受到柴油机工作者的高度重视。

研究表明，尽管气缸套的振动是引起穴蚀的重要原因，但这仅仅是外因，引起穴蚀的内因则是气缸套缸壁上存在的微观小孔和裂纹。事实上，在气泡破裂产生的高压作用下，微观小孔逐渐变大变深，于是化学腐蚀和电化腐蚀开始起作用，并大大加速穴蚀的发展。所以总起来看，气缸套振动和化学腐蚀与电化腐蚀是引起穴蚀的主要原因。增加气缸套壁厚和减小气缸套与活塞之间的间隙是减小气缸套振幅的主要措施，而在冷却液中加添加剂则是减小化学腐蚀和电化腐蚀的主要措施。

选择制造气缸套的材料时，主要应从机械强度和耐磨性两方面来考虑，而且应该同与其匹配的活塞环一起考虑。由于合金铸铁同时具有这两方面的优点，所以国内外柴油机的气缸套很多都采用合金铸铁制造。为了提高耐磨性，铸铁气缸套内表面还采用淬火、多孔性镀铬、磷化等措施。

3.3.2 气缸套计算的模型

气缸套本身的几何形状基本上是圆柱体，所受的主要工作载荷气体压力又是轴对称的，所以在有限元技术产生早期的 20 世纪 60～70 年代，气缸套是单独拿出来按轴对称模型建模并计算的，即使考虑水套与气缸套的过盈装配，计算模型仍然是回转体。

随着计算机硬件和软件的不断发展，特别是计算力学中各种非线性问题的计算理论和算法的新进展，计算效率得到了大幅度提高，气缸套计算也由轴对称模型发展成计入气缸盖和部分机体的三维多体接触模型。而为了研究穴蚀，气缸套振动计算的模型也建立起来，分析气缸套动力响应的工作也着手进行。

1. 气缸套计算的轴对称模型[38]

气缸套结构基本上是轴对称的。位于气缸套缸壁外侧，并与气缸套共同构成冷却水腔的水套，也基本上是轴对称的。即使对干式气缸套，其冷却水腔由机体与气缸套构成，那部分围成水腔的机体也可以近似地看成是轴对称的。为了检验燃烧室的密封性，同时也便于施加气体力，有时气缸套的计算模型把气缸盖也计入，这时气缸盖也近似地模拟成轴对称的。这种气缸套模型，从结构上看当然是轴对称的，机体顶板和下部的气缸套安装圆作为支点也是轴对称的，但作用载荷中只有气体力和水套的装配过盈预紧力是轴对称的，气缸盖螺栓装配作用力和活塞侧压力都是非轴对称的。问题仍然是三维的，需要建立三维模型才能求解。

然而对于结构和边界条件都是轴对称的气缸套的结构分析，计算可以另辟蹊径[5]。众所周知，任何作用载荷，作为函数都可以展开成傅立叶级数，而且取有限项数就可以收敛(我们的计算实践表明，即使对于集中力，傅立叶级数展开取 14 项也可收敛)。因此，在对气缸套计算时，仍然可以对其建立轴对称模型，只是外载荷需要按傅立叶级数展开，每一项作为一个独立作用的外载荷，单独进行计算，求出各节点的位移和应力。外载荷的所有的傅立叶级数展开项都计算完后，将每一个载荷项的位移和应力分别进行叠加，就可求得全部外载荷作用下气缸套上各节点的位移和应力。当然，对于本来就是按轴对称规律分布的外载荷，如气体力，不需要按傅立叶级数展开，直接计算即可。这种半解析计算方法的实质是将三维问题分解为多个二维问题计算，再将计算结果叠加。在电子计算机的容量和运算速度水平都不高的年代，这种算法在实际回转体工程结构的分析中起了相当大的作用。下面简要介绍任意载荷作用下回转体分析的半解析法。

由于计算的结构是回转体，计算采用圆柱坐标系。

假设回转体上任一点的位移为

$$\left.\begin{aligned} u(r,z,\theta)&=\overline{u}(r,z)\cos n\theta+\overline{\overline{u}}(r,z)\sin n\theta \\ v(r,z,\theta)&=\overline{v}(r,z)\cos n\theta+\overline{\overline{v}}(r,z)\sin n\theta \\ w(r,z,\theta)&=\overline{w}(r,z)\sin n\theta+\overline{\overline{w}}(r,z)\cos n\theta \end{aligned}\right\} \tag{3.1}$$

式中(下同)“－”表示对称部分，“＝”表示反对称部分，n 为正整数。将(3.1)式代入弹性力学中的应变—位移关系，求出应变，再代入虎克定律，可得

$$\left.\begin{aligned} \sigma_r(r,z,\theta)&=\overline{\sigma_r}(r,z)\cos n\theta+\overline{\overline{\sigma_r}}(r,z)\sin n\theta \\ \sigma_z(r,z,\theta)&=\overline{\sigma_z}(r,z)\cos n\theta+\overline{\overline{\sigma_z}}(r,z)\sin n\theta \\ \sigma_\theta(r,z,\theta)&=\overline{\sigma_\theta}(r,z)\cos n\theta+\overline{\overline{\sigma_\theta}}(r,z)\sin n\theta \\ \tau_{rz}(r,z,\theta)&=\overline{\tau_{rz}}(r,z)\cos n\theta+\overline{\overline{\tau_{rz}}}(r,z)\sin n\theta \\ \tau_{z\theta}(r,z,\theta)&=\overline{\tau_{z\theta}}(r,z)\sin n\theta+\overline{\overline{\tau_{z\theta}}}(r,z)\cos n\theta \\ \tau_{\theta r}(r,z,\theta)&=\overline{\tau_{\theta r}}(r,z)\sin n\theta+\overline{\overline{\tau_{\theta r}}}(r,z)\cos n\theta \end{aligned}\right\} \tag{3.2}$$

假设外载荷 P(包括体积力和表面力)和温度变化 T 具有下列形式

$$\left.\begin{aligned}P_r&=\overline{P_r}(r,z)\cos n\theta+\overline{\overline{P_r}}(r,z)\sin n\theta\\P_z&=\overline{P_z}(r,z)\cos n\theta+\overline{\overline{P_z}}(r,z)\sin n\theta\\P_\theta&=\overline{P_\theta}(r,z)\sin n\theta+\overline{\overline{P_\theta}}(r,z)\cos n\theta\\T&=\overline{T}(r,z)\cos n\theta+\overline{\overline{T}}(r,z)\sin n\theta\end{aligned}\right\}\tag{3.3}$$

将(3.2)与(3.3)式代入平衡方程，可得到下列形式的方程

$$\left.\begin{aligned}(---)\cos n\theta+(===)\sin n\theta=0\\(---)\cos n\theta+(===)\sin n\theta=0\\(---)\sin n\theta+(===)\cos n\theta=0\end{aligned}\right\}\tag{3.4}$$

(3.4)式中的(———)与(===)代表包含 r,z 和 n 的项，但都与 θ 无关。这些方程必须对任意的 θ 值都能成立。因此每个表达式(———)和(===)必须分别等于零，于是就得到了以 r 和 z 作为独立自变量，以 $\overline{u}$,$\overline{v}$,$\overline{w}$或$\overline{\overline{u}}$,$\overline{\overline{v}}$,$\overline{\overline{w}}$作为因变量的三个偏微分方程，从数学意义上来说，就是把原来的三维问题转变为二维问题，从而大大减小问题求解的规模。

从上述分析可以看出，只要载荷具有(3.3)式的形式，则回转体各节点的位移也就具有(3.1)式的形式。但由于作用载荷是任意的，就需要采取傅立叶级数展开的办法，将其化为如下规则形式

$$\left.\begin{aligned}P_r(r,z,\theta)&=\sum_{n=0}^{\infty}\overline{P_{rn}}\cos n\theta+\sum_{n=1}^{\infty}\overline{\overline{P_{rn}}}\sin n\theta\\P_z(r,z,\theta)&=\sum_{n=0}^{\infty}\overline{P_{zn}}\cos n\theta+\sum_{n=1}^{\infty}\overline{\overline{P_{zn}}}\sin n\theta\\P_\theta(r,z,\theta)&=\sum_{n=1}^{\infty}\overline{P_{\theta n}}\sin n\theta+\sum_{n=0}^{\infty}\overline{\overline{P_{\theta n}}}\cos n\theta\end{aligned}\right\}\tag{3.5}$$

(3.5)式右端第一项，即"—"项为对称载荷；第二项，即"="项为反对称载荷。这个级数中每一项恰好都是(3.3)式所具有的载荷展开形式。因此，如果把这个级数的每一项都作为一个独立的外载荷作用在回转体上，分别求解之，然后再把结果叠加起来，就得到整个问题的解，这就把三维问题化成了二维问题来计算，因而大幅度提高了效率。

现以回转体 4 点等参单元为例，推导这种半解析法的单元刚度矩阵计算公式。

由于对称项与反对称项除了三角函数乘子的正弦与余弦要互换外，推导过程是相同的。这里只推导对称项的公式。

设回转体上节点的位移模式为

$$\left.\begin{aligned}u&=(N_1u_1+N_2u_2+N_3u_3+N_4u_4)\cos n\theta\\v&=(N_1v_1+N_2v_2+N_3v_3+N_4v_4)\cos n\theta\\w&=(N_1w_1+N_2w_2+N_3w_3+N_4w_4)\sin n\theta\end{aligned}\right\}\tag{3.6}$$

式中 N_1,N_2,N_3,N_4 为形函数，它们的表达式同常规等参元，此处不再赘述。

坐标变换式为

$$\left.\begin{aligned}r&=N_1r_1+N_2r_2+N_3r_3+N_4r_4\\z&=N_1z_1+N_2z_2+N_3z_3+N_4z_4\end{aligned}\right\}\tag{3.7}$$

将(3.6)与(3.7)式代入应变—位移关系，得

$$\varepsilon=\boldsymbol{Bu}\in R^{6\times1}\tag{3.8}$$

式中

$$\boldsymbol{B}=\boldsymbol{T}\overline{\boldsymbol{B}}\in R^{6\times12}\tag{3.9}$$

$$\overline{\boldsymbol{B}}=[\overline{\boldsymbol{B}_1}\ \overline{\boldsymbol{B}_2}\ \overline{\boldsymbol{B}_3}\ \overline{\boldsymbol{B}_4}]\in R^{6\times12}\tag{3.10}$$

$$\overline{\boldsymbol{B}_1}=\begin{bmatrix}\frac{\partial N_1}{\partial\xi}\frac{\partial\xi}{\partial r}+\frac{\partial N_1}{\partial\eta}\frac{\partial\eta}{\partial r} & 0 & 0\\ 0 & \frac{\partial N_1}{\partial\xi}\frac{\partial\xi}{\partial z}+\frac{\partial N_1}{\partial\eta}\frac{\partial\eta}{\partial z} & 0\\ N_1/r & 0 & N_1n/r\\ \frac{\partial N_1}{\partial\xi}\frac{\partial\xi}{\partial z}+\frac{\partial N_1}{\partial\eta}\frac{\partial\eta}{\partial z} & \frac{\partial N_1}{\partial\xi}\frac{\partial\xi}{\partial r}+\frac{\partial N_1}{\partial\eta}\frac{\partial\eta}{\partial r} & 0\\ 0 & -N_1n/r & \frac{\partial N_1}{\partial\xi}\frac{\partial\xi}{\partial z}+\frac{\partial N_1}{\partial\eta}\frac{\partial\eta}{\partial z}\\ -N_1n/r & 0 & \frac{\partial N_1}{\partial\xi}\frac{\partial\xi}{\partial r}+\frac{\partial N_1}{\partial\eta}\frac{\partial\eta}{\partial r}-\frac{N_1}{r}\end{bmatrix}\tag{3.11}$$

$$\boldsymbol{T}=\begin{bmatrix}\cos n\theta & & & & & \\ & \cos n\theta & & & \text{\Large 0} & \\ & & \cos n\theta & & & \\ & & & \cos n\theta & & \\ & \text{\Large 0} & & & \sin n\theta & \\ & & & & & \sin n\theta\end{bmatrix}\tag{3.12}$$

将(3.8)与(3.9)式代入虎克定律，得

$$\boldsymbol{\sigma}=\boldsymbol{D\varepsilon}=\boldsymbol{DT}\overline{\boldsymbol{B}}\boldsymbol{u}\tag{3.13}$$

最后，利用虚功原理，可求得回转体 4 点等参元的单元刚度矩阵 $\boldsymbol{K}$ 的计算公式

$$\boldsymbol{K}=\int_{v}\overline{\boldsymbol{B}}^{T}\boldsymbol{T}^{T}\boldsymbol{D}\boldsymbol{T}\,\overline{\boldsymbol{B}}\mathrm{d}v \tag{3.14}$$

对于回转体其他的单元类型，半解析法的单元刚度矩阵计算公式的推导可依此类推。

用半解析法计算气缸套时，气缸盖、气缸盖垫片、水套等与气缸套的接触关系不能计入，必须将它们视作一体，因为接触问题属于非线性问题，叠加原理不成立。

2. 装配结构的气缸套计算模型

作用在气缸套上的外载荷，除了气体压力和活塞侧压力是直接作用在气缸套内壁上之外，气缸盖螺栓装配作用力和作用在火焰板上的气体压力都是通过气缸盖和垫片作用在气缸套凸肩上；至于温度负荷，气缸套水腔内循环冷却水的作用和气缸套上部通过垫片与气缸盖的热量交换，都对气缸套的温度分布起着决定性的影响。所以气缸套计算时，需要把气缸盖、垫片、水套、机体以及气缸盖螺栓等所有在结构上与气缸套有关系的零部件全都计入计算模型，才能保证计算结果的正确，于是装配结构的气缸套计算模型应运而生。这种模型的主要特点就是按照实际情况模拟气缸套同与其装配的所有零部件的装配关系。当然，模型必须是三维的，而且是多体接触的。在这里，气缸盖螺栓应计入计算模型，其装配力可用螺母与气缸盖顶板之间的过盈来模拟。至于机体，只要考虑气缸套附近一小部分结构，而机体上固定气缸套的上、下安装孔内圆与气缸套的过盈装配需要用接触模型模拟。

实际上，气缸套的装配结构模型与气缸盖的装配结构模型类似，只是前者计算的重点是气缸套，所以气缸套的网格需要划分得足够密，气缸盖的网格划得相对稀一些；而后者的计算重点是气缸盖，气缸盖的网格划得密一些，气缸套的网格划得稀一些，同时忽略水套的存在。

3. 气缸套振动和动力响应计算的模型

如前所述，气缸套振动是使其产生穴蚀的重要原因，因此气缸套的自振特性和动力响应计算是其设计时需要进行的重要分析工作之一。

由于引起气缸套振动的主要因素是活塞侧压力，而气缸盖螺栓又把

气缸套与气缸盖、机体紧紧联接在一起,气缸套下部又固定在机体的气缸套安装孔内,所以气缸套振动计算的模型可以简化为一个上端固结、下端简支的圆柱薄壳,其壁厚由视作一体的气缸套壁与水套壁构成,忽略二者相互间的过盈配合关系。

气缸套的动力响应计算应采用逐步积分法,干扰力为活塞侧压力。对四冲程发动机,在一个工作循环内活塞侧压力改变作用方向六次,而力的数值和作用点位置则随着活塞的运动不断地变化。这里谈的是活塞侧压力的合力,其大小、方向和位置均可从柴油机单缸动力学计算中获得。关于侧压力在气缸套缸壁上作用的分布规律,则取自活塞与缸壁间油膜压力计算的结果。在缺少计算油膜压力的手段时,活塞侧压力可以简化成作用在缸壁上的一条弧线上,弧线的轴向位置相应于在活塞产生该侧压力的瞬时活塞中部的位置;至于环向则认为在 120°夹角范围内按余弦规律分布,其集度按下列公式计算

$$q(\theta)=\frac{5P}{6r}\cos\frac{3}{2}\theta,\quad -\frac{\pi}{3}\leqslant\theta\leqslant\frac{\pi}{3} \tag{3.15}$$

式中　P——该瞬时活塞侧压力的合力;

　　　r——气缸套内径。

对于静力计算工况,活塞侧压力也可以用上述办法,按(3.15)式计算。

3.3.3　气缸套的温度场计算

气缸套的温度负荷主要作用在相应于燃烧室的气缸套上部缸壁内侧,在燃烧过程中燃气的最高温度可达 1500～2000℃,而水腔的位置通常又偏下,距燃烧室有一定的距离,于是就造成了气缸套上部缸壁的高温,有的气缸套因设计不合理,上部缸壁内侧的温度甚至达到 350℃以上,达到了铸铁开始蠕变的温度。而从燃烧室往下,直到气缸套缸壁的下部,由于循环冷却水的作用,缸壁温度迅速下降。温度分布的不均匀使气缸套必然产生相当大的温度应力。所以温度场和温度应力的计算是气缸套设计时必须要做的工作。

由于气缸套结构毕竟是一个回转体,其温度场计算总可以用前面介绍的半解析法来做,当然计算仍然采用第一类和第三类边界条件相结合

的混合边界条件，通过迭代求解，而且在计算模型中不考虑气缸套与其他零部件的配合关系，而将它们视作一体。

与机械负荷的计算一样，用半解析法按轴对称模型计算气缸套的温度场时，由于忽略了气缸套同与其相邻各零部件的接触关系，又把一些非回转体的结构模拟成回转体，故计算精度不是很高。

要提高气缸套温度场的计算精度，必须采用气缸套的装配结构模型，也就是三维多体接触模型。对温度接触问题可以用有限元参数二次规划法结合计算温度场的迭代来求解。具体做法是先给定各接触点对的接触状态，用混合边界条件计算温度场，然后根据求出的温度场，用参数二次规划法计算各接触点对的接触状态，然后根据求出的接触状态再一次计算温度场。这样反复迭代下去，直到前后两轮求出的温度场之差小于给定精度，就算收敛。关于温度接触问题计算的详细叙述，可参阅本书第二章 2.3 节。

3.3.4 气缸套变形和应力计算应注意的几个问题

气缸套设计时需要进行机械负荷作用下的机械变形和应力的计算、温度场计算、温度负荷作用下的温度变形和温度应力的计算以及将机械变形与温度变形叠加和机械应力与温度应力叠加的综合变形和综合应力的计算。

作这些计算时有三个问题需要注意。

第一，当采用半解析法按轴对称模型计算气缸套时，可以分别单独计算机械变形、机械应力和温度变形、温度应力，然后将计算结果叠加，求得综合变形、综合应力，因为在这里问题是线性的。然而，在采取多体接触模型对气缸套进行分析时，温度场与接触点对的接触状态是相互影响的，机械负荷也对接触状态产生影响，这就是说，这时问题是非线性的，求气缸套的应力状态需要同时计算机械负荷和温度负荷的作用。那种先对气缸套分别单独进行机械负荷和温度负荷作用的计算，然后将两种负荷下求得的变形和应力叠加以求得综合变形和应力的做法，在理论上是错误的。

第二，不论采用什么样的模型，在对气缸套作机械负荷计算和温度负荷计算时的网格应该是相同的，网格应该比较密，特别是在应力变化比较剧烈的部位。但在作温度场计算时网格可以稀疏一些，因为结构上温度的变化通常比应力变化要平缓。根据求得的温度场计算较密网格的温度变形和温度应力时需要对较粗网格的温度场进行插值。

第三,气缸套结构上几何形状突变的部位很少,最主要的突变部位就是凸肩下面向缸壁外侧过渡处的凹角。为了确保水腔的密封,凹角下部的缸壁又往往是水套与气缸套通过过盈实现装配的部位,因而凹角部位的应力集中程度很高,校核强度时必须给予充分注意。

3.3.5 气缸套的计算载荷和工况

气缸套的计算载荷应考虑:

(1)温度负荷。温度负荷就是温度场。关于温度场的计算详见3.3.3节,这里不多赘述。

(2)气体爆发压力。气体爆发压力按照作用于燃烧室各个零部件表面,即火焰板下表面、气缸盖垫片和气缸套内壁上的均布载荷处理。这时因模拟爆发工况,活塞位于上止点附近,气缸套内壁只有很小一部分受的气体压力是爆发压力,从活塞顶部的高度开始往下,作用于气缸套内壁的气体压力迅速减小。

(3)气缸盖螺栓装配作用力。在柴油机工作时气缸盖螺栓装配力是不断变化的,只有把螺栓处理成气缸套整体计算模型的一部分,才能正确描述螺栓的受力。但作为气缸套的计算载荷原始数据,却应该施加气缸盖螺栓装配预紧力。在实际的柴油机中气缸盖螺栓的上端通过螺母压在气缸盖的顶板上,螺栓的下端则与机体相联接。在计算模型中螺栓下端与机体视作一体。这样,螺栓装配预紧力可以用过盈的形式施加在螺母与气缸盖顶板的接触面上。这个过盈值怎样计算,怎样施加,详细可见第2章2.4。

(4)气缸套与水套间(或气缸套与机体间)过盈配合作用力。

(5)活塞侧压力。在四冲程柴油机的每一个工作循环过程中,活塞对气缸套的横向作用力要改变六次方向,但力的数值都不大。从静力计算的角度考虑,只要选出数值最大的活塞横向力,将其作用于相应的气缸套作用点就可以了。这个力的分布,在轴向可认为作用在缸壁上的一条弧线上,弧线的轴向位置相应于活塞中部的位置,在环向可按120°夹角余弦规律分布处理[见(3.15)式]。

气缸套的计算工况为：

(1)温度场计算。

(2)预紧工况：作用载荷为气缸盖螺栓装配预紧力和气缸套与水套间(或气缸套与机体间)过盈装配作用力。

(3)爆发工况：作用载荷为气体爆发压力(这个力从活塞顶部的高度开始往下迅速减小)和预紧工况下的两个作用力。这时活塞横向力很小，可以忽略不计。这是分析纯粹机械负荷的作用，也就是计算气缸套的机械强度。

(4)横向力工况：作用载荷为活塞最大横向力、这时的气体压力和预紧工况下的两个作用力。活塞最大横向力和气体压力取自柴油机单缸动力学计算和示功图。

(5)温度负荷作用的计算：作用载荷为温度场。

(6)温度预紧工况：作用载荷为温度场和预紧工况下的两个作用力。

(7)温度爆发工况：作用载荷为温度场、气体爆发压力和预紧工况下的两个作用力。这是模拟气体爆发的瞬时气缸套的受力情况，是气缸套受载最重的工况。

(8)温度横向力工况：作用载荷为温度场、活塞最大横向力、这时的气体压力和预紧工况下的两个作用力。

(9)动力响应计算：干扰力为活塞侧压力。

3.3.6　气缸套的计算实例

此处按气缸套不同的计算模型给出两个计算实例。

1. 气缸套与气缸盖组合结构的轴对称模型[38]

计算对象为16V240ZJ柴油机气缸套。

如前所述，单独计算的气缸套模型是轴对称的，为了便于计算气缸盖螺栓的作用力，把气缸盖也按回转体结构模拟并计入气缸套计算模型(见图3.16)。模型中划分了227个节点，回转体4点等参元141个，回转体壳元2个。

作用载荷考虑了气缸盖螺栓装配预紧力、气体爆发力和活塞侧压力3种。载荷工况也考虑了3种，即单纯气缸盖螺栓装配预紧力作用的预紧工况，气缸盖螺栓装配预紧力与气体爆发力共同作用的爆发工况和气缸盖螺栓装配预紧力与最大活塞侧压力共同作用的活塞侧压力工况。需要说明的是，由于柴油机爆发时活塞必然位于上止点附近，其侧压力很小，所以在爆发工况中忽略活塞侧压力的作用。而当活塞侧压力达到最大值时，气体压力通常也很小，所以在活塞侧压力工况中气体力的作用也予以忽略。

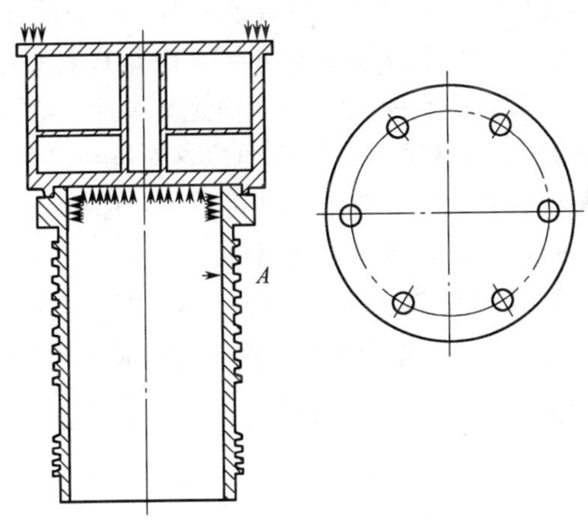

图 3.16 气缸套与气缸盖组合结构的轴对称模型

各个作用载荷的施加情况：气缸盖螺栓装配预紧力按在气缸盖顶板上的螺栓分布点作用；气体爆发压力均布作用在气缸盖火焰板下侧和相应于燃烧室的气缸套上部缸壁内侧；活塞最大侧压力作用的分布规律按最危险情况考虑，即在轴向认为作用在垂直于气缸套轴线的气缸套内壁一条弧线上，弧线的轴向位置相应于活塞最大侧压力产生时活塞中部的位置，在环向认为在 120°夹角范围内按余弦规律分布，其集度按(3.15)式计算。

对各种载荷进行傅立叶级数展开的情况：气体爆发力是轴对称的，只取 1 项；气缸盖螺栓装配预紧力和活塞侧压力都取 $n=12$。由于后面两个载荷都是对称的，展开后没有正弦函数项；又由于螺栓预紧力是以 60°为周期循环作用的，其余弦函数项也只有在 $n=0,6,12$ 时不等于零，而活塞侧压力的各余弦函数项则都有意义。

关于计算精度问题：文献[7]指出，用半解析法计算任意载荷作用下的回转体，通常傅立叶级数展开取 $n=12$ 计算精度就很高了，这时在离载荷作用点足够远的地方，求出的位移与取 $n=16$ 几乎相等，应力差别也很小。我们自己的计算也证明，当 $n=12$ 时在最高阶次载荷傅立叶级数展开项作用下，大部分节点的位移都是零，对少量位移不是零的节点，位移数值也远比前几项为小。为了研究计算精度，对轴对称模型的气缸套与气缸盖组合结构我们还做了傅立叶级数展开取 $n=18$ 的计算。计算结果表明，在载荷作用点附近，取 $n=12$ 和 $n=18$ 时位移有一定的差别，但这差别随着节点离载荷作用点距离的增加而迅速变小。在预紧工况时，从气缸盖火焰板开始往下，各节点各刻度的位移对 $n=12$ 和 $n=18$ 完全相同。这说明对于气缸套与气缸盖组合结构的轴对称模型用半解析法计算时，傅立叶级数展开取 12 项精度已经足够。

由于计算结果数据太多，这里只把图 3.16 中的气缸套内壁上 A 点在预紧工况、爆发工况和活塞侧压力工况下的径向位移沿内壁圆周的分布情况见图 3.17。

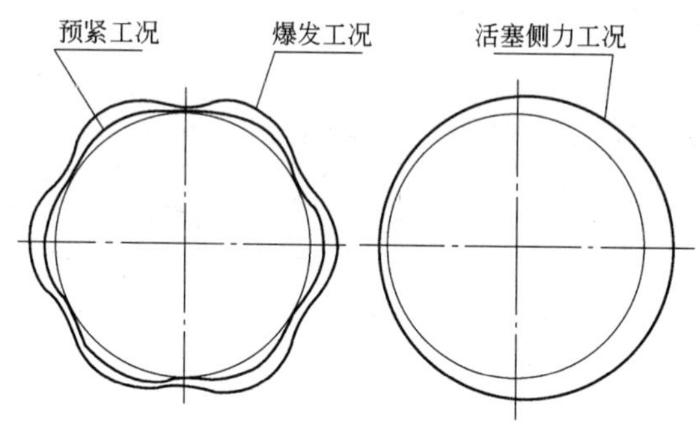

图 3.17　气缸套内壁 A 点在不同工况下的径向位移

由图 3.17 和其他计算结果可以看出：

(1)在预紧和爆发两种工况下各个节点的各刻度的 3 个位移 u、v、w 都是以 60°为周期变化的，而且在周期的两端和中点达到极值。这是完全合理的。因为气缸盖螺栓是按 60°圆心夹角分布的，因而螺栓装配预紧力是以 60°为周期作用的，而气体爆发力又是轴对称的，合力的作用规律和螺栓预紧力单独作用一样。气缸套这个变形规律与试验结果完全一致。

(2)气缸套上各个节点的各刻度的环向位移在预紧和爆发两种工况下是相同的。这也是合理的,因为后者与前者相比,只是增加了轴对称的气体爆发力的作用,不可能引起新的环向位移。

(3)气缸套上各个节点的各刻度的环向位移与其径向位移和轴向位移相比,数值很小,这是因为气缸套与气缸盖组合结构的环向刚度比径向刚度要大得多,二者甚至不是同一个数量级,而轴向刚度虽然比径向刚度要大,但也比环向刚度小。

(4)由于气缸盖螺栓是均匀分布的,各螺栓的装配预紧力又相同,气缸套各节点位于螺栓两侧、距该螺栓同样距离处刻度的环向位移大小相等,方向相反。

(5)在活塞侧压力工况下,气缸套上各个节点的各刻度的 3 个位移都是对称于图 3.17 中的水平轴分布的,而且从 0^{0} 算起前面大部分的径向和轴向位移都是单调变化的,这是因为活塞侧压力只作用于气缸套的一侧,由其引起的气缸套两侧变形明显不同,同时同一节点的各刻度上螺栓装配预紧力产生的变形差别又不大的缘故。

(6)在 3 种载荷工况下气缸盖垫片内圈都脱开,在爆发工况下垫片中部也有局部脱开,但外圈都压紧。沿气缸盖垫片周长的压力是变化的,其变化规律与相应节点的轴向位移变化情况类似,但差值很小。这说明 16V240ZJ 型柴油机燃烧室的气密性是好的。

(7)由于最大活塞侧压力数值不大,在活塞侧压力工况下气缸套凸肩到气缸壁过渡处的凹角部位应力集中处的最大径向应力,仅比单纯气缸盖螺栓预紧力作用的预紧工况增大了 0.9%,最大的轴向应力也仅增大了 4.3%。因此从静强度计算的角度考虑,分析气缸套应力时可以不计算活塞侧压力工况。

2. 气缸套装配结构的三维多体接触模型——某柴油机气缸套的计算

某柴油机是我国近年来设计的高强化大功率柴油机,性能指标高,因此需要对气缸套和气缸盖的强度进行精细的分析。

考虑到对气缸套和气缸盖都需要作应力分析,而二者又是装配在一起的,与其作两次单独的计算(模型中按接触关系考虑另一部件的影响),不如对气缸套和气缸盖按装配状态建立计算模型,作一次性的精细计算。于是完全按照图纸,并仔细模拟各个部件的相互配合关系,建立了气缸套与气缸盖组件精细的计算模型。模型中除了气缸套和气缸盖外，还包括机体、气缸盖垫片、气缸盖螺栓和气门座。气缸套与气缸盖组件的计算模型见图 3.18。单独气缸套的计算网格图见图 3.19。模型中共划分了 303190 个节点，171495 个 4 点块体单元，其中气缸套划分了 125453 个节点，83354 个单元。对实际结构中各部件相互配合的表面，计算时都按接触面处理，如气缸盖垫片分别与气缸盖和气缸套接触的上、下两个面，气缸套与机体配合的面，各个气缸盖螺栓的螺母在气缸盖顶板上压紧的面，4 个气门座用过盈镶在气缸盖火焰板 4 个孔内的配合面，等等，都按接触模型模拟。在整

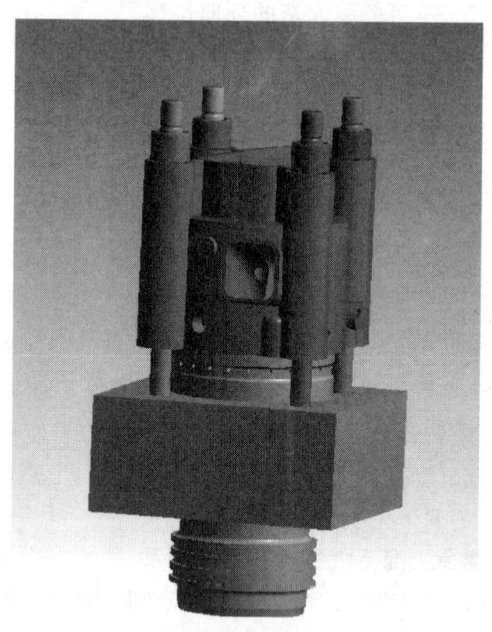

图 3.18　气缸套与气缸盖组件的计算模型

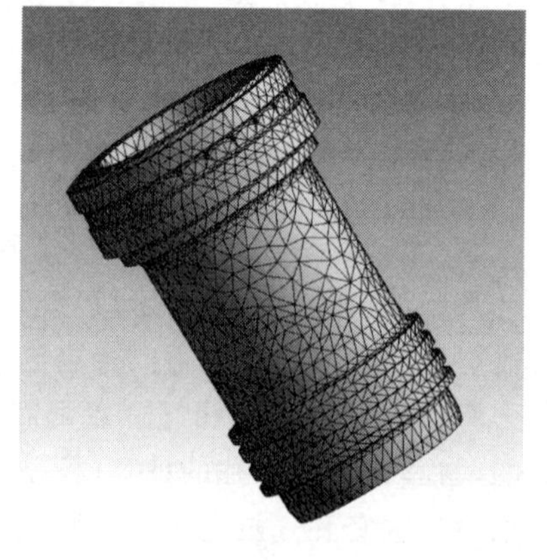

图 3.19　单独气缸套的计算网格图

个模型中共计划分了 8000 多个接触点对。

计算时作用载荷考虑了温度负荷，气体压力，气缸盖螺栓装配作用力，活塞侧压力，气缸套与机体的装配作用力，气门座与气缸盖火焰板的装配作用力等，其中作用在气门上的气体压力移置到气门座上。

由于问题是非线性的，叠加原理在这里不适用，计算时将温度负荷与机械负荷同时施加，计算求得的位移和应力就是耦合的结果。

计算求得的气缸套温度场见图 3.20，耦合的气缸套纵向位移见图 3.21，耦合的气缸套最大主应力见图 3.22。

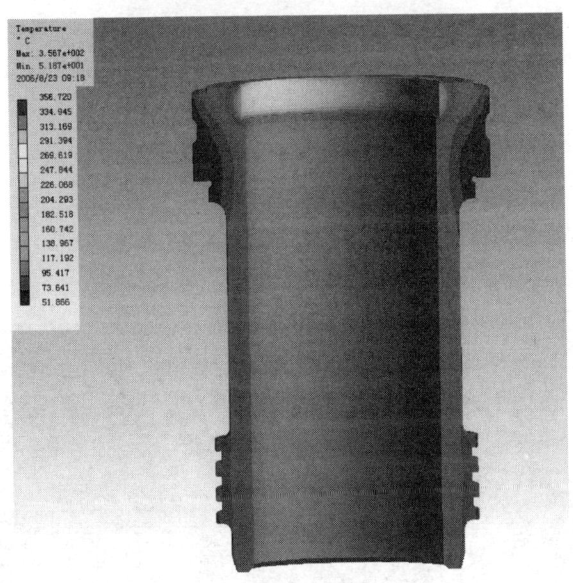

图 3.20 气缸套温度场

需要指出，将气缸盖垫片的上、下两面与气缸盖和气缸套的配合关系分别都按接触模型模拟，无疑将确保气缸套与气缸盖组件结构分析的精度，但同时计算工作量也要大大增加。我们的计算实践充分证明了这一点。为了研究计算精度和计算工作量与气缸盖垫片在气缸套与气缸盖组件计算分析中模型化的关系，我们在用上述模型计算的同时，还用下列模型对气缸套与气缸盖组件作了计算，这个模型的结构，计算网格，边界条件和作用载荷都与前述模型相同，所不同的仅仅是气缸盖垫片的下面与

图 3.21　气缸套耦合纵向位移

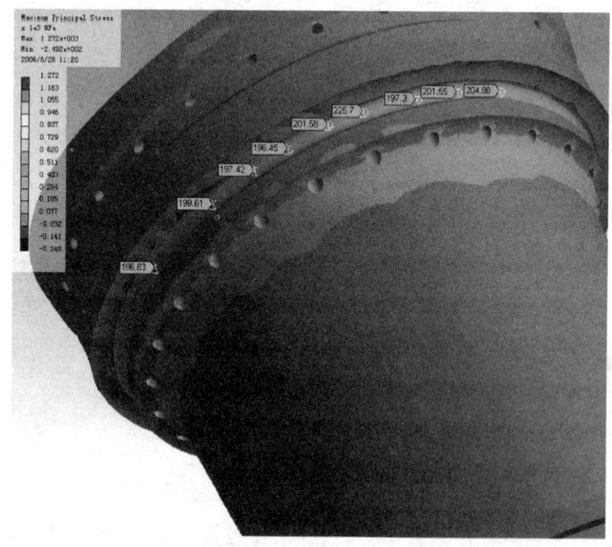

图 3.22　气缸套耦合的最大主应力分布

气缸套的关系认为是连续的，垫片的上面与气缸盖的关系仍按接触处理。计算结果表明，两个模型求出的位移和应力都相差不多，但垫片双面接触模型的计算时间比单面接触大约要多 1/3。因此，从基本上保证计算精度，同时还节省计算耗费的角度出发，在气缸套与气缸盖组件计算时气缸盖垫片可处理成与气缸套为一体，只把垫片与气缸盖的配合关系按接触模型模拟。

4　增压器转子的分析

众所周知，在发动机气缸容积一定的条件下，气缸充气密度愈大，新鲜空气的绝对量就愈大，就可以喷入更多的燃料进行燃烧，发动机就能发出更大的功率。所谓增压，就是借助于装在发动机上的专用增压装置，即增压器，预先压缩进入气缸的空气，以提高气缸中的充气密度。因此，对现代高强化的发动机来说，增压器的重要性可想而知。

发动机的增压方式有机械增压、气波增压、废气涡轮增压（或称涡轮增压）和复合增压等多种，其中涡轮增压由于能很容易实现大幅度提高功率，同时还能降低发动机油耗，对海拔高度变化也有较高的适应能力，又能减少排气的污染和噪声，目前已成为一种主要的、占统治地位的增压方式。本章仅对涡轮增压器的结构分析问题进行讨论。

涡轮增压器中负荷最大的部件是转子。转子由涡轮机叶轮、压气机叶轮以及密封套、止推片等通过转轴和锁紧螺母连成一体，是直接影响增压器性能的关键部件。由于增压器工作时转速极高，这时在转子上将会有很大的离心力作用，使其应力达到很高的水平，如果设计不当将会产生裂纹，甚至造成机破。所以转子的强度是整个增压器设计中至关重要的问题，它将直接影响增压器的寿命和结构可靠性。但转子是由几个部件装配而成的，其分析是多体接触问题，压气机叶轮在工作时根部还会产生塑性变形，对这些问题用常规方法是无能为力的。本章以某内燃机车用增压器为例，对其转子中结构最复杂，同时受载又最重的压气机叶轮和涡轮机叶轮，分别用本书第 1 章中介绍的有限元参数二次规划法进行应力分析，探讨它们的受力规律。

4.1　压气机转子的弹塑性接触分析[53]

在讨论压气机转子的弹塑性接触分析之前，先简单介绍一下其结构特点。

4.1.1 压气机转子的形式与结构特点

压气机主要由叶轮和转轴装配而成。在增压器产生的早期,压气机叶轮与转轴曾采用键(花键或单键)连接。随着增压器转速的不断提高,键连接装配的可靠性问题日益显现,于是逐渐废弃不用。现在叶轮与转轴间常采用间隙配合或过渡配合连接(小尺寸压气机主要用间隙配合),端部用压气机螺母压紧;也有在叶轮与转轴间用过盈压入套筒的。

叶轮是压气机最重要的元件,正是通过叶轮才实现把机械功变为气流的位能与动能的转变。

叶轮的形式有开式、半开式和闭式 3 种。开式叶轮转子的惯性比较小,这是其优点,但由于叶片端部没有封闭,叶轮中气体与蜗壳之间必然要产生摩擦,所以在 3 种叶轮中效率最低。闭式叶轮与开式叶轮相反,由于它两端都是封闭的,叶片之间几乎没有泄漏,同时又可以避免气体与蜗壳之间的摩擦,所以效率比较高,但由于有轮盖,高速旋转引起的巨大离心力会显著降低其强度,从而使圆周速度的提高受到了限制。半开式叶轮的效率介于开式叶轮和闭式叶轮之间,它结构简单,机械强度又比较高,所以在涡轮增压器上得到广泛的应用。本节针对半开式叶轮进行结构分析。

在叶轮中导风轮部分起着很重要的作用,它以最小的撞击损失使气流按设计轨道进入叶轮,并在通过流道时进行圆周方向的加速,同时还完成从轴向到径向的转向。

导风轮的叶型有圆弧型、斜切型、椭圆型和抛物线型 4 种。圆弧叶型造型最简单,但性能指标和机械强度都比较差。斜切叶型稍好,而椭圆叶型和抛物线叶型的性能均优于前二者,其中又以整体浇铸的抛物线叶型更为理想。

叶轮有前弯叶轮,径向叶轮和后弯叶轮 3 种,其中以后弯叶轮效率最高,流量范围也宽,但由于其弯曲的形状,在高速旋转产生的巨大离心力作用下,叶轮上将产生很高的弯曲应力,降低强度,所以在绝大多数增压器上都采用径向叶轮。

叶轮上叶片的数量 z 对功率系数 μ 有直接影响。叶片减少,会导致 μ 的减小,同时叶片压力梯度升高;叶片增多,功率系数 μ 就增加。但叶片过多又会引起叶轮摩擦损失增加过多，从而使绝热效率 η_c 降低，而且从强度角度考虑叶片过多也不利。于是采用长短叶片的叶轮就应运而生。长短叶片叶轮的叶片按一长一短、长短相间的规律排列，因此在叶轮出口处叶片数目多，可获得较大的功率系数 μ，而在叶轮进口处，由于短叶片尺寸小，到不了那里，因此可以明显改善叶片阻塞，扩大流量范围。长短叶片叶轮的结构比单纯长叶片叶轮复杂。本节将分别对具有单纯长叶片和具有长短叶片的叶轮作为工程实例进行分析。

包括导风轮在内的叶轮，几何形状极其复杂，在 20 世纪 90 年代以前其整体的机械加工几乎是不可能的，所以那时就把导风轮分离出来，作为一个单独的部件进行加工，剩余的叶轮也单独进行加工。这种把导风轮分离出来的叶轮称为分体式叶轮。到了 20 世纪末，由于机械加工技术的进步，叶轮整体加工成为可能，于是导风轮与叶轮在一起的整体式叶轮开始大量制造。显然，无论从动位移还是动应力方面看，整体式叶轮都要明显优于分体式叶轮。

图 4.1　带长短叶片的压气机叶轮

4.1.2　压气机叶轮的弹塑性计算

当压比≤3.5 时叶轮通常采用铝合金制造，而当压比大于 3.5 时叶轮制造需要使用钛合金。当前国内生产的增压器压气机叶轮基本上都是铝制的。铝合金的机械性能比较低，在增压器高速旋转产生的巨大离心力作用下，叶轮的内孔附近部位的变形将进入塑性区，而远离内孔部位的变形则仍保持为弹性变形，因此叶轮的结构分析是一个弹塑性问题，弹性变形与塑性变形的分界线由叶轮的材料、结构、转速等诸多因素决定。

无论是长叶片叶轮还是长短叶片叶轮，无论是整体式叶轮还是分体式叶轮，其结构都是循环对称的。由于对称轴很多，经典结构力学中利用结构的对称性只需计算 1/2 或 1/4 结构就可以分析整个结构的常规算法不能充分利用结构特点,提高计算效率。在这里计算效率最高同时又精确的方法是采用群论算法进行计算。然而群论理论深奥难懂,一般的结构分析程序都不具备用群论算法进行结构分析计算的功能。除了群论以外,本书第一章介绍的多层多支子结构技术也是计算循环对称结构非常有效的方法。由于叶轮的作用载荷离心力是由叶轮各部分的质量引起的,因而也具有循环对称的特点,用子结构方法计算将更加简便。

对长叶片叶轮划分子结构模式时可以单个叶片为基础,以叶片两侧流道的径向中心线平面作为出口平面,这两个流道中心线平面一直延伸到叶轮的旋转轴相交,也就是说,将叶片两侧流道中心线平面构成的扇形结构处理成一个基本子结构模式。然后再利用旋转、镜射、平移等各种方法,将对应于一个叶片的基本子结构模式扩展成整个叶轮。

计算的第一步,需要对描述单个叶片的基本子结构模式划分网格,分别生成内部节点自由度和出口节点自由度的刚度矩阵,再通过一系列矩阵运算得到单个叶片的子结构凝聚后的出口自由度刚度矩阵。第二步,将一定数量、由基本子结构模式调用后形成的超级单元(例如 3 个或 4 个)拼装成高一级的子结构模式(对应于 3 个或 4 个叶片),将由各个单叶片的基本子结构模式超级单元带来的、现在是内部节点的、原来的凝聚的出口节点自由度刚度矩阵,拼装成现在子结构模式的内部节点自由度刚度矩阵;再将对应于现在子结构模式中出口节点的、原来各个基本子结构模式超级单元部分的凝聚的出口节点自由度刚度矩阵,拼装成现在子结构模式的出口节点自由度刚度矩阵;然后进行凝聚,获得现在子结构模式(对应于 3 个或 4 个叶片)凝聚的出口节点自由度刚度矩阵。第三步,依此类推,根据计算前划好的结构构成树,拼装对应更多数量叶片的子结构模式,求得该子结构模式凝聚的出口节点自由度刚度矩阵。第四步,第五步……都用同样方法一直拼装下去,直到拼装成最高级子结构模式,也就是整个叶轮,求得整个叶轮在最高级子结构意义上的刚度矩阵。这个刚度矩阵的阶数通常是很低的,用直接法计算不会有任何困难,耗费也将极小。

求得了整个叶轮在最高级子结构意义上的各节点位移,就可以这些节点位移作为原始数据,计算次最高级子结构模式对应的超级单元各内部节点的位移,然后依次一级一级子结构模式由高往低逐级计算下去,直到求出基本子结构模式对应的各超级单元与各单个叶片的各节点的位移。求出了各个超级单元的节点位移，就可以根据弹性力学中应变与位移关系和虎克(Hooke)定律，利用有限元理论中关于单元应力的计算公式，求出各节点的应力。

对于长短叶片的叶轮可以用与长叶片叶轮类似的办法划分子结构模式并计算，不同之处仅仅在于基本子结构模式的划分。长短叶片叶轮的结构也具有循环对称的特点，只是它循环重复的单元是一长一短两个叶片，而不是单纯一个叶片的简单循环。因此长短叶片的叶轮可以一长一短两个叶片合在一起作为基本子结构模式进行子结构模式的剖分，也可以把长叶片和短叶片分别处理成基本子结构模式再进行整个叶轮的子结构拼装。

如果在外载荷作用下叶轮上产生的是弹性变形，则将叶轮划分成各级子结构并将它们拼装起来，再对基本子结构模式划分网格，就可以进行计算。然而，在增压器高速旋转产生的离心力作用下，叶轮各部分产生的变形并不都是弹性变形，在叶轮气流出口处等远离旋转中心线的部位产生的是弹性变形，在叶轮内孔周边附近等离旋转中心线比较近的部位产生的是塑性变形，弹性变形区与塑性变形区的分界面如何走向，由叶轮在外载荷作用下的总体平衡和内部应变分布相互制约所决定，也就是说，只有通过叶轮的弹塑性计算才能求出。

结构的弹塑性计算与材料的本构关系密切相关。对于铝合金等金属材料，在屈服点以前材料的本构关系是直线，所以应力应变关系是线性的，弹性模量 E 是常数。在屈服点之后本构关系变成曲线，应力应变关系也就变成非线性的，E 也变成随本构关系曲线变化的变量。因此，弹塑性计算与加载的历史有关。当在结构上只施加部分载荷，结构各部分的应力应变关系还处在弹性变形阶段时，计算按弹性力学理论进行。随着作用载荷的逐步增加，结构的应力相应地也在增加，但各部位应力增加的速度不同，原来应力水平高的部位往往应力增加得更快些。于是当结构上高应力区的应力达到并超过材料的屈服点时，大部分区域的应力还处于比较低的水平，远远没有达到屈服点。这时的结构计算需要针对不同的区域采用不同的 E 值，对应力水平低的区域采用弹性范围的 E 值，而对应力水平超过屈服点的区域，采用与塑性变形阶段本构关系相对应的

E 值。由于对应屈服点之后塑性变形阶段的 E 值随着本构关系曲线的变化在不断变化，计算必须采用塑性力学的增量理论，即流动理论。

增量理论是描述各瞬时应力与应变变化关系的理论，而整个变形过程可由各瞬时的变形累积获得。所以增量理论能反映加载过程对变形的影响。

增量理论中常用的有莱维-米塞斯(Levy-Mises)理论和普朗特尔-罗易斯(Prandtl-Reuss)理论。二者的主要区别在于，莱维-米塞斯理论认为，当结构产生塑性变形后，弹性变形与其相比可以忽略，也就是说，结构的总应变等于塑性应变，$d\varepsilon_{ij}=d\varepsilon_{ij}^{e}+d\varepsilon_{ij}^{p}=d\varepsilon_{ij}^{p}$；而普朗特尔-罗易斯理论则认为，如果结构的变形比较大，可以忽略弹性变形，但如果变形比较小，例如当总应变的弹性应变部分与塑性应变部分基本上属于同一数量级时，则应该计入弹性应变，即：$d\varepsilon_{ij}=d\varepsilon_{ij}^{e}+d\varepsilon_{ij}^{P}$。

在工作载荷作用下叶轮根部尽管有一些部位产生了塑性变形，但总变形是不大的，因此对叶轮计算采用普朗特尔-罗易斯理论比较合适。

普朗特尔-罗易斯增量理论在加载时才能应用，在卸载时，由于应变已进入塑性阶段，B 点(图 4.2)将不沿应力应变关系曲线回到原点，而是从 B 点开始平行本构关系的弹性范围直线段 AO 往下退，直到应力降为零，即 C 点。这是塑性变形与弹性变形的一个重要区别。

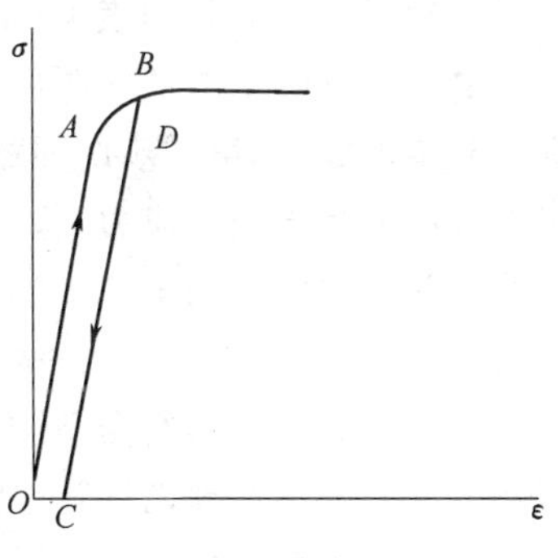

图 4.2 应力—应变曲线

压气机叶轮上的作用载荷有高速旋转产生的离心力、气动力和温度载荷，其中以离心力为最大。叶轮的强度校核可以只考虑离心力的作用，也就是取决于转速的大小。

在离心力作用下叶轮各部位的应力水平是不等的，在内孔周边附近应力最高，叶轮半径最大处应力最低。当转速达到一定数值时，内孔周边的应力首先达到屈服点，而叶轮半径最大处的应力仍几乎等于零。如果转速再进一步增加，内孔周边附近的变形就进入塑性，叶轮半径较大处的变形则仍为弹性。

由此可见，在转速达到标定值之前，产生塑性变形区域的范围一直在变化，计算者既不知道标定转速时弹塑性区域分界面的位置，更不知道随着转速的增加弹塑性区域分界面是怎样变化的。由于产生塑性变形的单元在计算刚度矩阵时比弹性变形单元复杂，从节省机时的角度考虑，最合理的做法应该是，把整个叶轮分成产生弹性变形的区域和产生塑性变形的区域两部分，对弹性变形区域的各单元按弹性理论生成单元刚度矩阵，对塑性变形区域各单元按塑性力学增量理论生成单元刚度矩阵。为此计算者在事前需要知道产生塑性变形区域的范围。可是如上所述 ，计算者在计算前不可能知道塑性区的范围。考虑到产生塑性变形区域的节点应力一定满足米塞斯屈服条件，所以为了确定塑性变形区域的范围，可以先对标定转速下的叶轮按弹性理论计算工作应力，然后用米塞斯屈服条件进行判断，将所有满足屈服条件的部位都划分为塑性变形区，再进行弹塑性计算。这样求出的叶轮塑性变形区并不是很准确的，因为节点应力都是由该节点周围各单元在该节点的应力加权平均求得的，本身就不太准，再加上弹塑性计算与加载历史有关，一次加载全部到位的弹性计算会产生一定的误差。误差的表现形式之一就是塑性区范围不准。

塑性区范围不准的问题可以通过随后的分步加载的弹塑性计算来解决。分步加载时，第一步所加载荷的数值应使它所引起的叶轮上的最大应力接近但小于屈服应力，这时整个叶轮的变形都处在弹性范围内，没有塑性变形的问题。从第二步加载开始，加载的步长宜大大加密。第二步加载后，叶轮上塑性区内第一步加载计算求出的应力最大的一批节点，根据米塞斯屈服条件的判据，开始按增量理论计算，并开始产生塑性变形，其余节点仍按弹性理论计算，变形仍为弹性的。第三步加载时又有一批塑性区内的节点产生塑性变形，原来已经进入塑性的节点的变形将更大，应力也将按应力应变曲线变得更高，而剩余节点的变形仍在弹性范围内。依照这个办法一步一步将载荷加上去，直到全部载荷施加完毕，塑性区内变形应该进入塑性的所有节点都产生了塑性变形，就算结束。加载可以是等步长，也可以是变步长。在通常的结构弹塑性计算程序中，按弹性理论计算的单元刚度矩阵生成模块不具有塑性理论计算的功能，而在按塑性力学增量理论计算的单元刚度矩阵生成模块中却同时具有按弹性理论计算单元刚度矩阵的功能，因此叶轮上划分的塑性区范围至少要等于，最好略大于根据弹性计算结果划分的范围。

如果用子结构方法作叶轮的弹塑性计算，则塑性区必须放在最高级子结构模式，这意味着，在弹性计算之前需要事先估计出可能产生高应力的区域，也就是塑性区域，并将其划入最高级子结构模式，然后进行计算，再根据计算结果修正塑性区域的范围，重新划分网格甚至子结构模式，再进行弹塑性计算。一般说来，第一次计算叶轮时估计的高应力区范围总会有些出入，但不会差得很远。

计算叶轮时当然要用到其本构关系曲线，这需要通过实验求得。对于铝合金，屈服点之后本构关系是曲线，计算时通常用折线模拟，折线的每一段直线对应一个 E 值。从理论上讲，折线段愈多，对曲线的逼近程度愈好，但同时加载步长需取得愈小，而计算工作量也愈大，所以计算时只要取不多的几段折线就可以了。实际上铝合金可以看成是弹塑性线性强化材料，这时只有屈服点一个拐点，屈服点之后只需取一个 E 值(图 4.3)。

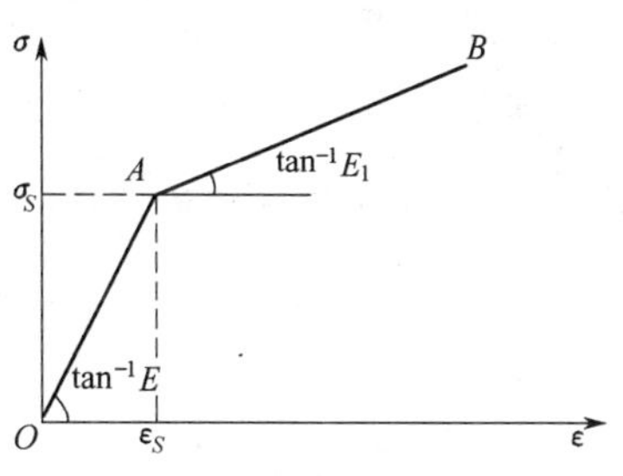

图 4.3　弹塑性线性强化材料的应力—应变关系

尽管叶轮设计时，为确保强度引进了一定的安全系数，但在工作转速下叶轮内孔周边部位产生的塑性变形对强度总是一种潜在威胁。为提高叶轮的安全裕度，近年来国际上出现了一种“叶轮制造的预超速工艺”。这种工艺是利用叶轮材料的应变强化规律实现的，其实质如下(图 4.4)：在压气机转子装配叶轮之前，使叶轮用比标定转速更高的转速作预超速旋转，这时叶轮内孔周边附近必然产生塑性变形。在叶轮作预超速旋转稳定一段时间后卸载，即把转速降为零，这时叶轮内孔周边部位产生塑性变形区域的应力应变曲线并不回到原点，而在横坐标上保留一段残余变形 OC。当叶轮装配后正式工作时，其塑性区的应力应变曲线将从横坐标的残余变形处的 C 点开始沿着卸载时的路径往上走，一直走到开始卸载时的 B 点，然后再沿着加载的应力应变曲线继续往前走，产生新的塑性变形。这时 B 点就成为第二次加载时的叶轮材料新的屈服点。在

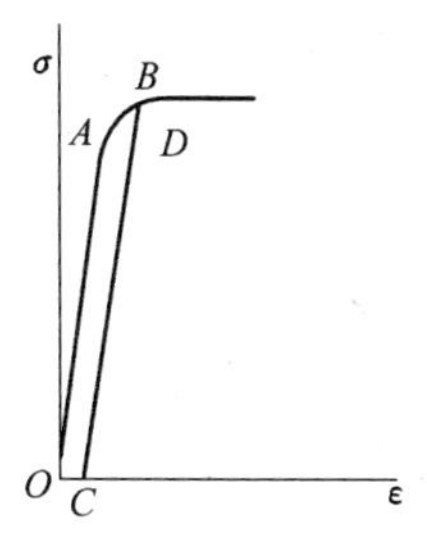

图 4.4　材料的应变强化规律

第二次加载过程中,弹性模量仍保持不变,但屈服极限升高了,这就提高了叶轮材料的弹性范围,从而也就增加了叶轮的安全裕度。

为了确定采用预超速工艺制造的叶轮在标定转速工作时的安全系数,首先要对叶轮在预超速过程中的应力和应变进行弹塑性计算,然后卸载,把转速降为零,求出叶轮塑性区各节点的残余应变以及由于这些塑性区节点的残余应变所导致的叶轮弹性区各节点产生的残余应变。然后把叶轮各节点的残余应变作为这些节点的初始应变,进行标定转速的加载计算,求出叶轮工作应力场。将叶轮材料新的屈服点 B 点的应力值与求出的叶轮上最大工作应力相比,就得出用预超速工艺制造的叶轮的安全系数。显然这个安全系数将大于 1,比原来的有所提高,也就是增加了叶轮的安全裕度。

4.1.3 压气机转子的弹塑性接触计算

压气机叶轮是在其转轴带动下旋转的,分析压气机转子的受力不能不研究叶轮与转轴的配合关系。

机车柴油机增压器属于较大型的增压器,其压气机叶轮通常采用过盈配合与转轴联接,为了确保叶轮装配的可靠,在压气机前端经常安装有压气机螺母。有的压气机与转轴间装有套筒,套筒内、外表面都用过盈配合分别与转轴和叶轮相联。

在压气机高速旋转产生的离心力作用下,叶轮内孔周边附近会产生塑性变形,同时叶轮与套筒以及套筒与转轴之间的过盈配合也会变松,因此压气机转子的力学分析是一个弹塑性接触问题。

接触问题属于边界待定的非线性问题,弹塑性问题虽然是材料非线性问题,但其核心却是确定结构受载后弹性变形区与塑性变形区的分界面,因而也是一个边界待定问题。由此可见,接触问题与弹塑性问题可以用同一种计算方法解算。如果用子结构技术计算弹塑性接触问题,需要把全部塑性单元和全部接触单元都划分为最高级子结构模式,计算时随着分步加载,求出各个加载时刻的塑性变形区和那时各接触点对的接触状态,直到加载完毕求出最后的塑性变形区和所有接触面上各接触点对的接触状态,然后自上而下求解,直到求出各基本子结构的节点位移和应力。

对压气机转子进行接触计算时，不仅叶轮与套筒以及套筒与转轴的配合面是接触面，压气机螺母对压气机前端的压紧面也是接触面，也就是说，压气机转子计算是一个多体接触问题。多体接触问题计算有时会碰到某一个接触体本身没有约束或约束不够影响计算的问题，这时可对该接触体在离接触区尽可能远的部位加一刚度很小的弹簧，弹簧另一端固结。由于增加了约束，计算可以顺利进行，而新增弹簧刚度很小，其对计算结果的影响可以忽略。

4.1.4 压气机叶轮采用预超速工艺制造时的力学分析实例[43]

以某机车柴油机用增压器压气机为例，计算其叶轮在用预超速制造工艺制造时超速旋转再卸载整个过程中的变形和应力状态。

叶轮采用 LD7 铝合金制成，长叶片结构，叶片数量为 20，沿圆周循环对称布置。计算采用子结构技术完成。整个叶轮共划分了 5 个子结构模式，叶轮内孔周边直到叶片根部等可能产生塑性变形的区域划为最高级子结构模式。计算模型的节点总数 38 280。计算采用 8 节点等参块体元，单元总数 30 740。取提高压气机标定转速 13% 的预超速时的离心力作为计算载荷。叶轮的计算网格图如图 4.5 所示。

计算分两个阶段进行。第一阶段为弹性计算，在求出叶轮各点的应力后，根据米塞斯屈服条件，将最高级子结构中的单元分成弹性的和变形可能进入塑性的两种类型（即确定塑性区），然后进行第二阶段，即弹塑性

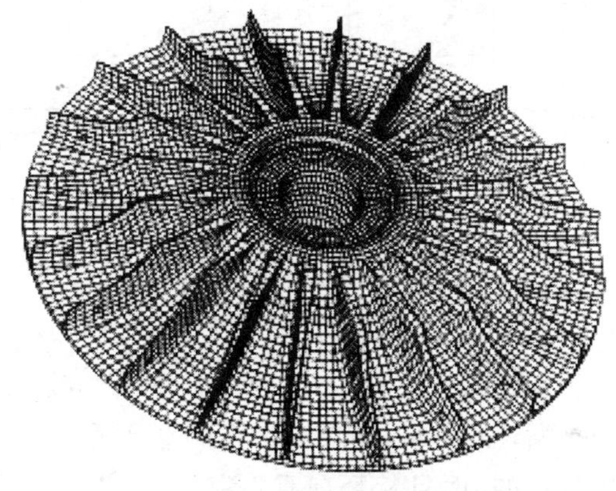

图 4.5 压气机叶轮的弹塑性计算网格图

计算。这时首先重新划分子结构模式，将由弹性计算确定的、变形可能进入塑性的单元划为最高级子结构模式，将应力较低从而不满足米塞斯屈服条件的单元划出最高级子结构模式，然后对变动的子结构模式重新划分网格。叶轮弹塑性计算所用的本构关系曲线，是模拟实测本构关系所求得的线性强化折线。

为了密切跟踪叶轮弹塑性计算的加载历史，以便准确确定各部位位移和应力的相应变化过程，计算加载的第一步步长取为全载的 60%，使各部位产生的最大应力基本上达到比例极限，以后的加载步长则加密之。在加满全载后再卸载，一步到位减到零，具体的加载步长依次为全载的60%、20%、20%、－100%。

图 4.6 是分别用弹性模型和弹塑性模型计算求得的叶轮米塞斯应力的比较。由图 4.6 可以看出，在高速旋转产生的离心力作用下，在远离叶轮内孔的部位二者的米塞斯应力数值很接近，但当半径逐渐变小到达内孔附近时，弹性模型的应力开始高于弹塑性模型的应力，半径愈小，差别愈大。这是因为叶轮的内孔周边部位已进入塑性区，本构关系曲线发生了改变，而弹性模型的应力仍然按原来的比较陡的线性本构关系计算的缘故。

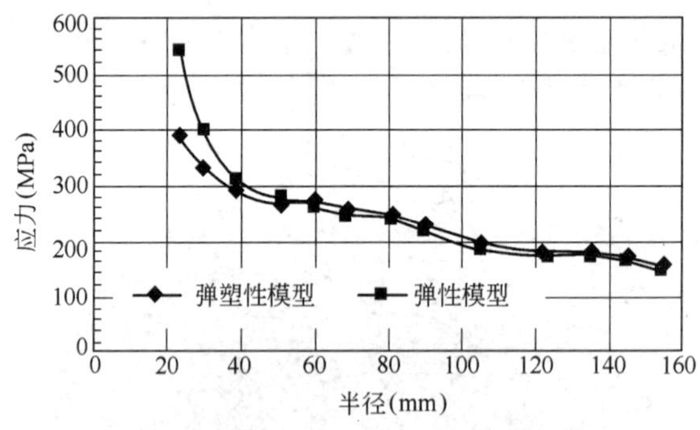

图 4.6　用弹性和弹塑性模型求得的叶轮应力

图 4.7 是叶轮米塞斯应力在 90°内的环向分布。由图 4.7 可以发现，由于叶轮的结构是循环对称的，其离心力自然也是循环对称的，从而求出的应力也是循环对称的，而且从环向看，各叶片的中心处质量(径向)最大，产生的离心力也最大，因而应力数值也最大。另外，从图 4.7 还可看

出，由于在叶轮内孔周边附近各叶片已经连成一体，所以那里的应力在一个叶片的范围内变化幅度很小；而在远离内孔的部位，各叶片以流道隔开，那里的应力在一个叶片的范围内变化幅度比较大。

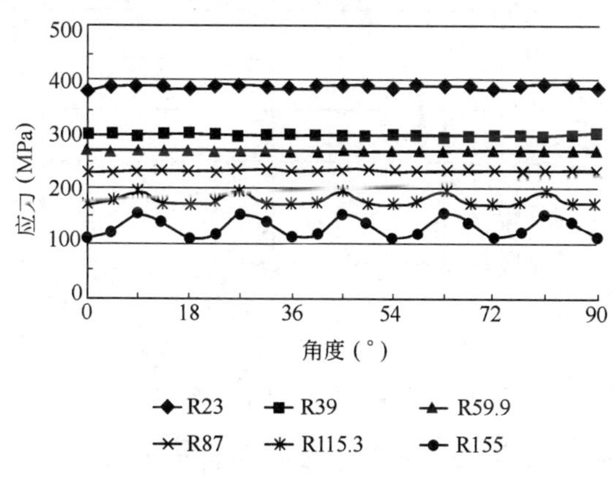

图 4.7 按循环对称规律分布的叶轮环向应力

从图 4.7 还可看出，叶轮上半径愈大的部位应力水平愈低；半径愈小，应力水平愈高。显然，这是由离心力的作用所造成的。

叶轮在离心力作用下加载又卸载的计算结果表明，从叶轮的内孔沿半径方向直到叶轮周边，径向残余应变 ε_r 都为负值，而且 ε_r 数值总的变化趋势是愈来愈小(图 4.8)。这是因为在离心力作用下叶轮各部位都产生径向拉应变，内孔周边处产生的径向拉应变最大，而叶轮周边尽管产生的径向位移最大，那里的径向拉应变却最小。卸载后叶轮各部位都向中心收缩，在一定半径以外只产生弹性变形的部位，从理论上讲应该恢复原状，应变消失，可是内孔周边及其附近部位由于原先产生的是塑性变形，卸载后会保留残余变形，在叶轮靠外部位的收缩作用下会产生径向压应变，而且这个径向压应变会一直传到叶轮周边，只是随着半径的增加径向压应变数值会愈来愈小。径向残余应变的变化情况见图 4.8。

图 4.8 中的系列 2 曲线是叶片径向中心线的径向残余应变，系列 1 与系列 3 则是叶片左右两侧的径向残余应变。三者略有不同，这是由这三处的结构略有不同所引起。

计算求出的卸载后叶轮的环向残余应变 ε_θ，从内孔到叶轮周边都是

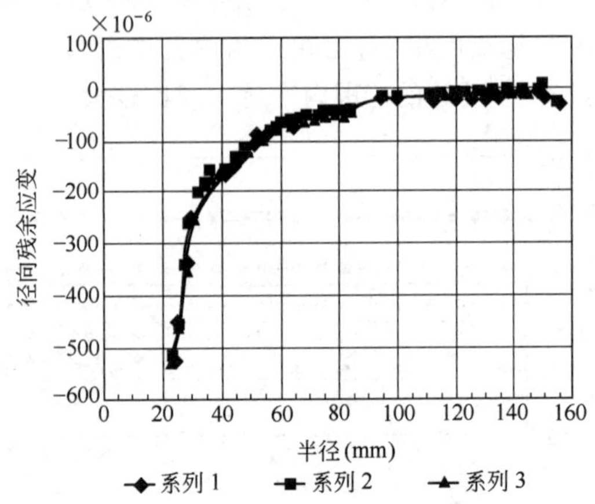

图 4.8 卸载后叶轮的径向残余应变 ε_r

正值,即拉应变,而且随着半径的增大 ε_θ 单调减小(见图 4.9)。这是因为卸载后叶轮各部位都保留有径向残余变形,同一节点的半径比加载之前略大,周长也就略大,这导致产生环向残余拉应变。这一环向残余应变的变化规律与实测吻合得很好,同轴对称模型的弹塑性问题解析解也是一致的。

由图 4.8 与图 4.9 还可以看出,在叶轮内孔周边及其附近产生塑性变形的范围内,径向残余应变 ε_r 与环向残余应变 ε_θ 的变化梯度都比较大,而在弹性变形范围内(主要是叶片根部以外区域)ε_r 与 ε_θ 的变化梯度

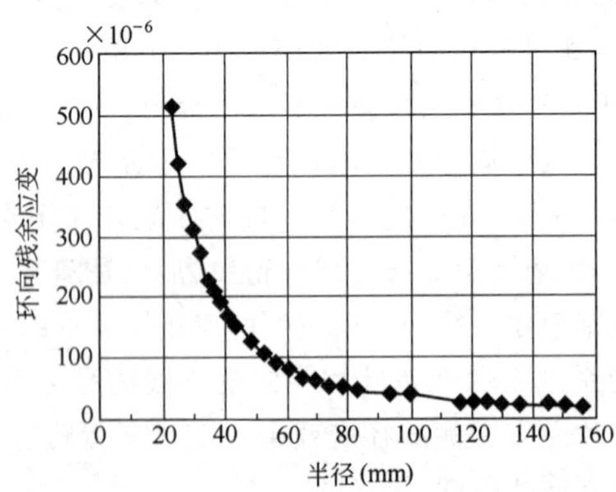

图 4.9 卸载后叶轮的环向残余应变 ε_θ

都比较小。在叶轮周边附近两种残余应变都很小，变化梯度接近于零。

在叶轮内孔表面，随着轴向尺寸从叶片背面侧向前侧变化，卸载后环向残余应变 ε_θ 单调减小（见图 4.10）。这是因为叶轮前侧的质量远小于背面侧，因而前侧的离心力及其引起的变形也远小于背面侧，卸载后自然背面侧的残余变形要大于前侧。这一计算结果与实测完全一致。

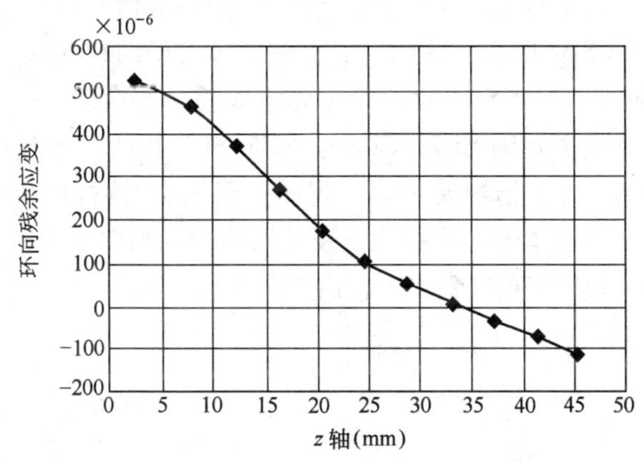

图 4.10 卸载后叶轮内孔表面的环向残余应变 ε_θ 沿轴向的变化

4.1.5 压气机转子的弹性接触计算分析实例[44][45]

压气机转子的结构分析严格说来应该是弹塑性接触分析。但弹塑性接触分析周期长，耗费大，而设计部门为了作多方案比较，往往希望尽快得到计算结果，所以就经常用弹性接触分析代替之。用弹性接触模型分析压气机转子，计算精度当然比弹塑性接触计算要低，但从定性角度看，二者求出的应力分布规律还是相似的，只是在应力水平上有差别，而计算效率却要比弹塑性接触模型高许多。因此比较好的办法是，在作方案比较时采用弹性接触分析，在设计参数确定之后再用弹塑性接触模型进行计算，作最后的方案校核。

现以某内燃机车上的涡轮增压器的离心式压气机为例，对其转子进行弹性接触计算分析。该压气机转子包括叶轮、套筒和转轴，通过过盈配合相互装配在一起。叶轮为整体式，采用径向的长短叶片，用铝合金制造。套筒和转轴的制造材料均为 45 号钢。叶轮的半径为 155 mm，轴向长度 121 mm，共有 24 个叶片。转子标定转速 25 000 r/min。转轴直径 34 mm。套筒厚度 7 mm。

计算采用多层多支的子结构技术。整个转子共划分 8 个子结构模式，其中以一长一短两个叶片组成的 30°夹角叶轮扇形结构(即整个叶轮的 1/12)作为基本子结构模式 SB1，套筒的 1/12 和转轴的 1/12 分别作为基本子结构模式 SB4 和 SB6。3 个 SB1 的超级单元组成高一级的子结构模式 SB2，4 个 SB2 的超级单元组成再高一级的子结构模式 SB3，即整个叶轮；与此同时，12 个 SB4 的超级单元组成整个套筒 SB5，12 个 SB6 的超级单元组成整个转轴 SB7。SB3 与 SB5、SB7 共计 3 个超级单元组成整个转子 SB8。各子结构模式的拼装详见图 4.11 结构构成树。压气机转子计算模型的基本子结构模式图及其网格分别如图 4.12 和图 4.13 所示，压气机转子整体网格图如图 4.14 所示。

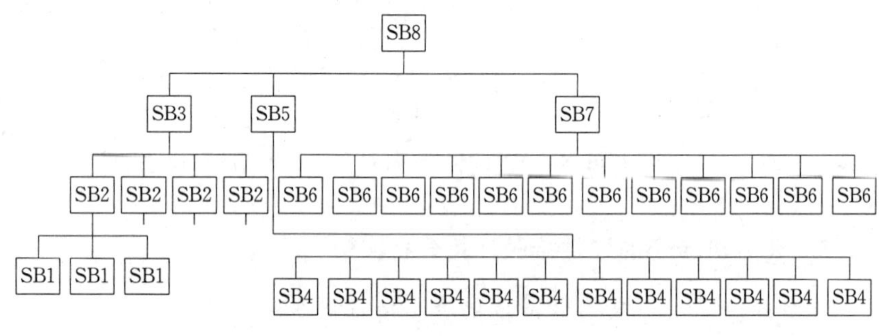

图 4.11 压气机转子的结构构成树

计算单元全部采用常应变 4 面体单元。接触部位的最小单元边长 4.17 mm。整个模型中共划分 29 592 个节点，94 848 个单元，480 个接触点对。

压气机转子的计算载荷为高速旋转产生的离心力和叶轮与套筒、套筒与转轴之间的过盈配合产生的装配力。

为研究叶轮内孔周边接触内力与套筒厚度、转速以及过盈值的关系，在叶轮与套筒、套筒与转轴的装配过盈量 δ_1、δ_2 分别给定的条件下，针对 4 种套筒厚度(h=7 mm、6 mm、5 mm、4 mm)和 4 种转速(n=24 000 r/min、25 000 r/min、27 000 r/min、29 000 r/min)分别进行了计算，计算结果如图 4.15～图 4.17 以及图 4.19 所示。

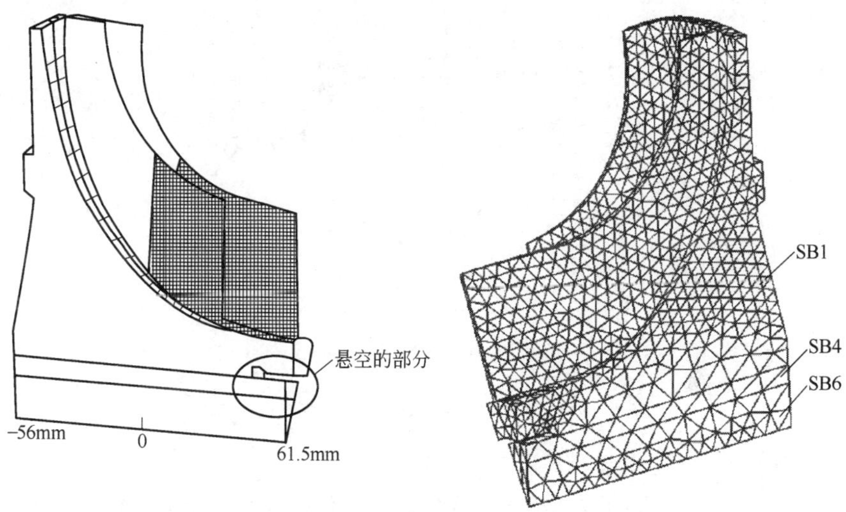

图 4.12 压气机转子的基本子结构模式图

图 4.13 压气机转子的基本子结构模式计算网格图

图 4.14 压气机转子的整体计算网格图

图 4.15～图 4.17 中的实线均为叶轮与套筒的接触应力(接触应力由接触点对的法向接触内力除以该接触点所对应的那部分面积求得,因此接触应力也表征接触内力)分布情况,虚线均为套筒与转轴的接触应力

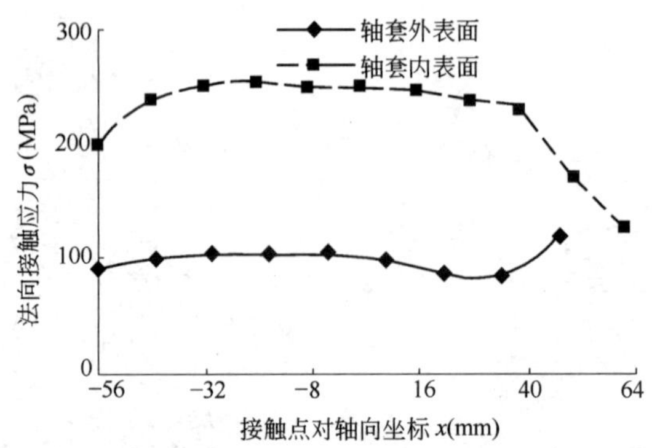

图 4.15　$n=0$ 时接触点对接触内力沿轴向的变化曲线

分布情况。

对比图 4.15 和图 4.16 可以看出，当叶轮静止时叶轮与套筒以及套筒与转轴间的所有接触点对全都接触得很好；非但如此，这时套筒内、外表面的接触内力也分别比叶轮转动时大。而当叶轮以上述 4 种转速转动时叶轮与套筒间的接触点对都有部分脱开，例如，对于 $\delta_1=0.03$ mm，$\delta_2=0.04$ mm 的情况，叶轮与套筒之间只有大约 2/3 的接触区域是连续的。但当过盈量增大时，叶轮与套筒间脱开的接触点对数量明显减少，见图 4.16(b)；当过盈量再增大时，转速低的压气机叶轮内孔与套筒全部接触，没有一处脱开，见图 4.16(c)。

由图 4.17 可以看出，叶轮内孔接触应力(即接触内力)沿环向的分布规律呈循环对称的特点，这是因为叶轮的结构是循环对称的，故而其离心力也是循环对称的，而离心力是叶轮上的主要作用载荷。

对比图 4.17(a)和图 4.17(b)可以发现，不论套筒的内表面还是外表面，当过盈值增大时，接触内力都相应地增大。

由图 4.17 还可看出，在计算的各种转速范围内转轴上的接触应力变化幅度很小，而叶轮内孔的接触应力变化幅度较大，这是因为套筒外表面直接与叶片接触，直接受循环对称作用的离心力影响，而经过叶轮与套筒间过盈配合的吸收这个影响传到转轴表面时已经变得很小了。

从图 4.17 还可看出，叶轮内孔的接触应力(内力)远比转轴表面的要小。这是因为，第一，叶轮的刚度比较小；第二，叶轮与套筒间的过盈也比

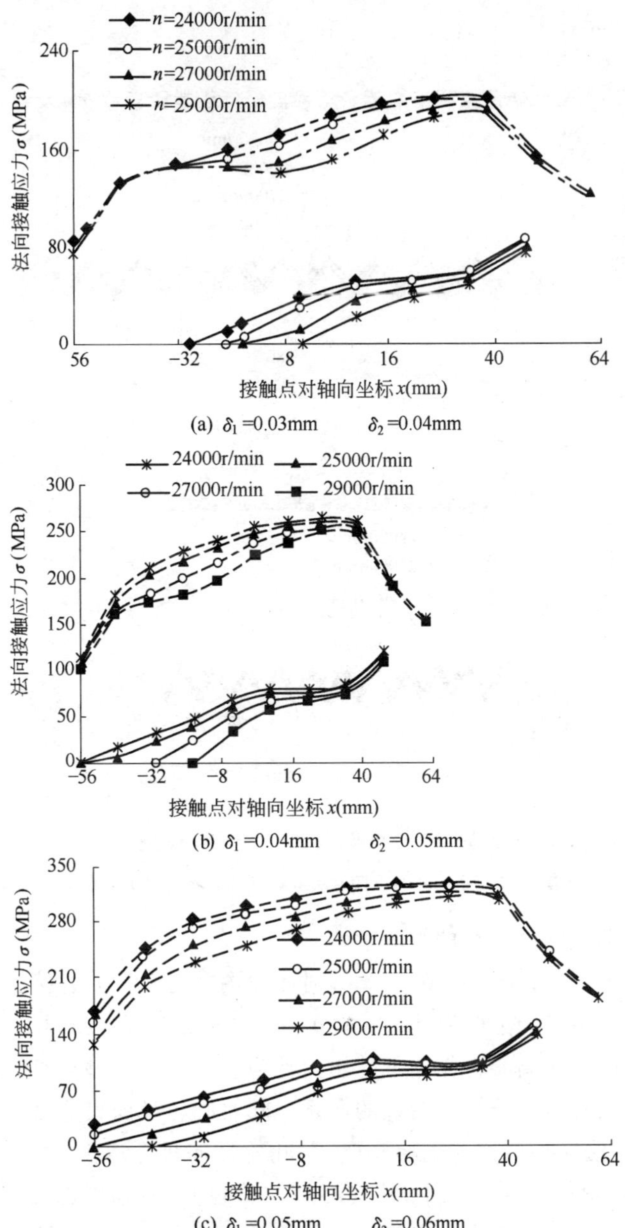

图 4.16 不同转速下接触点接触应力沿轴向的变化曲线

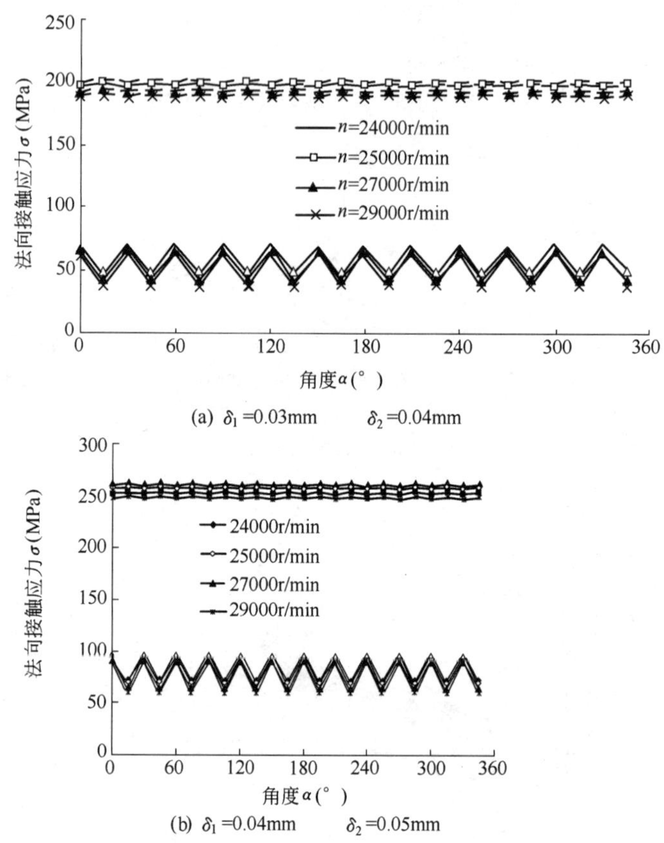

图 4.17　不同转速下接触点接触应力沿环向的变化曲线

套筒与转轴间的过盈小的缘故。

图 4.18 为当 $n=29\ 000$ r/min 时叶轮内孔与套筒间各接触点对的法向相对位移沿轴向的变化曲线（$\delta_1=0.03$ mm，$\delta_2=0.04$ mm）。由图 4.18 可见，在离心力作用下叶轮内孔与套筒间各接触点对的法向相对位移与叶轮的质量分布有明显的联系。随着叶轮径向尺寸沿转轴长度方向的变化，法向相对位移也相应变化，叶轮径向尺寸增大，法向相对位移也增加，叶轮径向尺寸减小，法向相对位移也减小（参看图 4.12）。当叶轮径向尺寸减小到某个临界值时叶轮质量引起的离心力开始小于过盈引起的装配预紧力，于是法向相对位移等于初始过盈值[对比图 4.18 与

图 4.16(a)]。法向相对位移的不均匀分布必将导致接触内力的不均匀分布。为防止在压气机高速旋转时叶轮内孔有些区域接触力很大而有些区域接触力很小的情况发生，叶轮设计制造时应采取必要的措施，例如令过盈量按线性规律变化。

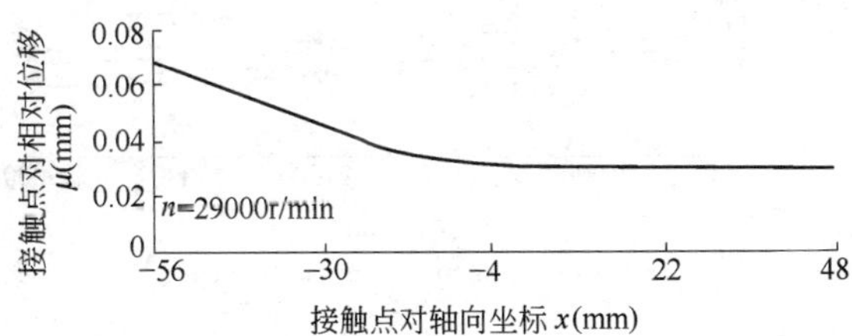

图 4.18　叶轮与套筒各接触点对法向相对位移沿轴向的变化

现在来讨论套筒壁厚和过盈值变化对接触应力的影响。取叶轮在轴向中间部位的节点，研究其在两种过盈值下当套筒厚度变化时接触应力与转速的关系(图 4.19)。图 4.19 中实线为套筒外表面的接触应力分布曲线，虚线为套筒内表面的接触应力分布曲线。由图 4.19 可以发现，对于不同壁厚的套筒，其内、外表面的接触应力都随着过盈量的增大而增大；另外，随着转速的增加，套筒内、外表面的接触应力均下降，但下降得不多。在同一转速下，随着壁厚的增加，套筒外表面接触应力下降，内表面接触应力增加。这是因为套筒壁厚的增加必然导致套筒刚度的增加，叶轮刚度则相应地有所减小，而二者之间的过盈值不变，于是叶轮与套筒外表面之间的接触内力就相应地减小，套筒外表面接触应力也相应地下降。同样也可以解释套筒内表面接触应力增加的原因。

对于接触应力受过盈值变化的影响，仍从叶轮中部节点的接触应力随转速变化而变化的规律入手来分析。叶轮中部节点的接触应力，在套筒内、外表面过盈量不同的条件下与转速的关系，如图 4.20 所示。图中实线为套筒外表面接触应力的分布曲线，虚线为内表面接触应力的分布曲线。共计算了三种不同的套筒内、外表面过盈装配情况：

(1)外表面过盈 $\delta_1=0.03$ mm，内表面过盈 $\delta_2=0.04$ mm；

(2)外表面过盈 $\delta_1=0.04$ mm，内表面过盈 $\delta_2=0.05$ mm；

(3)外表面过盈 $\delta_1=0.05$ mm，内表面过盈 $\delta_2=0.06$ mm。

从图 4.20 可以发现，随着转速的增加，套筒内、外表面的接触应力是

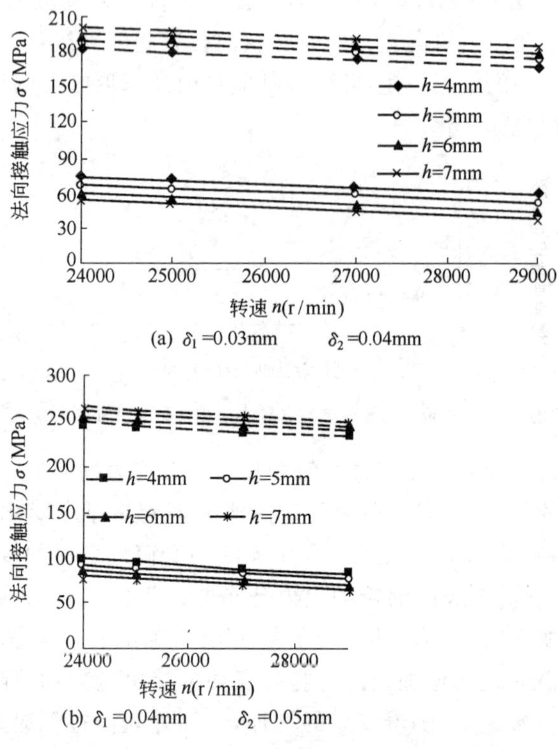

图 4.19 套筒壁厚不同时接触应力与转速变化的关系

递减的，而从数值上看，套筒内表面的接触应力比外表面为大。前者是因为离心力的作用使叶轮内孔以及套筒内侧的接触表面产生向外的位移，离心力愈大位移愈大的缘故。至于后者，则是由于套筒内表面的过盈大于其外表面以及叶轮刚度较小所引起。从图 4.20 还可看出，在同一转速下，随着过盈值的减小，套筒内、外表面的接触应力均减小，二者相比，内表面的接触应力下降得更为迅速。

图 4.21 为套筒内、外表面接触应力（内力）随过盈值变化而变化的曲线，图中的实线曲线与虚线曲线分别为套筒外、内表面的接触应力（内力）。由图 4.21 可见，随着叶轮与套筒间过盈值的增大，套筒内、外表面的接触应力（内力）均呈线性增大；从数值上看，内表面的接触应力较外表面为大，而且增加得更快。

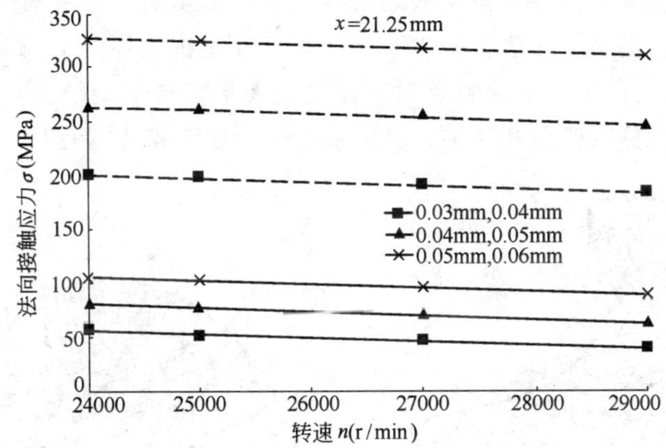

图 4.20　不同过盈值下(x=21.25 mm 处)接触应力与转速变化的关系

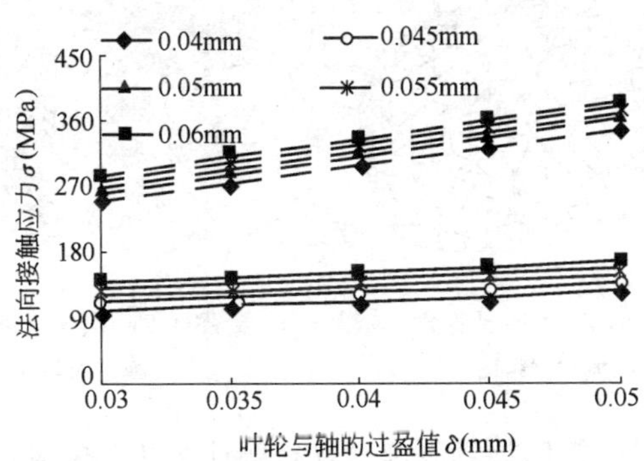

图 4.21　套筒内、外表面接触应力随过盈值的变化曲线

4.1.6　压气机转子的弹塑性接触计算分析实例[46]

这里计算的压气机转子与 4.1.5 节中计算的为同一个转子，只是计算模型中加上了压气机螺母，并在螺母相对的另一端计入了部分转轴，计算网格也重新进行划分。计算仍采用子结构技术。子结构模式的划分方法与 4.1.5 节中转子的弹性接触计算类似，即仍以一长一短两个叶片所构成的 30°夹角的叶轮作为基本子结构模式，套筒与转轴的基本子结构模式的划分也相同。与弹性接触计算所不同的是，叶轮的内孔周边附近可能产生塑性变形的那部分结构不划入基本子结构模式，而是划在最高

级子结构模式中。整个模型共划分 8 个子结构模式。计算采用常应变 4 面体单元。最小单元边长 4.17 mm。整个模型中共划分 11 306 个节点，29 401 个单元，480 个接触点对。压气机转子弹塑性接触计算的基本子结构模式计算网格图和整体计算网格图分别如图 4.22 和图 4.23 所示。

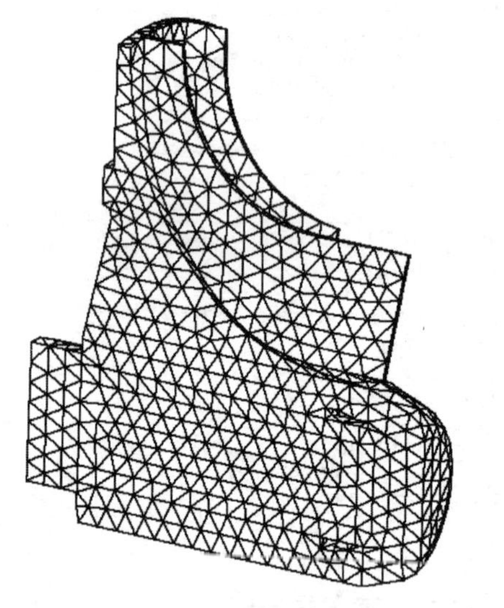

图 4.22　转子弹塑性接触计算的基本子结构模式网格图

图 4.23　转子弹塑性接触计算模型的整体网格图

计算分为弹性接触计算和弹塑性接触计算两个阶段进行。弹性接触计算主要是为了求出工作应力场，以便根据米塞斯屈服条件划分塑性区，弹塑性接触计算则是真正要做的计算工作。作弹塑性接触计算时首先重新划分网格，将由弹性接触计算确定的、变形可能进入塑性的单元划分为最高级子结构模式，将应力较低从而不满足米塞斯屈服条件的单元划出最高级子结构模式。

转子弹塑性接触计算所用的本构关系曲线，是模拟实测本构关系的线性强化折线。

计算载荷为离心力和叶轮与套筒、套筒与转轴之间的过盈引起的装配力。计算时离心力是分步加载的，加载步长为全载的 60%、10%、10%、10%、10%。

图 4.24(a)与图 4.24(b)分别为不同转速下弹性接触计算与弹塑性接触计算求得的叶轮与套筒间接触点对法向相对位移沿轴向的变化曲线($\delta_1=0.03$ mm,$\delta_2=0.04$ mm)。从图中可以看出,不论是弹性计算还是弹塑性计算,接触点对间的法向相对位移沿轴向的变化规律完全相同,二者法向相对位移的最大值都产生在叶轮质量最大的地方(从径向看),这说明接触点对的法向相对位移完全是离心力作用所引起,但是弹塑性接触计算求出的叶轮内孔接触点对法向相对位移要比弹性接触计算求出的略大,这是变形进入塑性阶段后叶轮材料本构关系变得平缓的结果。从图 4.24 还可看出,随着压气机转速的增高,不论用弹性接触模型计算还是用弹塑性接触模型计算,叶轮内孔从轴向中部往左部位接触点对的法向相对位移都相应增大,而从叶轮质量比较小的地方开始往右(图 4.22 中转轴中部偏右处),法向相对位移都等于 0.03 mm,即给定的初始过盈

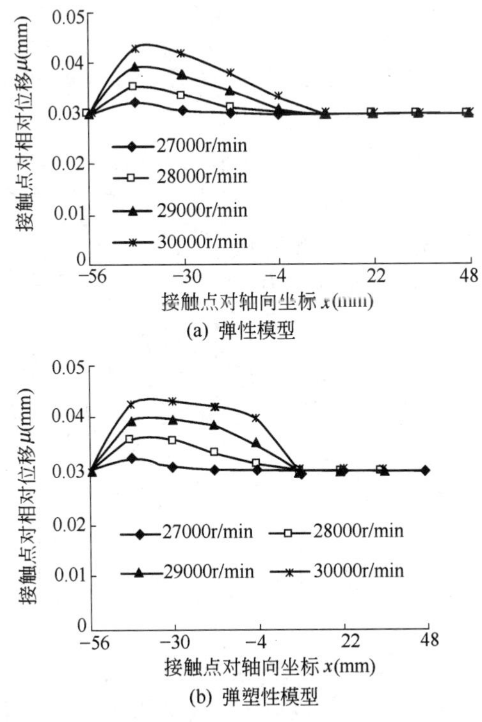

图 4.24 不同转速下接触点对法向相对位移沿轴向的变化曲线

值，这说明从转轴中部偏右部位开始，叶轮质量引起的离心力已经比较小，从而不能克服初始过盈值而产生法向相对位移。

计算结果表明，对压气机转子弹性接触计算与弹塑性接触计算求出的、在不同转速下套筒内、外表面各接触点对的接触应力(内力)沿轴向和环向的分布规律都是相似的。弹塑性接触计算的结果与4.1.5计算实例中弹性接触计算的结果相比，尽管由于计算模型有差异，计算网格也有较大的不同，但套筒外表面在转轴中间段的接触应力(内力)变化规律仍是相似的，至于接触应力沿环向的分布，二者不仅规律完全相同，甚至连数值也相当接近。只是用弹塑性接触模型求出的套筒外表面上沿环向分布的接触应力(内力)，虽然也按循环对称规律变化，但由于叶轮内孔周边部位在巨大离心力作用下已进入塑性变形区，本构关系曲线不像弹性阶段那样陡，长短叶片质量不同引起的接触应力(内力)的差异没有弹性接触计算求出的那样大。

现在讨论对压气机转子进行弹塑性接触分析时，套筒内、外表面过盈值的变化对计算结果的影响。图4.25为弹塑性接触计算求出的，当给定叶轮与套筒、套筒与转轴间过盈值 δ_1 和 δ_2 时，在转轴中部 $x=21.25$ mm 处套筒内、外表面接触应力(内力)随叶轮转速变化而变化的曲线。对比图4.25与图4.20可以发现，二者曲线的变化规律和数值都是极其相似的：二者都是套筒内表面的接触应力(内力)比外表面大；随着转速的增加，二者套筒内、外表面的接触应力(内力)都递减，而且递减的规律都基本上是线性；在同一转速下，随着过盈量的增大，二者套筒内、外表面的接触应力(内力)都相应增大。这说明，套筒内、外表面过盈值的变化对其相应的接触应力(内力)的影响，用弹性接触模型计算和用弹塑性接触模型计算差异不明显。其实这个问题从图4.24(a)与图4.24(b)的曲线对比中就可以得到解释，因为在同样的叶轮与套筒、套筒与转轴间过盈值的条件下，随着转速的变化，弹性接触计算与弹塑性接触计算分别求出的叶轮与套筒间接触点对的法向相对位移沿转轴长度的变化曲线是极其相似的。

根据用弹性接触模型和弹塑性接触模型分别计算压气机转子的情况可知，尽管模型不同，转子套筒内、外表面的过盈值变化对计算结果的影响基本上相同，同样，用这两种模型计算套筒壁厚的变化对转子位移、应

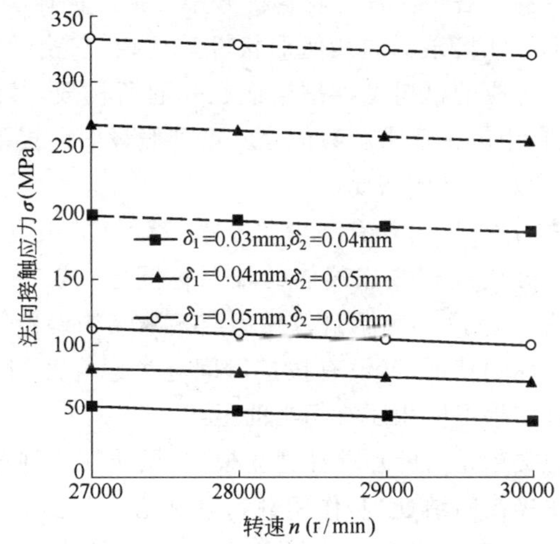

图 4.25　不同过盈值下(x＝21.25 mm 处)接触应力与转速的关系曲线

力和接触内力的影响也是类似的。

4.2　涡轮的接触分析

4.2.1　增压器涡轮的形式和特点

增压器涡轮有轴流式和离心式两种。在早期的涡轮增压器中采用的全是轴流式涡轮。当时增压器基本上都是大型的，轴流式涡轮的效率比较高。后来中小型发动机（例如汽车发动机）开始采用涡轮增压技术时，发现随着涡轮尺寸的减小，由于叶片很短，流道狭窄，引起附面层阻塞，导致轴流式涡轮效率降低，于是径流式涡轮就开始发展起来。径流式涡轮从外表上看与离心式压气机类似，但气流向心流动。径流式涡轮的最大优点是当尺寸很小时，仍能保持相对高的效率，而且强度好，制造成本也低。

当前，轴流式涡轮被用于几乎所有的中型和大型涡轮增压器上，与铁路机车柴油机、工业和船用中、低速柴油机配套。径流式涡轮主要用于小型的汽车、卡车和坦克等的涡轮增压器。

4.2.2　涡轮的接触分析[41][42][47]

轴流式涡轮通常都由轮盘与间距相等的一定数量的叶片装配，形成一个循环对称结构。各个叶片与轮盘都采用可拆式枞树型榫齿连接结构相联。枞树型榫齿联接结构的几何形状极其复杂，它由叶片根部的枞树型榫齿与轮盘上对应的枞树型榫槽镶嵌在一起所构成，其结构分析是一个三维接触问题，用解析法求解只能在一系列假设的前提下进行，结果很粗糙，根本不能满足设计的需要。

在有限元法出现以后，曾有不少关于涡轮计算的报道。最早的文献是把涡轮的结构分析处理成连续体的轴对称问题，按二维模型来计算。这比解析法固然前进了一步，但计算模型与实际结构差异仍很大，既没有反映结构循环对称的特征，又没有按接触问题考虑叶片与轮盘的枞树型榫齿连接。计算结果离实用还有相当的距离。

随后出现的文献是对叶片单独建立模型，用块体元划分网格，把叶片根部与轮盘的联接按固结处理，作用载荷是离心力。这是专门针对叶片的计算，由于采用了三维模型，对叶片的应力分析精度比较高，但对叶片根部的枞树型结构部位计算精度根本谈不上，而恰恰是叶片根部的应力状态是设计师最感兴趣的。所以这种计算不能说完全没有用，但参考价值不大。

随着计算机功能和计算力学理论的不断发展，有摩擦接触问题的计算程序开始出现并日臻完善，愈来愈多的工程实际中的接触问题得到了解决。于是涡轮的接触模型计算提到了日程上来。

最初采用的涡轮计算接触模型是二维的，因为涡轮的计算载荷是它在高速旋转时产生的离心力，而这个力完全作用在轮盘平面内。然而轮盘是空间结构，叶片是变厚度的扭曲厚壳，对叶轮的分析照理应该按三维模型进行，考虑到轮盘结构的空间特征主要体现在不同半径各部分的厚度不同，完全可以用变厚度的平面应力问题对其模拟，叶片虽然是典型的空间结构，但关心的榫齿连接部位在离心力作用下的分析也可以看作变厚度的平面应力接触问题，因此可以按变厚度的平面应力接触问题对涡轮建立模型，进行计算。

然而涡轮上的叶片数目是比较多的，如果对每一个叶片根部枞树型榫齿与轮盘上相应的榫槽的连接都按接触模型模拟，即使采用平面模型，接触点对的数量也是很大的。考虑到各个叶片的结构和与轮盘的装配情况都是完全相同的，作用载荷也是完全一样的，因而它们的受力也应该是完全一样的，而接触问题具有局部的效应，在远离接触区的部位，应力状态同榫齿与榫槽的连接方式是两体接触还是连续关系不大(圣维南原理)，因此在计算模型中可以只对一个叶片的榫齿与轮盘榫槽的装配按接触问题处理，其余的叶片榫齿与轮盘榫槽的连接都按连续体模拟。这样可以极大地提高计算效率，而计算精度仍有保证。

对于涡轮这样的具有循环对称特点的结构，可以用多层多支子结构技术进行计算。计算时由各接触点对构成的接触单元放在最高级子结构模式。由于是平面问题，计算将只花费很少的机时。

按照二维变厚度接触模型计算涡轮，虽然可以求出整个涡轮，包括榫齿联接部位的应力分布，但获得的应力状态只是涡轮平面内的，求不出垂直于涡轮平面的空间应力分布。而叶片的扭曲形状往往会在其根部引起沿厚度方向应力分布高度的不均匀，这将影响榫齿连接的强度，因而是增压器设计师所普遍关注的。

随着电子计算机和计算力学的不断发展，20 世纪 90 年代出现了用三维接触模型计算涡轮的工作。涡轮的三维接触模型建模的思路和求解的方法与二维接触模型完全类似，也是利用各个叶片在结构、作用载荷和与轮盘装配情况各个方面的相同，任意取一个叶片的榫齿与轮盘榫槽的连接按接触问题处理，其余的叶片榫齿与轮盘榫槽的连接结构都按连续体模拟。

三维接触计算是二重非线性问题，计算工作量比二维接触问题要大得多，但利用有限元参数二次规划法求解，收敛仍然是很快的。

4.2.3　涡轮的三维接触模型计算实例

下面以某国产内燃机车上用的某增压器的涡轮为例，采用有限元参数二次规划法结合多层多支子结构技术，进行三维接触计算。

该涡轮共设有 45 个叶片，每个叶片有 4 个榫齿。涡轮整体计算网格图如图 4.26 所示。整个模型全部采用 8 节点等参块体元划分网格。整个模型共划分了 59 546 个节点，57 150 个单元，约 18 万个自由度。为确保接触区域的计算精度，榫齿连接部位的网格划分得最密，那里的最小单元边长仅 0.2 mm。接触点对总数为 238 个。

整个涡轮共划分为 13 个子结构模式，通过逐级几何调用，拼装成整

图 4.26　涡轮整体的计算网格

个结构。各子结构模式的参数见表 4.1，结构构成树如图 4.27 所示。

表 4.1　涡轮计算模型的子结构模式参数表

子结构模式号	节点总数	出口点总数	超级单元个数	备　注
SB1	504	259	0	一个叶片的基体部分
SB2	455	35	0	一个叶片的叶身部分
SB3	259	238	2	一个完整的叶片
SB4	322	231	0	轮盘上和一个叶片基体相接触的区域(左半部分)
SB5	322	231	0	轮盘上和一个叶片基体相接触的区域(右半部分)
SB6	117	75	0	轮盘上的 SB4、SB5 相连接的部分区域
SB7	474	194	4	一个叶片及其对应的轮盘扇形域
SB8	485	221	4	4 个叶片及其对应的轮盘扇形域
SB9	539	275	4	10 个叶片及其对应的轮盘扇形域
SB10	875	182	0	轮盘心部相当于 15 个叶片的区域
SB11	987	194	8	44 个叶片及其对应的轮盘扇形域
SB12	474	238	4	44 个叶片及其对应的轮盘部分以及相当于 1 个叶片的轮盘扇形域
SB13	476	238	接触单元	轮盘和叶片的组装结构

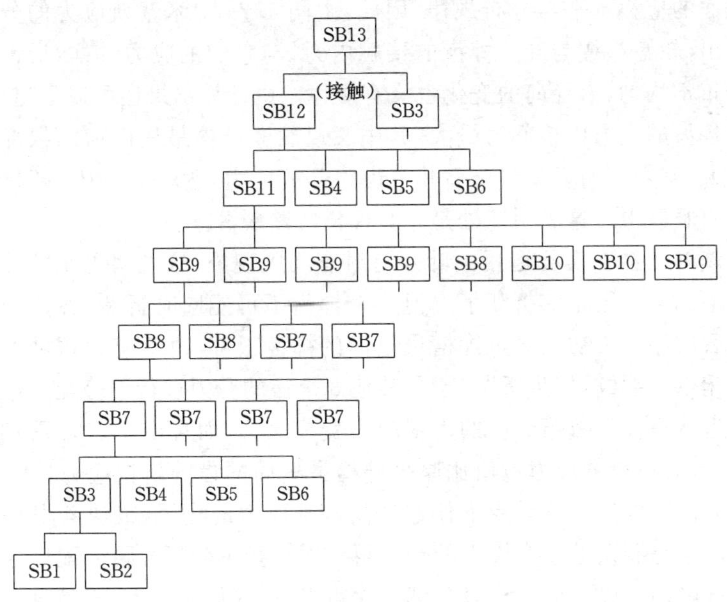

图 4.27 涡轮计算模型的结构构成树

涡轮的计算载荷只考虑增压器超速旋转产生的离心力,忽略气动力和温度负荷的影响。离心力的施加方法如下:首先将各单元的质量分到该单元的各个节点上,然后将由环绕某节点的各个单元分到该节点的质量相叠加,得到该节点的质量,最后再按照各个节点的旋转半径和相应的节点质量求出离心力,施加在各个相应的节点上。

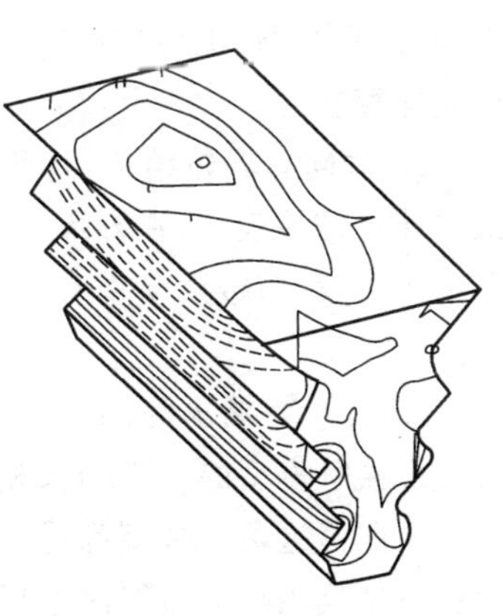

图 4.28 接触成员榫齿的 Mises 应力等值线图

计算完成后,再利用相应的后处理程序,根据建模时划分的成员序号,考察各超级单元的位移和应力。图 4.28 为接触成员榫齿的米塞斯应力等值线图。

对上述计算结果,我们有如下分析:

1. 接触内力是成对出现的,在叶片榫齿和轮盘榫槽上的接触内力是大小相等、方向相反的。接触内力直接影响接触表面的应力水平与分布规律,因此,由图 4.28 中米塞斯应力的分布可以看出,轮盘榫槽与叶片榫齿的接触内力,与它们的应力一样,沿齿厚方向分布不均匀,沿径向的变化也没有规律。由计算结果还可以看出,轮盘榫槽各齿的应力以根部为最大,其中又以轮盘榫槽最里面齿的根部应力为最大,其数值明显高于外面几个齿根部的应力,达 1372MPa,超过了材料的屈服极限。这表明该处是轮盘榫槽的断裂源。

该增压器在实际运用中叶片有时有飞脱现象,这说明飞脱叶片相应的榫槽的 4 个齿全部折断了。但 4 个榫齿不可能同时折断,各齿的折断有先后次序。最初是轮盘榫槽最里面的榫齿根部,由于应力超过了屈服点而产生了裂纹,发生折断,于是其他 3 个齿的受力进行再分配。再分配后榫齿从里往外数第 2 齿的齿根应力变成最大,而且由于这时只有 3 个齿受力,第 2 齿的应力数值比原来榫槽最里面的齿的齿根应力(断裂前)还要大。第 2 齿自然承受不住这样高水平应力的作用,很快其根部也被折断。于是剩余的 2 个榫齿的受力再一次进行再分配。再分配后这 2 个齿的接触内力以及应力比以前都要大得多,第 3 齿尤其大,于是第 3 齿的根部很快也被折断。最后只剩下一个第 4 齿——榫槽最外面的齿。这时全部的接触内力都作用在这个齿上,它自然承受不了,于是立即折断,叶片也随之飞脱。这就是轮盘一个榫槽内各个齿依次折断的全过程。所以,计算结果与实际情况是相符的。以上这种在榫槽最里面齿的根部产生最大应力的现象,在对同一涡轮结构进行的二维接触模型对比计算中也同样存在。

2. 对同一涡轮结构,将所有叶片与轮盘的联接完全按连续体模型模拟的计算结果表明,在榫齿联接部位,不仅在应力数值上,而且在应力分布规律上,都与接触模型有很大的不同,并且无法解释榫齿根部折断的现象。

3. 将计算求出的涡轮三维接触模型中心剖面的位移场与应力场同其二维接触模型的计算结果相比较,可以发现,二者基本上是一致的。这一方面证明这两个模型都是正确的、可信的,另一方面也可看到涡轮二维接触模型只能在平面层次上反映榫齿联接的接触特点,不能揭示这个联接的空间特征,因此是很不全面的。只有采用三维接触模型才能对涡轮结构,特别是榫齿联接部位的力学性态进行全面的、深入的分析。

4. 涡轮计算模型中各按连续体模拟的榫齿联接部位的应力状态都十分接近，但与按接触模型模拟的榫齿联接部位差别很大。轮盘上离榫齿联接部位足够远的区域，不管那里对应的榫齿联接是按接触模型模拟，还是按连续体模拟，应力状态基本上一致。这些都证明接触问题确实具有局部的性质，同时也表明，对涡轮把一处榫齿联接按接触问题来模拟，其余都按连续体处理的做法是可行的。

针对轮盘榫槽最里面齿的根部应力超过材料屈服极限的计算结果，设计部门采取了重大措施，改变了榫齿联接结构，将联接榫齿的数目由4个改为2个，这样，既把静不定结构改为静定结构，减小了制造误差对各榫齿受力均匀性的影响，同时又大大加强了轮盘榫齿的横断面，增加了其承载能力。对改进涡轮结构的计算表明，尽管叶片榫齿部位的最大米塞斯应力相对原结构有所增加，轮盘榫槽部位的最大米塞斯应力却下降了32%。叶片材料的机械性能比轮盘要好得多，尽管叶片的最大应力增加一些，但仍然低于其许用应力；轮盘的最大应力减小32%，却使轮盘的安全系数由小于1变成大于1，产生了性质上的变化，强度也由不足变成足够。

安装改进涡轮的增压器的台架试验表明，涡轮强度足够。装有改进涡轮的增压器通过鉴定后投入批量生产。该增压器装车运用的情况表明，迄今为止未发生一例叶片飞脱事故。

5 机车牵引系统的分析

机车的主要功能是牵引列车在线路上运行。这最终要靠牵引齿轮副将扭矩传给轮对来实现。牵引齿轮副和轮对组成了机车的牵引系统。

齿轮传动是现代机器中最重要的传动形式。据统计，在汽车工业中制造齿轮传动部件所花费的工作量约占全部传动部件的60%以上；在金属切削机床工业中则占70%以上。可以说绝大多数机器都离不开齿轮传动。

近年来，随着工业的飞速发展，新型机器不断问世，机器的强化程度日益提高，对齿轮承载能力的要求也愈来愈高，甚至要求齿轮系统在接近极限承载能力状态下工作。现举出一些高强化齿轮的参数：模数100，节圆速度300 m/s，齿轮传递功率100 000 kW，传递的扭矩超过200 t·m等。这就对齿轮强度计算的精度提出了崭新的要求。

轮对将机车全部重量传给线路，并实现机车在钢轨上的行驶功能，因此轮对可以形象地比喻为机车的"腿"，其强度至关重要。当前世界各国的铁路都在向"高速"和"重载"发展，轮对的安全问题更加突出。

本章将分别对机车的牵引齿轮系统和轮对的分析问题进行讨论。

5.1 齿轮系统的接触分析

5.1.1 齿轮啮合载荷的确定

齿轮具有足够的强度是确保齿轮系统正常工作的前提。齿轮的强度应考虑工作齿面的接触强度和齿根部位的弯曲强度。

工作齿面的接触强度问题主要是由在接触表面循环作用的接触力引起的疲劳裂纹所造成。裂纹的扩展和汇合导致齿面金属微粒脱落，结果产生了麻点，形成疲劳点蚀。除了疲劳磨损外，由接触表面接触力过大引起的咬粘（即分子一机械磨损）也会削弱齿面的接触强度，但这种破坏发展比较缓慢。总之，不论是哪种破坏形式，齿面的接触强度都取决于齿轮啮合时齿面接触力的水平和分布规律。

齿根部位的弯曲强度问题主要是由设计不当造成齿根部位应力集中过于严重所引起，由于齿轮在不停地转动，所以这也是一个疲劳问题。由于齿轮形状复杂，在电子计算机问世以前计算齿根弯曲应力时，只能假设全部法向力都作用在一个齿的齿顶上，把轮齿模拟成悬臂梁，用材料力学公式进行计算。显然，用这种方法计算齿根应力的精确度同样也取决于齿轮接触力（即啮合载荷）的确定。下面就从一对齿轮副的接触力用常规算法怎样确定入手，讨论这个问题。

从任何一本关于机械零件的教科书都可以找到，直齿圆柱齿轮工作时其啮合的法向力可由圆周力除以压力角的余弦求出（由于直齿圆柱齿轮具有一般性，这里只讨论直齿圆柱齿轮）。这就是齿轮的接触力。但齿上实际作用的圆周力比理论值要大，因此在过去齿轮强度计算时圆周力要乘一系列系数。这些系数包括：

（1）载荷分布系数：用以考虑齿轮工作时由于轴、轴承和齿轮的弹性变形以及制造、安装的工艺误差引起的载荷沿齿宽接触线不均匀分布。

（2）载荷分配系数：用以考虑大于一对轮齿啮合时各对轮齿间载荷分配的不均匀性。

（3）使用系数：用以考虑由于啮合外部原因，如原动机和工作机转速变化，转矩变化以及冲击等，引起的动力过载。

（4）内部动载系数：用以考虑齿轮在啮合过程中由于制造误差和啮合刚度等自身原因引起的内部动力过载。

上述齿轮啮合的载荷系数，从力学上可以分成两类：载荷分布系数和载荷分配系数为静力载荷系数；使用系数和内部动载系数为动力载荷系数。合理选取这些载荷系数就能比较准确地求得齿轮啮合时的圆周力，从而也就比较准确地求出啮合法向力。

无论是静力载荷系数，还是动力载荷系数，都是从事齿轮传动设计、制造和运用检修的工程技术人员，根据长期的实践经验归纳、总结出来的，并没有清晰的选取标准。因此针对某一对齿轮副，正确选取载荷系数在很大程度上取决于计算者的经验。尽管各种机械零件设计手册中都有关于各种载荷系数的表格、曲线，供设计师选择使用，但由于经验不同，对同样一对齿轮副，选取的载荷系数会大相径庭。更何况齿轮啮合是一个过程，只有一对齿参与工作的只占整个过程的一部分时间。为了使运动连续，减少冲击，齿轮传动往往设计成一对齿和两对齿交替参与啮合，前一对齿还没有完全脱离接触，后一对齿已开始进入啮合状态。计算只有一对齿啮合的法向力，并不能全面反映该齿轮副在整个啮合过程的啮合载荷。事实上齿轮啮合的接触力取决于众多的设计和制造因素，像两个啮合齿轮各自的刚度，基圆齿距加工误差，齿形加工误差，传递载荷的大小和偏心情况，受载后轮齿的变形等等，只有综合考虑这些因素才能在真正意义上求出准确的接触力。各种载荷系数实际上就是因为无法从理论上考虑这些因素的影响而采取的模糊处理的办法。

因此只有完全按照实际情况，模拟齿轮啮合的全过程，对一对轮齿从开始啮合之前直到完全脱离接触之后的相对运动的每一个瞬间，都建立整对齿轮副的三维接触模型进行分析，才能从理论上搞清楚这对齿轮副在啮合的各个瞬间的相互接触力。

5.1.2 齿轮的强度计算

要确保齿轮强度计算的精度，单有精确的啮合载荷是不够的，还必须要有精度高的计算方法。精度最高的计算方法当然是解析解，包括齿面接触强度的解析解和齿根弯曲强度的解析解。但是这两种强度计算的解析解目前在力学上还都是空白，因此只有采用精度较高的数值解法才是切实可行的。

对齿面接触强度的计算方法，目前大都采用赫兹(Hertz)接触应力计算公式。但是这个公式既不能考虑啮合齿间的摩擦，又没有计入啮合齿各自刚度对啮合表面接触状态和接触力的影响，更无法考虑严重过载时齿表的塑性变形，即使求得的啮合法向力比较准确，计算精度仍然不高。齿面接触强度唯一的高精度计算方法，就是对啮合齿轮建立数字仿真的接触模型，按弹性或弹塑性接触理论进行计算。在这里啮合法向力作为接触计算的结果得到，不需要事先选取载荷系数再进行计算来求，也就是说，啮合法向力作为接触力完全由啮合的齿轮副的刚度比等各种设计和制造因素决定，精度自然大大提高了。

对齿根的弯曲强度，过去是把啮合轮齿按悬臂梁处理，用材料力学公式求出根部弯曲应力后再进行强度校核。这种计算方法采用了两个重要的假设：(1)轮齿根部是固结的；(2)齿根法向应力沿齿厚的分布规律服从伯努利(Bernoulli)假设,即按线性规律分布。然而这两个假设都是没有充分根据的。先来看第一个假设。尽管齿轮的刚度通常设计得很大,特别是轮齿以内部分是个厚圆盘,受载后产生的变形很小,但毕竟不是固结,啮合时齿根各节点都会产生位移,这对那里的应力状态和水平会产生重大影响。再来看第二个假设。伯努利假设适用的前提是梁要细长,即梁的跨高比至少要大于 5∶1,否则沿梁断面高度正应力的分布将不是直线而是曲线的,而且跨高比愈小,应力分布的曲线特征愈明显。轮齿的跨高比通常在 1 左右,根本不能满足伯努利假设的适用条件。* 因此用悬臂梁模型计算轮齿根部的弯曲应力精度是很差的。这个方法是 40 多年前利用计算尺的计算条件下产生的,精度差是那个时代的烙印。

自从 20 世纪 60 年代有限元法产生以来,工程界各行各业的设计部门首先闻风而动,纷纷用来解决自己的设计问题。齿轮设计也不例外。利用有限单元法计算齿根弯曲应力,既取消了把轮齿作为悬臂梁,认为其根部是固结的假设,也不采用应力分布的平截面假设,从而使齿根部位的应力计算精度得以大幅度提高。

用有限元法计算齿根应力模型的发展可以分为四个阶段。

1. 单齿平面模型

在有限元法产生的初期,齿根应力计算采用单齿平面模型。这时模型中只有一个啮合的齿,该齿根部的区域包括从齿两边齿根圆上的节点向齿轮中心稍为扩展一些(约为半齿高的尺寸)的部分齿轮。取齿宽作为轮齿部分的单元厚度,在轮齿以外部分的单元厚度则取那里齿轮的实际厚度。边界节点的约束条件取为固结。取法向力作为啮合载荷,载荷作用点为啮合点或者齿顶上的尖点。

这个模型的问题是如何确定计算轮齿的边界。由于边界节点在受载后的位移事先是不知道的,只能将它们按固结处理。如果边界取得离齿根比较近,就会给计算带来比较大的误差;如果边界取得比较远,因那时

---

* 即使对细长的悬臂梁,其根部的应力分布也不服从伯努利假设。从理论上求悬臂梁根部的应力分布规律就是著名的圣维南问题。这个问题自从提出后一个多世纪以来都没有得到解决,直到上世纪末我国钟万勰院士利用哈密顿(Hamilton)体系,建立了弹性力学的求解新体系才给出了解析解。[8][9]

还没有前处理器，又会增加数据处理和计算的工作量。这个模型的另一个缺点是无法考虑啮合载荷沿齿宽分布不均匀的问题。当然，作为原始数据的啮合法向力不易准确给出也是一个问题。

2. 多齿平面模型

这是在单齿平面模型基础上发展起来的，其目的是为了提高计算精度。如前所述，扩大齿的计算域，使固结的边界节点离齿根愈远，计算精度将愈高。于是首先出现了以啮合齿为中间齿的三齿平面模型，这时计算域已经比单齿模型大了不少。后来又出现了五齿平面模型，啮合齿仍在中间，计算域就更大了。再后来干脆以半个齿轮作为计算模型，计算域边界是垂直于啮合齿的齿轮直径，计算域则更大。最后出现了以全齿轮作为计算域的模型，这时齿轮只有中心孔是边界，人为设置的节点固结的边界已不存在，从而使计算齿轮啮合时齿根应力的平面有限元模型发展到了极致，彻底解决了边界节点固结对计算精度带来损失的问题。但由于是平面模型，啮合载荷沿齿宽的分布问题仍不可能解决。同样，对计算的齿轮载荷系数应如何选取，以提高啮合法向力的计算精度，也仍是一个需要解决的问题。

3. 多齿三维模型

齿轮工作时，轴、轴承、支座以及齿轮本身都会产生变形，再加上制造和安装等工艺误差，齿轮将失去理论上应具有的位置，于是啮合载荷沿齿宽的分布将变得不均匀，一端大，一端小，两根轴也变得不再平行。另外，齿轮相对于轴承的位置通常是不同的，所以由轴的弯曲变形引起的载荷分布不均匀程度对不同齿轮也是不同的，特别是当齿轮处于悬臂状态下工作时，载荷偏心将非常严重。因此，齿根的应力计算，只有采用三维模型才能反映啮合载荷沿齿宽的变化，才是正确的。但是，啮合载荷的数值以及这个载荷在啮合表面上究竟按什么规律分布，仍然是一个问题，这需要计算者根据自己从事齿轮传动工作的实践经验，再参考机械零件设计手册上推荐的计算齿轮圆周力的载荷分布系数来决定。

4. 齿轮副的三维接触模型

为了搞清啮合载荷在啮合表面上的分布规律，特别是其数值，唯一正确的办法就是把计算域的范围扩大到整个啮合的齿轮副，对齿轮副建立三维接触模型进行计算。在这个计算模型中还包括啮合齿轮各自的轴，工作载荷和约束施加在相应的轴上。

这个计算模型具有一系列优点。

第一,工作扭矩取设计时的数值,按照齿轮工作时的实际情况施加在相应的轴的相应部位,避免了以往计算工作载荷时要以圆周力乘各种载荷系数的问题。这不仅会使计算者对原始数据的准备感到直观、方便,而且提高了精度,因为这些载荷系数选取得准确与否在很大程度上依赖于计算者对齿轮传动熟悉的程度。

第二,由于计算模型中包括了两个相互啮合的整齿轮和它们的轴,排除了划分计算域、计算域边界要离齿根尽可能远一些以减小边界节点约束条件对齿根应力的影响等一系列问题。需要指出,由于齿根离齿轮中心孔比较远,根据圣维南原理,轴与齿轮配合各点的接触状态对其应力水平影响很小,在计算模型中轴与齿轮可以认为是一个整体。

第三,啮合载荷作为接触内力由计算直接求出,只要计算模型在几何上正确描述了两个齿轮的相互啮合关系,在物理上准确反映了两个齿轮材料的弹性模量、泊松比等各种力学性能,则计算求出的接触内力的数值、作用方向以及在接触面上的分布规律(主要是沿齿宽方向)都是相当精确的,从而从根本上排除了过去在确定啮合载荷时不可避免的人的经验因素的影响。另外,这个接触内力就是齿轮接触强度计算中的啮合法向力,所以三维接触模型实际上同时解决了齿轮接触强度计算的问题。

第四,齿轮副啮合是一个过程。在这个过程的各个瞬间,啮合点都在变化,啮合载荷也都在变化。而且对不同的齿轮设计,重合度是不同的。当重合度 $\varepsilon=1$ 时,在整个啮合过程中只有一对齿参与工作,载荷由这一对齿传递。当 $1<\varepsilon<2$ 时,在啮合区内将是一对齿和两对齿交替参与啮合。在单齿对啮合区内,载荷作用在一对齿上;在双齿对啮合区内,载荷由两对齿分担。由于齿轮的制造误差和受载后的变形,再加上两个齿上啮合点位置的不同,在双齿对啮合区内作用在两对齿上的工作载荷一般说并不相等。在用常规方法计算齿根应力时不考虑重合度,也不考虑啮合点的变化,只针对一对轮齿啮合的某个具体位置进行计算,这完全不能分析齿轮副啮合整个过程中齿根应力状态变化的情况。采用齿轮啮合的三维接触模型进行计算,可以根据需要,对啮合整个过程的各个瞬间,按一定密度等间隔或有重点地建立模型,分别计算之,做到对啮合全过程进

行强度校核。

第五，齿轮三维接触模型可以用来计算复杂的齿轮传动系统。由于模型中包括了轴，轴上如另有齿轮，而且这个齿轮再与别的齿轮啮合，并有第三根轴，模型同样可以描述。另外，轴与相应的轴承以及传动箱体的配合关系，也可以按接触问题模拟，包括在整体接触模型中。所以用齿轮的三维接触模型可以计算包括箱体在内的复杂的大型齿轮传动系统，而且各齿轮之间的啮合以及轴与齿轮、轴与轴承、轴承与箱体的配合都可用接触模型模拟，这是任何其他模型所做不到的。

第六，齿轮计算的三维接触模型可以用来进行动力响应计算。齿轮工作时经常发生振动。引起齿轮系统振动的原因有外部原因和内部原因。外部原因主要指工作扭矩的变化，原动机工作转速的变化以及冲击等。内部原因主要指齿轮系统本身的加工误差和受载后的变形等。事实上，如果轮齿的啮合尺寸绝对准确，齿廓是理想的渐开线，轮齿是绝对刚性的，齿轮传动的瞬时传动比是恒定的，就不会有振动产生。但由于齿轮加工时不可避免地会有误差，再加上啮合时轮齿的变形，两个齿轮的基圆齿距不可能完全相等，于是主动轮齿与被动轮齿将不在理论上的啮合点相啮合。如果从动齿轮的基圆齿距大于主动齿轮，则在啮合线以外的点提前啮合；如果从动齿轮的基圆齿距小于主动齿轮，则齿轮副的前一对齿延长啮合时间。在前一种情况，从动轮的角速度将骤然加快；在后一种情况，从动轮的角速度将骤然减小。这两种情况都会导致惯性冲击，引起振动。这种振动不是常规的结构动力学问题，而是由轮齿啮合引起的动力接触问题，求解很难，只有利用三维接触模型才能做到。

第七，齿轮副的三维接触模型可以用来对启动、制动等短期作用的高峰载荷引起的齿面弹塑性变形进行计算。这实际上是一个提高齿面接触力计算精度的问题。齿轮的常规有限元模型之所以不能进行弹塑性计算，主要是因为啮合载荷算不准，即使进行了弹塑性计算也没有实际意义。只有三维接触模型才能准确求出齿面的接触力，从而据以进行弹塑性计算。

由此可见，齿轮副的三维接触模型具有其他齿轮计算模型无法比拟的优越性，其他齿轮计算模型的不足之处在这里都得到了解决。

5.1.3 机车牵引齿轮系统的计算实例[48]

现以 SS_7 型电力机车牵引齿轮系统为例,用有限元参数二次规划法结合多重多支的子结构技术,对其进行计算分析。

SS_7 型电力机车为大同机车厂、株洲电力机车研究所与成都机车车辆厂于 20 世纪 90 年代共同研制的大功率、交直流传动、客货两用电力机车。该机车持续功率 4 800 kW,构造速度 100 km/h,起动牵引力 485 kN。机车的牵引电动机标定功率 800 kW,用两个滚动抱轴承固定在车轴上。电动机轴上安装有主动牵引齿轮,通过与固定在车轴上的从动牵引齿轮的啮合,将牵引力矩传给车轴,变成牵引力牵引后面的列车前进。

SS_7 型电力机车牵引齿轮系统包括主、从动齿轮以及相应的主动轴(电机轴)、从动轴(车轴)。计算时对整个系统建立三维弹性接触模型,以便用弹性接触模型模拟牵引齿轮副的啮合状态,同时也计入包括齿轮及其支撑轴在内的整个系统的弹性变形。模型真实地模拟了齿廓形状,对啮合区加密网格,以反映齿形对应力状态的影响,对非啮合区网格相对稀一些,因为那里不是关心的重点,只起力的传递作用。SS_7 型电力机车牵引齿轮的基本参数列于表 5.1,图 5.1 为齿轮系统示意图。

表 5.1 SS_7 型电力机车牵引齿轮参数表

参数	主动轮	从动轮
模数	13	13
齿数/个	20	72
顶隙系数	0.4	0.4
齿顶系数	1.0	1.0
齿形角(°)	22.5	22.5
材料	20Cr2Ni4	15CrNi6

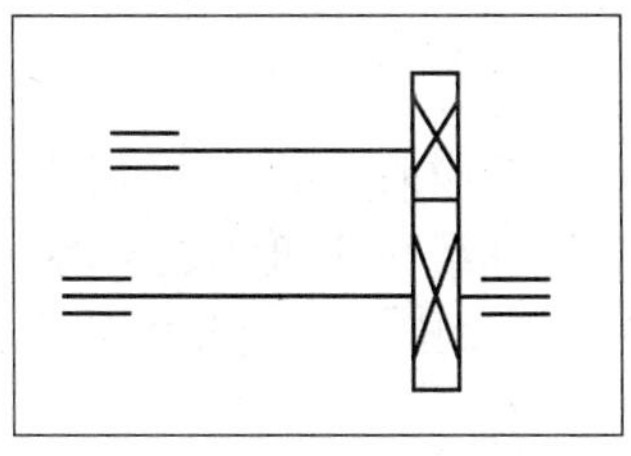

图 5.1 SS_7 型电力机车牵引齿轮系统示意图

由于齿轮是循环对称结构,具有大量完全相同的重复结构,对其采用子结构技术计算时只要生成基本子结构模式(1 个或数个齿),然后通过逐级调用和拼装就可完成对整个模型的描述,在求解最高级子结构的有限元方程后,逐级回代求解,就可求出全部位移和应力,这样不仅极大地简化了建模过程，在最后求解有限元方程组时，由于总刚度矩阵阶数的大幅度下降，工作量也大为减小。所以本次计算就采用子结构方法进行。模型中共划分 7 个基本子结构模式。两个齿轮的轮齿子结构网格图见图 5.2。整体计算模型见图 5.3。

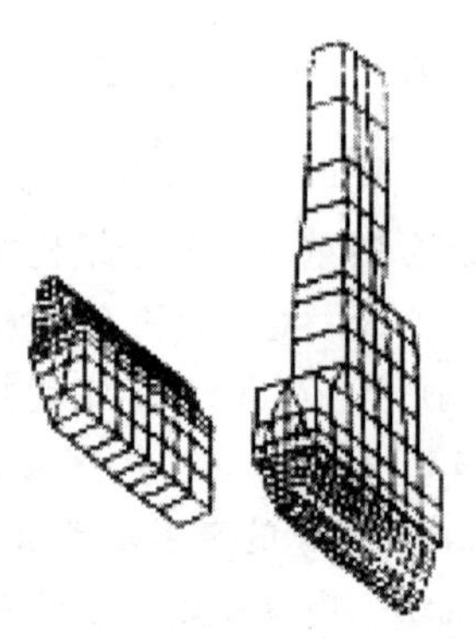

图 5.2　轮齿部分的子结构网格图

需要指出，对齿轮的轴可以采用不同的方法进行模拟。可以用梁单元模拟，也可以用块体单元模拟。如果所用的梁单元的刚度矩阵计入了剪切变形，而用块体单元建模的轴的网格又足够密，则两种模拟方法的计算精度基本上差不多。当采用梁单元模拟时，轴与齿轮的连接需要用到节点变位主从关系理论，即将轴上位于齿轮中心平面内的节点与齿轮内孔周边上同样平面内的某个节点认为是刚性连接。图 5.3(a)中齿轮副的从动轮的轴用梁单元模拟，主动轮的轴则用块体单元模拟；图 5.3(b)中齿轮副的两根轴都用块体单元模拟。

为了了解牵引齿轮副受力的全过程，计算时取 3 个相邻的齿作为啮合部考察对象，分别称为齿 1、齿 2 和齿 3(见图 5.5)。考察主要针对中间齿(齿 2)，将从其开始啮合到完全脱开的整个过程分为四等分，取两个齿轮在这间隔相等的 5 个瞬时的相对位置分别建立三维接触模型进行计算(这 5 个瞬时下面分别记为瞬时 1～瞬时 5，其中瞬时 3 为单齿对啮合)。计算载荷为机车起动时一个牵引电动机发出的扭矩，载荷以均布切力的形式作用在主动齿轮的电机轴表面上(各切力相对电机轴中心线力矩之和等于起动扭矩)。

齿轮副系统计算模型的约束设在牵引电机轴和轮对的两个车轮轮心上。

齿轮计算时最不易准确确定的是由系统弹性变形引起的齿轮偏载程度。国际上对这个问题通常通过用 ISO 方法选取偏载系数来解决，另外，AGMA 法和 JSME 法也是常用的。这些方法都把求齿轮副啮合时的偏载分两步走，第一步计算系统的弹性变形量，第二步根据变形量选取偏载系数。但这些方法都没有考虑齿轮副相互接触时作用力的反馈对系统

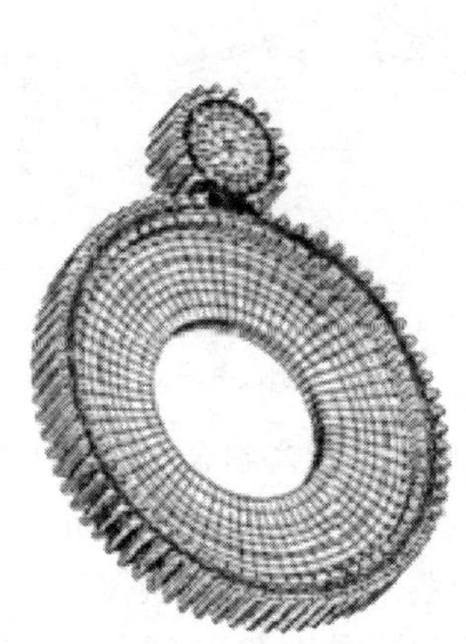

(a) 两根轴分别用梁和块体单元模拟的齿轮副

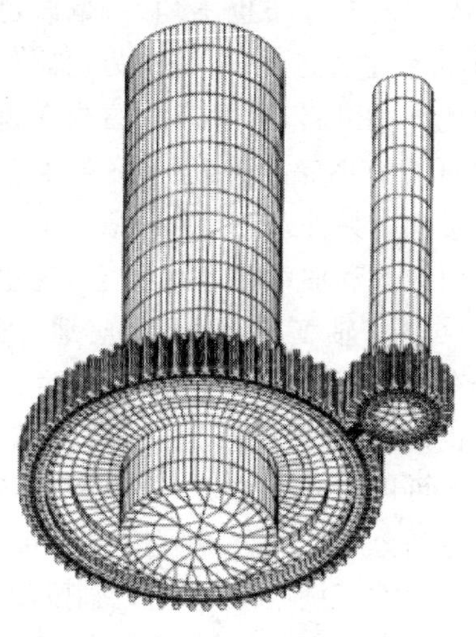

(b) 两根轴都用块体单元模拟的齿轮副

图 5.3 SS_7 型电力机车牵引齿轮系统整体模型网格图

弹性变形的影响，并由此进一步产生的对偏载的影响。齿轮三维接触模型恰恰在这个问题上具有优势。为了便于比较各种系统的弹性变形引起的齿轮偏载程度，这里分别对单齿对啮合时的 4 种情况进行了计算。计算结果见图 5.4，图中横坐标为齿宽方向的尺寸，纵坐标为单位长度上的接触正压力。曲线 1 为主、从动齿轮轴都是刚性轴时的计算结果。这时齿轮中心没有位移(既没有线位移，也没有角位移)，只考虑系统内齿轮本身的弹性变形，计算目的是考察单纯齿轮弹性变形引起的偏载程度。曲线 2 为主动齿轮刚性支承，从动齿轮轴(即车轴)按简支梁模拟时的计算结果。计算目的是考察车轴弹性变形对齿轮偏载的影响。曲线 3 为主动齿轮轴用悬臂梁模拟，从动齿轮轴用简支梁模拟时的计算结果，也就是牵引齿轮系统在真实支承条件下啮合齿之间接触内力沿齿宽方向的分布。曲线 4 为当两根轴的实际抗弯刚度分别增加 10 倍时的计算结果，用来研究这时齿轮偏载将产生怎样的变化，从而分析通过增加两根轴的抗弯刚度来减小偏载是否值得。曲线 5 是计算平均值，供对比用。

从图 5.4 可以看出，即使在刚性支承条件下(曲线 1)齿间接触力在齿宽方向的分布也不均匀，偏载可达约 20%左右，这主要是由齿轮副的弹性变形所引起，同时齿轮结构在齿宽方向上的不完全对称对偏载也会产生影响。另外，还可以发现，在图 5.4 中曲线 2 和曲线 1 基本重合，这说明啮合时车轴变形很小，相应地，固定于车轴上的牵引从动齿轮产生的位移也很小，车轴变形对接触力偏载的影响可以忽略。曲线 3 是实际的牵引齿轮系统在单齿对啮合时接触力沿齿宽的分布情况。很明显，由于主动齿轮轴的悬臂支承方式使自由端产生较大的下挠，自由端附近轴段的挠度曲线的曲率也比较大，从而使主动齿轮产生较大的歪斜，造成相当大的偏载，其数值最大竟达 50%。分析曲线 4 可以看出，即使将齿轮副的两根轴的抗弯能力分别提高 10 倍，接触力沿齿宽的偏载仍达约 30%，这说明加大轴的直径不能有效地解决偏载问题。

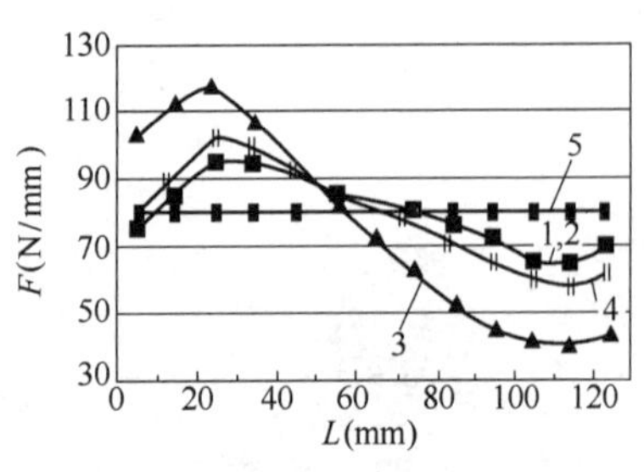

图 5.4　牵引齿轮副啮合时接触力沿齿宽的分布

图 5.5 为从动齿轮啮合部三个轮齿的接触应力（内力）分布图（这里接触应力是两轮齿表面接触点对的法向接触内力除以该接触点所对应的那部分面积）。从图中可以看出，这时 1、2 两个齿进入啮合，齿 1 的啮合点位于齿顶附近，齿 2 啮合在齿根部位，同时二者沿齿宽都有不同程度的偏载。由于偏载，接触应力一端大，一端小，齿 2 的接触区只延伸到齿宽的中部，另一半并不接触。下面按前述 5 个瞬时分别对从动齿轮啮合部的应力状态进行讨论，以便了解啮合部轮齿在整个啮合过程中的受力情况。

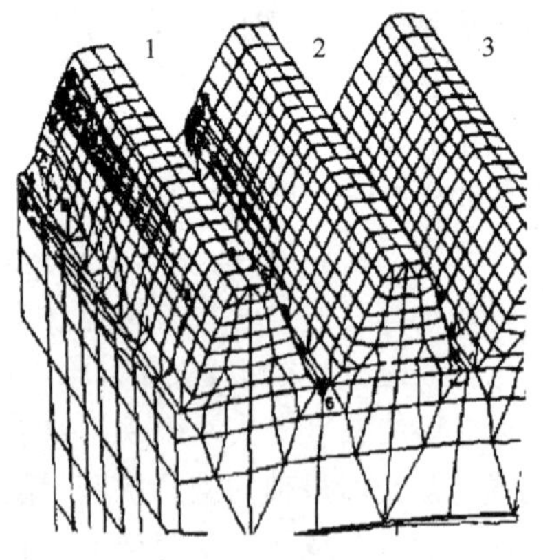

图 5.5　从动齿轮啮合部齿面的接触应力（内力）分布

图 5.6(a)～(e)给出了从动轮齿 2 从开始时的顶部啮合（此时齿 3

在根部啮合)逐渐旋转到根部啮合(此时齿 3 脱开,齿 1 在顶部啮合)的啮合全过程 5 个瞬间的啮合处,两个齿轮同一剖面的最小主应力等值线图。剖面取受力较大一侧距齿宽中心 50 mm 处。图中实线为齿轮轮廓线,虚线为应力等值线,虚线对应的数字是应力等级,其相应的应力大小见表 5.2。

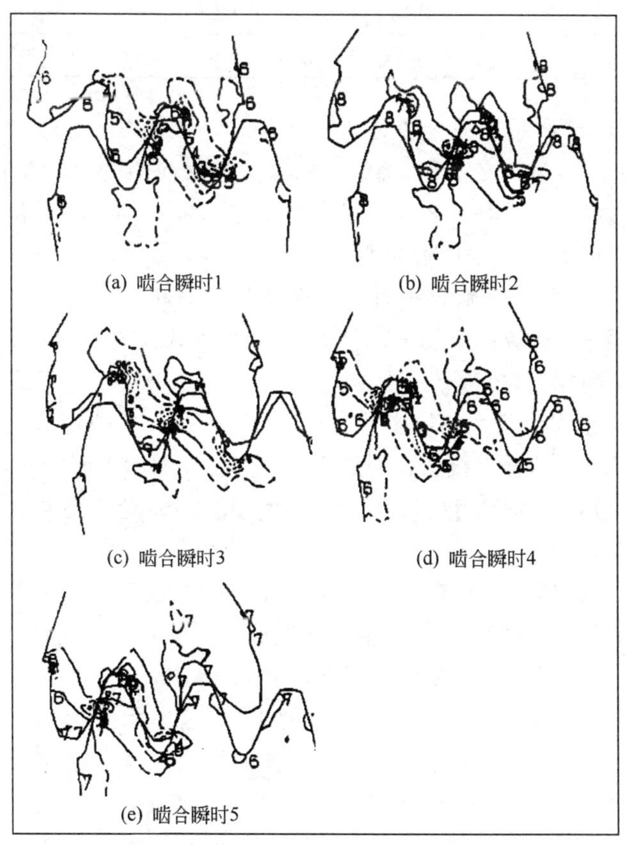

图 5.6　从动齿轮啮合部在啮合过程中的应力图

图 5.6(a)所示为啮合瞬时 1 啮合部的应力状态。这时齿 2 进入啮合,齿 3 尚未脱离,剖面接触点的最大接触应力为 −210 MPa,齿根最大拉应力为 150 MPa,绝对值最大的压应力为 150 MPa,齿 2 承担总传递功率的 54%,齿 3 承担 46%。

表 5.2 图 5.6 中应力等级对应的应力值 单位:MPa

应力等级	1	2	3	4	5	6	7
(a)	−210	−180	−150	−120	−90	−60	−30
(b)	−280	−240	−200	−160	−120	−80	−40
(c)	−330	−280	−230	−180	−130	−80	−30
(d)	−210	−180	−150	−120	−90	−60	−30
(e)	−240	−210	−180	−150	−120	−90	−60

图 5.6(b)所示为啮合瞬时 2 啮合部的应力状态。这时齿 2 的啮合点在节圆上部,齿 3 在根部,接触点的最大接触应力为−280 MPa,齿根最大拉应力为 210 MPa,绝对值最大的压应力为−120 MPa,齿 2 承担总传递功率的 80%,齿 3 承担 20%。

图 5.6(c)所示为啮合瞬时 3 啮合部的应力状态。这时齿 2 单齿对啮合在节圆附近,单独承担全部传递功率,可以认为这是轮齿受力最大的情况。这时的剖面接触点最大接触应力为−330 MPa,齿根最大拉应力为 210MP,绝对值最大的压应力为−150 MPa。分析啮合部全部节点的应力可以发现,啮合齿接触点的最大应力产生在图示剖面之外,其值为−370 MPa,在该剖面的齿根最大拉应力为 169 MPa,绝对值最大的压应力为−170 MPa。

图 5.6(d)所示为啮合瞬时 4 啮合部的应力状态。这时齿 1 进入啮合,齿 3 完全脱离,齿 2 的啮合点位于节圆偏下的部位。接触点的最大接触应力为−210 MPa,齿根最大拉应力为 140 MPa,绝对值最大的压应力为−120 MPa。齿 2 承担总传递功率的 45%,齿 1 承担 55%。

图 5.6(e)所示为啮合瞬时 5 啮合部的应力状态。这时齿 2 在齿根部与相应的主动轮轮齿啮合,齿 1 的啮合点在节圆附近。接触点的最大接触应力为−240 MPa,齿根最大拉应力为 150 MPa,绝对值最大的压应力为−120 MPa。齿 2 承担总传递功率的 40%,齿 1 承担 60%。

在本节的前半部分,详细讨论了齿轮应力分析的各种计算方法,并分别指出了它们的优缺点。下面以 SS_7 型电力机车牵引齿轮系统为例,用不同的计算方法对其进行计算,从不同的计算结果看这些计算方法的差别。比较主要是对刚性支承和计入主、从动齿轮轴(即按实际情况)的齿轮副受力情况进行。至于传统算法,由于是平面模型,无法求沿齿宽方向的偏载,也无法求接触力,在这些方面就不作比较了。

计算求出的主要结果数据见表 5.3。从表中数据可以看出,模型的不同会给计算结果带来很大的出入。

表 5.3 用不同齿轮模型求出的主要计算结果的比较

内 容	刚性支撑计算值	实际结构计算值	传统方法计算值
接触内力合力(kN)	96.36	93.83	83.34
接触力齿向偏差(%)	+20.1	+51.2	
接触力齿向偏差(%)	−14.7	−48.8	
接触点应力(MPa)	−144.8	−370.0	
齿根最大拉应力(MPa)	109.9	169.8	118.9
齿根最大压应力(MPa)	−123.8	−170.0	−111.3

5.2 机车轮对的接触分析[41][49][63]

轮对是机车走行部的重要部件,它直接关系到行车安全。1998 年 6 月 3 日德国高速列车发生的重大事故,就是由于车轮的疲劳裂纹扩展造成断裂引起的。这个事故给全世界的铁路部门敲响了警钟,提醒设计师在轮对强度问题上要给予充分的重视。

我国目前约有一百万个以上的轮对(包括机车轮对和车辆轮对)在线路上运营着。轮轴产生裂纹的现象时有发生,最严重的切轴事故也发生过,幸好这是极个别的,而且是在机务段,没有造成人身伤亡和经济损失。

轮轴产生裂纹的原因有很多,有设计不当引起应力集中而造成的,有材料方面的因素引起的,也有制造方面的原因导致的。但不论是什么原因,轮轴断裂都是由萌生裂纹所引起,对于车轴是横向裂纹,对于车轮主要是踏面的热裂纹。

车轴的疲劳裂纹大都发生在车轴的轮座部分(压装长度范围内距轮毂端面 5～40 mm 范围内)和齿轮镶入部。由于车轴在不停地旋转,在轴箱载荷作用下其断面纤维的轴向变形不断产生拉压交替的变化,再加上压装部分与轮芯和齿轮的大过盈配合,于是就产生微动磨损和腐蚀,导致疲劳强度大幅度下降,最终造成车轴断裂。

除了压装部位，车轴直径变化处也是强度薄弱环节，这是因为那里会产生应力集中，特别是当设计不当，从车轴直径较大部位向直径较小部位过渡（或者相反）的圆弧半径过小时，应力集中将更为严重。

车轮踏面的热裂纹主要是机车空转和频繁的制动所引起，特别是采用合成闸瓦后，由于其散热性能差，踏面往往形成毛细裂纹。在温度负荷和机械负荷的共同作用下热裂纹进一步扩展，最后导致踏面剥离。

为了确保轮轴的强度，设计时必须对其进行应力分析。但是轮轴的过盈配合、闸瓦与车轮的密贴以及车轮在轨道上的滚动都是接触问题，精确求解极其困难。所以在过去只能将车轴视作简支梁，车轮为支点，用材料力学中梁弯曲和轴扭转的理论计算应力，车轮和从动齿轮与车轴过盈配合等对强度的影响以及其他一些不确定因数都通过一些系数来考虑。这样计算的精度在很大程度上取决于各种系数的选取，也就是计算者的经验，往往不能满足设计上的需要。

鉴于轮对的重要性，当理论分析不能解决问题时，铁路研究人员就转向试验，采用电测、光弹等方法来研究轮对各个部位的应力水平及其分布规律。然而车轴与车轮和齿轮是用过盈配合装配的。过盈的存在使得用试验手段获取压装区的应力状态变得很困难，模拟车轮踏面在空转和闸瓦持续工作的条件下产生热裂纹的试验并测试其应力更加不容易。所以为了保证机车运行的安全，只能求助于在轮对设计时加大其安全系数。

5.2.1 机车轮对的强度计算

有限单元法产生后铁路研究部门很快就用来计算轮对。但过盈配合属于边界待定的边界非线性问题，因不能确定轮轴在接触面内的力学状态（位移或内力），用常规有限元法不能计算压装应力，只能把轮轴看成一个整体求其各部分的应力状态。这样的计算精度仍不能满足铁路上的需要。

在 20 世纪 80 年代出现了轮轴计算的组合圆筒法，利用有限单元法的特点结合经典弹性力学理论可以计算轮对压装部位的应力状态。该方法的实质是先利用弹性力学中关于组合厚壁圆筒力学分析的理论，求出在过盈作用下产生于车轮中孔内表面和车轴外表面、大小相等方向相反的均布压力，然后对车轮和车轴分别建立常规有限元模型，以求出的压力作为外载荷分别求解之。但组合圆筒法也存在一些缺点。首先是没有考虑轮轴之间的摩擦；其次，组合厚壁圆筒理论只适用于两个直径不变的等厚度圆筒，理论成立的前提是它们的刚度沿轴线不变，而车轮根本不是圆筒，尽管内孔直径是常量，但外圆的几何形状很复杂，直径变化很大，从而导致其刚度在轮芯和轮毂部分有很大的不同；第三，轴箱载荷是轮对的主要外载荷，在其作用下轮轴之间接触内力的分布规律将发生变化，从而影响轮对各部位(主要是压装区)的应力状态，而用组合圆筒法计算时，轮轴之间的压力是常量，不因轴箱载荷的作用而变化。同时，由于问题是非线性的，在这里叠加原理不适用，按线性理论求出的轴箱载荷引起的轮对各部位的应力与接触内力引起的应力又不能叠加。这些问题都要影响组合圆筒法的计算精度。

事实上，由于轮、轴的径向刚度都很大，其过盈配合产生的接触内力是相当大的，压装区的应力水平往往是整个轮对最高的。其精确的应力状态只有通过对轮对建立三维接触模型并求解才能获得。

对车轮来说，情况又有所不同，这主要取决于外载荷。车轮的外载荷有温度负荷和机械负荷两种。温度负荷是机车制动时闸瓦与车轮摩擦产生高温引起的。机械负荷主要包括车轮轮芯与轮箍过盈配合产生的装配预紧力、闸瓦压力和钢轨对车轮轮重作用产生的反作用力以及轨道不平顺、接头等引起的动力作用等。这两类负荷中以温度负荷，特别是当列车在长大坡道运行连续制动时，闸瓦与轮箍长时间摩擦引起的踏面温升为主。踏面温升除了会产生不均匀温度场，造成轮箍松弛，同时也会导致很高的温度应力，而且当加热部分很快冷却时会产生硬度很高的马氏体组织的无光泽表面。在线路不平顺等引起的车轮振动作用下，这些硬度高的部位会发生碎裂，最后导致制动剥离。因此对分析车轮强度来说，计算其温度场和热应力是更重要的。

车轮温度场是随时间变化的，是时间的函数，因此是不稳定的。不稳定温度场的求解通常都利用第二类边界条件，但从另一方面看，温度场计算的关键是确定计算对象各个部位的换热系数 α。对于不稳定温度场，换热系数 α 是变量，在每个不同的时刻都是不同的。如果能找到换热系数作为时间函数的计算公式，问题就可解决。但目前不要说不稳定温度场，就是稳定温度场的换热系数 α 的通用计算公式也还没有推导出来。国内外的热传导研究工作者，经过几十年的努力，提出了数十种换热系数

α的计算公式。但从实践结果看,没有一种公式是对各种换热情况普遍适用的,而且精度足够。有限单元法出现后,对于稳定温度场,换热系数α通常根据计算对象表面实测的若干点温度,利用第一类和第三类边界条件共同构成的混合边界条件,求解热传导方程,通过反复迭代求得。对不稳定温度场的换热系数也可以用类似的方法来求。在这里,测定计算对象表面的温度是整个计算工作的基础。对稳定温度场通常用热电偶的办法来做这个温度测定工作。但对不稳定温度场热电偶法行不通。近年来出现了红外线测温法,能够在很短的时间间隔连续测物体的表面温度,尽管所测温度的精度不是很高,但用来计算温度场已经够了。

车轮的温度场计算通常采用有限单元法。对车轮的计算,按理说,应该采用三维模型。考虑到车轮是高速旋转的,尽管其踏面与闸瓦的接触并不是在整个车轮圆周上同时发生的,但仍可以认为轮箍外圆各点的温度是相同的,而车轮是轴对称结构,因此计算可以采用轴对称模型。

车轮从结构上区分为带箍轮和整体轮两种。由于车轮受载最重、强度最薄弱的部位是踏面附近,而轮芯受载要轻得多,所以对车轮采用两种材料是比较有利的,于是就出现了带箍车轮。在这种车轮中轮箍采用耐磨性好、断裂韧性好、抗热裂性好的优质钢材,而轮芯则采用普通钢材。我国机车车轮基本上都采用带箍车轮,车辆车轮则都采用整体车轮。对带箍车轮最危险的是轮箍产生松弛,这对列车运行的安全会造成严重的后果,因此在制造时轮箍的过盈值是相当大的,绝不允许在机车运行的任何情况下轮箍产生哪怕是微小的松动。所以在车轮的温度场计算时,不论是整体轮还是带箍轮都按连续体处理。

这样,车轮的温度场计算就归结为求解一个连续体的轴对称模型,温度边界条件则是根据课题要求的时间步长、用红外测温仪测得的、不同计算瞬时的车轮工作时的表面温度,对车轮工作的计算的时间长短也由课题要求决定。

求得车轮温度场后就可以计算其温度应力。同时再用三维模型计算在轴箱载荷、闸瓦压力和轮箍与轮芯过盈配合引起的装配预紧力共同作用下的车轮机械应力(如果要考察机车在曲线长大坡道上运行连续制动的工况,则在机械负荷中还应增加外侧钢轨对车轮作用的导向力)。将温度应力与机械应力相叠加就可求得车轮的综合应力。

5.2.2 机车轮对的接触计算实例[50][51][52]

下面采用第一章阐述的有限元参数二次规划法，结合多层多支的子结构技术，以 SS_7 型电力机车轮对为例，进行三维接触计算并分析计算结果，同时对轮轴配合过盈大小对应力的影响等一系列有关轮轴结构设计的问题进行讨论。

机车轮对在几何上是一个回转体，如果外载荷和约束也是轴对称的，结构分析就是一个轴对称问题。但作用在轮对上的载荷中，除了车轴与车轮、从动齿轮以及轮芯与轮箍的装配过盈产生的装配作用力是轴对称的外，其余的都不是轴对称的，约束也不是轴对称的，所以轮对计算必须按三维问题处理。考虑到轮对结构是一个回转体，用子结构技术建立模型并求解十分方便。建模时把轮对各部分分别按回转体的90°划分成16个基本子结构模式，其中车轴部分12个（SB1～SB12），车轮部分3个（SB13～SB15），简化齿轮1个(SB16)。然后再对这些基本子结构模式逐级进行调用、拼装，最后总共用37个子结构模式拼装成一个完整的轮对。部分基本子结构模式的网格图见图5.7，拼装后的整体轮对网格图见图5.8。轮对的结构构成树见图5.9。车轴划分子结构模式的各轴段编号见图5.10。基本子结构模式的参数和各子结构模式拼装、调用参数见表5.4和表5.5。

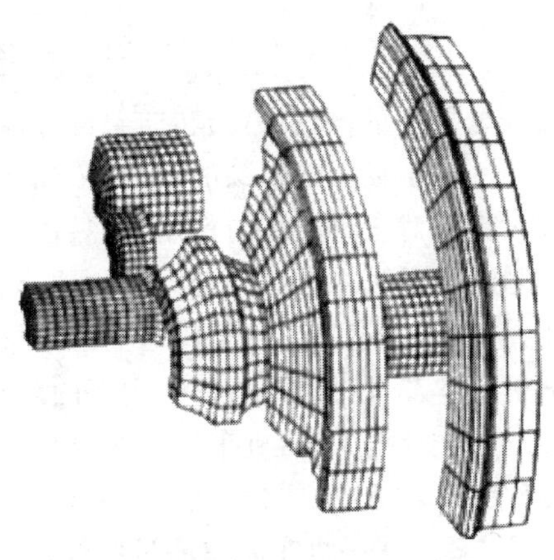

图5.7 轮对部分基本子结构模式网格图

轮对上作用的载荷分为静载荷和动载荷两种，静载荷包括车轴与车轮以及从动齿轮之间的装配过盈(因这里计算的主要是车轴，轮芯与轮箍之间的装配过盈不予考虑)、轴箱载荷、齿轮载荷、抱轴承载荷、牵引力、导向力和制动力，其中齿轮载荷为主动齿轮传来的、计算工况下的驱动力矩，在车轴上分解为垂直方向和水平方向的两个作用力；抱轴承载荷为作用在车轴抱轴承处的、计算工况下的牵引电机反力矩的两个方向分力和

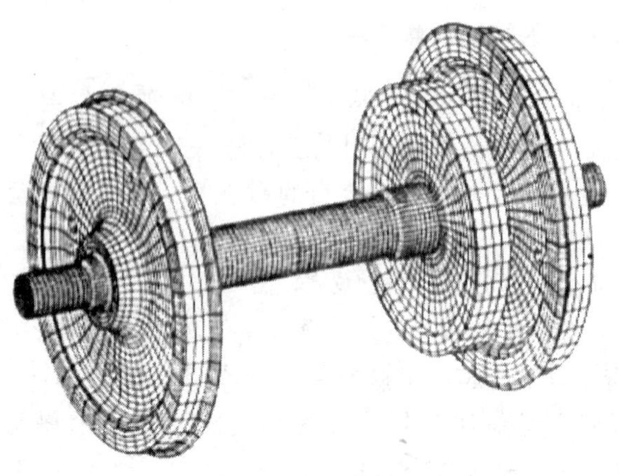

图 5.8　轮对整体网格图

部分电机重量；牵引力为转向架构架通过轴箱拉杆作用于轴箱，再通过轴承作用于车轴端部轴颈的、计算工况下的反作用力；导向力为机车通过曲线时钢轨对车轮的横向作用力，只作用于轮对的一侧车轮；制动力仅在机车制动工况时才作用。动载荷主要是机车运行时由线路不平顺、钢轨接头、道岔等引起的作用于轮对上的随机载荷，应采用随机振动的方法进行分析。本节只讨论静载荷作用下的轮对应力分析。

关于计算工况：机车轮对的载荷工况有许多种，这里挑选最恶劣的三种作为计算工况。它们是：

工况 1——机车高速通过曲线；

工况 2——机车的起动牵引；

工况 3——机车高速在曲线运行时紧急制动。

表 5.6 列出了 3 种工况下轮对各种计算载荷值。表中带下标的字母为载荷代号；第一个下标为载荷作用方向，第二个下标为力的作用点（见图 5.10）。轮对计算坐标系的坐标指向：x 为机车前进的反方向，y 为指向外侧的车轴方向，z 为铅垂方向，指向由右手系确定。

现在根据计算结果从接触内力、位移和应力 3 个方面来分析轮对，特别是压装区的受力情况。

1. 接触内力

从计算求得的各接触点对的法向接触内力来看，所有的接触点对没

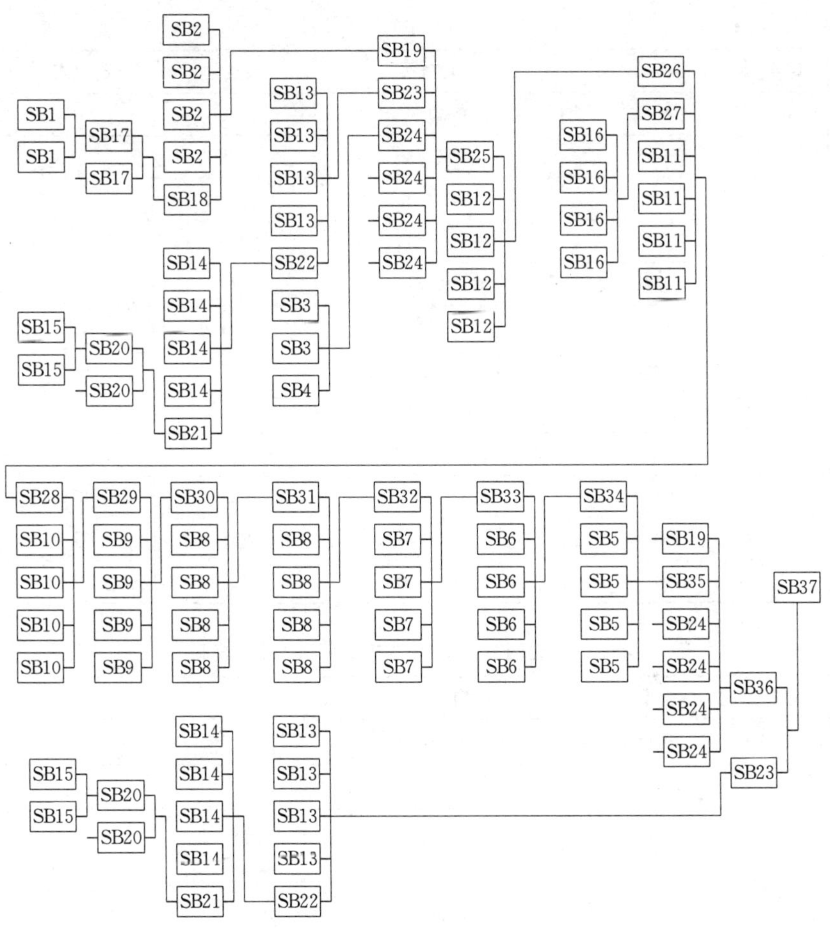

图 5.9 轮对的结构构成树

表 5.4 轮对各基本子结构模式参数表

顺号	子结构模式号	名称	节点数	出口点数
1	SB1	轴 1(1/4)	684	164
2	SB2	轴 2(1/4)	300	150
3	SB3	轴 3(1/4)	288	188
4	SB4	轴 3(1/4)	360	210

续上表

顺号	子结构模式号	名称	节点数	出口点数
5	SB5	轴 4(1/4)	288	168
6	SB6	轴 5(1/4)	576	216
7	SB7	轴 6(1/4)	672	222
8	SB8	轴 6(1/4)	720	220
9	SB9	轴 6(1/4)	672	222
10	SB10	轴 7(1/4)	864	266
11	SB11	轴 8(1/4)	576	276
12	SB12	轴 9(1/4)	432	192
13	SB13	1/4 轮芯(内,靠轴)	660	260
14	SB14	1/4 轮芯(外,靠轮箍)	672	210
15	SB15	轮箍(1/4)	528	158
16	SB16	齿轮(1/4)	768	228

表 5.5 轮对各子结构模式拼装、调用参数表

顺号	子结构模式号	子结构调用情况	备　注
1	SB17	2×SB1	1/2 轴 1
2	SB18	2×SB17	轴 1
3	SB19	SB18+4×SB2	轴 1+轴 2
4	SB20	2×SB15	1/2 轮箍
5	SB21	2×SB20	轮箍
6	SB22	SB21+4×SB14	外轮芯+轮箍
7	SB23	SB22+4×SB13	车轮
8	SB24	2×SB3+SB4	1/4 轴 3 压装部位
9	SB25	4×SB24+SB23+SB19	轴 3+右侧轮轴
10	SB26	4×SB12+SB25	轴 9+轴 3+右侧轮轴
11	SB27	4×SB16	齿轮
12	SB28	4×SB11+SB27+SB26	轴 8+右侧轮轴(含齿轮)
13	SB29	4×SB10+SB28	轴 7+轴 8+右侧轮轴(含齿轮)

续上表

顺号	子结构模式号	子结构调用情况	备　注
14	SB30	4×SB9+SB29	中段轴6+全右侧轮轴
15	SB31	4×SB8+SB30	中段轴6+全右侧轮轴
16	SB32	4×SB8+SB31	中段轴6+全右侧轮轴
17	SB33	4×SB7+SB32	中段轴6+全右侧轮轴
18	SB34	4×SB6+SB33	轴5+轴6+全右侧轮轴
19	SB35	4×SB5+SB34	轴4+轴5+轴6+全右侧轮轴
20	SB36	SB19+4×SB24+SB35	车轴+右轮(含齿轮)
21	SB37	SB36+SB23	整个轮对

表5.6　轮对计算的工况与外载荷　　单位:kN

模式号	类　型		工况1	工况2	工况3
1	牵引力	F_{xA}	10.70	26.77	0.0
		F_{xB}	10.70	26.77	0.0
2	轴箱载荷	P_{zA}	−269.89	−84.69	−269.89
		P_{zB}	−354.83	−84.69	−354.83
3	齿轮载荷	P_{xE}	11.11	27.76	0.0
		P_{zE}	30.84	77.09	0.0
4	抱轴承载荷	Q_{xC}	12.19	−30.51	0.0
		Q_{xD}	−1.10	2.75	0.0
		Q_{zC}	17.96	60.12	0.0
		Q_{zD}	−20.63	−34.10	0.0
5	导向力	N_y	−92.94	29.67	−92.94
6	制动力	R_τ	0.0	0.0	13.335
		R_n	0.0	0.0	44.445

有一个是脱开的。这当然是合乎规律的,否则这个轮对设计就太成问题了。

另外,沿压装区的轴向看可以发现,如果以压装区中间为分界面,则其左侧部分各接触点对的法向接触内力值普遍大于右侧对应的接触点

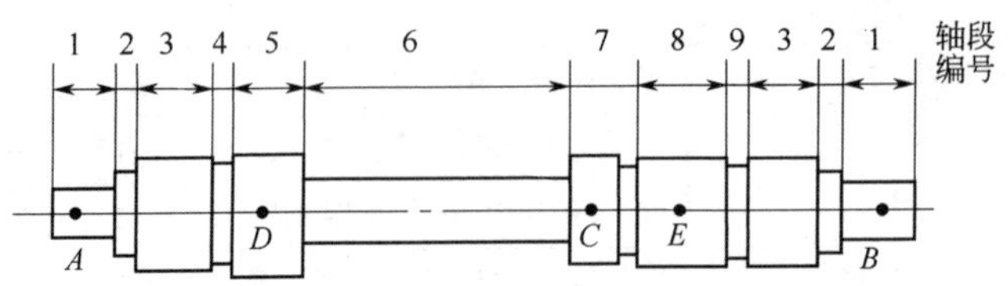

图 5.10　车轴划分子结构模式的轴段编号与载荷作用位置

对;而如沿压装区的环向看,则每一排接触点对的法向接触内力都自上而下逐渐加大,也就是说,在车轴的断面上外圆最下端的法向接触内力大于其上端,这是因为左侧轴箱载荷的作用使轮轴上部接触变松,下部接触变紧。

从接触内力的计算结果还可看出,从车轴左端部往里数第二排接触点对的法向接触内力明显大于端面(左起第一排),从第二排以后的各排接触点对的法向接触内力数值变化不大,直到压装区右端内侧第二排(压装区从右数第二排)法向接触内力开始变小,压装区右端处的接触点对法向接触内力最小,即压装区中间部分的法向接触内力值大于两端。这个现象是由车轮径向刚度变化所引起,压装区两端部位对应的是车轮轮毂,刚度不大,而压装区中间部位对应的是车轮轮辐,刚度远大于轮毂。当装配的过盈值不变时,联接件刚度小,产生的接触内力就小;反之,联接件刚度大,产生的接触内力就大。

法向接触内力的变化还有一个规律,这就是从压装区左端第二排开始,每排法向接触内力不但从上而下单调逐渐增大,而且随着考察断面的向右推移,其增加值逐渐减小。这说明由于车轮的存在,轴箱载荷的影响随着距载荷作用点距离的加大而减小。压装区右侧端各接触点对法向接触内力的变化规律不明显。

2. 位移

从计算求出的车轴压装区各节点的轴向位移 v 可以看出,在整个压装区都是轴的上纤维受拉伸,下纤维受压缩,这是由作用在压装区左方的轴箱载荷所引起。从数值上看,上端点的拉伸量明显大于下端点的压缩量,这是由于压装区下部法向接触内力较上端偏大,因而摩擦力也相应偏大所造成。

从计算结果还可看出,压装区车轴同一断面上、下端点轴向位移绝对

值之差 Δv，自左至右单调下降，这是因为随着所考察的断面距轴箱载荷距离逐渐加大，其影响逐渐减小所致。由于轮对在不断地旋转，车轴断面内所有节点都不停地在做伸缩运动，而以车轴表面上的节点伸缩量为最大。沿轴向看，则以轴左端面节点的伸缩量为最大，由左端面向内伸缩量逐渐变小，因此在整个压装区，左端面的微动量幅度在同样频率下是最大的。

此外，沿压装区轴向看，各排的轮与轴接触点对的相对滑动主要产生在车轴上部，在车轴下部的接触点对，除了压装区端面有少量产生与其上部方向相反的相对滑动外，其余各排都连续。各排接触点对的相对滑动量以端面最大，由端面向内逐渐变小，到压装区中部相对滑动量变为零，即在车轴表面外圆上全部接触点对都保持连续。然后相对滑动量又逐渐变大，但其数值小于左侧相对应各接触点对。因此，同车轴断面内各节点的伸缩量一样，随着轮对的旋转，轮轴之间各接触点对的相对滑动量也在不断地变化，变化的幅度以压装区左端面为最大，再加上那里节点伸缩微动量的幅度也最大，而且左端面往内附近的接触内力也比较大，于是就导致在距压装区左端面 5～40 mm 处的车轴表面容易产生疲劳裂纹。

3. 应力

在所计算的 3 种工况中，机车高速过曲线工况（工况 1）最为恶劣，从计算结果看，最小主应力 σ_3 的绝对值最大，因而在图 5.11 中给出了工况 1 的压装区附近的 1/4 车轴表面最小主应力的应力等值线图。图中应力等值线所对应的应力数值见表 5.7；箭头所指为压装区边界。

表 5.7　图 5.11 中应力等值线对应的应力值　单位：MPa

序列	1	2	3	4	5	6	7	8	9	A	B
(a)应力	−350	−300	−250	−200	−150	−100	−50	0	50	100	
(b)应力	−240	−210	−180	−150	−120	−90	−60	−30	0	30	60

由图 5.11(a)可以看出，车轴表面绝对值最大的 σ_3 产生在压装区左端面内侧，其数值明显大于压装区左端面再往左的非压装区部位的应力，也大于压装区中部直到右端面部位的应力。

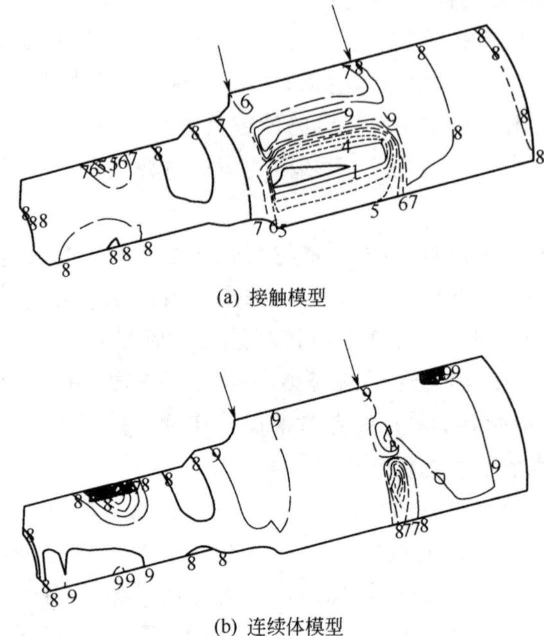

(a) 接触模型

(b) 连续体模型

图 5.11　压装区附近车轴表面 σ_3 的应力等值线图

计算结果还表明，车轴上最大和最小的轴向应力分别产生在压装区左端外圆表面的上、下部位。于是车轴不断的转动将使压装区左端面处外圆表面产生车轴上最大的应力幅 σ_a。应力幅数值的大小是影响结构疲劳强度的主要因素，因此轮对计算求出的应力分布规律又一次解释了在压装区距其左端面附近的车轴表面容易产生疲劳裂纹的原因。

现在来讨论轮轴装配过盈量的大小对应力的影响。

为详细了解轮轴装配过盈量变化对应力的影响，以 SS_7 型电力机车轮对为例进行了数值模拟试验。数值试验计算工况取为机车高速过曲线工况，即工况 1，作用外载荷不变。轮轴装配过盈量原为 0.38 mm，做数值试验时将其减小为 0.28 mm，然后再增加为 0.43 mm，分别进行计算。计算求出的主要部位的最大主应力 σ_1 和最小主应力 σ_3 见表 5.8。

表 5.8 轮轴装配过盈量变化时主要计算结果的对比 单位:MPa

部位	原过盈值(0.38mm)		方案 1(0.28mm)		方案 2(0.43mm)	
	σ_1	σ_3	σ_1	σ_3	σ_1	σ_3
轴 2	110	−83	100	−56	120	−80
轴 3	180	−281	120	−180	200	−300
轴 4	220	−285	180	−180	210	−310

从表 5.8 可以看出,方案 1 的过盈量相对原方案减小了 26.3%,这时各轴段最小主应力 σ_3 都相应减小了约 35%;方案 2 的过盈量相对原方案增加 13.2%,这时各轴段最小主应力 σ_3 都相应增加了约 8%。这说明应力 σ_3 的变化程度与过盈量的变化量大体相当。过盈量增加,σ_3 也增加;过盈量减小,σ_3 也减小。

另外,轮轴在压装区过盈配合的模拟方式对计算应力也有重要影响。

为了研究轮轴压装区过盈配合的模拟方式对计算结果的影响,我们在对其按三维接触模型计算的同时,在全部作用载荷都不变的前提下对其按三维弹性连续体建模进行了计算。计算结果表明,无论是高应力区的产生部位,还是最大应力值都有所不同。按接触模型求得的车轴最大压应力产生在压装区左端内侧,其值为−350 MPa,而按弹性连续体模型求得的车轴最大压应力产生在压装区右端车轮内侧附近,其值为−240 MPa(见表 5.7)。二者的应力状态明显不同(图 5.11),而最大压应力在数值上相差 30%以上。所以分析轮轴的应力状态必须采用三维接触模型。

除了车轴的压装区,轮芯与其采用过盈装配外,轮对上还有一个部位采用过盈装配,这就是轮芯外圆与轮箍的热套配合。由于这两个过盈配合部位相距足够远,接触问题又具有局部效应的特点,根据圣维南原理在轮对计算时可以不用同时将两个配合部位都按接触问题模拟,而只对离关注区域较近的一个配合部位按接触模型处理,另一个配合部位按连续体建模。由于通常关注的是车轴压装区的应力,轮芯与轮箍配合部位在轮对计算时基本上都按连续体模拟,在对 SS_7 型电力机车轮对做接触计算时轮芯与轮箍的配合关系也是按连续体模拟的。

为了研究轮芯与轮箍过盈配合的模拟方式对车轮应力状态的影响,

我们按接触模型模拟轮芯与轮箍的配合关系计算了 SS_7 型电力机车轮对。计算结果表明，与轮箍配合表面邻近的轮芯部位，应力水平比按连续体模型计算要高许多，二者的应力状态也有很大的不同。但考虑轮芯与轮箍的过盈配合并不能保证车轮计算分析的精度，因为车轮踏面是与钢轨相接触的，也就是说，即使不考虑轮芯与车轴的过盈配合，车轮上同时还作用着因制造引起的接触载荷(轮芯与轮箍的过盈配合)和工作时的接触载荷(轮轨接触力)，两个接触部位相距又很近，再加上机车运行时轮轨之间的动力作用，问题极其复杂。关于轮轨接触的计算分析将在本书第 7 章进行详细的讨论。

6 车体的分析[54][55][56]

车体是司乘人员和机车上部所有设备的载体，同时它又要给司乘人员提供合适的工作环境，对车上设备起遮风、挡雨、防太阳晒的保护作用，其重要性不言而喻。由于是司乘人员和设备的载体，车体的设计要确保强度和刚度。除此之外，由于机车是在线路上行驶的，为保护钢轨，减少机车运行带来的动力作用，机车轴重应符合铁路的规定。机车的轴重由其总重与轴数决定。所以机车设计时对车上每个设备以及车体的重量都有明确的要求。车体的重量是机车各个部件中最重的，减重的余地也比较大，因此每当机车轴重超标需要减重时，车体总是首当其冲。所以车体结构不但要确保强度和刚度，还要重量轻，当然同时还要满足机车对通风、采光、减噪以及机车制造和修理时设备装卸方便等诸多要求。

6.1 车体的种类、结构形式和基本特点

内燃机车和电力机车车体可以分成内走廊式和外走廊式两大类。内走廊式车体大都是侧壁承载式结构，外走廊式车体则都是底架承载结构。但也有例外，例如东风型内燃机车车体是内走廊式的，可是它的侧壁只有小部分焊在底架侧梁上，大部分是用螺栓与侧梁连接的，因而侧壁起不了承载作用，属于底架承载结构。

6.1.1 两种车体结构的特点

1. 侧壁承载的内走廊式车体

内走廊式车体主要由底架、两个侧壁、司机室、隔墙和顶棚构成。从力学的角度来说，根据车体的长、宽、高尺寸，可以将其看成是一个箱形结构的梁。为了机车制造和检修时装拆车上设备的方便，车体顶棚上总要开一系列的大孔，上装活动顶盖，所以车体结构横截面的形心是在中部偏下，有利于机车行驶的稳定性。

侧壁承载车体的底架是比较单薄的，车体承载主要靠侧壁。把底架

承载的内走廊式车体改造成侧壁承载，重量能减轻好几吨(前苏联的TЭ3内燃机车车体是底架承载的内走廊式车体，TЭ10内燃机车的侧壁承载车体，是在TЭ3车体的基础上改造而成的，重量减轻了约7t)，靠的就是底架的减重。侧壁承载车体的底架大都没有强大的中梁，而以侧梁作为底架的主梁，侧壁与侧梁焊接后形成底架与侧壁的刚性连接。由于没有中梁，底架前、后端部结构的水平刚度必须设计得很大，以便将机车挂钩时巨大的纵向冲击力和牵引时的车钩拉力由底架端梁中部传给两个侧梁，进而再传给侧壁。

底架前端部结构通常有箱形结构和斜撑式牵引梁两种型式，车钩和缓冲座安装在它们的内部。车钩离轨面的高度在各国铁路都有具体的规定。作为机车设计的基本参数，底架上盖板(即通常所说的底架面)距轨面的高度在机车开始设计时也都已经确定。这两个高度差通常在500～800 mm范围内，形成偏心距。当车体承受纵向载荷作用时，这个偏心距将导致巨大的弯矩，因此不论是哪种结构型式的端部结构，其中部牵引梁的高度都很高(大于偏心距)。箱形结构型式的端部结构的水平方向尺寸也很大，从而具有足够大的惯性矩以承受纵向力作用(图6.1)。斜撑式牵引梁在缓冲座的内从板座后面设计有两根斜撑，可以将纵向力直接分向两侧梁(图6.2)。这两种型式端部结构中部的后面通常都设计有纵向中梁，与后面的旁承梁相联，以传递一部分纵向作用力。为避免在机车运行时与转向架端梁相碰撞，该中梁断面高度比端部结构中部要小许多。

对于装有侧缓冲器的车体，基本上都采用箱形结构形式的端部结构。

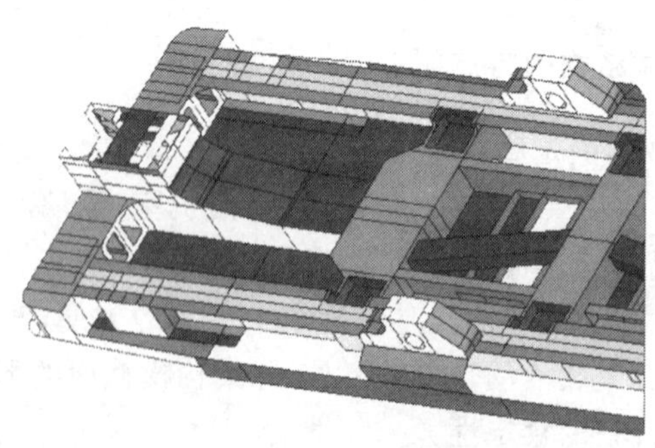

图6.1　箱形结构形式的底架端部

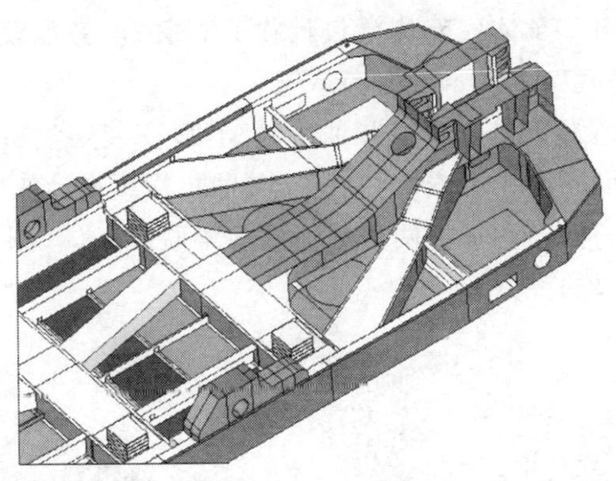

图 6.2 斜撑式牵引梁形式的底架端部

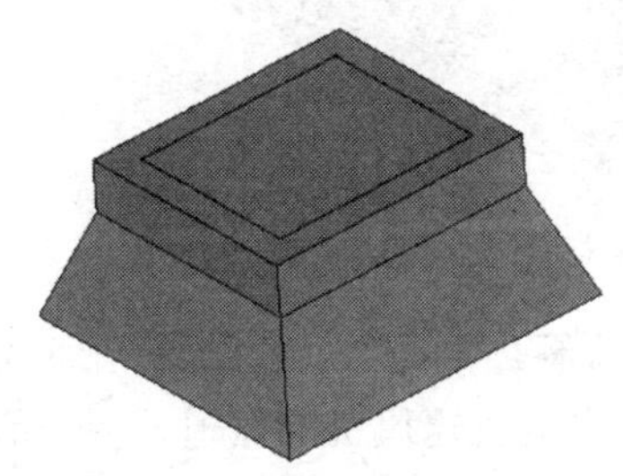

图 6.3 旁承座

这时纵向冲击力由作用于端部中央一点变成作用于三点:中央一点和端部结构上对称的两点(相距约 2m 左右),三点各承担一定百分比的冲击力。显然,这对车体强度更加有利。

侧壁承载车体的底架侧梁是主要的承重构件,国内对其通常采用高而窄的箱形结构断面,与侧壁焊成一体。如果机车采用牵引拉杆方式传递牵引力,牵引拉杆座自然就焊在侧梁下方,这时侧梁在该部位的横向需适当加强。

底架前后端部结构往里,前后对称地布置有旁承横梁,与两个侧梁焊成一体。旁承横梁通常为箱形结构。在旁承横梁下方,左右对称地布置有铸钢的旁承座(图 6.3),下面安装机车的二系弹簧——橡胶堆(图 6.4)。机车上部设备的重量通过侧壁传给旁承梁,再通过旁承座传给橡胶堆,最后传给转向架。所以旁承座实际上是整个车体的支点。

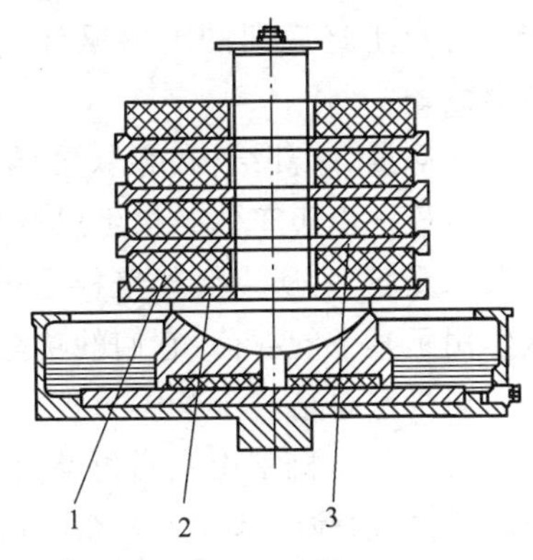

图 6.4 橡胶堆

1—橡胶垫;2—托板;3—隔板。

国外有些机车车体底架侧梁设计得又高又宽，旁承就直接布置在侧梁下面，在这种底架上就不设有旁承梁。

底架中部通常布置有两根柴油机横梁，以安装柴油机。柴油机横梁通常采用箱形梁断面。为安放油底壳，柴油机横梁设计成中部下凹，并用同样下凹形状的槽形钢板将两根柴油机横梁联成一体(图 6.5)。燃油箱吊装在底架中部的下方。

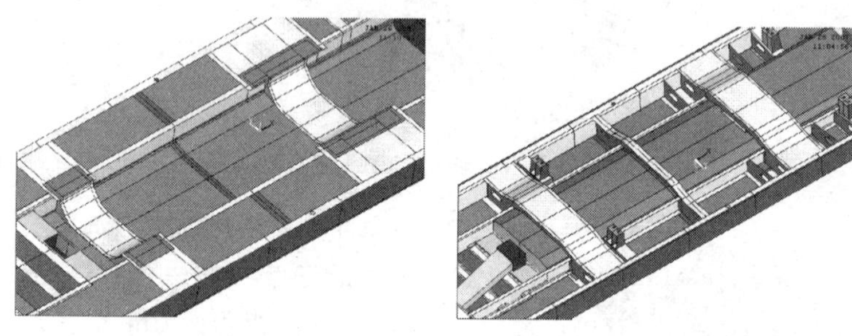

图 6.5　柴油机横梁

除了上述几种主要的梁件之外，根据机车上设备安装的需要，在底架上还布置有一些纵向和横向的小梁以及牵引电机通风机的风道。由于旁承梁是箱形结构，可以用来作风道用，所以通风机风道通常只在两旁承梁之间，以与旁承梁焊接的、独立的梁的形式出现。通风机风道自然是箱形断面，其走向根据风道设计的需要而定。这些小梁和风道的承载能力远比上述底架的主要梁件为小，在对车体设计方案作计算时可以忽略之。

在侧梁、端部结构、旁承梁、柴油机横梁等底架主要梁件的上面，敷有底架盖板。由于车体结构可以视作一根箱形梁，而箱形梁受弯时其底板主要承受膜力，所以底架盖板是很重要的。底架上各种横梁主要承受直接作用于其上的载荷，它们的功能是将这些载荷传递给侧壁。

司机室总是位于车体的两端，对于双机联挂的机车，车体只在前端设有司机室。司机室由左右侧墙、前脸、顶棚与后墙构成，在侧墙上设有侧门和侧窗，前脸中部偏上在相应司乘人员头部的位置设有前窗，后墙上设有通往车体中部的内门。在垂直载荷工况下司机室各部位的应力水平是比较低的，但在压缩工况下司机室侧门、侧窗和前窗的四周应力都比较高，特别是侧门和侧窗的上弦杆以及二者之间的立柱，往往是整个车体的薄弱环节，车体设计时必须予以特别关注。

在内走廊式车体的内部，沿机车纵向通常设计有一些横隔墙，将车体分成若干个室。这些隔墙能增加车体的横向刚度，还能减小司机室的噪音，改善司乘人员的劳动环境。在车体的各种载荷工况下，各隔墙的应力水平通常都不高(在压缩工况下司机室后墙上部是例外)，但在计算模型中仍需将它们计入。

侧壁是内走廊式车体的主要承载结构，其结构型式有桁架式和框架式两种。在以下的篇幅中将对这两种结构型式的优缺点进行专门的讨论，这里不再赘述。

如前所述，内走廊式车体的顶棚上设有许多活动顶盖，通过螺栓连接用橡胶垫固定在顶棚结构上。这些活动顶盖通过连接螺栓、橡胶垫与顶棚以至整个车体共同受力。这是接触问题。考虑到活动顶盖上的梁都很小，盖板也很薄，承受的载荷在整个车体上只占很小部分，而接触问题计算又极其复杂。从偏于安全角度考虑，计算车体时可忽略活动顶盖。当然在计算车体振动时活动顶盖必须计入。

2. 外走廊式车体

外走廊式车体都是底架承载式结构。这种结构都设有中梁，不论是由设备重量构成的垂直载荷，还是各种纵向力，主要都由中梁承担，因此中梁尺寸远比侧壁承载车体底架的侧梁要大。中梁总是采用两根通长的构件，相隔一定距离排列，机车的二系簧一般就布置在中梁的下面。外走廊式车体底架也设有侧梁，其尺寸则比中梁小许多，主要用来在其上敷设走台板。外走廊式车体的端部结构都采用箱形梁型式，分别与两根中梁的两端相连接。

6.1.2 车体侧壁桁架式与框架式结构的比较

内走廊式车体的侧壁有桁架式和框架式两种结构形式(图 6.6)，现将它们的优缺点比较如下：

1. 结构刚度

在桁架式结构中，尽管各节点都不可能是铰接，但其杆件，不论是斜撑、立柱，还是上、下弦杆，所受的力主要是轴力，弯矩是次要的，而且是局

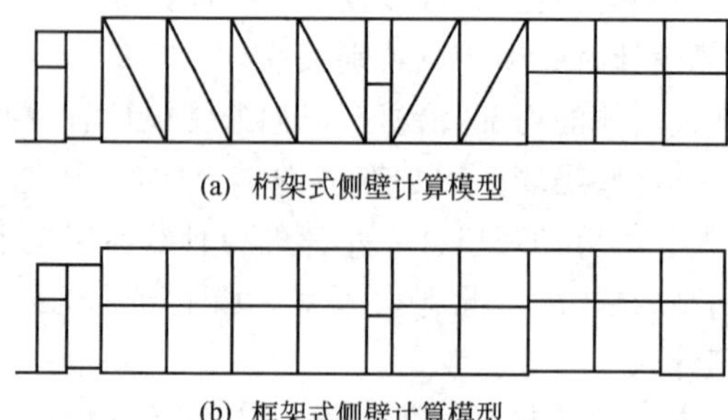

(a) 桁架式侧壁计算模型

(b) 框架式侧壁计算模型

图 6.6 车体侧壁的平面杆系模型

部的(主要在节点附近)。在框架式结构中,各根梁主要都是受弯。因轴力作用而产生的拉压变形当然要比因弯矩作用而引起的弯曲变形小,所以桁架式结构的车体侧壁的刚度比框架式结构大,这是桁架式侧壁结构的一个显著的优点。

2. 结构强度

内走廊式车体的司机室总是布置在端部,而且为了司乘人员工作的方便,司机室必然设计有侧门。在纵向冲击载荷作用下,压缩力通过端部结构传给司机室侧门部位。侧门门框是一个很大的缺口,中间没有任何杆件,压缩力从端部结构传来,使侧门门框产生很大的变形,然后向后传去。如果侧壁是桁架结构,刚度比较大,则侧门部位产生的变形就要小一些,从而侧门上弦杆和门角部位的应力也要小一些;如果侧壁是框架结构,刚度相对比较小,则侧门部位产生的变形就比较大,其上弦杆和门角部位的应力也相应要大一些。因此从强度角度看,桁架式侧壁结构也要优于框架式,这是它的又一个优点。

3. 车体设计

从车体设计的角度看,桁架式结构的车体侧壁不如框架式结构。第一,车体侧壁上总要开一些冷却和采光用的孔洞以及进、排气窗,而斜撑的存在使这些孔洞变得大小不一、形状各异,既给设计增添许多麻烦,也不美观。第二,尽管可以把百叶窗布置在车体侧壁厚度之外,使其设计不受斜撑存在的影响,但这样做要增加机车运行时的空气阻力,增加能源的消耗,对高速机车尤其不能忽略这个因素的影响。

4. 制造工艺

从制造工艺的角度看，无论是下料、组对，还是焊接，桁架式侧壁结构显然都不如框架式侧壁简单、方便。

6.2　车体计算的模型

从第一台机车诞生之日起，车体设计就需要校核其强度和刚度，所以车体结构的计算由来已久。随着人类的计算手段从手工计算发展到用计算尺计算，再发展到用手摇计算机和电动计算机计算，最后发展到用电子计算机计算；电子计算机又从低级发展到高级，从电子管发展到晶体管、集成电路，再发展到大规模集成电路；数据输入方式从纸带穿孔发展到卡片穿孔，再发展到键盘键入；存储量从只有内存发展到有外存，而且外存有巨大的容量；运算速度从浮点运算每秒几千次发展到上亿次；……；车体的计算模型也发生了翻天覆地的巨大变化。

6.2.1　简支梁模型

半个多世纪以前车体计算都采用简支梁模型。当时车体设计都采用底架承载式结构，主要靠中梁承载，因此计算时就把整个底架视作一根梁，而以中梁为核心(图 6.7)，旁承为支点，用材料力学公式计算底架各点的应力。按照材料力学理论，梁受弯后横截面保持平面，应力沿梁高按线性规律分布，沿梁宽不变。由于底架的宽度比较宽，通常为 3m 左右，在同一高度的底架横截面各点，应力不可能相同，事实上，在离中梁比较远的地方的底架构件，如侧梁等，只有局部受力，不可能像中梁一样承受外载荷。俄裔美国学者铁木辛柯(Тимошенко)早就对这个问题进行过研

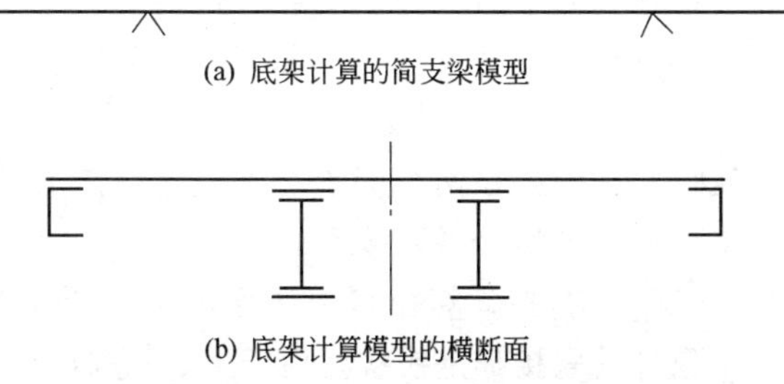

(a) 底架计算的简支梁模型

(b) 底架计算模型的横断面

图 6.7　底架承载车体的简支梁模型

究[10]。另外,把底架简化成简支梁,必然要忽略许多东西。首先,底架通常有 8 个旁承,即使将其按一根梁计算,也应该有 4 个支点。为了简化计算,在简支梁模型中将底架视作 2 个支点的梁,支点位于相应的两个旁承之间。其次,在简支梁模型中忽略了各种局部布置的纵向和横向的小梁,各种支架、肋板,各种孔洞,等等,而这些构件和孔洞对底架局部的应力往往有重要的影响。因而用简支梁模型计算底架的整体挠度,从定性角度看,计算结果有参考价值,但求出的应力状态不一定可信,也就是说,简支梁模型的应力计算的精度比较差。

6.2.2 手工计算的平面杆系模型

早在 20 世纪 50 年代,在工业发达国家的机车设计领域内,减轻车体重量同时增加其强度和刚度的问题,就被提到了议事日程上。于是出现了侧壁承载的车体结构,有采用桁架式的,也有采用框架式的。但不论是哪种结构型式,都需要对其作结构分析,以判断所设计车体的强度和刚度。鉴于当时有限的计算手段,车体结构分析都采用杆系结构力学的方法进行,或者用力法,或者用变位法,而以用力法为多。不论是垂直载荷还是纵向力作用,车体主要承受弯曲。对侧壁承载的车体,抗弯主要靠侧壁,底架只是起载荷传递的作用。所以,计算采用平面杆系模型,只对侧壁进行分析。这样做的另一个原因是为了减小计算工作量。为了校核底架的强度,有时也将其按板架模拟,作车体的横向强度计算。

侧壁平面杆系模型的支点取在底架旁承相应的位置上。如果底架总共只有 4 个旁承,从侧面看只有 2 个旁承,当然没有问题。如果底架有 8 个旁承,从侧面看有 4 个旁承,就会形成结构的外部超静定。为了减小计算工作量,这时可以在转向架两个旁承(侧面看)的中点处设一个支点以取代旁承,从而把侧壁杆系模型从结构外部超静定问题变成外部静定问题。由于侧壁下弦杆在两根旁承横梁之间的部位通常比较强,而旁承梁的横断面往往又比较宽,因此在两个旁承之间设立支点所带来的计算误差,对于车体的平面杆系模型是可以接受的。

如果侧壁是桁架结构,在计算模型中认为各立柱与斜撑相互的连接以及它们与上、下弦杆的联接都是铰接。由于上、下弦杆的刚度远比立柱和斜撑要大,在模型中将它们按连续梁处理,所以桁架结构侧壁的计算模型就是一个桁架梁，见图 6.6(a)。桁架梁的计算是一个超静定问题，但超静定次数不多，通常用力法求解，以上、下弦杆在与各立柱和斜撑联接处切开产生的弯矩作为赘余未知力。

如果侧壁是框架结构，则在计算模型中认为上、下弦杆和立柱的中部与侧窗的长度和高度对应的部位为弹性域，其余部位都是刚性域。计算时忽略刚性域的变形。所以框架结构侧壁的计算模型是一个平面刚架，见图 6.6(b)，其计算是一个多次超静定问题。框架结构车体侧壁的计算通常采用力法，用巧妙地选择赘余未知力的办法，使静定基中某些梁在不同单位力作用下弯矩图图乘的结果为零，以减少变形系数的计算工作量。

不论侧壁是桁架结构还是框架结构，计算时都要碰到梁断面特性计算的问题。常规组合断面的断面特性(主要是断面形心和惯性矩)的计算方法在材料力学教科书中都有详细介绍，这里不再赘述。要指出的是，在车体侧壁的计算模型中，所谓的“梁”往往是由几根杆件和与它们焊接的蒙皮组成，这些组合断面梁中的相邻杆件相互间的距离远远超过杆件本身断面的高度。尽管这些杆件之间有蒙皮相联，可是车体侧壁的蒙皮都很薄，通常仅为 2～3 mm，不能全部起承载的作用。对这类梁的断面特性计算可以采用近似的方法：所有的杆件都按它们在图纸上的相对几何位置计入梁的断面，蒙皮只计入杆件附近的那一部分，即从杆件断面的边缘起，两边都往外取 $b=(20\sim25)\delta$ 作为蒙皮宽度(δ 为蒙皮厚度)。如果两根相邻杆件之间距离太大，扣去蒙皮宽度后仍有空的地方，则保留这些空间进行计算(图 6.8)。

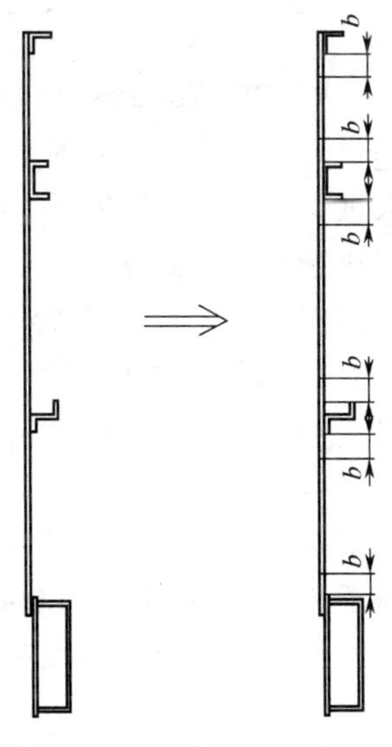

图 6.8 车体计算模型中梁的组合断面

超静定结构的计算需要求解正则方程组，这通常都采用高斯(Gauss)消元法。线性代数方程组求解的计算工作量可以近似地认为与方程组阶数立方成正比，因而随着方程组阶数的增加，其求解的计算工作量急剧上升。笔者当年曾借助于手摇计算机，用高斯消元法解过 18 次超静定问题的正则方程组，计算时间为 16 h。而随着计算时间的增加，计算过程中出错的可能性也大大增加。可以想象，对于高次超静定结构的计算，求解正则方程组是一个多么可怕的问题。所以，对车体计算来说，怎样建立模型，以便能最大限度地减少超静定次数而又不影响计算精度，是必须要考虑的。

有些框架结构车体侧壁上的某些相邻窗孔之间距离很大，如用立柱模拟，其刚度是很大的(图 6.9 中的 A 和 B)。为了简化计算，可以将该立柱视作绝对刚体，其刚度无穷大，因而该立柱在力法计算中的变形系数为零，于是这根立柱前后的侧壁框架就自然而然地被分成相互独立的两个框架，原来全侧壁的、较高阶次的正则方程组被分解成两个较低阶次的正则方程组，从而减少了计算工作量。

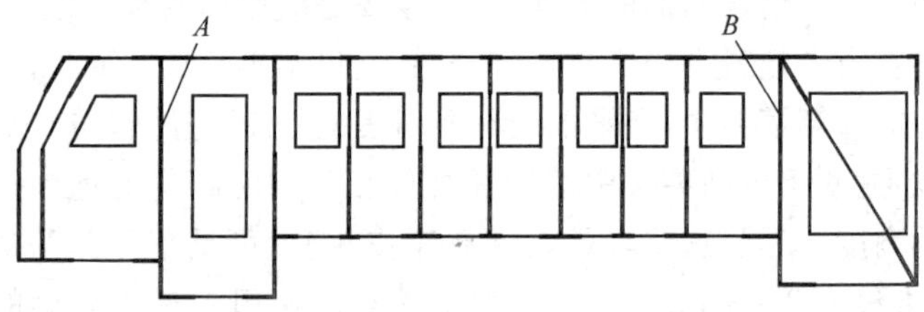

图 6.9　车体侧壁上人刚度立柱的简化

底架端部由于直接承受机车挂钩时和列车制动时的纵向冲击力和牵引时的列车反作用力的作用，因而是整个车体受载最重的部位，其强度至关重要。而在车体的平面杆系模型中没有包括底架的端部结构，所以需要对它单独进行分析。对于箱形结构的底架端部，可以将其模拟成梁，与同其连接的底架中梁和外旁承梁以及中部的牵引梁等一起，作为简单的空间刚架进行计算(由于作为外载荷的纵向力不作用在这几根梁构成的刚架平面内，所以是空间刚架，见图 6.10)。对于斜撑式牵引梁的底架端部，纵向力主要由牵引梁中梁与两根斜撑承受，这时可以根据牵引梁中梁结构特点，将其处理成变断面梁，并与两根斜撑、端梁、侧梁以及外旁承梁一起，作为空间刚架进行计算(图 6.11)。上述底架端部结构的计算模型中没有计入司机室和底架端部以内的底架结构，计算偏于安全。

车体平面杆系模型尽管没有考虑底架上各种横梁、纵梁和上盖板，没有考虑各个隔墙和顶棚横梁，没有考虑司机室前脸和顶棚，但毕竟完整地计入了上、下弦杆和侧壁上各种杆件以及蒙皮,计算精度自然非简支梁模型可比。然而,车体平面模型存在一系列不足之处,必须予以改进。

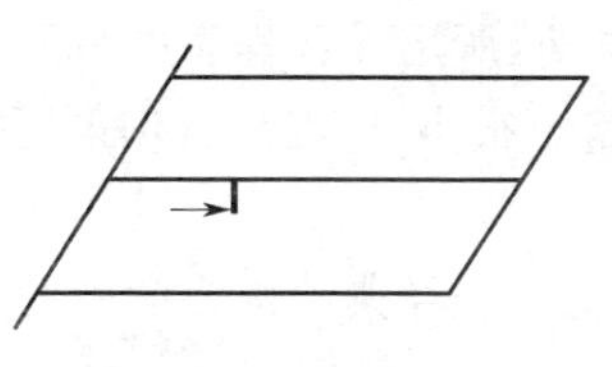

图 6.10 箱形结构底架端部的计算模型

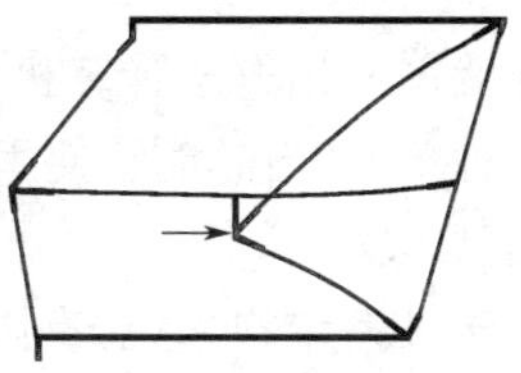

图 6.11 斜撑式牵引梁的底架端部计算模型

首先,平面杆系模型不包括底架,也就是说,平面杆系模型成立的前提是底架的刚度和强度足够,因此底架变形对车体整体刚度和强度的影响以及底架各部分的应力状态,用平面杆系模型是求不出来的。

其次,平面杆系模型中的各种梁都是由若干小梁和蒙皮组成的组合构件,高度与跨度之比很大,其应力沿断面高度的分布并不是线性的,但计算时认为这些梁都符合材料力学中关于梁的定义,它们的应力沿断面高度按线性规律分布,这要带来一定的误差。

第三,为了减小计算工作量,框架结构的平面杆系模型往往将位于间距比较大的相邻窗孔之间的某些立柱,处理成刚度无穷大的刚性梁,以便把该立柱前后的框架结构分成各自相互独立的框架结构进行计算。这样做的结果增加了有关立柱的刚度,会给计算带来一定的精度损失。

第四,在平面杆系模型中没有计入司机室顶棚,也就是说,计算司机室上弦杆等有关梁件的断面特性时偏于安全。压缩工况下司机室侧窗与侧门的上弦杆和它们之间的立柱,以及侧门门角处所求得的应力往往都很高,但在机车的实际运用中上述这些部位并没有发现有什么强度问题,这说明在司机室部分的平面杆系模型与实际结构出入比较大,从而导致那里的计算结果有某种程度的失真。

第五,平面杆系模型无法计算侧壁以至整个车体的横向变形,从而无法对顶棚上活动顶盖和各隔墙内门的安装情况进行分析。

第六,无法求模型中各节点附近的应力状态。

电子计算机的使用,使车体计算模型摆脱了手工计算的缺点,计算精度得到了大幅度的提高。

6.2.3　用电子计算机计算的平面杆系模型

在我国使用电子计算机计算车体的早期,所用计算程序中只配有平面梁一种单元,当时能够使用的机器的容量也很小,所以计算仍采用平面杆系模型。

对于杆系结构来说,有限单元法实际上就是经典结构力学中的变位法,以节点位移作为未知数。当时的计算模型是从手工计算的平面杆系模型演变而来。由于侧壁上窗孔的存在,模型中各杆件的刚度在其长度方向的不同部位是不同的,在杆件的两端刚度很大,可以视作刚性区;而在杆件中部刚度要小得多,可以视作弹性区。对于这样的杆件,可以用两种办法模拟。一种办法是把杆件分成三段,认为在杆件刚度突变处有节点,弹性区的刚度用手工计算模型的办法计算,刚性区的刚度用一个大数表示。另一种办法是利用理论力学中计算刚体位移的公式来表示刚性区的刚度。详细推导可见图 6.12。图中 A 为杆件节点,B 为弹性区端点,即弹性区与刚性区的交点,AB 为刚性区,即刚臂。由刚体运动学可知,节点 B 的位移可由与节点 A 一起的平动加上因刚臂转动而引起的位移获得。假定刚臂在梁变形后的转角 θ 按右手系旋转为正,且 θ 很小,则由图 6.12 可知

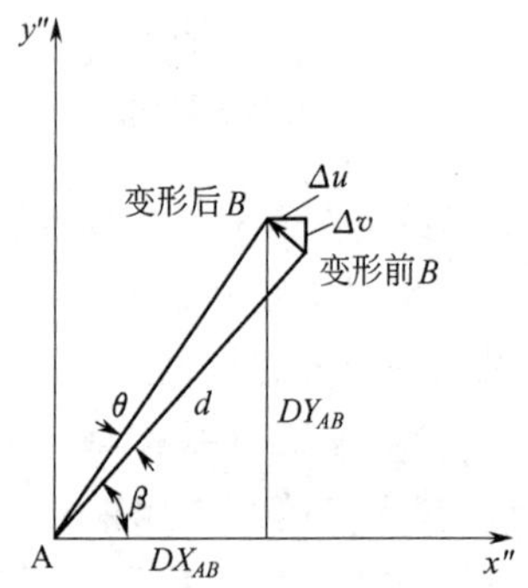

图 6.12　刚体位移的计算

$$\begin{aligned}\Delta u&=-d\cdot\theta\cdot\sin\beta=-\theta\cdot DY_{AB}\\ \Delta v&=d\cdot\theta\cdot\cos\beta=\theta\cdot DX_{AB}\end{aligned}\tag{6.1}$$

加上节点 A 的平动,得

$$\begin{aligned}\theta_B&=\theta_A=\theta\\ u_B&=u_A-\theta\cdot DY_{AB}\\ v_B&=v_A+\theta\cdot DX_{AB}\end{aligned}\tag{6.2}$$

也就是说,先用常规的有限元计算处理办法,求出杆件弹性区的刚度矩阵,然后通过矩阵转换,求出以杆件两端节点位移表示的、杆件弹性区

刚度矩阵，便可模拟这种带刚性区的杆件。

这两种办法相比较，显然前者不如后者。第一，未知数数量要增加许多；第二，对刚性区刚度充大数，必然增加计算的舍入误差。因此，为了适应车体结构的特点，在对其用平面杆系模型计算时，所用的梁单元应一律采用两端带有刚臂的偏心梁。

用电子计算机按平面杆系模型计算车体时，由于不用担心增加超静定次数会导致计算工作量增加的问题，模型支点可以按照实际情况模拟，即对于有 8 个旁承的底架，车体的平面杆系模型可以设 4 个支点。基于同样原因，对于框架结构侧壁中常有的某些相邻窗孔之间距离比较大的情况，也不用将那里的立柱处理成刚度无穷大，那里立柱的断面特性可以像侧壁上其他杆件一样，用前面手工计算的平面杆系模型中叙述的方法计算。图 6.13 给出了用电子计算机计算的一个桁架式平面杆系车体模型。

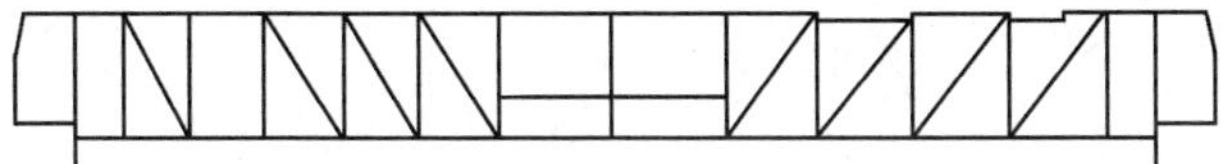

图 6.13 桁架结构车体侧壁的平面杆系计算模型

6.2.4 空间刚架模型

用平面杆系模型计算车体的最大缺点，就是模型中无法计入底架，从而无法考虑底架变形对车体整体的刚度和强度的影响，同时也无法计算底架各部位的应力，而底架端部却是整个车体中受载最重的、强度最重要的部位。随着电子计算机技术的发展，车体计算采用空间刚架模型就提到日程上来。

车体的空间刚架模型中采用的梁单元是节点有 3 个线位移、3 个角位移、共计 6 个自由度的空间梁。按理说，只要把所用平面杆系有限元计算程序中梁的单元刚度矩阵计算及其向车体结构整体坐标系转换和拼装的过程稍作改动，就可以用来计算空间刚架模型。但实际上问题并没有那样简单，在对车体建立空间刚架模型的过程中会碰到一些在平面杆系模型建模时碰不到的问题。现简述如下。

1. 从理论上讲，可以将底架看成一个板架，其计算模型由各根梁中心线组成。然而底架上的各种梁的断面高基本上是不相等的，甚至没有任意两种梁相等(见图 6.14)，于是这些实际上相互焊在一起的梁的中心线在空间不能相交，从而也就构不成底架。为了解决这个问题，可以利用平面杆系模型中关于偏心梁的概念，但需要再引伸一步。在平面杆系结构中偏心梁的定义是两端带有刚臂的梁，刚臂是杆件弹性域两端向外的延伸，其方向与弹性域平行，见图 6.15(a)。如果把偏心梁的定义改成：两端带有刚臂的梁，刚臂是杆件弹性域两端向外的延伸，方向任意，如图 6.15(c)所示，则底架上各种断面不同的梁中心线不相交的问题就得到解决。另外，底架上的梁大多是短而粗的，刚性域往往占梁总长度的很大比例，计入刚性域将在相当大的程度上提高底架上梁刚度的计算精度。

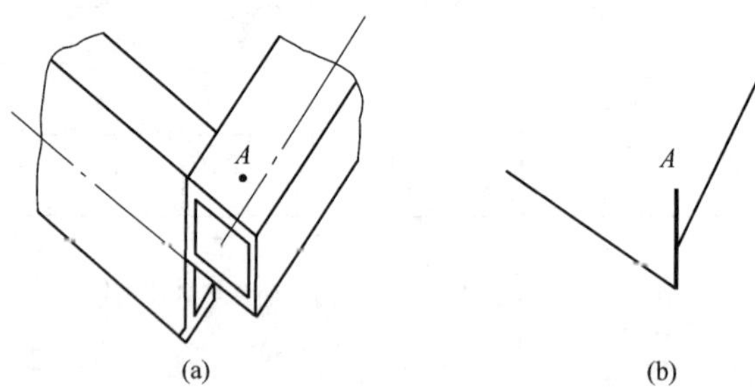

图 6.14　底架上断面高度不相等的梁的连接

使用偏心梁建立底架计算模型时，可以把底架上各个梁单元相交的节点设在某一个平面内(例如底架面)，从这些节点到相应梁断面中心线的垂直距离就是这些梁的刚臂(图 6.17)。由于各个节点都位于一个平面内，它们坐标数据的准备也很方便。

下面介绍偏心梁刚臂长度的确定方法。

令偏心梁左端刚臂$\overline{AA'}$在其几何坐标系 $Ax''y''z''$ 三根轴上的投影为 DA_x，DA_y，DA_z，又令偏心梁右端和左端刚臂的矢量差$\overline{DC}=\overline{BB'}-\overline{AA'}$在几何坐标系 $Ax''y''z''$ 三根轴上的投影为 DC_x，DC_y，DC_z，则用 DA_x，DA_y，DA_z，DC_x，DC_y，DC_z 六个数据完全可以唯一地确定偏心梁左右两个刚臂的长度和指向。

对图 6.15(a)所示的偏心梁，$DA_x=AA'$，$DA_y=DA_z=0.0$；至于后

三个数据，由于$\overline{BB'}$与$\overline{AA'}$的方向相反，二者的矢量差$\overline{DC}$在数值上等于AA'与BB'之和，方向与$\overline{BB'}$相同，即与Ax''轴逆向，所以$DC_x=-(AA'+BB')$，$DC_y=DC_z=0.0$。

对图6.15(b)所示的偏心梁，刚臂$\overline{AA'}$与Az''轴同向，所以$DA_x=DA_y=0.0$，$DA_z=AA'$；而刚臂$\overline{BB'}$与$\overline{AA'}$不但方向一致，而且长短也相同，因此$\overline{DC}=\overline{BB'}-\overline{AA'}=0$，$DC_x=DC_y=DC_z=0.0$。

对图6.15(c)所示的偏心梁，左右两个刚臂都位于几何坐标系$x''Az''$平面内，所以DA_x与DA_z分别等于$\overline{AA'}$在x''轴与z''轴上的投影，$DA_y=0.0$；由于$A'B'$平行于AB，所以$\overline{DC}$必然平行于Ax''轴，但方向相反，于是$DC_x=-DC$，$DC_y=DC_z=0.0$。

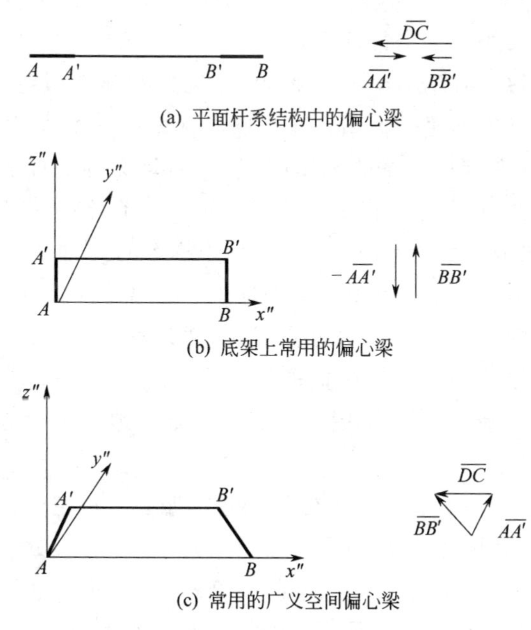

图6.15 偏心梁的各种情形

2. 由于是空间梁，每一种梁都有两个主惯性系平面，都有两个主惯性矩和抗剪切面积。在按空间刚架模型计算车体时，正确确定每一个梁单元的空间位置，以便正确填写其6个物理属性数据是很重要的。

为了叙述方便，下面以一根两端带刚臂的空间偏心梁为例进行分析。

首先引入 4 个坐标系(见图 6.16)。

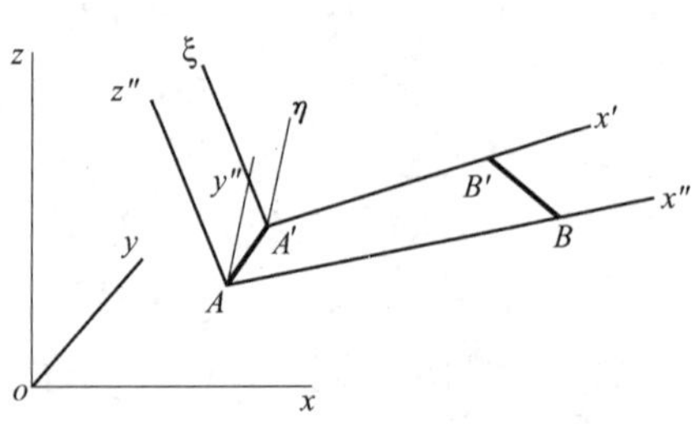

图 6.16　用 4 个坐标系确定偏心梁在空间的位置

结构整体的坐标系定义为全局坐标系 $oxyz$。

以偏心梁左端点 A 为原点、x''轴通过偏心梁右端点 B 的 $Ax''y''z''$定义为几何坐标系。在几何坐标系中 x'' 轴与 z''轴构成的 $x''Az''$平面垂直于全局坐标系的 xoy 平面。如果 x''轴垂直于 xoy 平面,则任意 $x''Az''$平面都将垂直于 xoy 平面。为了唯一地确定几何坐标系,这时可令几何坐标系的 y''坐标轴与全局坐标系的 y 轴平行且同向。

以偏心梁弹性域左端点 A'为原点、x'轴通过弹性域右端点 B'的 $A'x'\eta\xi$ 坐标系定义为参照坐标系。在参照坐标系中 x'轴与 ξ 轴构成的 $x'A'\xi$ 平面垂直于几何坐标系的 $x''Ay''$平面。如果 x'轴垂直于 $x''Ay''$平面,则任意 $x'A'\xi$ 平面都将垂直于 $x''Ay''$平面。为了唯一地确定参照坐标系,这时令参照坐标系的 η 坐标轴与几何坐标系的 y''轴平行且同向。

第四个坐标系就是偏心梁的主惯性坐标系 $A'x'y'z'$。在主惯性坐标系中偏心梁弹性域左端点 A'为原点,x'轴就是参照坐标系中的 x'轴,y'与 z'两根坐标轴指向偏心梁断面的两个主惯性方向。主惯性坐标系与参照坐标系只相差一个 α 角,用 $\sin\alpha$ 就可以唯一地确定偏心梁在空间的位置。

从表面上看,用上述 4 个坐标系来确定偏心梁在空间的位置似乎很复杂,使人眼花缭乱,但实际情况并非如此。

首先,车体的全局坐标系通常都以 x 轴和 y 轴指向底架的纵向和横向,以 z 轴指向铅垂方向,而底架上的梁都是水平的,因此底架上梁的几何坐标系的 x'' 轴总是平行于 xoy 平面,z'' 轴也总是铅垂的。从而这些梁的参照坐标系 $x'A'\eta$ 平面也总是平行于 xoy 平面。由于底架上梁的断面基本上都至少具有一根对称轴,如果将这些梁主惯性系的 z'轴指向垂直于底架面,则它们的主惯性系将与参照系完全重合,α 夹角等于零(见图 6.17)。

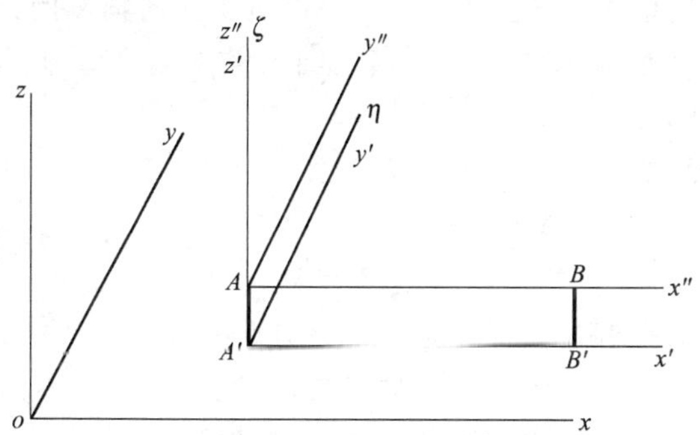

图 6.17 底架上梁主惯性系的确定

其次，对侧壁上的斜撑，尽管几何坐标系是斜的，但由于它最多是如图 6.15(c)所示的广义空间偏心梁(更多的情况可能是平面偏心梁)，参照坐标系的方向总与几何坐标系一致，如果将主惯性系的 z' 轴指向垂直于斜撑的 $x''A\ y''$ 平面，则主惯性系仍将与参照系重合，α 夹角仍为零。这个情况同样适用于侧壁上水平放置的横梁。在这两种情况下，梁的主惯性系方向用常规办法就可确定，不增加任何工作量。

但是如果车体上的杆件，由于结构上的某种需要，设计成与整体坐标系不正交(例如顶棚上的纵梁)，这时尽管参照系的方向与几何系一致，主惯性系的 z' 轴与参照系的 ξ 轴却不重合，梁的主惯性系方向需要根据夹角 α 才能确定(图 6.18)。

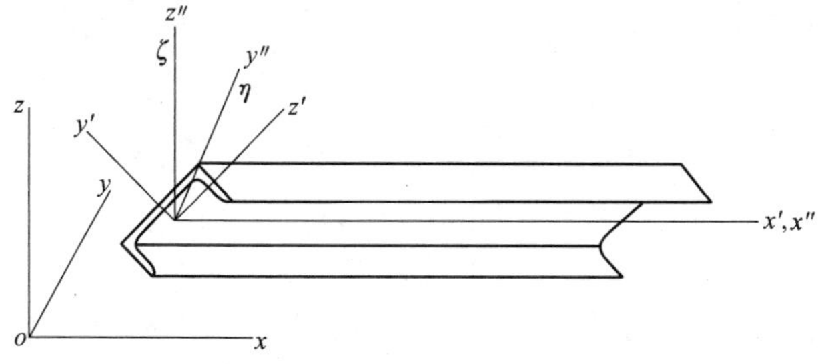

图 6.18 梁与整体坐标系不正交的情况

对侧壁、隔墙和司机室铅垂放置的立柱，情况有所不同。这时由于 x'' 轴是铅垂的，y'' 轴应与车体的横向轴 y 同向，于是参照系的 η 轴也与 y

轴同向，所以铅垂立柱的主惯性系如果以机车横向轴 y 的方向为 y'轴的指向，则 α 夹角为零；如果以机车横向轴 y 的方向为 z'轴的指向，则 $\alpha=90°$(见图 6.19)。

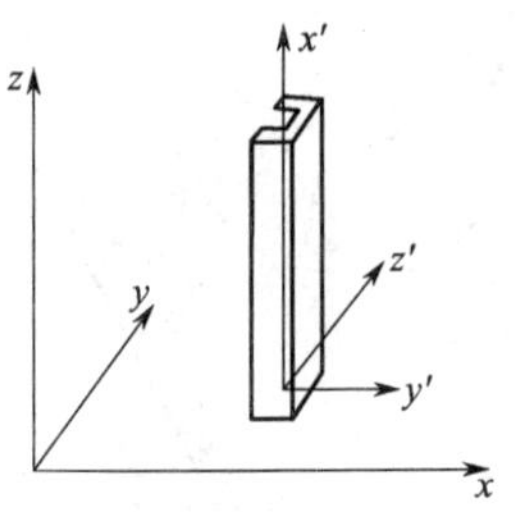

图 6.19 铅垂立柱主惯性系的确定

3. 车体底架上各种横梁的位置由旁承和车上各个设备在机车总体布置中的位置决定。车体侧壁上各个立柱的位置由侧壁上采光、冷却和进、排气的孔洞位置决定。因此立柱的位置与底架横梁基本上是对不上的。二者的距离，有的大，有的小。有的立柱甚至就在底架横梁的刚性域内，于是这段底架侧梁的刚度就会变得非常大。这时如用一大数作为这根梁的刚度进行计算，就会因大数相减影响计算精度，甚至造成方程的病态。对这种问题比较好的处理办法是利用该处刚度大的特点，用节点变位主从关系来解决。由于该梁的刚度很大，变形可以忽略，根据理论力学公式，该梁任一节点(从节点)的位移可以用梁上另外任一节点(主节点)的位移表示，其公式如下：

$$\begin{Bmatrix} u \\ v \\ w \\ \theta_x \\ \theta_y \\ \theta_z \end{Bmatrix}_{从} = \begin{bmatrix} 1 & 0 & 0 & 0 & DZ & -DY \\ 0 & 1 & 0 & -DZ & 0 & DX \\ 0 & 0 & 1 & DY & -DX & 0 \\ 0 & 0 & 0 & 1 & 0 & 0 \\ 0 & 0 & 0 & 0 & 1 & 0 \\ 0 & 0 & 0 & 0 & 0 & 1 \end{bmatrix} \begin{Bmatrix} u \\ v \\ w \\ \theta_x \\ \theta_y \\ \theta_z \end{Bmatrix}_{主} \tag{6.3}$$

式中

$$\begin{aligned} DX &= x_{从} - x_{主} \\ DY &= y_{从} - y_{主} \\ DZ &= z_{从} - z_{主} \end{aligned} \tag{6.4}$$

车体的空间刚架模型仍有明显的不足之处。首先，为了保护车内设备，防止日晒雨淋，车体上部结构除所开孔洞外，都包有蒙皮，底架也几乎完全被盖板所覆盖，各隔墙除内门外也全都敷有蒙皮。但空间刚架模型基本上没有计入蒙皮，尽管侧壁上计入了部分蒙皮，也只是将其作为梁的组合断面的一部分，并没有完全反映蒙皮受力的特点。特别是司机室，其结构基本上类似于飞机机身带有许多加强肋的薄壳结构，蒙皮是主要的受力件，必须对其承载能力、受载后的变形和应力状态进行充分的研究。另一方面，机车挂钩时和列车制动时的纵向冲击力和牵引时的列车反作用力都通过车钩直接作用在底架端部缓冲座的两个从板座上。缓冲座是铸钢件，用螺栓固定在端部结构的牵引梁上。因此缓冲座本身以及安装缓冲座的牵引梁部分是整个车体受载最重的部位，对那里的应力状态应进行仔细的分析。而在车体的空间刚架模型中，牵引梁是按梁模拟的，缓冲座根本就不计入，所以没有可能进行精细的应力分析。

6.2.5 用于方案计算的车体梁壳组合结构模型

从 20 世纪 80 年代中期以后，车体的结构分析基本上都采用梁壳组合结构模型。但方案计算和最后施工设计强度校核计算所采用的计算模型是不同的。

方案计算属于定性的计算，关注的主要是垂直载荷作用下底架中部的挠度和纵向压缩力作用下司机室侧门附近的应力以及整个车体上大致的应力状态和水平，计算模型不需要很精细，但希望耗费少，算得快，以便进行多方案比较。施工设计计算是最后的计算，计算的结构已经画成施工图纸马上要下车间投入生产，所以对车体结构每一个细节的应力都关注，计算模型必须逼真地模拟实物，网格要划分得足够密。

在底架承载的车体结构中，底架中梁是比较粗大的。即使在侧壁承载的车体中，底架上梁的尺寸比侧壁以及隔墙上的梁也要大得多。梁的尺寸大，在它们的接头处必然会有相当大的刚性域。这种刚性域会在相当大的程度上增加这梁的刚度，从而也降低其应力水平。另外，底架上主要的梁都是短而粗的，也就是说，是深梁。对于深梁来说，剪切变形的影响是很大的。因此，在作方案设计计算时，底架的梁可以用两端带刚臂、同时在单元列式中计入剪切变形的偏心梁模拟，这样做既基本上真实地描述了梁的刚度，同时还大幅度减少了计算模型的节点数，减小了计算规模，缩短了单个方案的计算时间。偏心梁两端刚臂的描述方法可参阅 6.2.4 节。底架盖板可以用既能承受膜力、又能抵抗弯矩的平壳单元模拟。

在梁壳组合结构模型中，组合断面的梁已不再采用，这时梁件与蒙皮按照本身的特点分别建模。车体侧壁、顶棚、司机室和隔墙上的各种梁，由于都比较细长，梁与梁接头处的刚性域都比较小，影响可以忽略，可以用普通梁模拟。车体上部各个部位的蒙皮可以用平壳单元模拟。

车体顶棚上的大孔是很大的，在纵向尤其长。为了固定活动顶盖，在顶棚大孔中间，沿纵向布置有若干根可拆卸横梁。这些可拆卸横梁的端部都用铰孔螺栓固定在顶棚的上口梁上。可拆卸横梁与上口梁的联接，严格说来，应该用接触模型模拟，但考虑到可拆卸横梁一般受力不大，而铰孔螺栓的联接很刚，不会松动，从简化角度考虑，在计算模型中可以认为可拆卸横梁与上口梁是刚性联接的。活动顶盖在其四周用橡胶垫通过联接螺栓与顶棚的上口梁和可拆卸横梁相联接，由于橡胶垫很软，完全是为了防漏雨而采用的，机车运行时活动顶盖只承受很小的力，所以在车体的计算模型中活动顶盖一律不计入。但在计算车体的自振特性时，计算模型中需要计入活动顶盖。

机车运行时车体支承在旁承上，机车上部所有设备的重量通过车体传给旁承，最后传给转向架构架。如果机车只有 4 个旁承，则不存在任何问题；如果机车有 8 个旁承(前后转向架各有 4 个)，则在垂直载荷作用下车体将产生弯曲变形，8 个旁承都与车体接触。当垂直载荷与纵向压缩力共同作用时，车体与各旁承是否全接触，抑或有的接触、有的相互滑动甚至脱开，这是一个典型的接触问题，需要按接触模型计算才能确定。当垂直载荷与由转向架牵引拉杆传来的牵引力以及被牵引列车的反作用力共同作用时，车体与各旁承的接触状态也需要通过接触计算解决。关于对车体支承的模拟，详见 6.3.2 节。

6.2.6 车体施工设计强度与刚度校核的梁壳组合结构模型

车体施工设计的计算与方案设计不同，方案计算要在保证一定精细程度的基础上算得快，而施工设计计算则主要追求计算精度。因此模型应尽量逼真地模拟图纸，计算网格也应该足够密，但计算效率也应该考虑。

车体施工设计的计算模型也应该采用梁壳组合结构，但与方案设计计算模型有所不同。对于车体上部结构侧壁、司机室、隔墙、顶棚等，方案计算时用普通梁和平壳单元模拟，模型相当真实地描述了实际图纸，精细程度足够，因此在施工设计计算时可以采用同样的建模方法，只是网格应划分得更细一些。当然,如要提高计算精度,将这些梁按偏心梁模拟,也没有任何问题,数据准备和整个计算的工作量都增加得有限。

车体施工设计与方案设计计算模型的不同主要在于对底架结构的模拟。用计入剪切变形的偏心梁模拟底架的梁,固然能改善这些梁整体的刚度计算精度,从而也提高了车体计算的精细程度,但由于对梁结构上的许多细节没有考虑,对梁本身各部位应力的计算是比较粗糙的。例如,对旁承梁上的孔洞,对各种梁接头的细部,对牵引梁内从板座的受力,都不能模拟,特别是对旁承,只用可以在两个方向转动、下面是刚性支承的、类似于材料力学中的铰支承模拟,根本谈不上对实际结构的真实描述,自然也求不出那里的真实应力状态。因此,在施工设计的计算模型中,不论是内走廊式还是外走廊式车体,底架上的主要梁件和盖板都应该用平壳单元离散(只有个别的、很小的梁除外,这些梁用梁单元模拟)。最好采用 4 节点平壳单元。单元不需过密,其边长以 40～80 mm 为宜。当然,应力集中处另当别论。

在离散的底架模型中旁承自然要精细模拟。首先,铸钢的旁承座(也用平壳单元离散)应该出现在旁承梁上相应的位置,并且按照实际情况与旁承梁相联。如果模型中不计入橡胶堆,则旁承座应该就是车体的支点,这时支点的具体位置可设在旁承座的顶板上;如果模型中计入橡胶堆,则用块体元将橡胶堆离散,支点设在橡胶堆底面。当然,在模型中计入橡胶堆能更真实地模拟车体的支承情况,计算精度将更高。关于这方面的讨论以及支点各个方向的位移约束应如何选取,可详见下面 6.3.2 节中“1. 垂直载荷工况”的内容。

为了铺设电线管道、风管以及满足通风机风道设计的需要,底架的很多梁上都开有比较大的孔洞。这些孔洞会造成应力集中,使它们周边产生相当高的应力。这种局部应力状态的突变在用偏心梁模拟的底架模型中是算不出来的,但却是设计师为评价车体生产结构的强度所必须了解的。用离散的底架模型可以解决这个问题。这时自然应按照实际结构精心建模并进行计算。为了弥补由于这些孔洞的存在给底架带来的局部削弱,在这些孔洞的周边通常都进行局部的加强。这些局部加强的结构往往比较复杂,如果对其进行精细描述,计算模型将变得很复杂,以致影响建模和计算的效率。因此,计算时可参照实际加强结构,对其进行一定程度的简化，将孔边的局部梁板适当加厚。

机车上的设备绝大多数都通过安装座直接安装在底架上，在安装这些设备的底架相应部位，基本上都设有各种大小的梁。因此，在以偏心梁模拟底架梁件时，设备的重力，都按照它们的重心位置，或者通过安装座(如柴油机、燃油箱等)，作用在梁上。但在底架的离散模型中情况就不同了，这时如果将设备的重力都作用在按偏心梁模拟底架的模型中的同样位置，则由于底架上的梁件绝大部分都被离散，承受重力作用的只是平壳单元的节点，受力后那里的应力将变成极大，造成计算严重失真。事实上，底架上梁件主要依靠腹板来承受设备的重量。即使如柴油发电机组这样重的设备，其重量也是通过 4 个橡胶堆作用在柴油机横梁相应的部位，主要由那里的腹板来承担。柴油机横梁上盖板中部，由于下面没有腹板支撑，局部弹性比较大，只能承受小部分作用力。因此，在底架的离散模型中，设备重力应根据它们的实际作用范围平均施加，绝不可将力施加在一、二个节点上。

车体上最重的载荷是纵向压缩力，其次是与压缩力反向作用的纵向拉伸力。这两个力分别作用在牵引梁内中部偏下的缓冲座内、外从板座上。尽管缓冲座是铸钢件，强度很好，从板座也很厚，但在巨大的压缩力直接作用下，从板座以及通过螺栓固定缓冲座的牵引梁左、右侧板的下部应力都很高。斜撑式牵引梁中梁后部变断面处，由于离压缩力作用点很近，在靠近小断面部位的应力往往也很大。由于部位的重要性，从板座附近和牵引梁中梁后部变断面处的应力是整个车体强度关注的重点。

燃油箱总是设置在底架下面，用吊杆等固定在相应的吊座上，吊座则焊在底架相应的梁上。燃油箱加上燃油，总重比较大，再加上机车制动时油箱的动力作用，油箱吊座的强度需要专门计算。与底架模型类似，油箱吊座计算时也应采用离散模型。

底架端部的救援座是为机车掉道后用救援吊车将机车前端抬起进行复位用的。救援座是一个焊在底架侧梁内的厚壁圆筒。为确保后续计算应用，底架建模时救援座也应离散。在作车体救援工况计算时，救援座圆筒内孔表面的上半圆的节点应作为计算的支点。

在底架前、后的内、外旁承梁之间，左、右侧梁上设有 4 个机车整体吊装的吊座。吊座的结构与救援座类似，往往由钢板组焊而成，中部焊有厚壁圆筒。对于采用牵引拉杆型式结构传递牵引力的机车,吊座通常与牵引拉杆座设计成一体。底架建模时吊座也应离散。在对车体作整体吊装工况计算时,各吊座圆筒内孔表面的上半圆的节点应作为计算的支点。

6.3 车体的作用载荷、计算工况与边界条件

现将车体的作用载荷、计算工况和边界条件分述如下。

6.3.1 车体的作用载荷

车体上的作用载荷种类很多,有垂直载荷、对缓冲座的纵向冲击力和纵向拉伸力、牵引力、对司机室前脸碰撞的冲击力、对排障器碰撞的冲击力、小石块对司机室前脸的穿透作用力、风压等等,下面对这些载荷分别进行分析。

1. 垂直载荷

垂直载荷包括车体自重和车上各种设备以及管路的重量。车上设备重量都是集中载荷,如柴油发电机组、燃油箱、整流柜、电阻制动装置、空气压缩机等;管路则是均布载荷,如各种电线管路、水管、油管、风管等。在对机车作重量分配计算时,各种设备的重量都作为集中载荷作用于它们的重心,管路重量则作为均布载荷,施加在它们敷设的地方。实际上在设备的下面都设有安装座,它们是通过安装座固定在底架上的。安装座下面都设有或大或小的各种梁件。由于有的梁件很小,在车体的计算模型中往往予以忽略(特别是在方案计算时),这时作为这些设备重量的集中载荷,需要用杠杆原理的办法分配到设备附近的前后或左右的梁上去。有的设备很重,像柴油机和燃油箱等,必须将它们的重量作用在它们实际作用的梁上。车体自重可利用现在有限元软件基本上都具有的功能,按照各个组成单元的重量求出,然后施加在各单元相应的节点上。

2. 作用于缓冲座的纵向冲击力

作用于缓冲座内从板座上的纵向冲击力是机车挂钩时和列车制动时产生的,其数值取决于车钩与缓冲座接触瞬时的速度。因此各国铁路部门对机车挂钩时的速度都有具体的规定。但对不同机车的挂钩,牵引不同吨位、以不同速度运行的列车的紧急制动,产生的冲击力仍然是千差万别。为便于对车体强度进行校核,世界各国在机车设计时都用静压缩工

况代替纵向冲击工况的计算，用作用于缓冲座的静压缩力代替纵向冲击的作用。

车体静压缩力的取值，主要参考所设计机车的功率和总重，再由各国根据本国铁路状况决定，因此不同国家对静压缩力的取值是不同的。但同时压缩工况的许用应力取值也不一样。西欧德、法、英等国规定，计算车体压缩工况时，压缩力取 1 960 kN，许用应力取材料的比例极限或屈服极限。前苏联规定，压缩力取 2 450 kN 或机车重量的 2 倍，许用应力取材料的屈服极限。美国规定，压缩力取 4 450 kN，许用应力取材料的强度极限。我国对压缩力的取值尚没有明确规定，但在机车设计时通常参考西欧的做法，压缩力取 1960kN，许用应力取材料的屈服极限。对于功率小(1 000 kW 左右，甚至 1 000 kW 以下)、总重 70～80 t 的内燃机车，车体计算的压缩力可以取 1 470 kN，许用应力则仍取材料的屈服极限。

3. 作用于缓冲座的纵向拉伸力

作用于车体前后缓冲座外从板座上的纵向拉伸力是模拟机车出厂后无火回送去机务段时所受的力。由于这时机车在列车中编组的位置不定，所受的拉伸力大小也不定。国外机车设计时校核这个工况强度的不多。我国通常取纵向压缩力的 3/4 作为计算时拉伸力的数值，即当压缩力取 1 960 kN 时，拉伸力取 1 470 kN；当压缩力取 1 470 kN 时，拉伸力取 1 100 kN。

4. 牵引力

牵引力是牵引电动机驱动轮对前进时，转向架通过牵引销拉动车体前进的力。车体的牵引方式不同，牵引力的施加方式也不相同。对于采用心盘牵引的车体，牵引力直接作用在前后心盘上。对于采用牵引杆装置牵引的车体，牵引力作用在底架两侧前后左右 4 个牵引拉杆座上。对于采用中央牵引销牵引的车体，牵引力作用在前后牵引销的牵引点上。由于低位牵引比较有利，牵引力作用点往往设计得比较低，不在车体计算模型上。这时可以用力的移置的办法，将牵引力的作用等效为作用于车体模型中距牵引点最近节点的、大小相等且同向的力和相应的力矩，也可以假设牵引点与车体模型中距其最近节点之间有一刚臂，作用于牵引点的牵引力通过刚臂将力传给车体。

牵引力的数值随着机车运行速度的不同而不同。机车起动时牵引力数值最大，随着机车开始运行，牵引力逐渐变小，机车速度愈高，牵引力愈小。因此从安全角度考虑，在车体计算时取起动牵引力作为计算用的牵引力数值。

5. 对司机室前脸碰撞的冲击力

这个力是对机车前端发生正面碰撞的模拟，用来检验车体是否具有足够的强度以保证司乘人员的安全。根据国际上购买机车标书中关于设计性能要求的惯例，对司机室前脸碰撞的冲击力取为 294 kN 均布力，作用面为底架面以上直到前窗下窗框的前脸外侧。

6. 对排障器碰撞的冲击力

排障器位于机车最前端的下方，用来防止异物对机车走行部的碰撞。排障器上部用螺栓与底架端部结构相联，使其具有较高的刚度与强度。排障器下部通常设有可调高度的挡板，以保持对轨面的距离。

为模拟排障器在机车行驶时受到轨道上异物的碰撞，常规做法是令排障器正前方受 140kN 静力的作用。

7. 小石块对司机室前脸的穿透作用

机车在线路上行驶时有时会有小石块自外飞来。这是一个动力接触问题。如果机车以高速行驶而小石块同时也以很高的速度从正面飞向机车，很可能会穿透司机室前脸，危及司乘人员安全。动力接触问题的计算极其复杂，除了被打击部位的几何形状与结构外，计算与石块的大小、质量以及打击前的飞行速度（石块与机车的相对速度）等都有关系。计算时通常可取小石块的尺寸为 70 mm×70 mm×70 mm，小石块的飞行速度可取为机车行驶最高速度的 2 倍。

8. 作用于车体外表面的风压

机车行驶时总要受风力的作用，但通常风压不大，可以忽略。然而，当有大风而机车又高速行驶时，风压作用就需要考虑。最大风压通常取 2 000 N/m^2。

9. 动载荷

这里的动载荷主要指惯性力，包括下列各种：

(1)车上所有设备、管路和车体自重的垂向惯性力，加速度取 0.3g。

(2)车上所有设备的纵向惯性力，纵向加速度取 3g，惯性力作用点为设备的重心。

(3)车上所有设备的横向惯性力，横向加速度取 g，惯性力作用点为设备的重心。

6.3.2 车体的计算工况与边界条件

车体的计算工况在各国铁路各有不同。在我国主要有垂直载荷工况，压缩工况，拉伸工况，牵引工况，救援工况，整体吊装工况，司机保护工况，小石块穿透工况，排障器碰撞工况，纵向冲击(引起纵向惯性力)工况，横向冲击(引起横向惯性力)工况，横向风压工况等 12 种，现分别叙述如下。

1. 垂直载荷工况

这是车体计算的基本工况，不论是方案设计的计算还是施工设计的最后强度校核，都要进行这个工况的计算。作用载荷是前述垂直载荷，即车体自重和车上所有设备以及管路的重量。垂直载荷工况实际上是重力作用工况，模拟机车组装完成后在静止状态下的车体受力情况。按理说此工况不必考虑动力作用，但由于这是车体计算的基本工况，载荷比较单纯，计算结果是车体刚度判断的主要依据，特别是方案计算时，主要就是根据垂直载荷工况求出的车体变形来评价车体刚度，决定方案的取舍，因此在计算时作用载荷需乘动载系数 k_d 以考虑机车运行时振动的影响。如前所述，为计算垂向惯性力，加速度可取 $0.3g$，所以动载系数 $k_d=1.3$。但动载系数是根据线路状况决定的，对质量好的线路，动载系数应取得小一些，线路质量差，动载系数应增大。$k_d=1.3$，是针对我国线路的情况，对于为其他国家设计的机车动载系数应怎样选取，要根据该国线路状况决定。

垂直载荷工况计算时车体以各个旁承作为支点。但旁承下面有二系簧，二系簧支在转向架构架上，构架又支在一系弹簧悬挂装置上，最后才把力通过车轮传给钢轨。从理论上讲，似乎应把整个弹簧悬挂系统的弹性都作为旁承的弹性来计算，才能正确模拟车体的支承情况。但由于在计算模型中对各个设备的重量，特别是管路均布载荷的处理通常总会有一些误差，从而使分配到各个旁承的重量不会完全相等，而包括二系簧在内的机车整个弹簧悬挂系统的刚度是比较小的，不同旁承承受的重量不同会使它们的垂向位移有很大的出入。解决这个问题的一个办法是把各个旁承都处理成垂向刚性的支点。这样做对用偏心梁模拟底架上旁承梁的模型没有任何问题,但当把旁承梁和旁承座模拟成离散的平壳单元时,这样做要牺牲旁承座附近一些节点的计算精度。其原因是这时必须在旁承座的顶板上设置刚性支点,如果只在顶板横向设置一排支点,则由于机车上部的重量全部都集中在这几个旁承上,作用力很大,旁承座顶板及其附近旁承梁的应力会急剧增加,导致那里应力状态严重失真;如果把旁承座顶板上所有划分网格的节点都处理成支点,则应力尽管是不高了,但旁承梁的扭转自由度却受到了限制。解决这个问题的另一个办法是把二系簧计入车体的计算模型,把支点设在二系簧的下端,也就是转向架构架面上。如果计算模型中旁承梁用偏心梁模拟,则二系簧可用与其刚度等效的梁模拟。由于二系簧的刚度通常都比较大,对不同旁承传来的不相等垂向力不很敏感,求出的车体位移场不会有失真的问题。如果旁承梁采用离散模型,则二系簧可用真实尺寸的块体单元模拟,旁承座顶板的下挠传到二系簧上将被其吸收,既不会使旁承座顶板及其附近部位应力失真,又保证了旁承梁的扭转自由度。

车体垂直载荷工况计算的刚度判据是侧梁中部(对底架承载的车体则是中梁中部)的最大下挠与转向架回转中心距之比小于1/1 500。

车体垂直载荷工况计算的强度判据是最大的米塞斯应力小于许用应力。垂直载荷工况的许用应力$[\sigma]$由下式计算

$$[\sigma]=\frac{\sigma_s}{n} \tag{6.5}$$

式中 σ_s——车体材料的屈服极限;

n——安全系数。

对垂直载荷工况安全系数可取为$n=1.7\sim2$。

2. 压缩工况

压缩工况也是车体方案设计和施工设计都要计算的车体计算基本工况,用来模拟机车挂钩时和列车制动时车体受到的纵向冲击。如前所述,为了计算的方便世界各国都用静压缩力代替纵向冲击力,所以作用载荷是相向作用于底架两端的静压缩力和全部机车上部重量,不乘动载系数。

机车与后续列车的连接一般有两种形式:由车钩和缓冲器等组成的常规机车牵引装置和由中央牵引装置与两个侧缓冲器组成的组合式牵引

装置。前者既能承受机车挂钩与列车制动时的冲击力,同时又能承受被牵引列车对机车的拉力,我国的全部机车和部分国外机车采用之;后者的侧缓冲器和中央牵引装置共同承受冲击力,车钩承受全部拉力,用于部分国外机车。对于采用常规牵引装置的机车,全部静压缩力都作用在底架两端牵引梁缓冲座的内从板座上;对于采用组合式牵引装置的机车,侧缓冲器与中央缓冲器按照各自弹簧的刚度比分别承担一定比例的压缩力。

对我国的机车,车体压缩工况计算时压缩力取 1 960 kN。

在压缩工况计算时压缩力的作用位置是车钩中心线(对于装有侧缓冲器的车体,也有相当部分压缩力作用在中央缓冲器上),其远远低于车体的重心,从而在压缩力与垂直载荷作用的同时,车体两端还各作用有一个使其中部往上拱、两端往下沉的弯矩。如果这时用刚性支点模拟旁承,对于只有 4 个旁承的底架当然没有什么问题,而对于有 8 个旁承的底架,则靠中间的 4 个内旁承处的旁承梁有可能因往上拱而与下面的支点脱开,使车体形成一条中部上挠、两端下挠的曲线。当然在压缩工况下这 4 个内旁承处的旁承梁也有可能仍然压在支点上,没有脱开,这时的车体变形就是一条中部下挠、端部挠曲不明显的曲线。这 4 个内旁承处的旁承梁与支点脱开与否,取决于车体的刚度和垂直载荷与压缩力各自产生的弯矩的大小。这是一个典型的接触问题,但也可以用试算的办法解决。其做法是,先假设各内旁承处的旁承梁与支点都脱开,进行压缩工况的有限元计算,求出底架中部的垂向位移,如果垂向位移是上挠,则各内旁承处的旁承梁与其支点应该脱开,计算结束;如果垂向位移是下挠,则令各内旁承处的旁承梁与支点不脱开,重新进行压缩工况计算。

对底架的支承问题比较好的解决办法,与垂直载荷工况一样,也是在车体的计算模型中计入二系簧,二系簧的下端认为是刚性支点。对于 8 个旁承底架的情况,在压缩力与垂直载荷共同作用下,二系簧的弹性完全可以保证 4 个内旁承处的旁承梁产生真实的上拱或下挠,真实地模拟旁承梁的受力。这时既不需要求解接触问题,也不用进行试算。

压缩工况计算时,仍用 (6.5) 式计算许用应力,即$[\sigma]=\sigma_s/n$。由于安全系数 $n=1$, 因此,$[\sigma]=\sigma_s$,即许用应力等于车体材料的屈服极限。

3. 拉伸工况

这是模拟机车出厂后无火回送的工况。车体所受的载荷为相互拉伸的作用于底架两端牵引梁缓冲座外从板座的拉伸力和全部机车上部重量，不乘动载系数。

对我国的机车，计算车体拉伸工况时拉伸力取 1 470 kN。

由于拉伸力对车体是偏心作用的，因此实际上在拉伸力作用的同时还对车体两端各产生一个弯矩。与压缩力的弯矩相反，拉伸力产生的弯矩使车体中部下凹，两端抬起，再加上垂直载荷的作用，车体中部将下凹得更厉害。与垂直载荷工况和压缩工况相同，在进行拉伸工况计算时也应用二系簧——橡胶堆模拟旁承。

拉伸工况计算时，安全系数 $n=1$，因此许用应力等于车体材料的屈服极限$[\sigma]=\sigma_s$。

4. 牵引工况

这是模拟机车牵引着列车在线路上运行的情况，是最经常产生的工况。车体所受的载荷为通过各种牵引方式传给车体的机车起动牵引力、作用于机车后端部缓冲座的外从板座的被牵引列车的反作用力和全部机车上部重量。对于双机牵引的情况，则应计算第二机车的车体，这时垂直载荷与起动牵引力作用情况不变，被牵引列车反作用力的数值为单机牵引时的 2 倍，此外，机车前端还应加作用于缓冲座外从板座处的第一机车的拉力。

由于这是机车运行的工况，所有垂直载荷都需乘动载系数 k_d，对我国取 $k_d=1.3$。

牵引工况下底架的支承问题比较复杂。由于牵引力和被牵引列车反作用力的作用点都比车体重心低，这两种力都将对车体产生弯矩，弯矩的作用方向还相反，再加上垂直载荷的作用，车体最终的变形和各旁承对底架的支承情况，在用刚性旁承作为约束时需要反复试算才能正确求得。这些问题在计算模型中计入二系簧时会很容易得到解决。

与垂直载荷工况类似，牵引工况的许用应力$[\sigma]$也由(6.5)式计算，即$[\sigma]=\sigma_s/n$，安全系数可取为 $n=1.7\sim2$。

5. 救援工况

这是模拟机车掉道后复位的工况。作用载荷除了全部机车上部重量外，还需要加掉道端的转向架重量。由于作用载荷几乎是静载，载荷不需乘动载系数。

车体救援工况计算时，掉道端支点取在车体救援座处，未掉道端仍以二系簧的下端作为支点。救援座处支点按刚性支点处理。

救援工况计算时，由于跨度比垂直载荷工况要大许多，作用载荷中又增加了掉道端转向架的重量，最大下挠比垂直载荷工况要大，所以救援工况的计算也是评价车体刚度的一个计算。

由于是一次性工况，救援工况计算时安全系数可取为 $n=1$，所以许用应力等于材料的屈服极限$[\sigma]=\sigma_s$。

6. 整体吊装工况

这是模拟机车出口装船时的工况。作用载荷除了全部机车上部重量外，还需加 2 个转向架的重量。载荷不需乘动载系数。

整体吊装工况计算时支点设在吊座处，按刚性支点处理。

整体吊装工况也是一次性工况，安全系数 $n=1$，许用应力等于材料的屈服极限。

7. 司机保护工况

这是模拟机车在发生正面碰撞时司机室的受力情况。为了简化，碰撞时的冲击力用作用在司机室前窗下窗框以下前脸上的 294 kN 均布静压力代替，另外，全部机车上部重量当然也要计入。计算实践表明，对前述 6 个工况强度足够的车体结构，一般说来，司机室前脸是承受不了 294 kN均布压力作用的，必须进行专门的加强。

司机保护工况计算时载荷不需乘动载系数。计算模型的支点设在各个二系簧的下端和车体后端内从板座处。

根据司机保护工况的计算结果评价车体强度时，取安全系数 $n=1$，许用应力等于材料的屈服极限。

8. 小石块穿透工况

这是模拟机车高速行驶时，一小石块以高速正面飞向机车司机室前脸的工况。如果前脸结构强度不够，小石块就有可能穿透前脸，进入司机室，危及司乘人员的安全。这是动力接触问题，可用 LS-DYNA 程序计算。计算时机车可认为是静止的，小石块则以高速飞来，其飞行速度为机车行驶最高速度的 2 倍。小石块的尺寸可取 70 mm×70 mm×70 mm。小石块的质量可取 0.9 kg。

9. 排障器碰撞工况

排障器作为机车排除运行前方轨道上异物的部件，其功能就是经受碰撞。排障器都是可拆卸的，用螺栓固定在底架前端下部，因而通常对其单独建立模型进行计算。排障器上部与底架的固定螺栓通常都很强，所以排障器可以模拟成上端固定的悬臂结构。排障器强度校核的外载荷，通常可取为正面水平作用的140 kN均布载荷，作用面积为整个排障器。

排障器受碰撞是一次性工况，所以安全系数$n=1$，许用应力等于排障器材料的屈服极限$[\sigma]=\sigma_s$。

10. 纵向冲击工况

这是模拟机车起动和高速运行紧急制动等纵向速度突然变化时机车上设备、车体自重等惯性力的作用。计算时纵向加速度取$3g$。计算模型的支点设在各个二系簧的下端和车体后端的从板座处。安全系数取$n=1$，许用应力等于材料的屈服极限。

计算实践表明，纵向冲击工况下车体各部位的应力水平都不高。这个工况主要用来考核有较重设备作用的梁和设备的固定螺栓。

11. 横向冲击工况

这是模拟机车蛇行运动和高速通过曲线紧急制动时车上设备和车体自重等横向惯性力的作用。计算时横向加速度取为g。计算模型的支点设在各个二系簧的下端。安全系数取$n=1$，许用应力等于材料的屈服极限。

从计算结果来看，与纵向冲击工况类似，横向冲击工况下车体各部位的应力水平也都不高，而且比纵向冲击工况还要低。

12. 横向风压工况

这是模拟机车运行时有大风从侧面吹来的情况。作用载荷为侧面风压$q=2\ 000\ \mathrm{N/m^2}$，机车持续牵引力，被牵引列车的反作用力和全部机车上部重量。所有作用载荷都需乘动载系数k_d，对我国铁路$k_d=1.3$。

横向风压工况计算时支点设在各个二系弹簧的下端。

由于这个工况是模拟机车运行时的情况，所以安全系数要取得大一些，$n=1.7\sim2$。许用应力按(6.5)式计算，$[\sigma]=\sigma_s/n$。

在单侧风压作用下车体会产生较大的侧滚，因此横向风压工况计算不仅校核车体的强度，还考核车体的稳定性。

根据对车体设计要求的不同，需要进行的车体计算工况也不尽相同。

对于车体的方案设计，只需要计算垂直载荷工况和压缩工况。

对于常规的车体施工设计，需要计算垂直载荷工况，压缩工况，拉伸工况，牵引工况，救援工况，整体吊装工况和排障器碰撞工况。

对于强度要求较高的车体结构，除了上述常规计算的7种工况外，还应计算司机保护工况和横向风压工况。

对于强度有特殊要求的车体，则还需增加小石块穿透工况的计算。

至于纵向冲击工况和横向冲击工况，由于求出的车体各部位应力水平通常都比较低，在对车体作强度校核时很少进行计算。

对于向国外投标的机车的车体计算，则需根据标书的要求决定计算工况。

6.4 内走廊式车体计算工程实例

这里作为工程实例所计算的机车车体是我国自行设计和制造的大功率货运内燃机车的车体，机车功率3 480 kW，采用交直流电传动，轴式C_0-C_0，最高运行速度120 km/h，机车总重约144 t。

机车车体为内走廊式的侧壁承载结构，两端为前后司机室。车体沿纵向布置有5个隔墙，将车体分为前司机室，电气室，动力室，冷却室，辅助室和后司机室6个部分。

底架主要由前、后端牵引梁结构，前后内、外旁承梁，前、后柴油机座梁，柴油机纵梁，左、右侧梁，牵引电机通风机风道以及上盖板等组焊而成。底架结构左右基本对称，司机室和内、外旁承梁部分结构基本前后对称。

端部牵引梁结构由端梁，牵引梁和左、右两个斜撑组焊而成:端梁为箱型结构，牵引梁为变断面的箱型结构，斜撑与相应的底架盖板组成变断面箱型结构，斜撑在与牵引梁联接处断面高而窄，在与旁承梁和侧梁连接处断面扁而宽。

内、外旁承梁均为箱型结构。侧梁为由压型槽钢与钢板组焊成的箱型结构。各旁承梁中部均对称焊有两个铸钢的旁承座。旁承座内设有橡胶堆，下连转向架构架，用以传递车内设备和车体本身的重量。

前、后柴油机座梁均为变断面的箱型结构。前、后柴油机座梁之间焊有柴油机纵梁。

牵引电机通风机风道为薄板焊接而成的箱型结构。

车体侧壁为框架结构，由上、下弦杆，大、小立柱和一些横梁组焊而成，外敷蒙皮。

在前、后司机室之间的顶部为顶棚大盖，顶棚大盖相应于电气室和动力室的部分在中间设有一系列可拆卸顶盖，以便装拆车上设备。

车体的计算工况及其作用载荷：对车体共计算 6 个工况，分别叙述如下。

1. 垂直载荷工况

作用载荷为车体自重和全部车上设备的重量，包括柴油发电机组，冷却装置，燃油箱等集中载荷和各种电线与油、水管道等均布载荷。

为考虑机车运行时振动的影响，所有垂直载荷均乘动载系数 k_d，$k_d=1.3$。

约束取在 8 个橡胶堆的下底面。

2. 压缩工况

作用载荷为工况(1)中的全部垂直载荷和相向作用于车体两端内从板座处的 1 960kN 纵向压缩力。作用载荷不乘动载系数。

约束取在 8 个橡胶堆的下底面。

3. 拉伸工况

作用载荷为工况(1)中的全部垂直载荷和反向作用于车体两端外从板座处的 1 470kN 纵向拉伸力。作用载荷不乘动载系数。

约束取在 8 个橡胶堆的下底面。

4. 牵引工况

作用载荷为工况(1)中的全部垂直载荷和机车起动牵引力以及被牵引列车的反作用力。起动牵引力按 4 等分分别作用在 4 个牵引拉杆座的牵引点，方向向前。被牵引列车的反作用力在数值上与起动牵引力相等，作用于车体后端外从板座处，方向向后。

为考虑机车运行时振动的影响，所有垂直作用载荷均乘动载系数 k_d，$k_d=1.3$。

约束取在 8 个橡胶堆的下底面。

5. 救援工况

作用载荷为工况(1)中的全部垂直载荷和掉道的转向架的重量。作用载荷不乘动载系数。

前部约束取在底架端部的救援座处，后部约束取在没有掉道的后转向架 4 个橡胶堆的下底面。

6. 整体吊装工况

作用载荷为工况(1)中的全部垂直载荷和两个转向架的重量。作用载荷不乘动载系数。

约束取在车体 4 个牵引拉杆座的吊装孔处。

车体的计算模型见图 6.20(图中只画了平壳单元构成的结构部分，未画梁单元)。车体的计算网格图见图 6.21，共划分节点 164 893 个。下面给出部分所计算工况的变形和应力分布图。

垂直载荷工况下车体的变形见图 6.22。垂直载荷工况下车体底架中部的应力分布见图 6.23。

压缩工况下车体的变形见图 6.24。压缩工况下车体底架端部的应力分布见图 6.25。

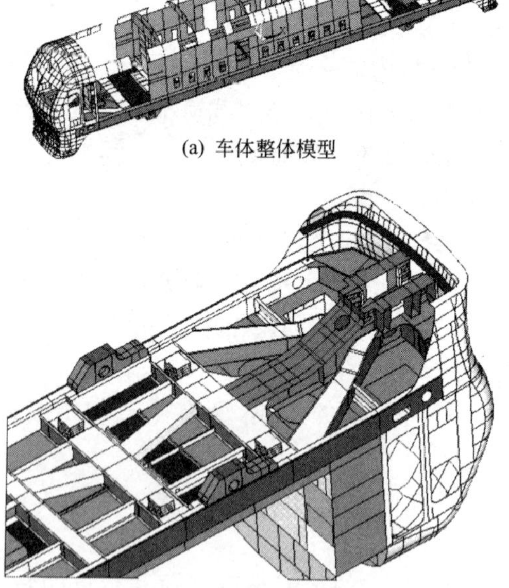

(a) 车体整体模型

(b) 车体底架端部模型

图 6.20　内走廊式车体的计算模型

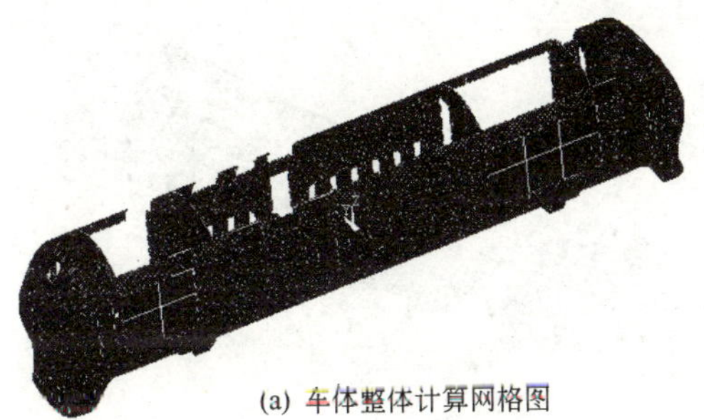

(a) 车体整体计算网格图

(b) 车体端部计算网格图

(c) 车体底架端部计算网格图

图 6.21 内走廊式车体的计算网格图

图 6.22　内走廊式车体在垂直载荷工况下的变形图

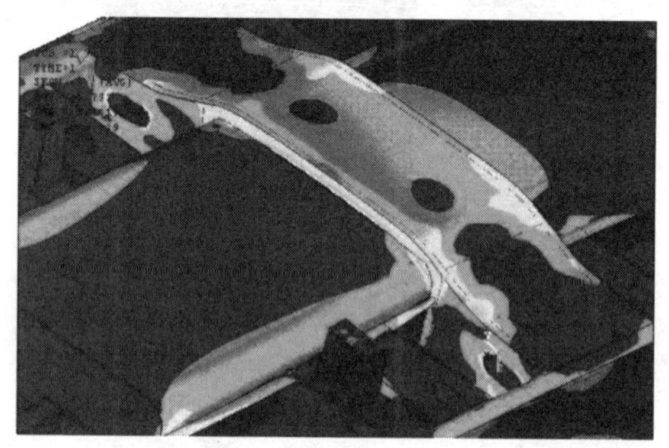

图 6.23　内走廊式车体底架中部在垂直载荷工况下的应力分布图

图 6.24　内走廊式车体在压缩工况下的变形图

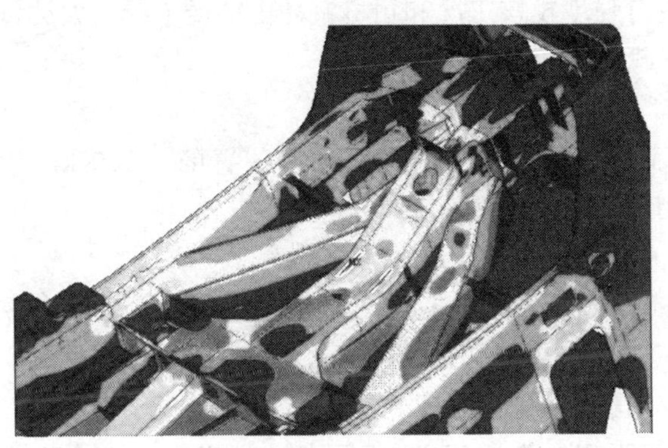

图 6.25 内走廊式车体底架牵引梁部位在压缩工况下的应力分布图

6.5 外走廊式车体计算工程实例

所计算的机车车体是我国为出口需要而设计制造的电传动内燃机车的车体。该机车为干线客、货运内燃机车，标称功率 2 062 kW，采用交直交电传动和微机控制等先进技术，最大速度 140 km/h，轴式 C_0-C_0，转向架采用二系弹簧悬挂。

机车车体为双司机室、底架承载、外走廊式结构。车体上部由五道隔墙分为六个部分，从前到后依次为：Ⅰ端司机室、电气室、动力室、冷却室、辅助室和Ⅱ端司机室。

车体钢结构主要由上部的罩式车体、两个司机室、下部的底架、两端的排障器和牵引缓冲装置等组成。

车体底架主要由两根中梁、两根侧梁、前、后牵引梁、四根旁承梁、两根柴油机梁等组成，底架上平面焊有盖板。中梁为鱼腹型，其上、下平面各焊有相当厚的盖板以增加刚度。前、后牵引梁均为箱型结构，内部装有牵引缓冲装置和车钩等。旁承梁和柴油机梁也均为箱型结构。各旁承梁在与中梁交汇处均对称地焊有两个铸钢的旁承座，用以向转向架传递垂直载荷。侧梁为小压型槽钢。

司机室焊在底架两端，也是车体承载体系的一部分，与底架共同承载。除司机室和冷却室外，其余车体各室顶部均为可拆式的罩式车体。

车体的计算工况及其作用载荷：根据标书要求，计算工况分静态载荷作用工况、疲劳强度校核工况和司机室冲击穿透工况三大类，现分述如下。

1. 静态载荷作用工况

(1)压缩工况

作用载荷为作用于底架两端缓冲座位置的 2 500 kN 纵向压缩力和全部设备重量。

(2)拉伸工况

作用载荷为作用于底架两端缓冲座位置的 1 000 kN 纵向拉伸力和全部设备重量。

(3)前、后司机室碰撞工况

作用载荷为相向作用于前、后司机室前脸的 300 kN 均布纵向压力和全部设备重量。均布纵向压力的作用位置为车钩中心线以上 350 mm 处到两司机室操纵台顶部的车体前脸表面。

(4)单端司机室 400 kN 碰撞工况

作用载荷为作用于前司机室前脸的 400 kN 均布纵向压力和全部设备重量。均布纵向压力的作用位置为从车钩中心线以上 350 mm 处到司机室操纵台顶部的车体前脸表面。同时，在底架后端缓冲座位置施加 400 kN 的纵向反作用力。

(5)单端排障器受力工况

作用载荷为施加于前排障器上的 300 kN 均布纵向压力，后端车钩处施加纵向反作用力。

(6)前、后排障器受力工况

作用载荷为施加于前、后排障器上的 300 kN 均布纵向压力。

(7)底架前端中点受 150 kN 纵向压缩力作用，后端车钩位置处施加反作用力。

(8)底架前端两侧受 150 kN 纵向压缩力作用，后端车钩位置处施加反作用力。

2. 车体结构疲劳强度计算

(1)车体内各设备质量受垂向$(1.0\pm0.15)g$重力加速度作用，约束施加在各旁承处。

(2)车体内各设备质量受横向$\pm0.15\ g$重力加速度作用，约束施加在各旁承处。

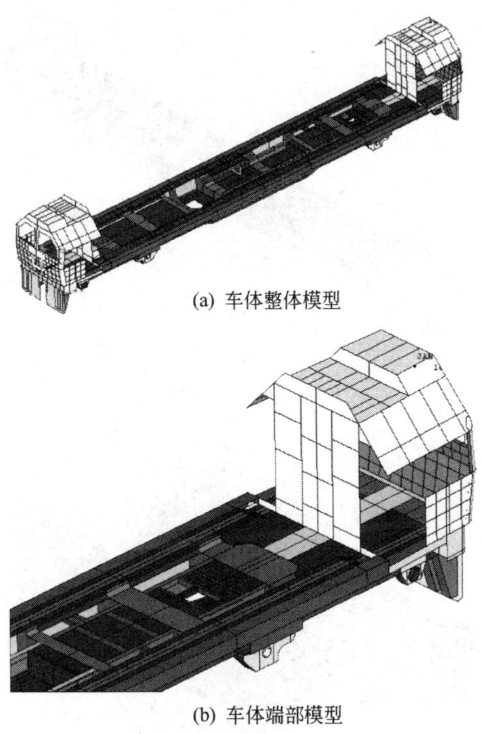

(a) 车体整体模型

(b) 车体端部模型

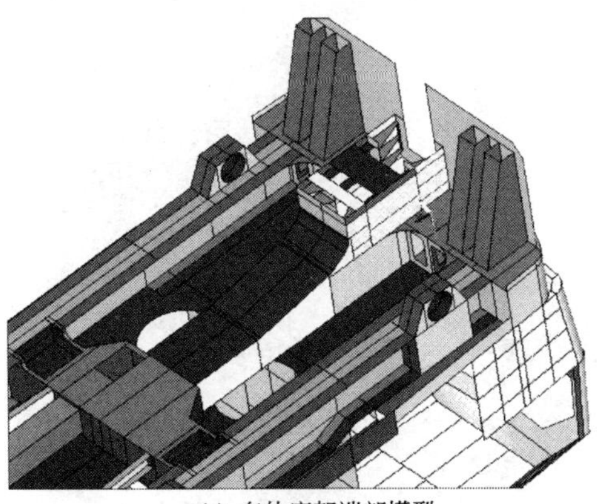

(c) 车体底架端部模型

图 6.26　外走廊式车体的计算模型

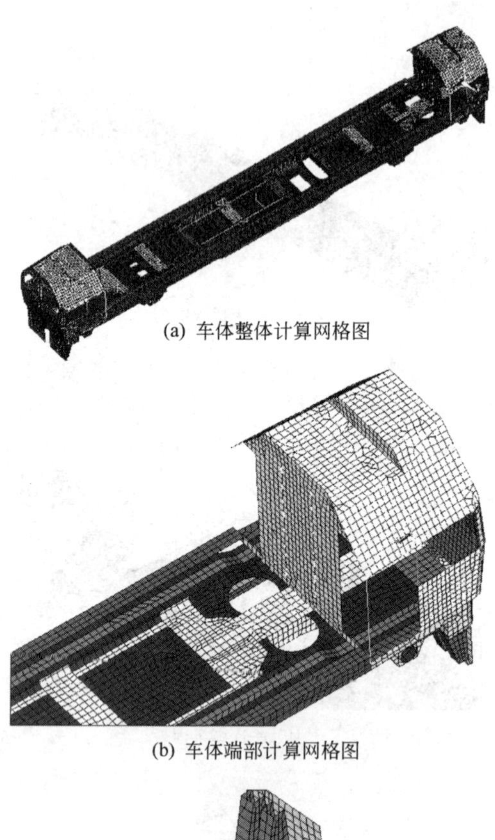

(a) 车体整体计算网格图

(b) 车体端部计算网格图

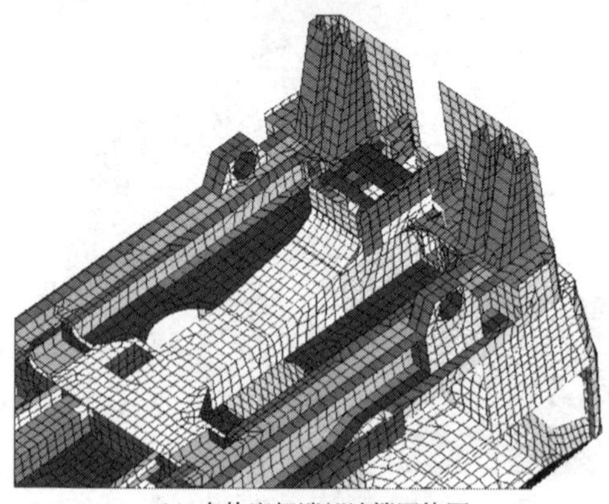

(c) 车体底架端部计算网格图

图 6.27　外走廊式车体的计算网格图

3. 司机室冲击穿透计算

司机室前脸部分受尖角中空的、边长为 70 mm、质量为 0.9 kg、速度为 280 km/h 的立方体的穿透作用。

车体的计算模型见图 6.26。车体的计算网格图见图 6.27，共划分节点 27 581 个。下面给出部分所计算工况的变形和应力分布图。

压缩工况下车体的变形见图 6.28。压缩工况下车体底架端部的应力分布见图 6.29。

拉伸工况下车体的变形见图 6.30。拉伸工况下车体底架端部的应力分布见图 6.31。

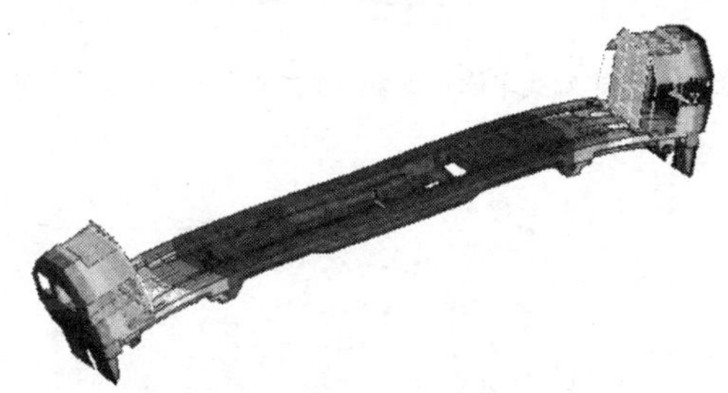

图 6.28 外走廊式车体在压缩工况下的变形图

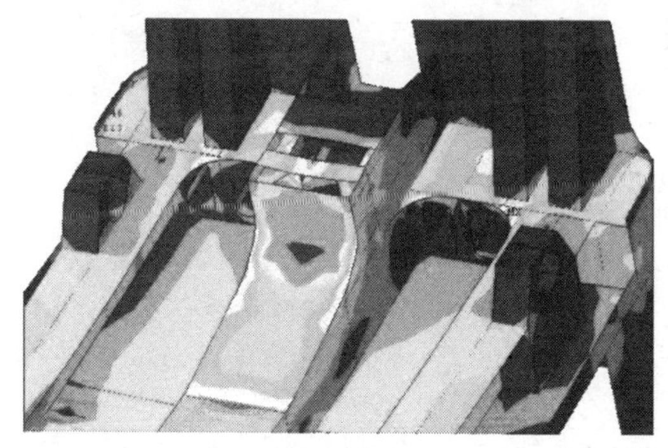

图 6.29 外走廊式车体底架牵引梁部位在压缩工况下的应力分布图

图 6.30 外走廊式车体在拉伸工况下的变形图

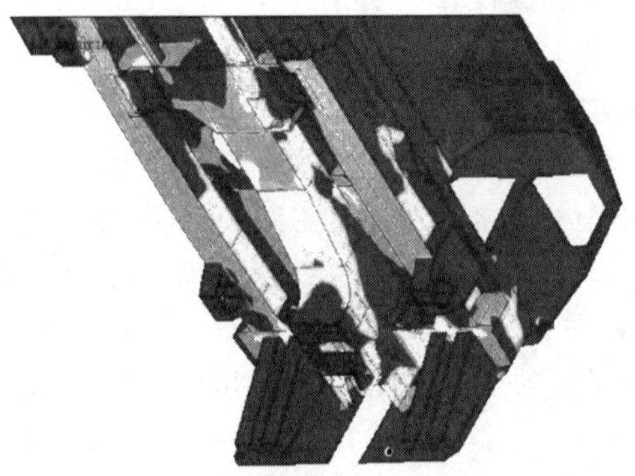

图 6.31　外走廊式车体底架端部在拉伸工况下的应力分布图

7 轮轨关系的分析[11][57]

轮轨接触传力是列车牵引的根本，也是整个铁路运输的基础。从1825年斯蒂芬森（G. Stephenson）发明世界上第一条铁路，直到日本新干线、法国TGV等现代高速列车的开通和美国、澳大利亚等大陆国家一次牵引万吨的重载牵引的实现，轮轨关系问题始终是铁路研究工作的核心。

轮轨关系问题早期的研究是以赫兹（Hertz）关于接触问题的理论作为基础的。按照赫兹的理论，在不考虑摩擦的情况下，两圆柱体受压后产生弹性变形，其接触区为一椭圆，赫兹并给出了在接触区内压力的分布公式。由于未计入摩擦，赫兹接触理论只能对轮轨接触的法向压力进行计算，自然不能满足解决轮轨接触传力问题的需要。

1926年卡特（Carter）提出了轮轨关系的二维理论，并首次涉及蠕滑的概念。他假设钢轨为无限半空间的弹性体，把车轮视作弹性圆柱体，用二维（平面应变）的弹性半空间模型模拟轮轨接触问题。卡特假设轮轨接触区为一椭圆，并将其划分成两部分，在机车前进方向的前部为黏着区，后部为蠕滑区。他假设轮轨接触面上的切向力满足库伦摩擦定律，黏着区没有滑动，蠕滑区的摩擦力对应摩擦力的极限值。对于在轮轨接触区内的法向压力卡特假设其按赫兹公式分布。

1958年约翰森（Johnson）将自旋概念引入滚动接触，把轮轨关系问题的研究推进了一步。他首先将卡特的二维理论发展到三维的情形，研究了弹性球体的滚动接触问题，后来又和费莫伦（Vermeulen）一起将这一方法扩展到三维椭圆形接触区的情形，即在接触平面的法向和车轮滚动方向有力的作用而没有旋转的滚动接触。然而该模型没有考虑滚动接触物体之间的自旋对蠕滑力的影响。

1967年卡尔克（Kalker）在研究具有椭圆形接触斑的三维滚动接触问题时，考虑了纵横向蠕滑率和自旋蠕滑率对蠕滑力的影响。卡尔克的理论采取了两个基本假设：

(1)轮轨间的切向牵引力分布不影响其法向位移差,也就是说,由赫兹理论给定的接触面积和法向压力分布不受切向牵引力的影响;

(2)轮轨间的法向压力分布不影响其切向位移差,也就是说,切向牵引力分布不受法向压力的影响,而只服从库伦摩擦定律。

这样,卡尔克就把轮轨间法向力和切向力联合作用下的三维滚动接触问题简化成法向和切向两个相互独立的问题,并用多项式级数求解。卡尔克这个理论对于小蠕滑情形与试验吻合得很好,但对大蠕滑情形误差比较大。由于在卡尔克这个理论中,切向力与旋转力矩都是蠕滑率和自旋蠕滑率的线性函数,该理论被称为卡尔克线性蠕滑理论。

在 20 世纪 90 年代初,卡尔克完成了真正意义上的三维弹性体非赫兹滚动接触理论的研究。该理论对赫兹接触问题和非赫兹接触问题同样适用,而且具有足够的精度,因而被称为当前轮轨滚动接触理论方面最完善的理论。但是该理论是建立在无限弹性半空间假设的基础之上的,不可能对车轮踏面和钢轨的几何形状进行精确的模拟,从而不能对轮轨接触斑内法向力和切向力的分布规律进行精确的分析,特别是机车车轮的轮缘与钢轨横向贴靠形成两点接触(锥形踏面)或共形接触(磨耗形踏面)时,该理论根本不能使用。另外,试验表明,当机车轴重为 21 t 时,轮轨接触斑内已有局部产生塑性变形,而我国铁路标准规定,机车的轴重允许达到 23(1±3%)t,这时接触斑内进入塑性变形部分的比例将更大。因此轮轨关系问题实际上是弹塑性接触问题的分析,而卡尔克理论,哪怕是他的三维非赫兹滚动接触理论,对弹塑性接触问题的分析都是无能为力的。

近半个世纪以来,随着电子计算机的飞速发展,数值解法开始大显神通,大量过去用解析法根本无法求解,或者只能在一些假设的前提下勉强求解的问题得到了很好的解决。针对轮轨关系问题,本章也将采用与国内外同行完全不同的方法,即第一章介绍的有限元参数二次规划法进行求解与分析。由于轮轨弹塑性接触分析是建立在弹性接触分析的基础上的,因此本章先讨论轮轨弹性接触问题。

7.1 轮轨弹性接触分析[41][58]

在轮重作用下,轮轨接触区会呈现一块接触斑。根据赫兹理论,两个在正压力作用下相互接触的弹性体，如不计摩擦，则接触区呈椭圆形。然而，考虑摩擦后接触区形状会是什么样的？如果除了正压力同时还有其他载荷作用时，接触情况又会怎样？接触内力将按怎样的规律分布？这些问题用赫兹理论无法解答，本节将予以讨论。

事实上，在轮重和牵引力共同作用下轮轨接触斑仍呈椭圆形，只是其长、短轴尺寸以及面积取决于轮重和牵引力的数值及其相对大小以及轮径、摩擦系数等一系列参数，至于其法向和切向接触内力的分布规律，更是由这些参数所决定。

轮轨弹性接触问题属于三维非线性问题，求解极其复杂，如要精确描述接触轮轨的几何形状，再计入各种参数的影响，用解析解是根本无能为力的，必须采用数值解法。这里用本书第一章的有限元参数二次规划法求解。

我国机车车轮有锥形踏面和磨耗形踏面两种，钢轨也有多种断面。此处以轮径 1 050 mm 的内燃机车锥形踏面车轮与 60 kg/m 钢轨相接触为例进行分析。机车参数取自东风$_{4B}$型内燃机车。

机车锥形踏面车轮轮缘的外形见图 7.1。由图中可见，轮缘厚度为 33 mm，高度为 28 mm，轮缘外侧面与水平面成 65°角（即轮缘角）；踏面由 1∶20 和 1∶10 两段圆锥形曲面组成；轮缘内侧面有 $R16$ 的导角，以便引导车轮顺利通过护轨。轮对的两个滚动圆之间的距离为 1 499 mm，轮缘内侧距离为 1 353 mm。

60 kg/m 钢轨断面尺寸见图 7.2，由图可见轨顶圆弧半径为 300 mm。

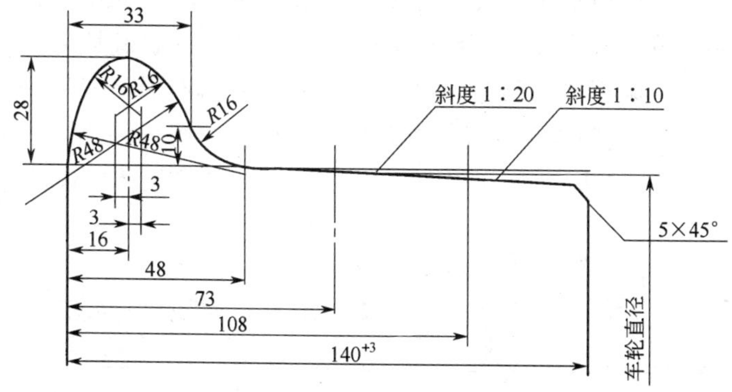

图 7.1　机车锥形踏面轮缘的外形

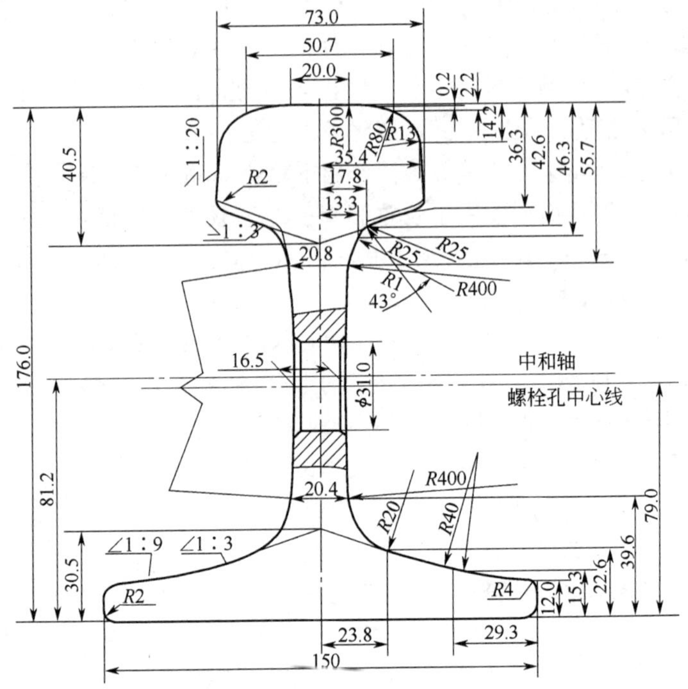

图 7.2　60 kg/m 钢轨的断面图

考虑到车轮与钢轨的结构对钢轨的纵向中心线是对称的，在直线运行时轮重和牵引力等作用载荷也是对称的，故只取轮对的一半建模，钢轨也只取单侧。模型中还计入了轨枕和道床，以考虑它们的弹性对轮轨接触的影响。轨枕选取 S-2 型混凝土枕(见图 7.3)，其轨底坡为 1/40。考虑到轨枕与道床离轮轨接触区比较远，根据圣维南(Saint-Venant)原理可知，它们相互之间的关系是否按接触问题模拟，对轮轨接触分析的结果影响不大，所以将轨枕、道床与钢轨认为是一体，按连续体建模计算，也就

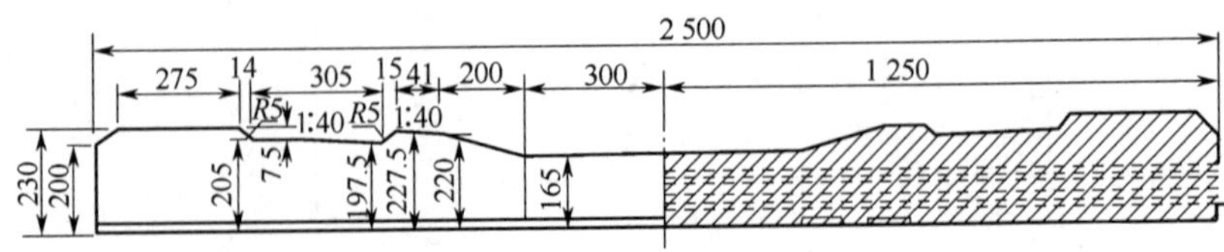

图 7.3　S-2 型混凝土轨枕

是说，在整个计算模型中只有轮轨之间的接触斑按接触问题处理。

轮轨接触模型网格划分的难点，在于车轮直径与接触斑尺寸相差太大：车轮直径为1 050 mm，而接触斑的两根轴长度都只有10～20 mm。为了方便网格疏密过渡，计算采用多重多支子结构技术，对含接触区部分的子结构模式，网格划分得很密，而对远离接触区的各子结构模式，网格的划分要稀疏许多，二者之间的联接子结构模式，网格则由密到稀逐步过渡，这样既能满足接触计算的精度要求，又能节省计算耗费。

整个计算模型共划分了15个子结构模式，其中SB1～SB4是构成车轮的基本子结构模式，SB5～SB7是构成钢轨、轨枕和道床的基本子结构模式，通过逐级调用，最后拼装成整个轮轨系统的有限元模型。模型的结构构成树见图7.4，模型各基本子结构模式见图7.5。计算模型中各子结构模式的基本参数见表7.1。

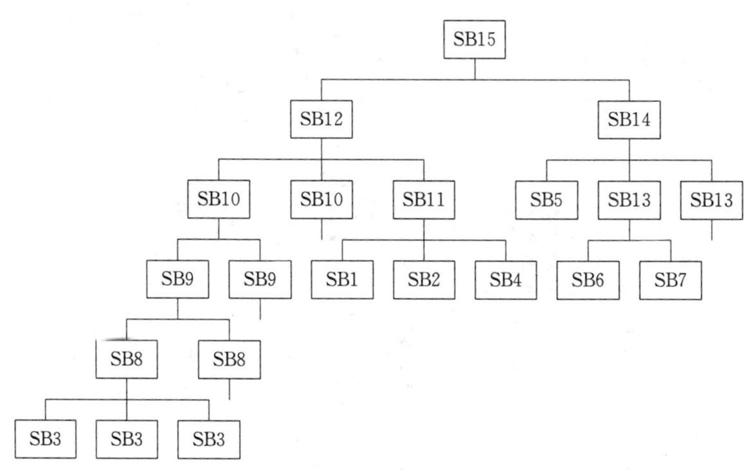

图7.4 轮轨接触模型的结构构成树

表7.1 轮轨系统计算模型中各子结构模式的基本参数

子结构模式号	节点总数	出口点总数	单元个数	超级单元个数	说明
SB1	804	474	636		部分轮（底部）
SB2	1 078	269	625		部分轮（含接触部分的底部）
SB3	777	214	591		部分轮（中间部分）

续上表

子结构模式号	节点总数	出口点总数	单元个数	超级单元个数	说　明
SB4	459	214	306		部分轮(上部)
SB5	1 709	587	1 405		部分轨(含接触部分)
SB6	1 612	144	1 344		部分轨(两侧)
SB7	680	81	452		轨枕和道床
SB8	418	214		3 个 SB3	
SB9	316	214		2 个 SB8	
SB10	316	214		2 个 SB9	
SB11	834	588		SB1＋SB2＋SB4	
SB12	590	170		2 个 SB10＋SB11	整个车轮
SB13	205	185		SB6＋SB7	
SB14	648	291		2 个 SB13＋SB5	钢轨、轨枕和道床
SB15	1 766	112(接触点对)	1 514	SB12＋SB14	整个模型

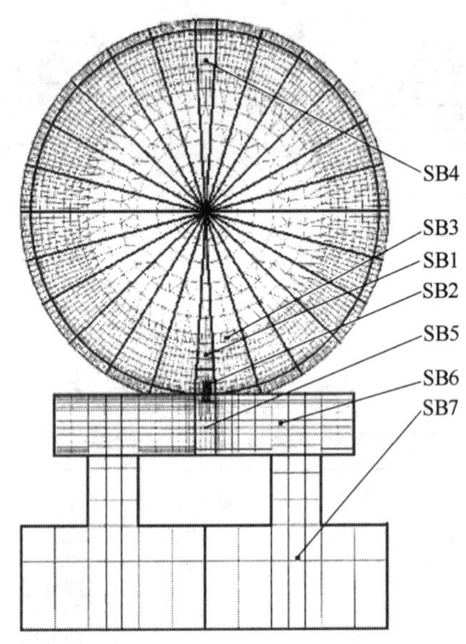

图 7.5　轮轨系统计算模型中各基本子结构模式的位置图

计算单元全部采用 8 节点等参块体元，整个模型共划分了 26 083 个节点，19 373 个块体元。最小单元位于接触区，其边长为 1.5 mm。计算网格见图 7.6。

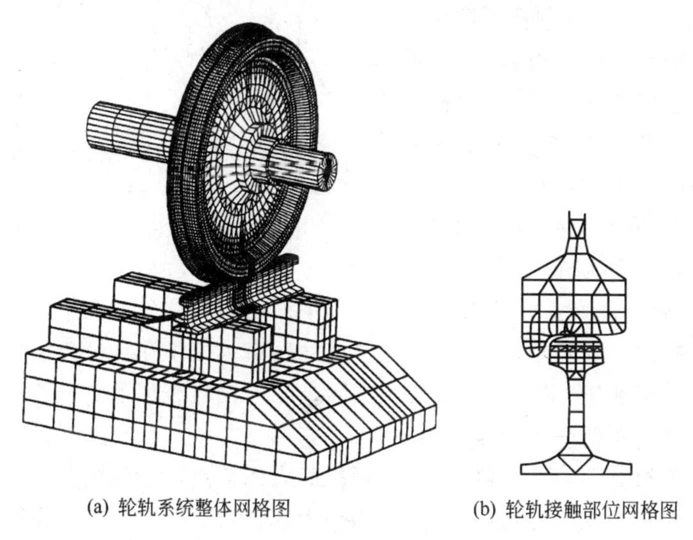

(a) 轮轨系统整体网格图　　(b) 轮轨接触部位网格图

图 7.6　轮轨接触模型的有限元网格图

机车作用在轮对上的外载荷主要是轴重和牵引电机产生的牵引力矩。我国铁路规定，机车车辆轴重一般不得超过 23 t。高速列车轴重通常比较轻，像德国 ICE 列车的轴重仅 19.55 t，法国 TGV 列车的轴重更轻，为 16.3 t。美国由于钢轨质量好，轨条单位重量大，轴重允许达到 30 t，甚至更多。为了研究轴重变化对轮轨接触的影响，本节取 21 t、23 t、25 t、28 t 和 30 t 5 种轴重分别进行计算。作为载荷的轴重，其作用点取为车轮轮心。

牵引力矩由东风$_{4B}$型内燃机车的起动牵引力反推求出，并将其转换成绕车轴表面的一圈切向力，均匀分布于牵引齿轮安装部位的车轴表面各节点上。由于机车的牵引力是其速度的函数，速度愈高，发出的牵引力愈小，为研究牵引力变化对轮轨接触的影响，本节取 0、$0.25M_0$、$0.5M_0$、$0.75M_0$ 和 M_0 5 种牵引力矩分别进行计算，此处 M_0 为东风$_{4B}$型内燃机车的单轮起动牵引力矩。载荷作用位置见图 7.7。

根据实测，对于非常干燥的钢轨，轮轨间摩擦系数 $\mu \approx 0.45$，对于潮湿的钢轨,摩擦系数 $\mu\approx0.25$。为研究摩擦系数变化对轮轨接触的影响,本节取 $\mu=0.25$, 0.35, 0.45 3 种摩擦系数分别进行计算。

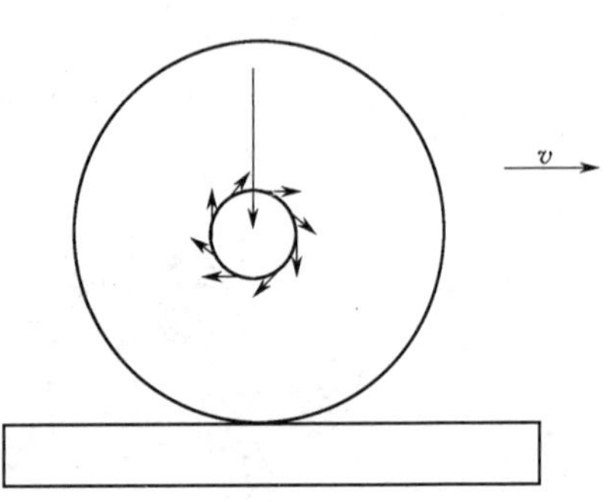

图 7.7 轮轨系统作用载荷示意图

关于钢轨的约束:道床底面是固定在地球表面上的,所以模型中道床底面所有节点的三个方向线位移全部约束住;由于计算模型利用了结构的对称性,在对称平面内轨枕与道床的所有节点按对称条件施加约束,即对这些节点垂直于对称平面的线位移施加约束;在钢轨与道床长度方向的两端,对纵向线位移施加约束。由于在计算模型中钢轨、轨枕和道床视作一体,这样就按照实际情况给钢轨施加了全部约束,同时也约束了钢轨的全部刚体位移。

关于轮对的约束:对位于轮对对称面内的节点,对其垂直于对称面的线位移施加约束(即约束其横向位移);为模拟机车牵引拉杆的作用,在轮心处设置一个另一端固定的纵向的二力杆,以传递牵引力。当牵引力矩增加或者摩擦系数减小到纵向切力达到临界值,而使接触斑上所有节点都变成蠕滑状态时,有限元计算将得到射线解,这时结构处于不稳定状态,相当于机车发生空转。

轮轨接触计算的结果可分为 3 部分,即轮轨接触状态,轮轨接触力和轮轨内部应力。

轮轨接触状态是指受载后接触斑各接触点对是连续还是相对滑动(不可能脱开),连续就是铁路上所说的"黏着",滑动就是"蠕滑",这是轮轨接触计算最重要的结果。轮轨接触状态的判据是库伦摩擦定律,也就是说,当接触点纵向切力 P_y 和横向切力 P_x 的合力小于摩擦力临界值 μP_z 时,该接触点的接触状态是黏着,当这个合力等于 μP_z 时,接触状态是蠕滑。接触斑上黏着区与蠕滑区的分布表征了机车牵引的基本特性,牵引力和摩擦系数的变化对黏着区与蠕滑区的分布都会有所反映。

轮轨的接触状态是由轮轨接触力决定的。轮轨接触力就是接触斑的法向力和切向力,法向力即为正压力,切向力则是由车轮在钢轨上滚动而产生的，包括纵向切力和横向切力。由于轮轨的横向力作用问题将在本章第四节专门讨论，此处只讨论轮轨间的法向力和纵向切力的分布规律。

在单纯 23 t 轴重以及 23 t 轴重与牵引力矩 M_0 共同作用下，轮轨接触斑的法向力分布曲面及其等值线图见图 7.8。

由图 7.8(a)可以很直观地看出，在单纯轴重作用下接触斑为椭圆形，法向力则呈投影为椭圆形的抛物体分布。这与赫兹假设完全一致。接触斑的纵向长度为 16.5 mm，横向长度为 11.0 mm。

由图 7.8(b)中可以看出，当轴重和牵引力矩 M_0 共同作用时，接触斑法向力的分布单纯轴重作用时完全相同。这说明当轮轨按弹性接触模型计算时，其法向力分布与牵引力矩以及摩擦系数的变化无关。

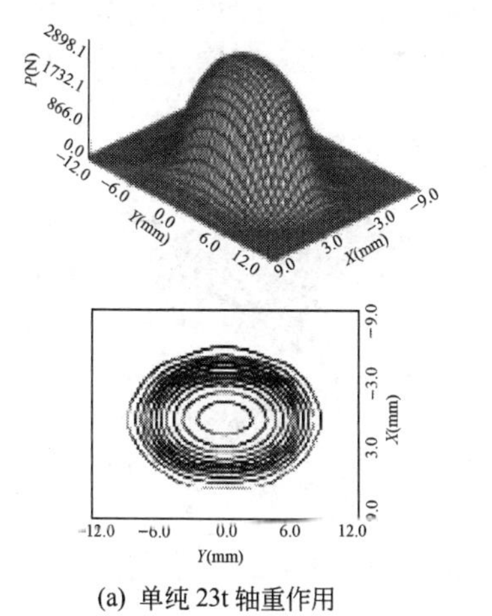

(a) 单纯 23t 轴重作用

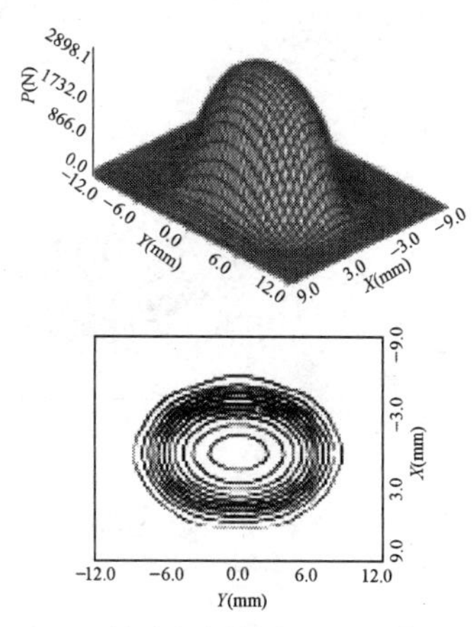

(b) 23t 轴重和牵引力矩 M_0 共同作用

图 7.8 轮轨弹性接触模型求出的法向力分布图及其等值线图

现在来讨论牵引力矩、摩擦系数、轴重以及轮径等各种参数的变化对接触斑纵向切力分布及接触状态的影响。

先来讨论牵引力矩变化的影响。当轴重为 23 t、摩擦系数 $\mu=0.45$ 时，不同牵引力矩作用下按弹性接触模型求出轮轨间纵向切力的分布见图 7.9。图中还相应地给出了纵向切力的等值线图和接触斑各点的接触状态图。

由图 7.9 可以看出，在没有牵引力矩作用时，如图中(a)，接触斑各节点全部为黏着状态，随着牵引力的增加，接触斑后端和两侧的点开始进入

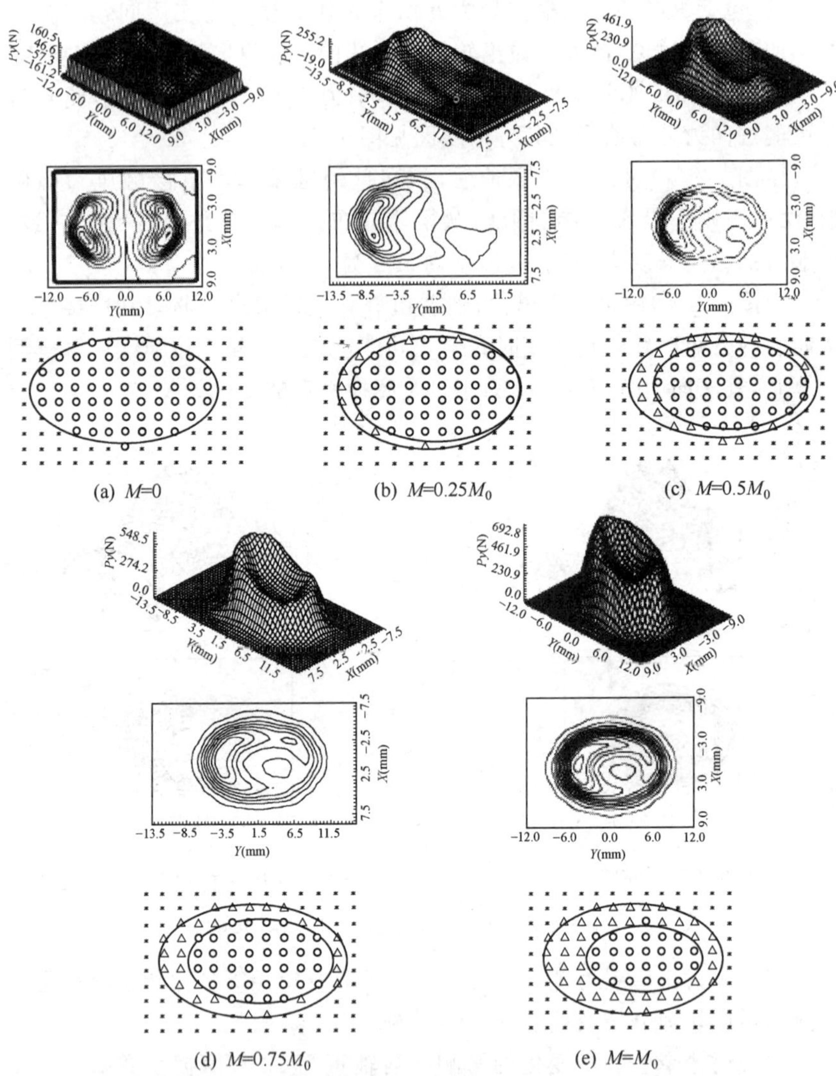

(a) $M=0$　(b) $M=0.25M_0$　(c) $M=0.5M_0$

(d) $M=0.75M_0$　(e) $M=M_0$

图 7.9　牵引力矩变化时，轮轨按弹性接触模型计算求得的纵向切力三维分布图、等值线图和接触状态示意图(轴重 23 t，$\mu=0.45$)

图中：○表示黏着区；△表示蠕滑区。

蠕滑状态，并且向前端和中心扩展，最后椭圆形的黏着区缩小到偏前的中心部位，被蠕滑区所包围。

由图 7.9(a)中还可看出,在单纯轴重作用下纵向切力关于接触斑横向轴 x 是反对称的,这完全符合规律,因为这时在外载荷中没有 y 向的力,纵向切力对 x 轴反对称的分布保证了接触斑各节点 y 向合力的平衡。

随着牵引力矩开始作用,钢轨对车轮产生了纵向切力,作用方向向前。当牵引力矩逐渐增加时,纵向切力也逐渐增加。由图 7.9(a)还可见,在单纯轴重作用下纵向切力在接触斑前端为负值(向后作用),后端为正值。随着牵引力矩开始作用,在接触斑前端纵向切力的绝对值逐渐减小(代数值增加),很快由负值变为正值,然后再继续增加。而后端的纵向切力本来就是正值(向前作用),随着牵引力矩开始作用,切力在原来基础上逐渐增加,从而其与横向切力的合力比前端先达到临界值 μP_z。因此接触斑前端的纵向切力比后端小,当后端切向力达到临界值开始进入蠕滑状态时,前端往往仍处于黏着状态。这就是为什么机车牵引时接触斑前部是黏着区,后部是蠕滑区的原因。

另外,从计算结果(图 7.8)还可看出,接触斑内各点的法向力以区域内部数值最大,从内向外逐渐变小,在边界上数值最小。所以在接触斑边界切力比较容易达到临界值而进入蠕滑状态。这正解释了黏着区总是基本上位于接触斑的前部和中部,而蠕滑区总是位于后端和两侧的原因。

现在讨论摩擦系数与轴重分别单独变化时对接触斑纵向切力分布及

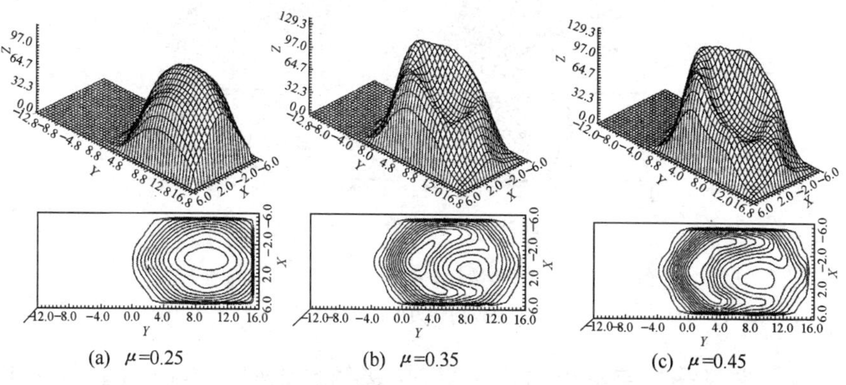

图 7.10 当轴重与牵引力矩一定、摩擦系数不同时接触斑纵向切力的三维曲面图(轴重 28 t,牵引力矩 M_0)

接触状态的影响。

当 28 t 轴重与牵引力矩 M_0 共同作用时，接触斑纵向切力随轮轨间摩擦系数的变化(μ=0.25,0.35,0.45)而变化的三维曲面图见图 7.10。由图 7.10 可知，随着摩擦系数的增大，接触斑面积不变，但黏着区面积增大，蠕滑区面积减小，也就是说，能传递的纵向力增加，机车牵引能力增加，这实际上就是撒砂能增加黏着、防止打滑的道理。

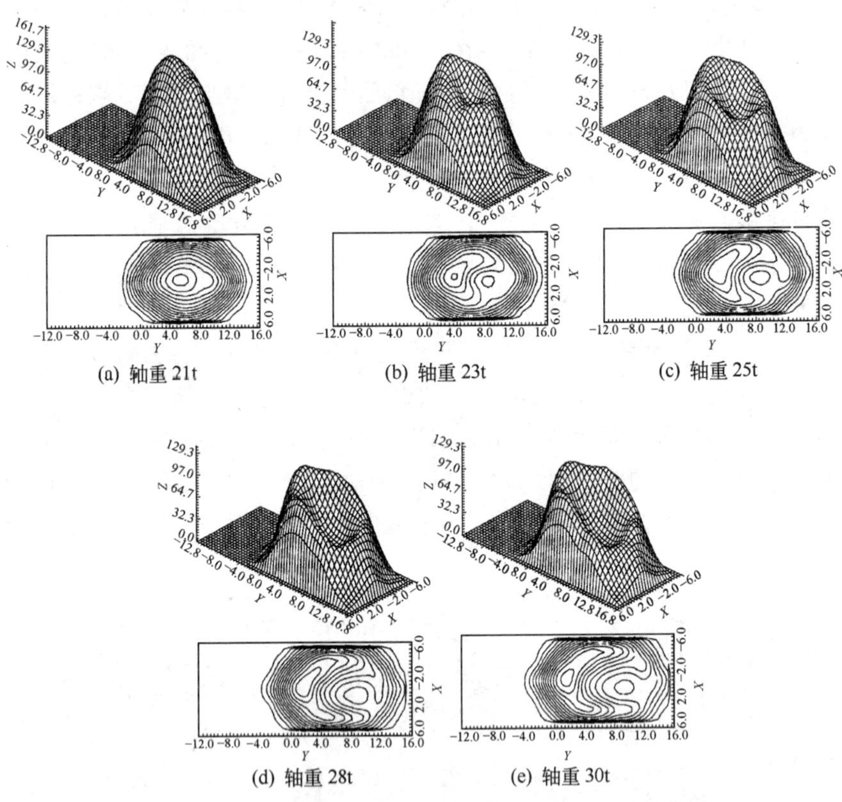

(a) 轴重 21t　(b) 轴重 23t　(c) 轴重 25t　(d) 轴重 28t　(e) 轴重 30t

图 7.11　当摩擦系数与牵引力矩一定时在不同轴重下接触斑纵向切力的三维曲面图

当摩擦系数与牵引力矩一定时，接触斑纵向切力随轴重的变化(21 t、23 t、25 t、28 t 和 30 t)而变化的三维曲面图见图 7.11。由图 7.11 可见，当牵引力矩和摩擦系数不变时，随着轴重的增加，接触斑面积略有增加，其中黏着区面积增加得更快，蠕滑区面积减小，从而使可传递的牵引力增加，因此提高轴重可以增加机车的黏着性能。

现在讨论车轮直径大小对轮轨纵向切力的影响。

当摩擦系数为 0.35，23 t 轴重与牵引力矩 M_0 共同作用时，轮径 1 050 mm与 1 250 mm 的两种车轮分别按轮轨弹性接触模型计算求出的轮轨纵向切力三维曲面图见图 7.12。摩擦系数为 0.45 时的计算结果见图 7.13。由图 7.12 与图 7.13 可以看出，轮径增大对轮轨纵向切力的数值和分布基本上没有什么影响，但使接触斑长轴增长，从而使接触斑面积增大，黏着区和蠕滑区的面积也都相应增大，这导致机车牵引能力的增加。这就是为什么电力机车车轮直径要比内燃机车大的缘故。

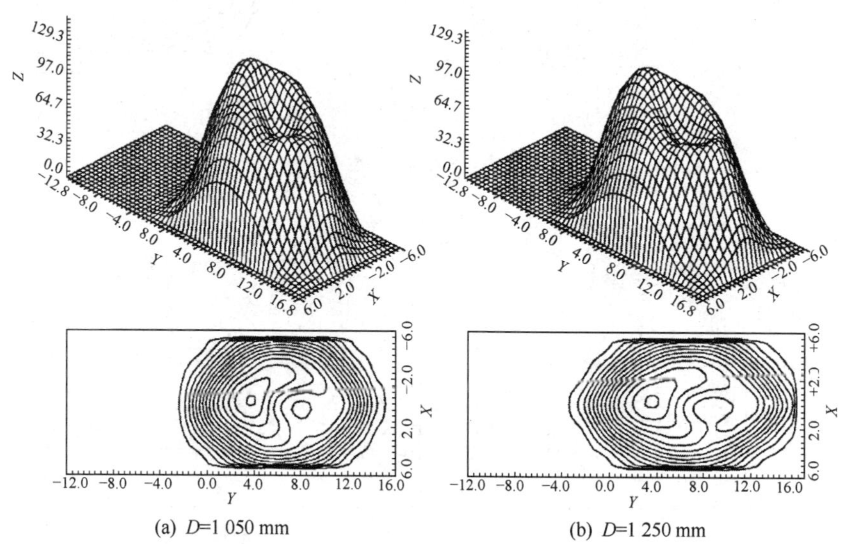

图 7.12 $\mu=0.35$、作用载荷相同时不同直径车轮的轮轨纵向切力三维曲面图

下面讨论轮轨弹性接触计算得到的应力分布。

在单纯 23 t 轴重作用下，由轮轨弹性接触模型求得的轮轨接触斑附近的米塞斯(Mises)应力分布见图 7.14。

在以下各应力分布图中，应力的单位均为 MPa。

由图 7.14 可以看出，钢轨上最大的米塞斯应力产生在钢轨表面以下大约 2～3 mm 处，其值为 811.5 MPa，车轮的最大米塞斯应力产生在接触

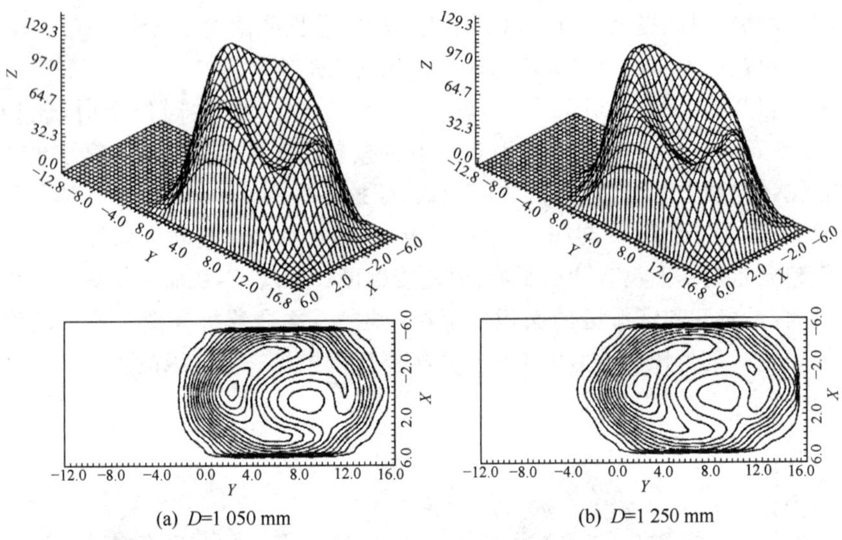

(a) D=1 050 mm　　(b) D=1 250 mm

图 7.13　$\mu=0.45$、作用载荷相同时不同直径车轮的轮轨纵向切力三维曲面图

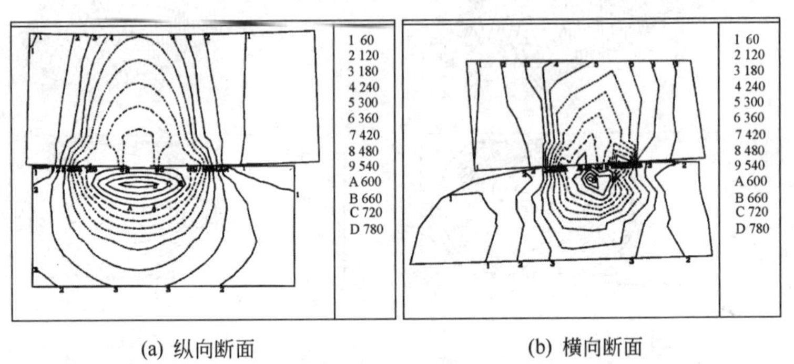

(a) 纵向断面　　(b) 横向断面

图 7.14　单纯 23 t 轴重作用下按弹性接触模型求得的轮轨米塞斯应力分布

斑表面,其值为 676.5 MPa。钢轨上的应力水平普遍高于车轮。车轮和钢轨上应力值比较大的部位基本上都在距离接触斑 20 mm 以内的范围内。

在 23 t 轴重和牵引力矩 M_0 共同作用下,轮轨弹性接触计算求得的接触斑附近米塞斯应力分布见图 7.15。为了更清晰地表示应力的分布,图 7.15 中沿钢轨长度方向给出了接触斑范围内 5 个轮轨横断面的米塞斯应力分布图,其中 $D—D$ 断面穿过接触斑的中心。

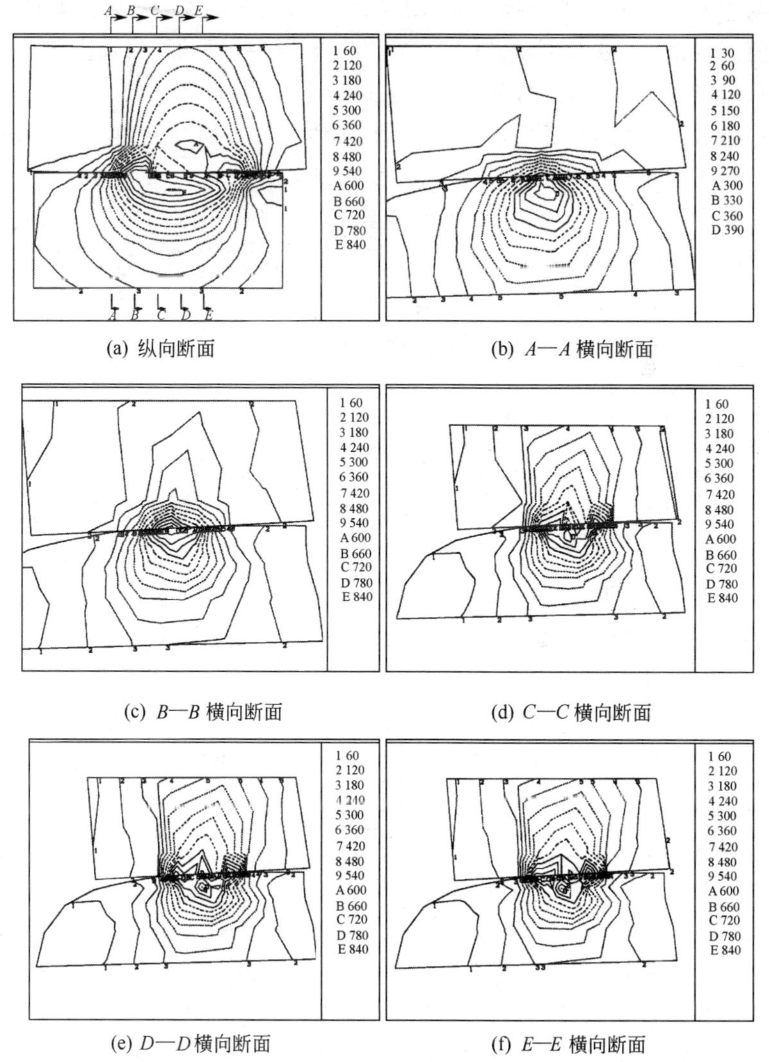

(a) 纵向断面

(b) *A*—*A* 横向断面

(c) *B*—*B* 横向断面

(d) *C*—*C* 横向断面

(e) *D*—*D* 横向断面

(f) *E*—*E* 横向断面

图 7.15　23 t 轴重与牵引力矩 M_0 共同作用下轮轨弹性接触计算求得的接触斑附近米塞斯应力分布

由图 7.15 可以发现，由于牵引力矩产生的纵向切力的作用，轮轨接触应力的水平普遍增高，米塞斯应力超过 780 MPa 的区域比单纯轴重作用时明显增大。钢轨上最大的米塞斯应力产生在钢轨接触斑中心偏后的位置，其值为 871.6 MPa，车轮的最大米塞斯应力产生在相对接触斑中心偏前的位置，其值为 863.8 MPa。与单纯轴重作用类似，当轴重与牵引力矩联合作用时，钢轨上的应力水平也高于车轮，但相差不大。

牵引力矩的大小直接影响轮轨纵向切力的数值和分布，也间接地影响车轮和钢轨的应力水平。轮轨弹性接触计算的结果表明，随着牵引力矩的增大，钢轨的高应力区由距离钢轨表面接触斑中心 2～3 mm 深度的部位向接触斑后端转移，车轮的应力则是在接触斑的前、后两端的接触表面开始增加，并向接触斑中部的车轮内部发展。车轮和钢轨的这一应力变化规律是由轮轨纵向切力的变化所引起。

7.2 轮轨弹塑性接触分析[53][59][61][62]

轴重是机车设计最重要的参数之一，它对线路、桥梁、隧道等的设计都有重要影响。所有国家都对在自己国内铁路上行驶的机车规定有限制轴重。限制轴重的数值取决于线路的质量，对优质钢轨、轨枕和道床铺设的线路，限制轴重要大一些，如果线路质量差，限制轴重则要小一些。所以即使在同一个国家，严格说，不同线路的限制轴重是不同的。

机车之所以能牵引列车，主要是靠了黏着重量。如果牵引力过大，黏着重量不够，机车就要打滑。黏着重量与轴重有密切的关系。因此机车的设计轴重既不能超过铁路规定的限制轴重，也不能太小。我国铁路规定，限制轴重为 23 t，允许有 ±3% 的公差，而事实上我国有不少机车的设计轴重为 21 t。

试验表明，当 23 t 轴重(11.5 t 轮重)作用在钢轨上时，轮轨接触斑会有局部产生塑性变形。事实上，当 21 t 轴重作用时，接触斑中已经有少量区域进入塑性。当接触斑内有塑性变形后，其法向接触力和切向力的数值和分布规律以及黏着区和蠕滑区的大小和分布位置都要发生变化，这直接影响机车黏着性能的发挥和钢轨的强度，所以轮轨关系只有按弹塑性接触模型进行分析才能真实反映其接触受力的情况。

对轮轨接触这样复杂的弹塑性接触问题，用解析法计算至少在目前是不可能的，只能用数值方法进行分析。本节采用本书第一章介绍的有限元参数二次规划法求解。计算仍以轮径 1 050 mm、带锥形踏面的东风$_{4B}$型内燃机车车轮与 60 kg/m 的钢轨相接触作为分析对象，这样也便于与轮轨弹性接触的计算结果相比较。

弹塑性计算与弹性计算的不同点在于材料弹性范围之后的本构关系是非线性的。由于所计算结构各部分产生的应力的水平不同，应力超过屈服点的部位，就进入了塑性，在应力比较低的部位，变形仍保持为弹性。事实上，载荷总是逐渐施加的，某些进入塑性的部位在部分载荷作用时就已经有局部产生塑性变形，所以结构各部分的应力水平和分布状态是随着载荷的增加而变化的，从而塑性区和弹性区的分界面也随着载荷的逐步增加不断地发生变化，直到全部载荷加完为止。因此在计算中必须考虑加载过程，以便反映弹性模量的变化。本计算实例采用线性强化弹塑性模型作为轮轨材料的本构关系，即用由两条直线构成的折线来模拟轮轨材料的应力－应变关系。这样做虽然有些粗糙，但基本上还是能反映轮轨受载后的弹塑性变形特点。两条直线的斜率，也就是轮轨钢的弹性模量 E 和线性强化后的弹性模量 E'，分别取为 200 GPa 和 20 GPa。

轮轨钢的屈服应力通常在 400～550 MPa 范围内，如钢号 U74 钢轨钢的屈服应力为 431 MPa，U71Mn 钢轨钢的屈服应力为 490 MPa，钢号 CL60 的车轮钢的屈服应力为 523.3 MPa。本节计算时统一取 460 MPa 作为轮轨钢的屈服应力。

为了考虑加载过程，加载必须分步进行，而且各个加载步长应该是不同的。在弹性范围内，由于弹性模量是常数，加载可以一步到位，即在产生最大应力的节点，其应力一步就达到比例极限附近。到了塑性变形范围，加载步长应大大加密，以便适应本构关系曲线方向的变化，尽管在本节的算例中本构关系用由两条直线构成的折线模拟，但不同节点的应力数值相差很大，加载步长也应加密。具体讲，计算时加载的第一步步长取为全载(包括轴重和牵引力矩)的 60%，以后各加载步长均取为全载的 10%，直到全部载荷施加完毕。

在单纯 23 t 轴重以及 23 t 和 30 t 轴重分别与牵引力矩 M_0 共同作用下，轮轨接触斑的法向力分布曲面及其等值线图示于图 7.16。比较轮轨弹性接触与弹塑性接触的计算结果(图 7.8 与图 7.16 中的(a)和(b))可以看出，在单纯轴重作用下，由于产生了塑性变形，弹塑性接触时接触点对间的最大法向力，从弹性接触的 3.059 kN 减小到 2.419 kN，而接触斑面积从 148.5 mm^2 增加到 164.3 mm^2。法向力的分布规律也与弹性接触计算有一些区别，不再像弹性接触计算求出的那样，是比较典型的抛物体，而变得中部比较平缓。由图 7.16 的俯视等值线图可以清楚地看到，在轮轨弹塑性接触的接触斑中部法向力的变化梯度较小，而在边缘的变化梯度较大。这一差别将会对切向力的分布产生很大的影响。

图 7.16(b)为轮轨弹塑性接触模型在 23 t 轴重与牵引力矩 M_0 共同作用时的法向力分布图。比较图 7.8(b)和图 7.16(b)可以发现，二者有明显的区别，这说明在轮轨弹塑性接触计算中，法向力的分布明显受切向牵引力的影响，是轴重与牵引力矩共同作用的结果，这是与弹性接触计算完全不同的。

图 7.16(c)为轮轨弹塑性接触计算模型在 30 t 轴重和牵引力矩 M_0 共同作用下的法向力分布图，法向力的最大值为 2.606 kN，比 23 t 轴重时增加了 7.73%，接触斑面积也增为 186.8 mm^2。

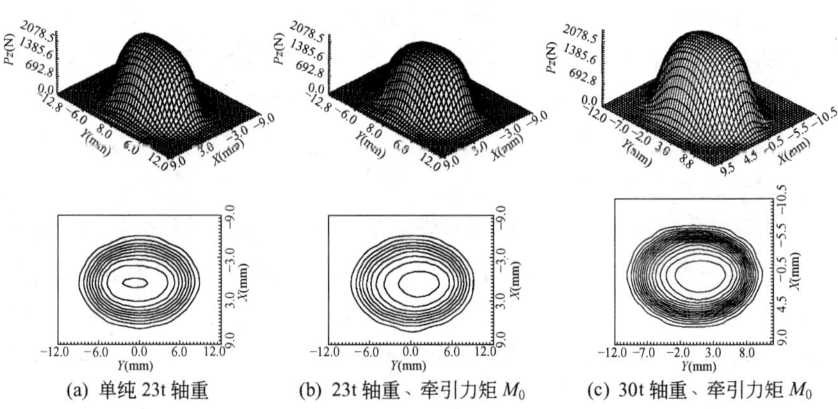

图 7.16 轮轨弹塑性接触模型求出的法向力分布图及等值线图

在 23 t 轴重与牵引力矩 M_0 联合作用下，轮轨弹塑性接触模型的主要计算结果——纵向切力与接触状态见图 7.17。比较图 7.17 与轮轨弹性接触的计算结果图 7.9 可以发现，纵向切力的变化规律二者完全相同，但二者的接触力的分布与接触状态却有很大的不同。由图 7.17(a)中可见，当加载 60%时，由于载荷小，接触斑还没有产生塑性变形，不仅纵向切力的分布规律与弹性接触计算相同，接触斑中黏着区与蠕滑区的分布状态二者也一样，这时接触斑最前沿和最后面以及两边的节点都处于蠕滑状态，只有中前部是黏着区，也就是说，黏着区成了一个孤岛，四周都是蠕滑区，这是轮轨弹性接触的特点。

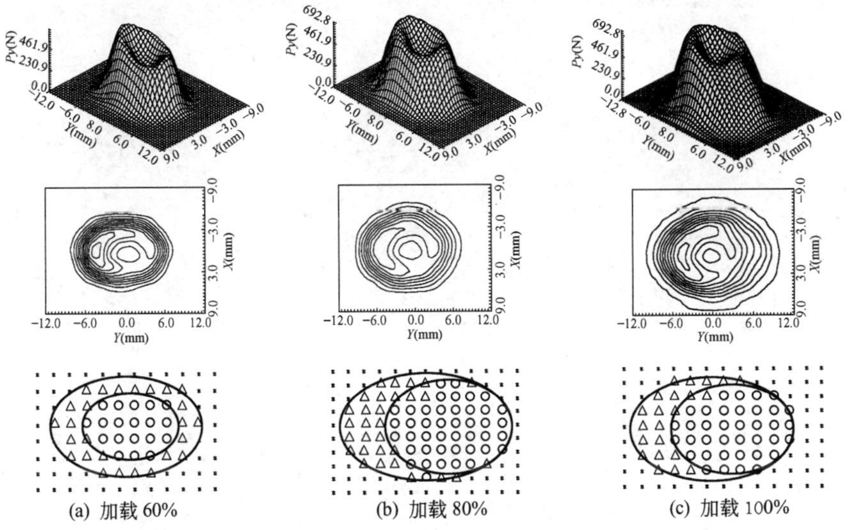

图 7.17 轮轨弹塑性接触模型纵向切力的曲面图、等值线图和接触状态示意图

当载荷继续增加，接触斑中开始出现塑性变形时，其各部分的接触状况也相应地开始发生变化。载荷增加得愈大，接触状况变化得愈明显。从图 7.17(b)与图 7.17(c)可以清晰地看出这种变化，这时接触斑前沿的所有接触点对均出蠕滑状态变为黏着状态，椭圆形的黏着区在前，月牙形的蠕滑区在后，与国内外的试验研究结果完全一致。如把轮轨弹性接触模型求出的纵向切力曲面图图 7.9 与弹塑性接触模型的相应计算结果图 7.17 作比较，则可以发现，二者在接触斑的后半部分基本相同，但在前半部分却有很大差别，即图 7.17 前部的所有接触点的纵向切力均未达到饱和值 μP_z，这是轮轨弹性接触模型与弹塑性接触模型求出的轮轨接触状态的最大区别。

在用轮轨弹塑性接触模型计算时，不同摩擦系数对接触斑纵向切力分布以及接触状态的影响示于图 7.18。这时作用载荷为 30 t 轴重与牵引力矩 M_0 共同作用，摩擦系数分别为 0.25，0.35 和 0.45。由图 7.18 可以看出，当采用弹塑性接触模型计算时，随着摩擦系数的增大，接触斑面积保持不变，但黏着区面积明显增大，这意味着机车的牵引能力增加。

这一变化规律与弹性接触模型的计算结果完全一致(当然数值上有一些不同),这就是为什么撒砂能防止机车车轮空转的缘故。

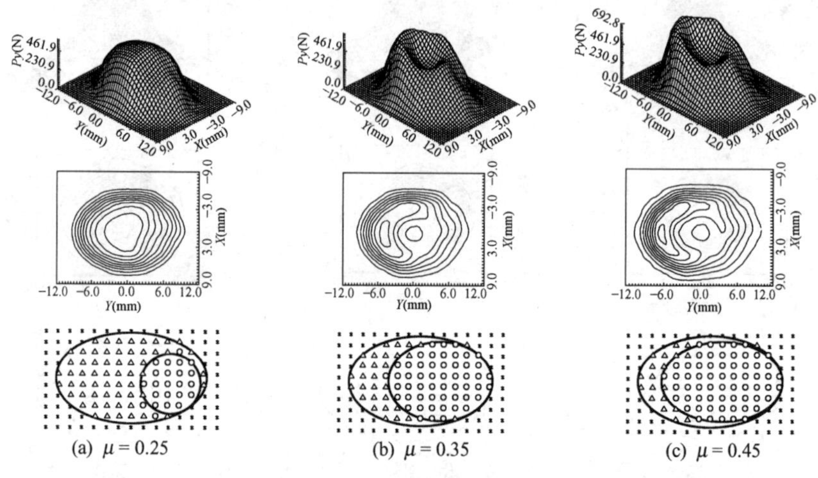

图 7.18 轮轨按弹塑性接触模型计算时不同摩擦系数对纵向切力分布及接触状态的影响

轮轨按弹塑性接触模型计算时,轴重变化对纵向切力数值与分布规律以及接触状态的影响见图 7.19。这时牵引力矩不变,摩擦系数取 0.45,轴重取 5 种,即 21 t、23 t、25 t、28 t 和 30 t,分别进行计算。计算求出的接触斑参数如表 7.2 所示。

表 7.2 轴重变化对接触斑参数的影响

轴重(t)	接触斑面积(mm^2)	黏着区面积(mm^2)	蠕滑区面积(mm^2)	最大法向力(kN)	最大纵向切力(kN)
21	153.00	83.25	69.75	2.345	0.881
23	164.25	96.75	67.50	2.419	0.893
25	168.75	110.25	58.50	2.482	0.860
28	177.75	132.75	49.50	2.562	0.881
30	186.75	141.75	45.00	2.606	0.870

由图 7.19 与表 7.2 可以看出,当轮轨按弹塑性接触模型计算时,如果牵引力矩和摩擦系数不变,则随着轴重的增加,接触斑面积也相应增

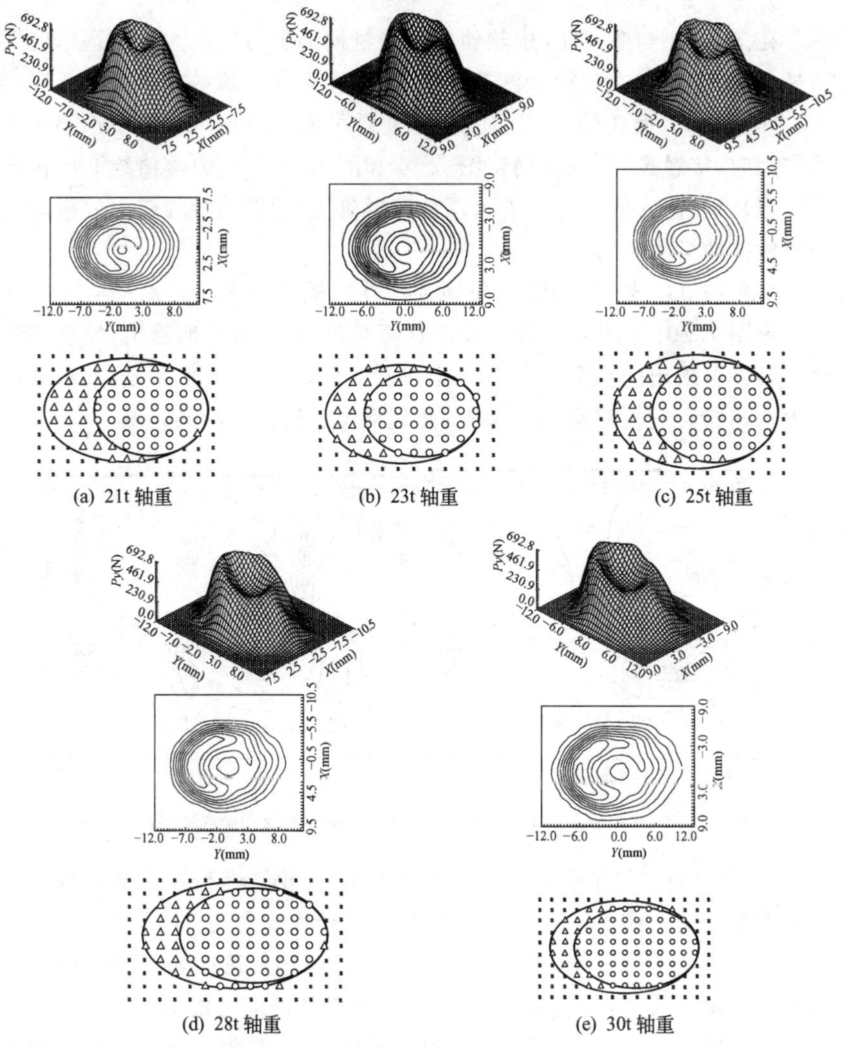

图 7.19　轮轨按弹塑性接触模型计算时轴重变化对纵向切力及接触状态的影响

大，其中黏着区面积增加得更快，而蠕滑区面积减小，结果是机车的牵引能力增加。这一变化规律与弹性接触模型的计算结果基本相同。因此，如果能确保轮轨强度无问题，提高轴重是增加机车牵引能力的有效手段。

另外，随着轴重的增加，轮轨法向接触力的最大值增大，而最大的纵向切力基本上保持不变。

在图 7.14 与图 7.15 中轮轨弹性接触模型求出的最大的米塞斯应力超过了 800 MPa，在轮轨接触斑附近的米塞斯应力基本上也都在 500～800 MPa 之间，而轮轨钢的屈服应力通常可取 460 MPa，因此在 23 t 轴重作用时，接触斑附近的材料(图 7.14 和图 7.15 中应力等值线 9 所包含的区域)已经进入或者开始进入塑性变形阶段，轮轨接触的应力分析应按弹塑性接触模型进行。

在单纯 23 t 轴重作用下，轮轨弹塑性接触计算求出的米塞斯应力分布图见图 7.20。由图 7.20(主要由计算结果)可以清楚地看出，轮轨弹塑性接触计算求出的米塞斯应力值比弹性接触计算要低许多，最大米塞斯应力对车轮和钢轨都是 650 MPa，而且都位于轮轨接触斑区域。

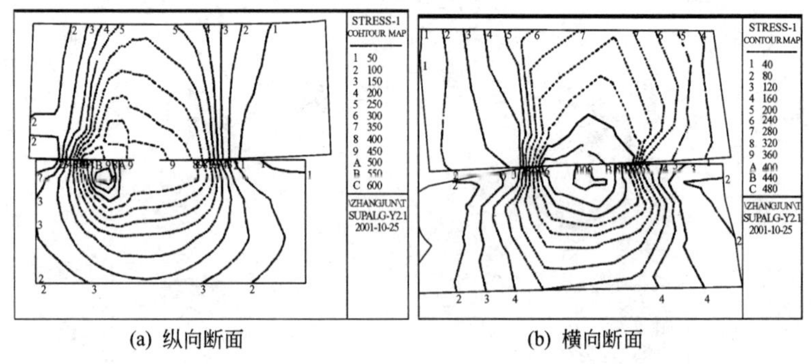

(a) 纵向断面　　(b) 横向断面

图 7.20　在单纯 23 t 轴重作用下轮轨弹塑性接触计算求出的米塞斯应力分布

在 23 t 轴重与牵引力矩 M_0 共同作用下，轮轨弹塑性接触计算求出的米塞斯应力分布见图 7.21。这时钢轨的最大应力为 516.7 MPa，车轮的最大应力为 487.5 MPa，二者也都位于轮轨接触斑区域，但在钢轨上，接触斑后端的应力偏大，在车轮上，接触斑前端的应力偏大。

对比图 7.15(a)和图 7.21(a)可以发现，车轮与钢轨按弹塑性接触模型求出的应力的水平比弹性接触模型要低得多，分布规律也大不相同。另外，分析图 7.15 中各图还可发现，钢轨上产生超过屈服点的高应力水平的体积远大于车轮，所以与车轮踏面相比，钢轨轨顶更容易产生疲劳损伤。

现在来讨论轴重与摩擦系数的变化对车轮和钢轨上应力的影响。

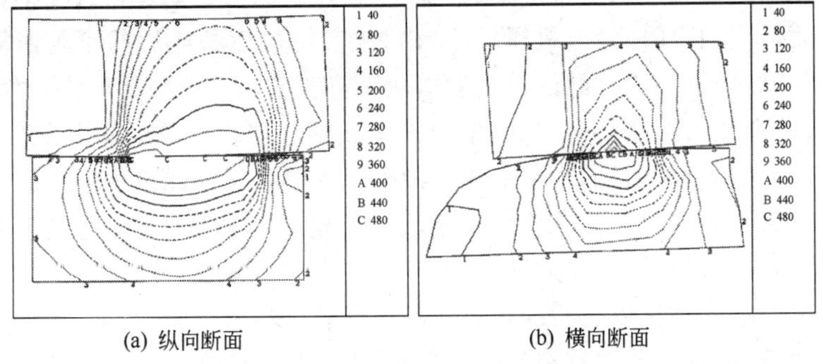

(a) 纵向断面　　(b) 横向断面

图 7.21　在 23 t 轴重与牵引力矩 M_0 共同作用下轮轨弹塑性接触计算求得的米塞斯应力分布

当摩擦系数给定，同样的牵引力矩与 21 t、25 t 和 30 t 轴重分别共同作用时，轮轨按弹塑性接触模型计算的结果表明，随着轴重的增加，轮轨产生塑性变形的区域也相应增加，但不论是钢轨还是车轮，应力水平变化得并不明显，对应于 21 t、25 t 和 30 t 轴重的轮轨最大米塞斯应力分别为 519.3 MPa、514.5 MPa 和 512.5 MPa。这是由于轴重的增加导致轮轨接触斑面积增大，而且其增加的速度快于轮轨法向接触力的增加，而与此同时，纵向切力的变化又很小。当然，进入塑性区后本构关系曲线的斜率大大变小也是应力水平变化缓慢的原因。

当轴重与牵引力矩共同作用且数值不变而摩擦系数变化时，轮轨的弹塑性接触计算表明，在接触斑中部附近的轮轨应力水平，随着摩擦系数的减小而增大，而轮轨其他部位的应力基本上没有变化，这是由于接触斑法向力并不随摩擦系数的变化而变化的缘故。

7.3　磨耗形踏面车轮与钢轨的弹塑性接触分析[60]

轮轨几何型面优化设计对提高列车运行性能至关重要，它对列车抗蛇行，曲线通过，减少轮轨表面磨耗，降低脱轨可能性，提高列车舒适性和安全性，都有重要意义，而精细分析轮轨型面参数对轮轨接触内力和应力的影响，则是轮轨型面设计，特别是踏面外形设计首先要解决的问题。

目前铁路上最常用的车轮踏面是锥形踏面和磨耗形踏面。锥形踏面由两段不同斜率的直线构成，而磨耗形踏面则是由多段圆弧组成。实际上磨耗形踏面的形状是锥形踏面的新车轮在线路的长期运行过程中逐渐磨耗而形成的,即使经过机械加工(称为"镟轮")使磨耗后的车轮恢复原来形状,但经过一段时间的使用后踏面又将变成原先的磨耗形状,也就是说,这种磨耗的形状是稳定的,不管踏面或钢轨顶面的初始形状如何,经过一定时间的运行它们都将变成这种磨耗的形状。因此不少国家的铁路部门把这种磨损后的车轮踏面和钢轨形状定为标准形,以达到减轻新轮新轨之间磨损的目的。

车轮踏面磨耗以后的形状是各不相同的,但差异并不很大,从统计的观点来看,可以认为它们都趋向于一种"平均"的磨耗形状。所以早期踏面外形的设计是从模仿磨耗后踏面外形开始的。锥形踏面有一些共同的缺点。首先,在轮对受到横向力作用时,车轮与钢轨之间呈两点接触状态,并发生突然冲击,而在通过曲线时,两接触点中至少有一点会发生滑动,这将加速轮缘磨耗。其次,踏面中部形状与钢轨轨头形状不匹配,特别是与磨耗以后的钢轨形状不一致,所以在运用初期踏面中部磨耗较快。1941 年德国工程师霍伊曼(Heumann)最早提出了磨耗形踏面的设想,以取代锥形踏面。据介绍,新踏面车轮的走行里程比锥形踏面延长了 30%。后来几乎世界上所有的工业发达国家都对踏面形状进行了试验研究,并先后设计制造了自己的新型踏面车轮。这些新型踏面都是磨耗形的。磨耗形踏面能减少轮轨磨耗,从而延长轮轨的使用寿命。另外,还能减少镟轮时的金属切削量。现在已经在世界上得到广泛使用,并获得了巨大的经济效益。

然而,磨耗形踏面车轮究竟为什么耐磨,单有运用实践上的证明是不够的,必须要有理论上的解释,要有这种车轮与锥形踏面车轮在工作载荷作用下的接触内力和应力的数值比较。本节就以我国 JM 型和 JM2 型两种磨耗形踏面为例,对其分别建立轮轨弹塑性接触有限元模型进行数值计算,并与锥形踏面的计算结果相比较,从力学角度分析两种踏面的优缺点。需要指出,本节只讨论磨耗形踏面轮轨的单点接触问题,也就是说,计算时不考虑横向力的作用。计入横向力作用对轮轨接触斑以及接触力分布的影响,将在第 4 节进行专门的讨论。

计算所用的 JM 型踏面和 JM2 型踏面的几何形状分别见图 7.22 和图 7.23。计算模型中取 60kg/m 标准钢轨作为计算钢轨,其几何形状参见图 7.2。由于不考虑横向力的作用，轮轨是单点接触，对 JM 型踏面选取 R500 的圆弧部分与钢轨轨头 R300 的圆弧部分相接触，而对 JM2 型踏面选取 R400 的圆弧部分与钢轨轨头 R300 的圆弧部分相接触。车轮轮径均为 1 050 mm。为了便于比较，两个磨耗形踏面车轮的计算模型，除踏面部分外，其他结构及其网格，子结构模式以及载荷参数都与前述锥形踏面的计算模型完全相同。

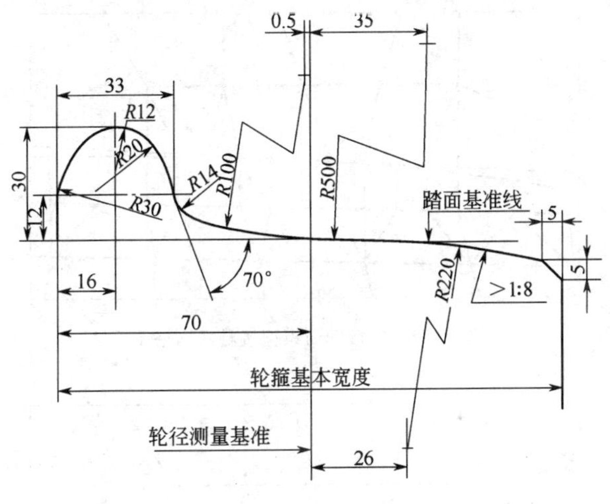

图 7.22　JM 型踏面

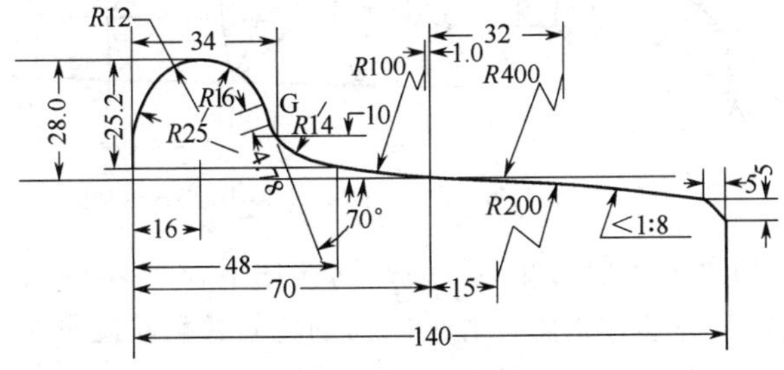

图 7.23　JM2 型踏面

在轮轨弹塑性接触计算模型中，JM 踏面模型(踏面磨耗半径为 500 mm)划分了 29 757 个节点，22 544 个 8 节点等参块体元，接触点对数 208；JM2 踏面模型(踏面磨耗半径为 400 mm)划分了 29 795 个节点，

22 584 个 8 节点等参块体元，接触点对数 240。各相邻接触点对之间的距离均为 1.5 mm。

两个磨耗形踏面车轮与钢轨接触计算模型的整体有限元网格图，与锥形踏面基本相同，区别主要在于踏面部分。图 7.24、图 7.25、图 7.26 分别为锥形踏面、JM 型磨耗形踏面和 JM2 型磨耗形踏面轮轨接触模型在接触斑附近的网格图。

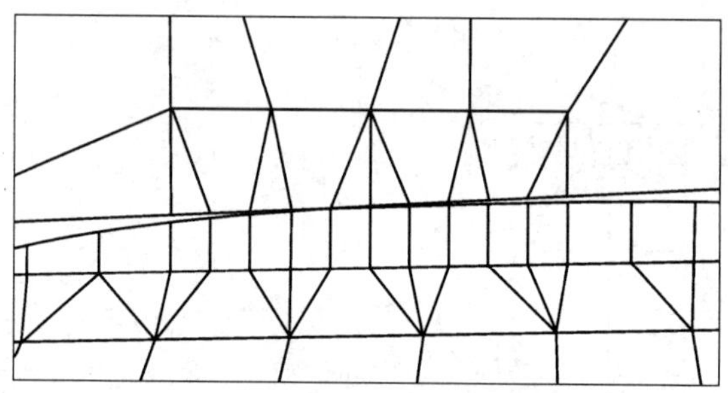

图 7.24　锥形踏面模型接触区网格图

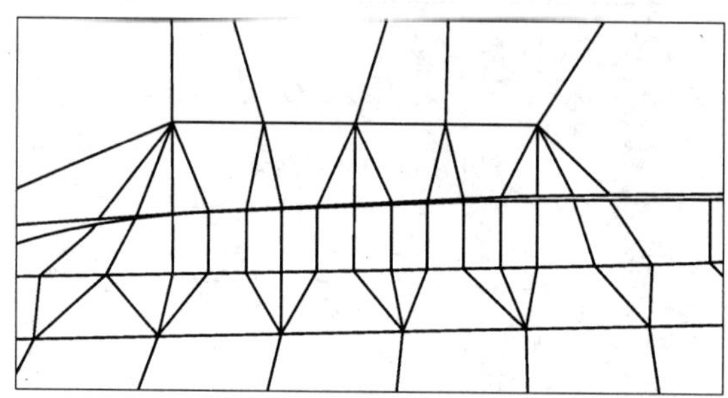

图 7.25　JM 磨耗形踏面(R500 mm)模型接触区网格图

在 23 t 轴重和牵引力矩 M_0 的共同作用下，3 种不同踏面的车轮与 60 kg/m 钢轨按弹塑性接触计算所求出的轮轨接触状况见图 7.27。3 种接触斑的参数见表 7.3。由图 7.27 可以看出，3 种踏面接触计算求出的接触斑形状都是椭圆，而且接触斑中位于中前部的都是呈椭圆状的黏着区，蠕滑区则都位于接触斑的后端及两侧，呈月牙状，但锥形踏面与磨耗形踏面接触斑以及其中黏着区椭圆相对钢轨的位置相差 90°，即锥形踏面接触斑及其黏着区的长轴方向平行于钢轨长度方向，磨耗形踏面接

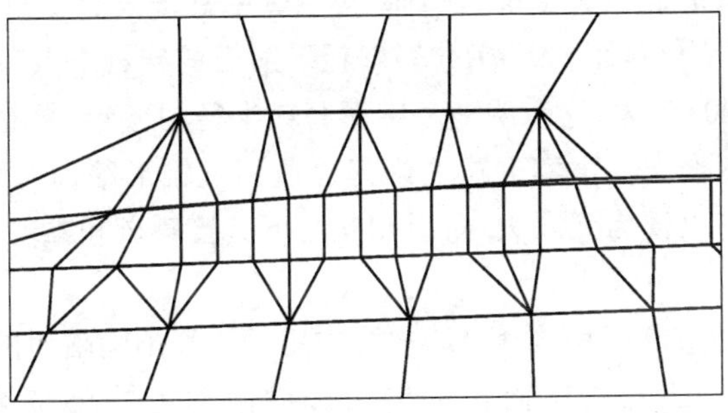

图 7.26 JM2 磨耗形踏面($R400$ mm)模型接触区网格图

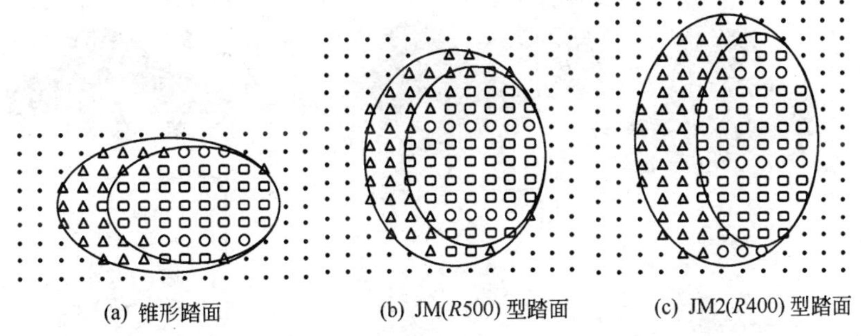

图 7.27 用弹塑性接触模型求得的不同踏面的轮轨接触状态

○表示黏着区；△表示蠕滑区

表 7.3 23 t 轴重、牵引力矩 M_0 作用下三种踏面的轮轨接触斑参数的比较

	锥形踏面	$R500$ mm 踏面	$R400$ mm 踏面
接触斑纵向长度(mm)	16.5	13.5	13.5
接触斑横向长度(mm)	10.5	18.0	21.0
黏着区面积(mm^2)	92.25	117.0	130.5
蠕滑区面积(mm^2)	56.25	81.0	96.75
接触斑总面积(mm^2)	148.5	198.0	227.25

触斑和黏着区的长轴方向垂直于钢轨长度方向，JM2(踏面磨耗半径 $R400$)接触斑椭圆的方向尤为明显。另外，由表 7.3 还可看出，磨耗形踏

面的轮轨接触斑面积大于锥形踏面，接触斑中黏着区面积相应也大一些，但相差比前者为小，而 JM2(*R*400)磨耗形踏面的接触斑及其黏着区面积又比 JM(*R*500)为大，这说明随着踏面磨耗半径的减小，接触斑及其黏着区的面积相应增大。事实上这一规律也适用于锥形踏面，因为锥形踏面的磨耗半径可以视为无限大，所以相比之下其接触斑和黏着区面积最小，能发挥的牵引力也最小。

在 23 t 轴重与牵引力矩 M_0 共同作用下 3 种不同踏面的轮轨弹塑性接触计算求出的轮轨法向接触内力和纵向切力的分布见图 7.28 和图 7.29。

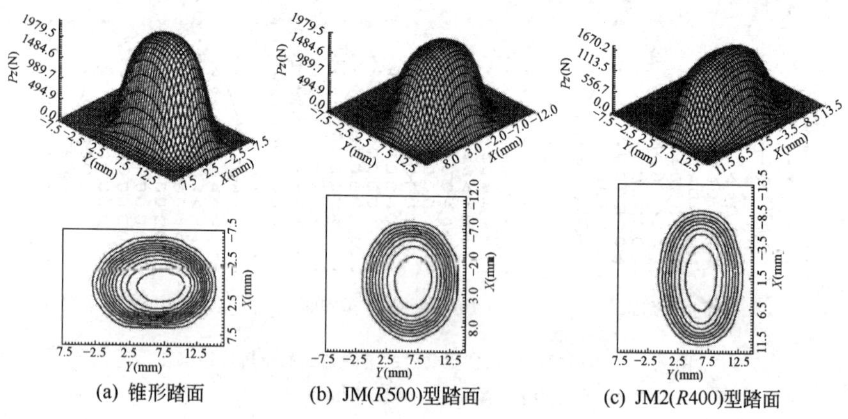

图 7.28　在 23 t 轴重、牵引力矩 M_0 作用下 3 种踏面的轮轨接触法向力分布图

从图 7.28 可以看出，3 种踏面的轮轨法向接触内力分布都近似于椭圆抛物体形状，但由于踏面形状的不同，法向力的分布形状和数值三者是不同的。图 7.28(a)、(b)、(c)中单位面积上法向接触内力的峰值分别为 1 075.1 MPa、907.2 MPa 和 808.1 MPa，可见随着车轮踏面磨耗半径的减小，轮轨间单位面积最大法向接触内力也随之减小，这对于减小由轴重引起的轮轨磨耗是很有利的。

前面在讨论锥形踏面车轮与钢轨接触时的纵向切力的分布规律时已经谈到，由于接触斑内各点的法向力以区域内部数值为最大，从内向外逐渐变小，在边界上法向接触力数值最小，所以在边界上纵向切力比较容易达到临界值而进入蠕滑状态。对比图 7.27 与 7.29 可以看出，对于磨耗

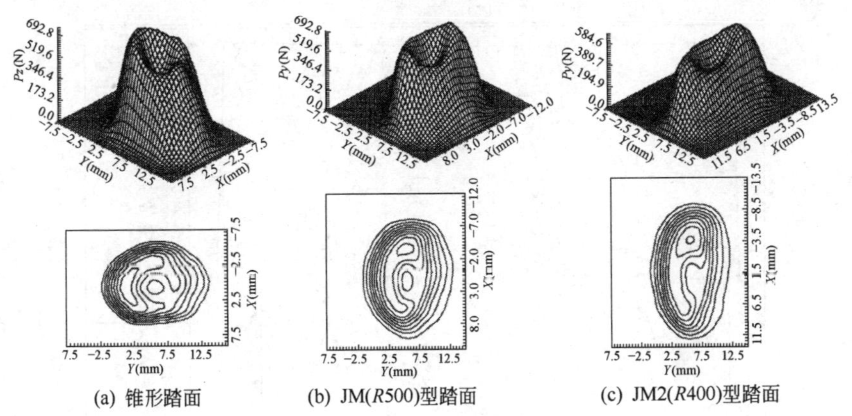

(a) 锥形踏面　(b) JM(*R*500)型踏面　(c) JM2(*R*400)型踏面

图 7.29　在 23 t 轴重、牵引力矩 M_0 作用下 3 种踏面的轮轨接触纵向切力分布图

形踏面情况是同样的。在 3 种踏面中单位面积上纵向切力的峰值以锥形踏面为最大,但大得有限,而对比接触斑、黏着区和蠕滑区的面积,锥形踏面比磨耗形踏面要小得多,因此磨耗形踏面能使机车发挥更大的牵引能力。

根据轮轨弹塑性接触计算模型求出的机车两种磨耗形踏面车轮与 60 kg/m 标准钢轨在接触区域附近的米塞斯应力等值线图见图 7.30 与图 7.31。两图中(a)都是轮轨接触区的纵向垂直断面应力图,(b)、(c)、(d)、(e)分别是轮轨接触区横向不同位置的垂直断面应力图,各图断面距离接触斑中心的距离分别相应为 −6 mm(*A*—*A* 断面),−3 mm(*B*—*B* 断面),0 mm(*C*—*C* 断面)和 3 mm(*D*—*D* 断面),负号表示断面位置在接触斑中心的后面。

分析在 23 t 轴重与相同的牵引力矩共同作用下磨耗形踏面与锥形踏面的轮轨弹塑性接触计算求得的米塞斯应力,可以发现锥形踏面、JM(*R*500)型踏面和 JM2(*R*400)型踏面 3 种踏面的轮轨接触的米塞斯应力最大值都位于轮轨接触斑中心偏后的黏着区与蠕滑区的交界部位。之所以产生这样的现象,是因为在黏着区与蠕滑区交界部位的法向接触力与切向接触力的合力达到最大值的缘故。

由图 7.28、图 7.29 和表 7.3 以及对应力的计算结果可知,随着踏面磨耗半径的减小,接触斑面积增大,接触区域的应力水平降低,轮轨进入

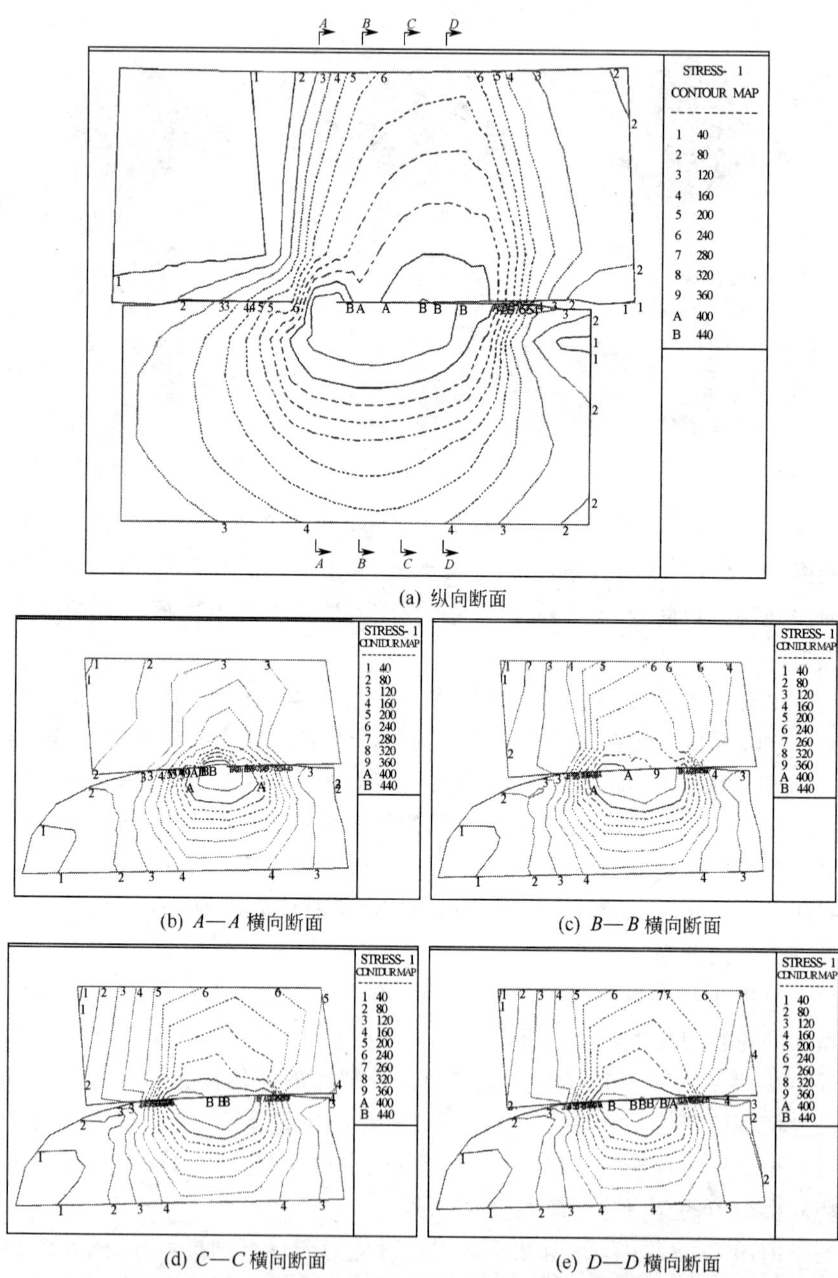

(a) 纵向断面

(b) A—A 横向断面

(c) B—B 横向断面

(d) C—C 横向断面

(e) D—D 横向断面

图 7.30　在 23 t 轴重、牵引力矩 M_0 作用下 JM($R500$)型踏面轮轨接触部分米塞斯应力等值线图

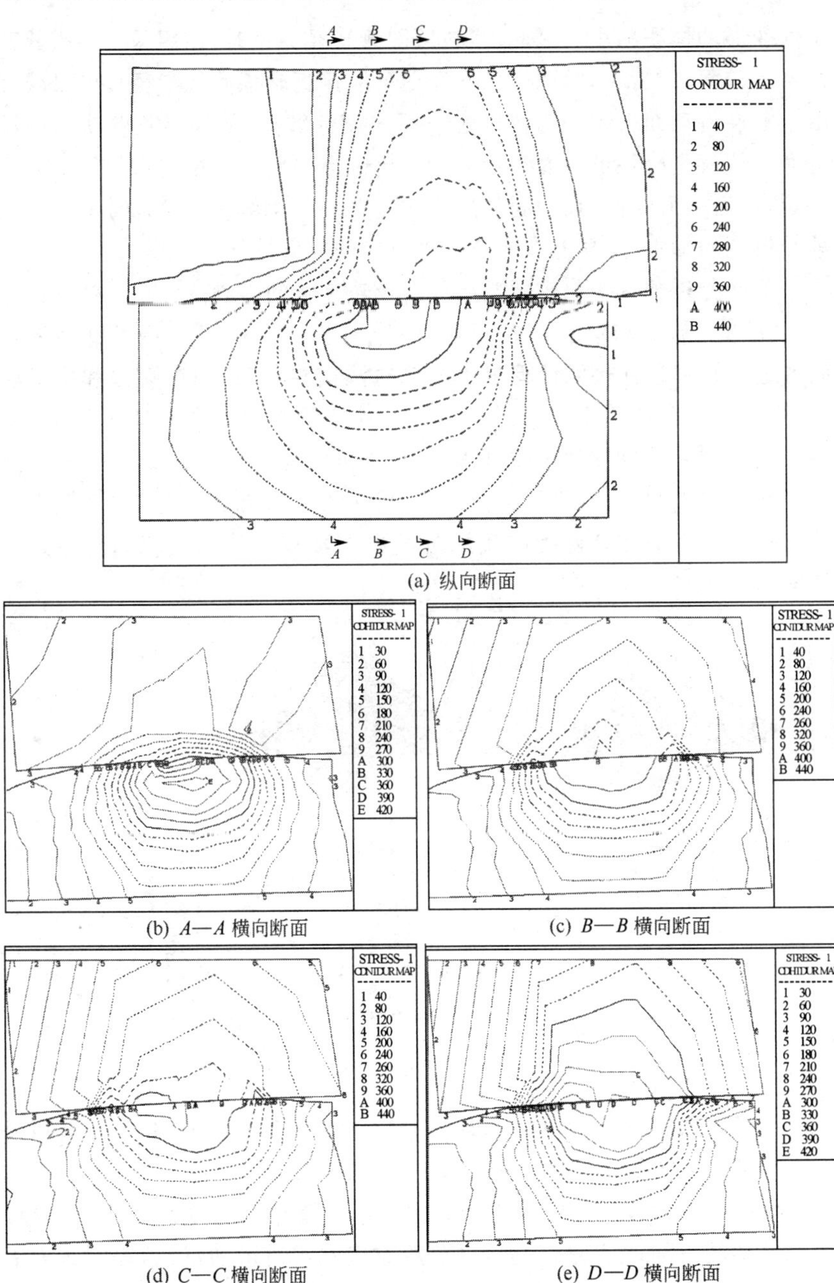

(a) 纵向断面

(b) *A*—*A* 横向断面

(c) *B*—*B* 横向断面

(d) *C*—*C* 横向断面

(e) *D*—*D* 横向断面

图 7.31 在 23 t 轴重、牵引力矩 M_0 作用下 JM2(*R*400)型踏面轮轨接触部分米塞斯应力等值线图

塑性变形的体积减小。因此，当轨顶圆弧半径一定时，使用尽可能小的磨耗半径踏面（或者说，踏面磨耗半径尽可能接近轨顶圆弧半径），可以减轻由于塑性流动而引起的轮轨接触表面的疲劳磨损，从而延长轮轨的使用寿命。这就是磨耗形踏面车轮为什么比锥形踏面车轮更耐磨的原因。同时，与锥形踏面相比，在相同的应力水平条件下，磨耗形踏面的车轮可以承受更大的轴重，这显然有利于改善机车的黏着性能。

下面分析轴重变化对磨耗形踏面轮轨接触的影响。

在 30 t 轴重和牵引力矩 M_0 共同作用下，JM 和 JM2 两种磨耗形踏面通过轮轨弹塑性接触计算求出的轮轨法向接触力、纵向切力和接触状态见图 7.32 和图 7.33。与 23 t 轴重和牵引力矩 M_0 共同作用下的计算结果相比，30 t 轴重作用时的轮轨接触力和轮轨应力水平都略有提高，接触斑面积增大，其中黏着区面积增大，蠕滑区面积减小。这与锥形踏面的轮轨弹塑性接触计算得到的接触斑参数随轴重变化而变化的规律是一致的。

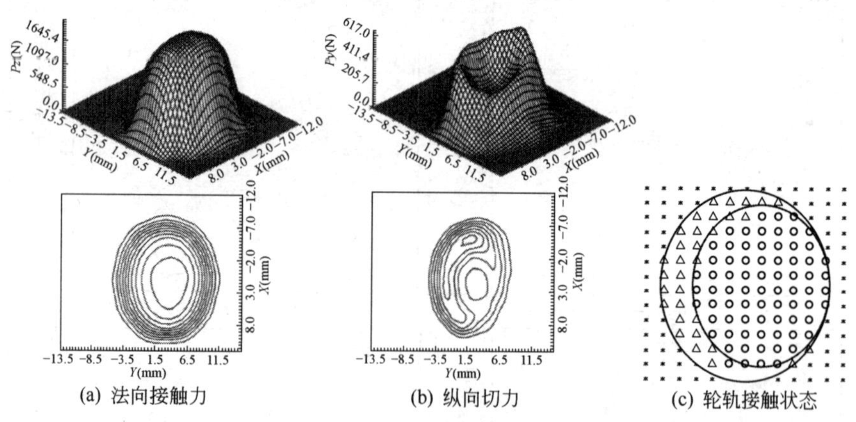

图 7.32 JM(R500)型踏面在 30 t 轴重和牵引力矩 M_0 作用下的轮轨接触状况

锥形踏面、JM(R500)型踏面和 JM2(R400)型踏面在 30 t 轴重和牵引力矩 M_0 共同作用下的部分计算结果列于表 7.4。将表 7.3 与表 7.4 中的数据进行比较可以看出接触斑主要参数随轴重增加而变化的规律。随着轴重的增加，3 种踏面的接触斑总面积都有所增加，而黏着区面积增加得更快。此外，在 3 种踏面中接触斑面积和黏着区面积增加得最快的

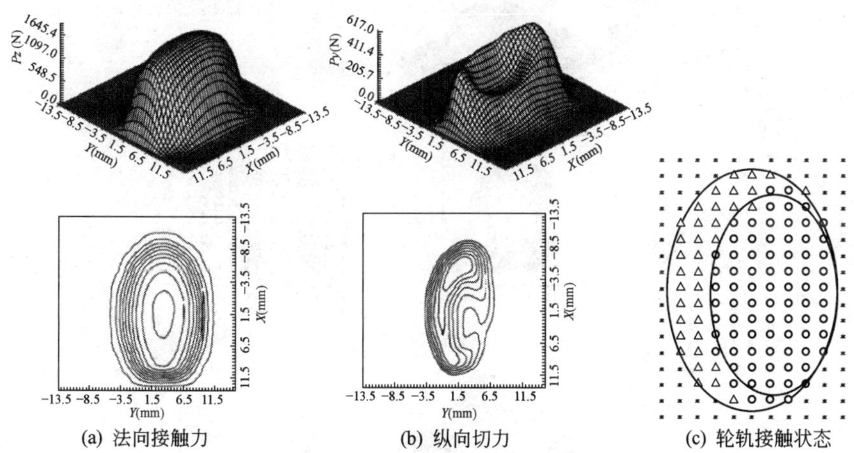

(a) 法向接触力　(b) 纵向切力　(c) 轮轨接触状态

图 7.33　JM2(R400)型踏面在 30 t 轴重和牵引力矩 M_0 作用下的轮轨接触状况

都是锥形踏面。

表 7.4　30 t 轴重、牵引力矩 M_0 作用下不同踏面的轮轨接触主要参数

	锥形踏面	R500 mm 踏面	R400 mm 踏面
接触斑纵向长度(mm)	19.5	16.5	13.5
接触斑横向长度(mm)	12.0	18.0	22.5
黏着区面积(mm^2)	141.75	166.5	177.75
蠕滑区面积(mm^2)	45.0	72.0	81.0
接触斑总面积(mm^2)	186.75	238.5	258.75
单位面积的最大法向力(MPa)	1158.2	973.2	861.3
单位面积的最大纵向切力(MPa)	386.7	343.0	323.6

对比 JM(R500)型踏面在 30 t 轴重与牵引力矩 M_0 共同作用下同锥形踏面在 23 t 轴重和同样大小的 M_0 作用下的轮轨接触力和轮轨应力水平，可以发现，JM(R500)型踏面的最大轮轨接触力比锥形踏面减小约 10%左右，JM2(R400)型踏面则减小近 20%，而且轮轨应力水平和产生轮轨塑性变形的体积都有所减小，这从数值上再次解释了磨耗形踏面能减轻轮轨磨损，同时可以承受更大轴重的原因。

下面分析轮轨间摩擦系数变化对磨耗形踏面轮轨接触的影响。

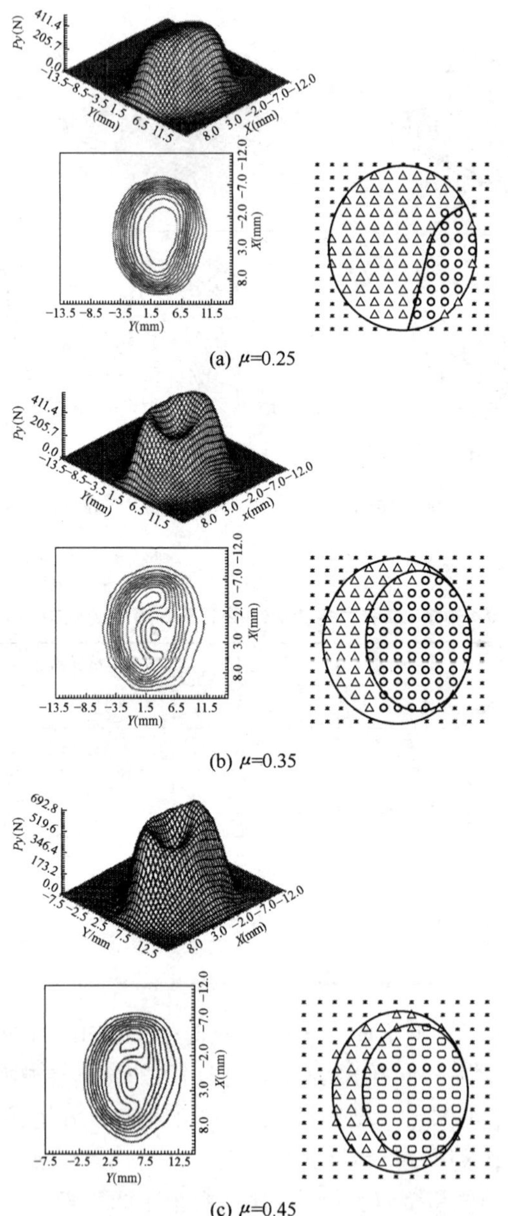

图 7.34　JM(*R*500)型踏面在不同摩擦系数下的轮轨纵向切力和接触状态

当摩擦系数不同时，JM(R500)磨耗形踏面车轮按轮轨弹塑性接触模型计算求得的轮轨纵向切力和接触状态见图 7.34(23 t 轴重与牵引力矩 M_0 共同作用)。由图 7.34 可以看出，与锥形踏面情况相类似，随着摩擦系数的增加，接触斑面积不变，黏着区面积增大，蠕滑区面积减小。而当摩擦系数为 0.25 时，轮轨的纵向切力趋于饱和，黏着区已经不呈椭圆形，缩小到接触斑前沿的一小块区域，而且上下不对称。

7.4 横向力作用下的轮轨接触分析

机车在线路上运行时，轮轨之间除了承受由轴重和牵引力等作用引起的相互作用力外，还要承受由横向载荷引起的作用力。横向载荷包括机车通过曲线时的离心力和外轨超高产生的向心力以及机车在直线线路上运行时蛇行引起的横向作用力等。

横向载荷作用的一个直接后果，就是导致轮轨的侧磨。铁路的运用经验表明，对于半径小于 400 m 的曲线钢轨，其侧磨在很短时间内就会超限，需要更换。据北京、济南铁路局调查，曲线半径 800 m 及以上的钢轨的年侧磨量达 4～6 mm。在重载运输铁路曲线上的钢轨，有的因磨耗到限一年一换，有的 8 个月就需更换。目前随着列车提速和轴重增加，钢轨侧磨逐渐向较大曲线半径的线路发展。

与钢轨产生侧磨的同时，在横向载荷作用下车轮轮缘也会产生非正常磨耗，特别是在小曲线半径多的线路段，轮缘磨耗相当严重。例如，广深线是按准高速铁路设计的，最小曲线半径要求至少大于 1 400 m，但实际上半径小于 1 400 m 的曲线有 20 多处，最小曲线半径仅 450～600 m。该线路投入运营 3 个月后，在那里运行的 206KP 型转向架各轮轮缘的平均磨耗近 1 mm，个别车轮轮缘磨耗达 6 mm。因此，计入横向力作用的轮轨接触分析是非常重要的。

计入横向力之后轮轨关系分析产生了一个新的特点，这就是首先要确定车轮和钢轨的相对位置。没有横向力作用时，分析轮轨接触受力不用考虑轮轨的相对位置问题，认为接触斑基本上位于踏面和轨顶的中部就可以。考虑横向力后，由于踏面在横向有斜度，随着横向力数值和作用方向的不同，轮轨在横向的相对位置是不同的。轮轨相对位置的不同对轮轨接触斑内法向力、切向力的分布规律与黏着区和蠕滑区的位置分布和面积比以及轮轨应力状态都有重要影响。

为了确定横向力作用下轮轨的相对位置，首先需要确定横向力的大小和方向。当机车通过曲线时，横向力是离心力和外轨超高引起的向心力等的合力，而离心力则由机车运行速度和曲线的曲率半径决定。当机车在直线线路运行时，蛇行产生的横向力是随机的，通常要由实测确定。

本节不讨论如何去求轮轨间的横向力，从而确定轮轨相对位置，只是按接触模型分析在一定的轮轨相对位置情况下轮轨的接触受力，研究这时轮轨间各接触区的法向力和切向力的分布情况，各接触斑内黏着区与蠕滑区的分布规律以及轮轨系统的应力分布情况。关于横向力的计算以及轮轨相对位置的确定，将在专门的机车动力学文献中讨论。

前面已经谈到，目前铁路上最常用的车轮踏面是锥形踏面和磨耗形踏面，在横向力作用下锥形踏面车轮将与钢轨产生二点接触，磨耗形踏面车轮则产生共形接触。本节将着重讨论锥形踏面车轮与钢轨的二点接触问题。

所谓轮轨二点接触，就是除了踏面与轨顶相接触外，轮缘也将与轨头侧面接触。为了与不计横向力的轮轨单点接触计算相比较，本节仍以东风$_{4B}$型内燃机车的车轮(轮径 1 050 mm)与 60 kg/m 标准钢轨为例，建立二点接触的模型进行计算。车轮踏面与钢轨的外形尺寸见图 7.1 与图 7.2。轮轨二点接触的局部有限元网格图见图 7.35。由图 7.35 可以

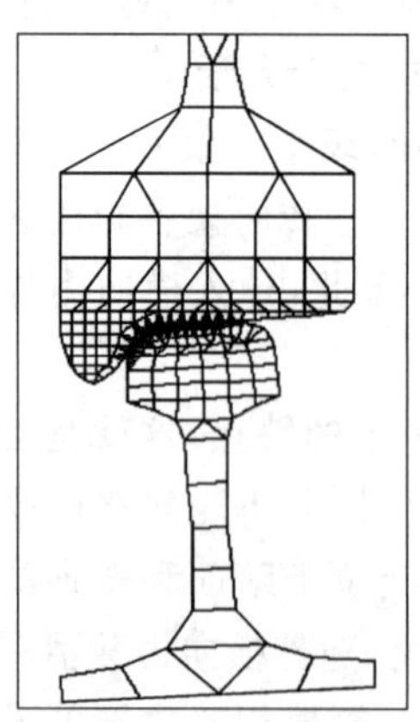

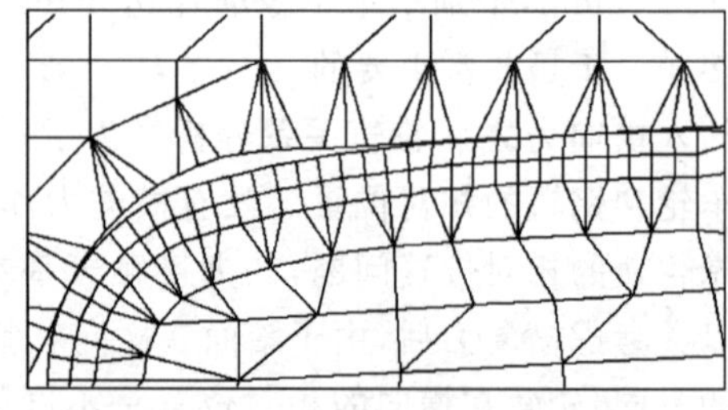

图 7.35 轮轨二点接触时接触区的网格图

看出，在轮轨二点接触模型中，除了 1∶20 的车轮踏面与 $R300$ 的轨顶相接触外，在轮缘内侧 $R48$ 圆弧与钢轨内距角处 $R13$ 圆弧之间存在着第二个接触区。在建立计算模型时对这两个接触区的网格特别予以加密。

为了叙述方便，下面把锥形踏面轮轨二点接触时的两个接触斑分别称为踏面接触斑和轮缘接触斑。轮缘接触斑所接近的平面与水平面大约成 65°夹角。我们在绘制轮轨接触的纵向切力、横向切力和法向力分布图时，将多个曲面组成的钢轨表面展成一个平面，从而使两个接触斑位于同一个平面内，以便于比较。另外，在本节的计算中，轴重一律取 23 t。

在单纯 23 t 轴重作用下的轮轨接触力分布图见图 7.36。由图 7.36 可以看出，踏面接触斑的面积比轮缘接触斑要大得多。从计算求得的数据来看，两个接触斑面积之比约为 10∶1，踏面接触斑内所有节点都处于黏着状态，而轮缘接触斑的节点则都处于蠕滑状态。由于没有纵向和横向载荷的作用，两个接触斑的纵、横切力都比较小。踏面接触斑的法向力分布情况与锥形踏面单点接触时基本相同，轮缘接触斑的法向力则要小得多。

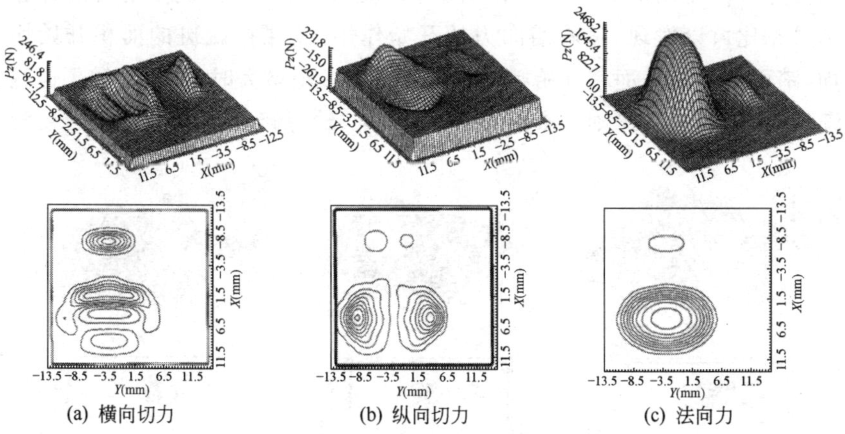

图 7.36　单纯 23 t 轴重作用下轮轨接触力的分布图

在 23 t 轴重与牵引力矩 M_0 共同作用下的轮轨纵、横切力分布图示于图 7.37。由图 7.37 可见，这时踏面接触斑的纵向切力分布情况与锥形踏面单点接触基本相同，轮缘接触斑的纵向切力则比较小，这说明在横向力很小或者没有的情况下，轮缘接触对踏面接触斑上接触力的影响很小。

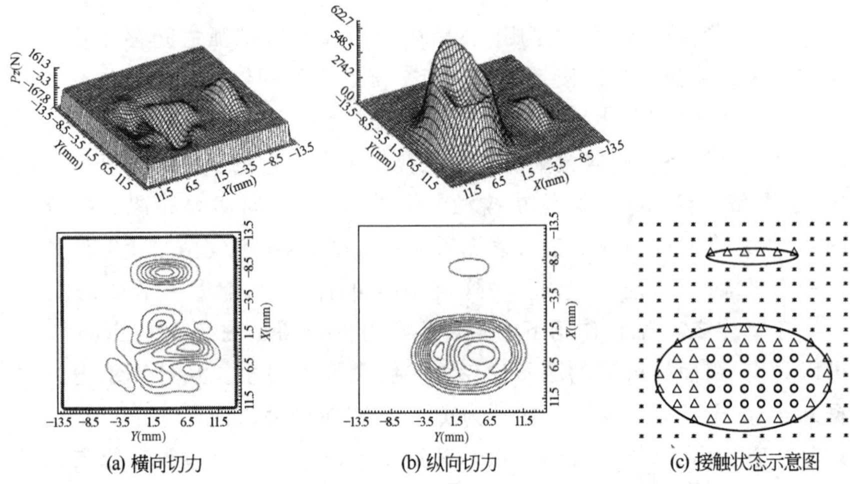

(a) 横向切力　(b) 纵向切力　(c) 接触状态示意图

图 7.37　在 23 t 轴重与牵引力矩 M_0 共同作用下的轮轨纵、横切力分布图

在 23 t 轴重分别与 25 kN 和 50 kN 的横向力共同作用下的轮轨接触力分布图见图 7.38 和图 7.39。与无横向力、单纯轴重作用时的计算结果相比可以发现，随着横向力的开始作用，轮缘接触斑的面积开始增加，踏面接触斑的面积开始减小。当横向力逐渐增大时，轮缘接触斑也逐渐增大，踏面接触斑则愈来愈小；与此同时，轮缘接触斑的轮轨法向接触

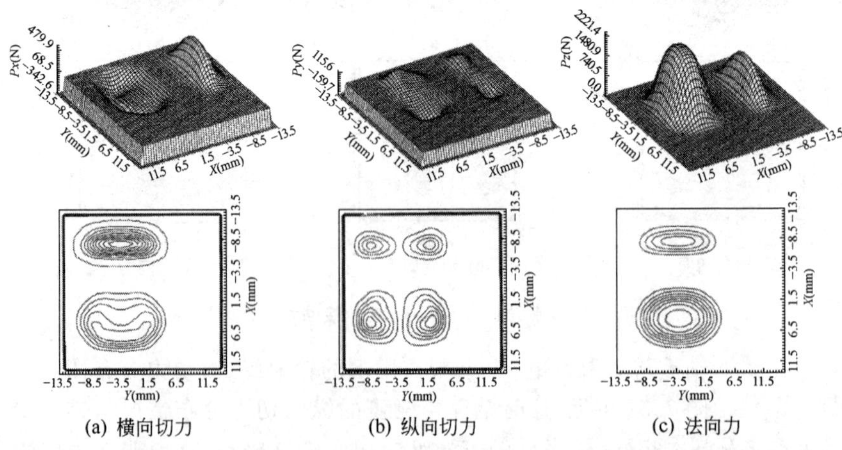

(a) 横向切力　(b) 纵向切力　(c) 法向力

图 7.38　23 t 轴重与 25 kN 横向力共同作用下轮轨接触力分布图

力和横向切力随之增大，踏面接触斑的轮轨法向力和横向切力随之减小。由于这时没有纵向载荷的作用，两个接触斑的纵向切力相对接触斑的横向中心线呈反对称分布。上述现象从图 7.38 和图 7.39 也可看出。

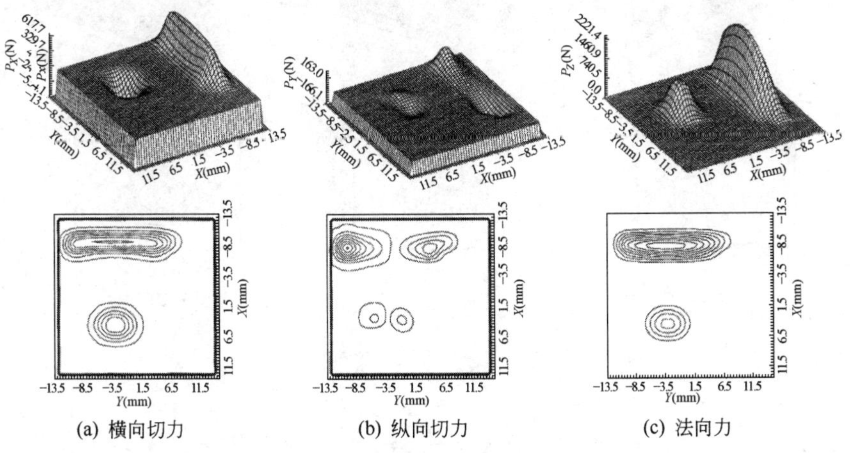

图 7.39　23 t 轴重与 50 kN 横向力共同作用下轮轨接触力分布图

需要指出，轮缘接触斑所接近的平面与水平面约成 65°夹角，从而轮缘接触斑上的横向切力与作用在轮心的横向载荷也同样约成 65°夹角，所以轮缘接触斑上的横向切力主要是与部分轴重相平衡（大约 70%），而轮缘接触斑上的法向力主要与横向载荷相平衡，也就是说，在单点接触时，轮轨间法向力基本上只与轴重有关，而在二点接触时，轮轨间法向力（两个接触斑的）是横向和垂向载荷共同作用的结果。

如果对二点接触模型在轴重与横向力作用的同时，再加上牵引力矩，则轮轨接触力和两个接触斑上黏着区与蠕滑区的分布情况将发生很大的变化。图 7.40 和图 7.41 分别给出了轮轨两点接触模型在 23 t 轴重、$M_0/2$ 牵引力矩作用的同时，再分别施加 25 kN 和 50 kN 横向力时的轮轨接触力分布情况和接触状态。计算表明，在 25 kN 横向力作用时（23 t 轴重，$M_0/2$ 牵引力矩）轮缘接触斑的所有节点均为蠕滑状态，踏面接触斑上的节点则有黏着、蠕滑两种状态，而且黏着区不在接触斑中心，偏向轮缘一侧。在 50 kN 横向力作用时（其余载荷不变）情况正相反，踏面接触斑上所有节点都是蠕滑状态，轮缘接触斑上的节点则既有黏着状态，又

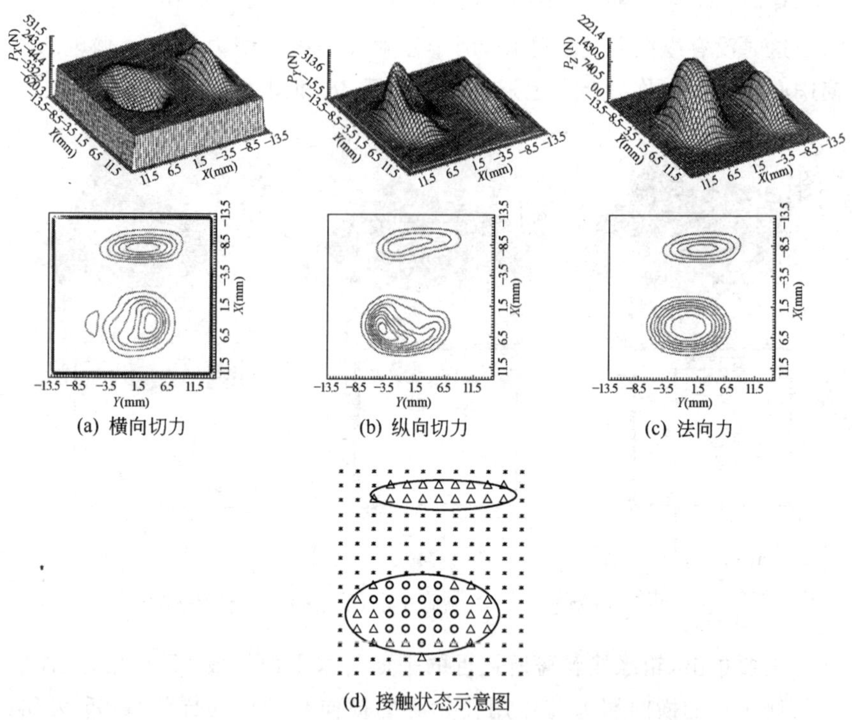

(a) 横向切力　(b) 纵向切力　(c) 法向力

(d) 接触状态示意图

图 7.40　23 t 轴重、$M_0/2$ 牵引力矩和 25 kN 横向力作用下的轮轨接触力分布图

有蠕滑状态，黏着区分布在靠近踏面一侧，轮缘接触斑的形状为一细长的椭圆。这说明在发生轮轨二点接触时，随着横向力的增加，不仅各种接触力主要由踏面接触斑传递逐渐过渡到主要由轮缘接触斑传递，而且轮轨接触的黏着区也由踏面接触斑转移到了轮缘接触斑。

虽然横向力增大到一定数值后，轮缘接触斑不再是全蠕滑，但由于轮缘部位的轮轨接触力非常大，应力也非常大，轮轨接触区将产生严重的塑性变形，而这将导致轮缘和钢轨侧面的内距角圆弧附近产生严重的磨损。由于轮缘接触区钢轨的应力远大于轮缘，钢轨的侧磨比轮缘更严重。曲线段钢轨磨损严重的原因就在于此。

与前面没有牵引力矩作用时的接触力分布情况相对比可以发现，牵引力矩不仅影响纵向切力的分布，也程度不同地影响着横向切力的分布，但对法向力的分布影响很小。而横向力也影响着纵向切力的分布。由于

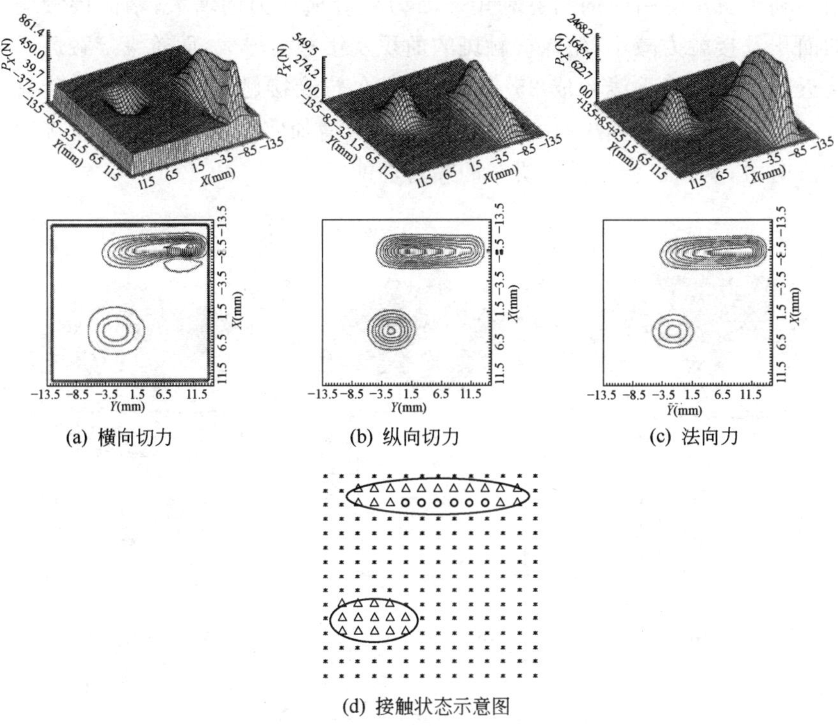

(a) 横向切力　(b) 纵向切力　(c) 法向力

(d) 接触状态示意图

图 7.41　23 t 轴重、$M_0/2$ 牵引力矩和 50 kN 横向力作用下的轮轨接触力分布图

问题是非线性的，在这里力的独立作用原理不适用，分析时牵引力矩和横向力不能单独施加进行计算然后再将其计算结果叠加，而必须同时施加进行计算才能正确求出其综合的接触内力和应力状态。

如果轮轨发生二点接触，轴重与横向力保持不变而牵引力矩增大，则这时的计算结果表明，两个接触斑中除了踏面接触斑还有小面积黏着区外，整个轮缘接触斑和大部分踏面接触斑都是蠕滑状态，这说明轮轨间切力接近饱和摩擦力。这时的计算结果，即 23 t 轴重、M_0 牵引力矩和 25 kN 横向力共同作用下（也就是在图 7.40 基础上牵引力矩增为 M_0）的轮轨接触力分布情况见图 7.42。如果这时横向力也增加，则蠕滑区面积将愈来愈大，当横向力增加到某个数值时计算将得到射线解，这说明这时轮轨两个接触斑的切力都达到了临界状态，车轮发生空转。

与不计入横向力的计算结果（图 7.37）相比较可以发现，横向力的作用不利于机车牵引时的黏着利用。因为随着横向力的增大，踏面接触斑的面积及接触力减小，轮缘接触斑的面积及接触力增大，而轮缘接触斑所接近的平面与铅垂线约成 25°夹角，作用在轮缘接触斑上的垂向载荷只有一小部分分解成其法向力，所以横向力的增加实际上降低了轮轨接触的法向力，从而也就降低了机车的黏着性能。

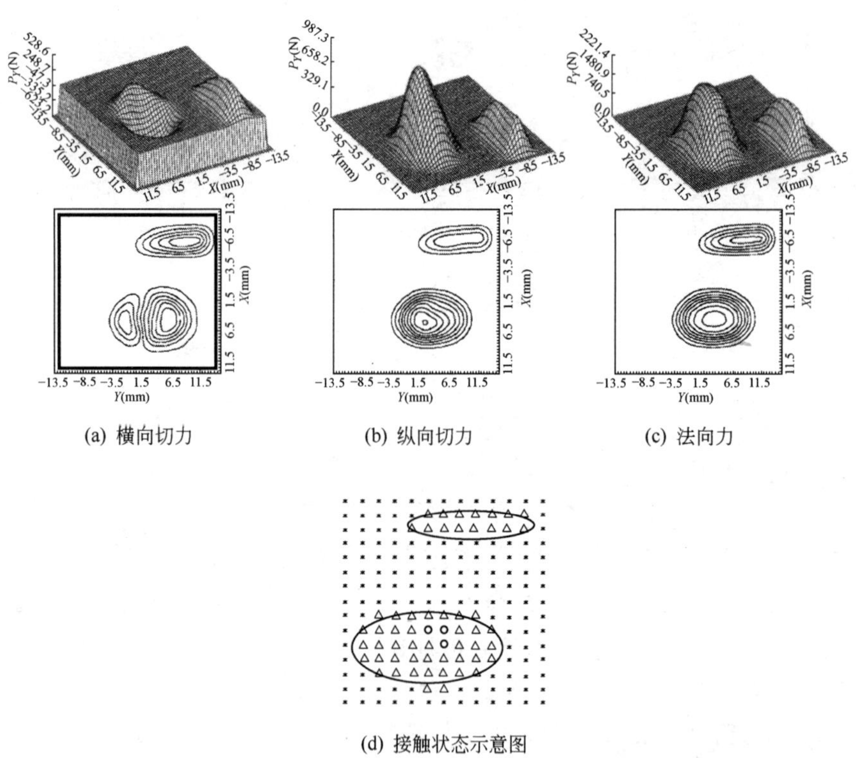

图 7.42　23 t 轴重、M_0 牵引力矩和 25 kN 横向力作用下的轮轨接触力分布图

参考文献

[1] 钟万勰.弹性接触问题的变分原理及参数二次规划解.计算结构力学及其应用,1985,2(2):1～10.

[2] 钟万勰.弹性接触问题的势能原理及其算法.计算结构力学及其应用,1985,2(1):21～29.

[3] 钟万勰,张洪武,吴承伟.参变量变分原理及其在工程中的应用.北京:科学出版社,1997.

[4] 钟万勰.计算结构力学微机程序设计.北京:水利电力出版社,1986.

[5] 库克 RD.何穷,程耿东译.有限元分析的概念和应用.北京:科学出版社,1981.

[6] 郭吉坦,东野长松,巨建民.柴油机连杆动力学分析的新方法.机械设计与制造,2003(3):99～101.

[7] 何穷,朱学仁.带有离散支承的旋转体计算.教育部高等学校一九七八年计算结构力学学术交流会论文集(2),大连,1978.11.

[8] 钟万勰.弹性力学求解新体系.大连:大连理工大学出版社,1995.

[9] 姚伟岸,钟万勰.辛弹性力学.北京:高等教育出版社,2002.

[10] 铁摩辛柯 S,古地尔 JN.徐芝纶,吴永祯译.弹性理论.北京:高等教育出版社,1964.

[11] 张军.基于有限元法的轮轨蠕滑理论研究:[博士学位论文].大连:大连理工大学,2003.

[12] 钟万勰.一个多用途的结构分析程序 JIGFEX(一).大连工学院学报,1977(3):19～42.

[13] 钟万勰.一个多用途的结构分析程序 JIGFEX(二).大连工学院学报,1977(4):14～35.

[14] 丁培杰.内燃机曲轴圆根局部区域三维有限元应力分析:[硕士学位论文].大连:大连铁道学院,1982.

[15] 吴昌华,丁培杰.内燃机曲轴圆根应力的三维有限元分析.内燃机工程,1983,4(4):19～26.

[16] 马东振.用单拐有限元分析的刚度等效法计算曲轴整体强度:[硕士学位论文].大连:大连铁道学院,1987.

[17] 蒲军平,吴昌华.柴油机曲轴整体结构的三维有限元分析.计算结构力学及其应用,1994,11(3):330～335.

[18] Wu Changhua(吴昌华). Structural Shape Optimization and Analysis of the Engine Crankshaft. Proceedings of the First China-Australia Symposium on Computational Mechanics, Dalian,1995:152～159.

[19] 丁彦闯,牛天兰,吴昌华.柴油机曲轴整体三维应力精细分析.内燃机工程,1999,20(4):32～36.

[20] 田爱琴.曲轴整体精细分析的研究:[硕士学位论文].大连:大连铁道学院,1999.

[21] 林鹏.曲轴整体三维分析边界条件模拟的研究:[硕士学位论文].大连:大连交通大学,

2006.
[22] 吴昌华,高作石.用 DDJT-4 程序计算柴油机连杆强度.铁道学报,1983,5(2):1～8.
[23] 权伍必.柴油机连杆有限元计算若干问题的研究:[硕士学位论文].大连:大连铁道学院,1990.
[24] 柳拥军.16V240 柴油机 G 型连杆三维接触有限元分析:[硕士学位论文].大连:大连铁道学院,1995.
[25] 丁彦闯.连杆二维弹性接触及弹塑性有限元分析:[硕士学位论文].大连:大连铁道学院,1995.
[26] 戚刚.高速大功率柴油机连杆精细有限元分析及新工艺研制:[博士学位论文].上海:中国舰船研究院,2000.
[27] Qi Gang(戚刚),Wu Changhua(吴昌华),Zhang Nanlin(张南林). A Study on Modeling and Algorithm of Precise FE Analysis of Engine Connecting-Rod. Proceedings of the First International Conference on Mechanical Engineering,Shanghai,2000.
[28] 刘玺明.柴油机整体活塞的三维有限元分析:[硕士学位论文].大连:大连铁道学院,1989.
[29] 全玉云.组合活塞三维弹性接触分析的研究:[硕士学位论文].大连:大连铁道学院,1996.
[30] 王志勇.柴油机组合活塞三维接触问题的研究:[硕士学位论文].大连:大连交通大学,2005.
[31] 王旭.柴油机气缸盖机械变形和应力的精确三维分析:[硕士学位论文].大连:大连铁道学院,1988.
[32] 佟维,吴昌华,温世杰.用子结构技术对整体缸盖进行高精度分析.大连铁道学院学报,2000,21(1):14～19.
[33] 马思伟.柴油机机体刚度和强度的有限元分析:[硕士学位论文].大连:大连铁道学院,1983.
[34] 吴昌华,马思伟.柴油机机体刚度和强度计算的几个问题.铁道学报,1984,6(3):1～10.
[35] 吴昌华,黄成珠,邓澄文.柴油机机体结构的优化设计.计算力学学报,1997,14(增刊):521～524.
[36] 佟维,吴昌华,邓澄文,卜安珍.6110 柴油机机体三维精细分析.计算力学学报,1999,16(增刊):115～119.
[37] 吴昌华,佟维,邓澄文,黄成珠,陆玉珍.柴油机机体精细分析模型和算法的研究.内燃机工程,1999,20(4):1～5.
[38] 吴昌华.用半解析法研究柴油机气缸套的全面受力分析.大连铁道学院学报,1987,8(增刊):60～67.
[39] 吴昌华.有限元法在机车发动机主要零部件设计中的应用.内燃机工程,1993,14(2):56～60.
[40] 吴昌华,佟维,丁彦闯,全玉云,陆玉珍.用子结构技术分析机车和柴油机零部件.计算力

学学报,1997,14(增刊):821～826.

[41] Wu Changhua(吴昌华). The Application of FE Parametric Quadratic Programming Method to Contact Problem Analysis in Mechanical Engineering. Proceedings of ECCM, Muenchen,1999.

[42] 戚刚.增压器涡轮机叶片和轮盘组装结构的三维接触分析:[硕士学位论文].大连:大连铁道学院,1997.

[43] 吴昌华,吴泓,陆玉珍.增压器压气机叶轮的三维弹塑性精细分析.大连铁道学院学报,2004,25(4):21～25.

[44] 廖爱华,张洪武,吴昌华.增压器压气机三体接触问题的研究.内燃机学报,2005,23(4):363～370.

[45] 廖爱华,张洪武,吴昌华.叶片机械过盈配合的接触分析.机械强度,2006,28(2):282～286.

[46] 廖爱华,张洪武,吴昌华.增压器压气机三维弹塑性接触的研究.机械工程学报,2006,42(5):81～86.

[47] 戚刚,吴昌华,张南林.增压器涡轮叶片和轮盘组装结构的三维接触精细有限元分析.中国造船,2000,41(3):69～73.

[48] 佟维,吴昌华. SS_7 型电力机车牵引齿轮系统的有限元三维接触分析.机车电传动,1999(6):11～13.

[49] 何素艳.机车轮对三维接触精细分析的研究:[硕士学位论文].大连:大连铁道学院,1997.

[50] Wu Changhua(吴昌华),He Suyan(何素艳),Tong Wei(佟维). A Study on 3-D Precise Contact Analysis of Locomotive Wheel Sets. Computational Mechanics for the Next Millennium. APCOM,Singapore,1999,1,441～448

[51] 佟维,吴昌华,邓澄文,孟宏.机车轮轴的三维接触分析.机车电传动,1999(增刊):11～14.

[52] 佟维,吴昌华.东风$_{11}$内燃机车驱动车轮应力分析及其结构改进.工程与科学中的计算力学.北京:北京大学出版社,2001.

[53] Wu Changhua(吴昌华). The Application of FE Parametric Quadratic Programming Method to Elastic-Plastic Problem Analysis in Mechanical Engineering. Proceedings of WCCM 5,Vienna,Austria,2002.

[54] 吴昌华,高作石,张小军.机车车体结构设计计算的研究.计算结构力学及其应用,1987,4(4):63～70.

[55] 吴昌华,顾元宪.五千马力内燃机车车体结构的优化设计.铁道学报,1990,12(4):1～6.

[56] 王挺. SS_{7C}(改进型)电力机车车体轻量化研究:[硕士学位论文].大连:大连铁道学院,2000.

[57] 张军.轮轨接触受力分析的有限元研究:[硕士学位论文].大连:大连铁道学院,1998

[58] 吴昌华,张军.用有限元参数二次规划法研究轮轨接触问题.计算力学学报,1999,16(增

刊):45～50.

[59] 张军,吴昌华.轮轨接触问题的弹塑性分析.铁道学报,2000,22(3):16～21.

[60] 张军,刘迎曦,吴昌华.锥形踏面和磨耗形踏面轮轨弹塑性接触性能的比较.机械工程学报,2002,38(6):26～30.

[61] Zhang Jun(张军),Wu Changhua(吴昌华). A Study on Wheel-Rail Frictional Contact Problem by FE Parametric Quadratic Programming Method. Proceedings of WCCM 6,Beijing,China,2004.

[62] Wu Changhua(吴昌华),Zhang Jun(张军). The Application of Parametric Variational Principle to Wheel-Rail Frictional Contact Problem. Proceedings of ECCOMAS,Jyvaskyla,Finland,2004.

[63] 龚积球,戴繁荣,黎冠中.机车强度计算(上册).北京:中国铁道出版社,1986.

[64] 陈国华.内燃机连杆动力学的数值计算方法.内燃机工程,1981,2(1):57～65.